U0755996

第八册　明紀

# 綱鑑易知錄

明鑑易知錄

卷一至卷十五

明太祖洪武元年（公元一三六八年）起

明懷宗崇禎十七年（公元一六四四年）止

中華書局

# 明鑑易知錄卷一

明太祖稱帝

## 明紀

**太祖高皇帝** 姓朱名元璋，鳳陽人，先世句容人。建都金陵，在位三十一年。

編 戊申，明太祖高皇帝洪武元年，(一三六八)春正月，吳王卽皇帝位，定有天下之號曰明，建元洪武，追尊四代祖考妣皆爲帝后。

紀 元順帝至正十二年，閏三月，明太祖朱元璋起兵濠州。(治鳳陽縣，卽今安徽鳳陽縣。)太祖之先故沛人，(沛，卽今江蘇沛縣。)徙江東句容爲朱家巷；(句容，卽今江蘇句容縣。)宋季大父再徙淮，家泗州；(治臨淮縣，在今安徽泗縣東南。)父世珍又徙鍾離太平鄉。(鍾離縣，在今安徽鳳陽縣東北。)母陳，生四子，太祖其季也。太祖生於元天曆戊辰之九月丁丑，(天曆，文宗年號。)其夕赤光燭天，里中人競呼「朱家火！」及至，無有。三日洗兒，父出汲，有紅羅浮至，遂取衣之，故所居名紅羅障。少時常苦病，父欲度爲僧。歲甲申，泗大疫，父母兄及幼弟俱死，貧不能殮，藁葬之。仲與太祖舁至山麓，(舁音預，對舉也。麓音鹿，山足也。)綆絕，(綆音梗，索也。)仲還取綆，留太祖守之。忽雷雨大作，太祖避村寺中。比曉往視，土墳起，成高壟。地故屬鄉人劉繼祖，繼祖異之，歸焉。

皇覺寺爲僧

尋仲又死，太祖年十七，九月入皇覺寺爲僧。逾月，僧乏食，太祖乃遊江、淮，崎嶇三載，仍還皇覺寺。

太祖附郭子興

時汝、潁兵起，劉福通、芝麻李、徐壽輝、趙均用、彭早住等。（汝州治梁縣，即今河南臨汝縣。潁州治汝陰縣，即今安徽阜陽縣。）騷動濠州。定遠人郭子興據濠州，（定遠縣，即今安徽定遠縣。）元將徹里不花憚不敢進，日掠良民邀賞。太祖詣伽藍卜問：避亂，不吉；即守故，又不吉；因祝曰：「豈欲予倡義邪？」大吉。意遂決。以閏三月朔入濠州見郭子興，子興奇其狀貌，與語，大悅之，取爲親兵，凡有攻伐，命之往，輒勝。子興故撫宿州馬公女爲己女，（宿州治符離縣，即今安徽宿縣。）遂妻焉，即高后也。

九月，元丞相脫脫破徐州，芝麻李與趙均用、彭早住據徐州。（治彭城縣，即今江蘇徐州市。）芝麻李遁去，即李二，號芝麻李。趙均用、彭早住帥餘黨奔濠，子興屈己下彭、趙，遂爲所制。彭、趙據濠稱王。

太祖歸鄉里募兵

太祖雖在甥館，壻館也。每有大志。十三年春，乃歸鄉里募兵，得七百人，濠人徐達、湯和等皆往歸焉。

十四年，秋七月，徇定遠，行定曰徇。下滁陽。（在今安徽合肥市東北。）時彭、趙御下無道，太祖乃以七百人屬他將，而獨與徐達、湯和、吳良、吳順、花雲、陳德、顧時、費聚、耿再成、耿炳文、唐勝宗、陸仲亨、華雲龍、鄭遇春、郭興、郭英、胡海、張龍、陳桓、謝成、李新材、張赫、周

與二十四人略定遠

馮國用請先拔金陵

智伏滁陽二子

銓、周德興等二十四人，南略定遠。行取曰略。定遠張家堡有民兵號驢牌寨者，太祖誘執其帥，於是營兵焚舊壘悉降，得壯士三千人，又招降秦把頭，得八百餘人。

定遠繆大亨以義兵二萬屯橫澗山，太祖命花雲夜襲破之，亨舉衆降，軍聲大振。定遠人馮國用與弟國勝率衆歸附，太祖奇之，因問大計。國用對曰：「金陵龍蟠虎踞，（金陵後爲應天府，卽今江蘇南京市。）帝王之都，願先拔金陵定鼎，左傳宣公三年：「成王定鼎于郟鄏。」然後命將四出，救生靈於水火，倡仁義於遠邇，勿貪子女玉帛，天下不難定也。」太祖大悅，俾兄弟皆居帷幄，預機密焉。

定遠人李善長來謁，留幕下，古者出征以幕帳爲府署，故稱幕。掌書記，畫饋餉，甚見親信。

秋七月，太祖將兵進攻滁陽，克之，因駐師焉。朱文正、李文忠來歸。文正，太祖孟兄南昌王子，先同其母避亂，與太祖相失。李文忠，太祖姊曹國長公主子。公主卒，其父攜文忠走亂軍中，幾不能存，至是聞太祖駐兵滁陽，皆來歸。太祖喜甚。文忠年十二，與沐英皆賜姓朱。英，定遠人，父母俱亡，太祖見而憐之，令高后育之爲子。何世隆來降。

未逾月，彭早住、趙均用挾子興往泗州，既而早住中流矢死，均用益自專，銜子興，銜音鹹，恨也。欲殺之。太祖賂其左右，子興乃得帥所部歸滁，稱滁陽王。時太祖部兵數萬人，悉歸之，奉其號令。太祖威名日著，子興二子陰置毒酒中欲害之，謀泄。及期太祖卽與俱往，中途遽躍馬起，仰天若有所見，因罵二子曰：「吾何負爾？適空中神人謂爾欲以酒毒我。」二子駭，汗浹背，自此不敢萌害意。虹縣胡大海來歸，虹音絳。（虹縣，卽今安徽泗縣。）太祖一見語合，用爲前鋒。

撫定和陽

十五年，春正月，滁師乏糧，諸將謀所向，太祖曰：「困守孤城，誠非計，今惟和陽可圖。」（和陽卽和州，治歷陽縣，卽今安徽和縣。）子興使張天祐等將兵前行，與元兵遇，急擊敗之，追至小西門，湯和奪其橋而登，將士從之，遂據和陽。子興屬太祖總和陽兵，入撫定城中。諸將破和陽，暴橫多殺掠，城中夫婦不相保。太祖惻然，召諸將謂曰：「諸軍自滁來，多掠人妻女，軍中無紀律，何以安衆？」凡所得婦女悉還之，於是皆相攜而去，人民大悅。三月，郭子興卒，太祖并統其軍。

常遇春來歸

虹縣人鄧愈來歸。懷遠人常遇春，（懷遠縣卽今安徽懷遠縣。）剛毅多智勇，膂力絕人，年二十三，爲羣雄劉聚所得，遇春察其多鈔掠，無遠圖，棄之來歸。未至，假寐田間，不脫衣冠而寐曰假寐。夢神人呼之曰：「起，起，主君來！」適太祖騎從至，卽乞歸附，請爲先鋒。

常遇春挺戈躍采石

太祖駐和陽久，謀渡江無舟楫，而巢湖水寨軍帥俞通海、廖永安等，（巢湖在今安徽巢縣西。）率衆萬餘、船千艘來降，太祖大喜曰：「此天意也，吾事濟矣！」六月，太祖率諸將渡江，乘風舉帆，頃刻達牛渚。（在今安徽當塗縣西北，馬鞍山市西。）太祖先抵采石磯，（去牛渚磯僅一里。）時元兵陣於磯上，舟距岸三丈許，未能卒登，常遇春飛舸至，太祖麾之，應聲挺戈躍而上，守者披靡，震懾貌。諸軍從之，遂拔采石。乘勝徑攻太平，拔之。耆儒李習、陶安等率父老出迎，安見太祖，謂李習曰：「龍姿鳳質，非常人也，我輩今有主矣。」太祖召安謂曰：「吾欲取金陵如何？」安對曰：「金陵帝王之都，龍蟠虎踞，限以長江之險，若據其形勝，出兵以臨四方，則何向不克，此天所以資明公也！」太祖大悅，禮安甚厚，由是凡機密輒與議焉。

不殺陳埜先

縱陳埜先還

方山寨民兵元帥陳埜先，（方山，在今江蘇南京市東南。）與其將康茂才水陸分道寇太平城下，（元太平路治當塗縣，即今安徽當塗縣。）太祖親督兵禦之，命徐達等以奇兵出其後，設伏擒埜先，太祖釋不殺，埜先詐曰：「生我何爲？」太祖曰：「天下大亂，豪傑並起，勝則人附，敗則附人。爾旣以豪傑自負，豈不知生爾之故。」埜先曰：「然則欲吾軍降乎？此易耳。」乃爲書招其軍，明日皆降。八月，諸軍進克溧水，（即今江蘇溧水縣。）將攻集慶路。（治上元縣，在今江蘇南京市境。）埜先之爲書也，意其衆未必從，陽爲招詞，陰實激之，不意其衆遽降，自悔失計。及聞欲攻集慶，私謂部曲曰：（大將軍營五部，部校尉一人；部有曲，曲有軍候一人。）「汝等攻集慶，毋力戰，俟我得脫還，當與元兵合。」太祖聞其謀，召語之曰：「人各有心，從元從我，不相強也。」縱之還。諸軍進攻集慶，埜先遂與元福壽合，拒戰於秦淮。（秦淮河，在今江蘇南京市境。）諸軍失利，埜先來追襲，經葛仙鄉，鄉民兵百戶盧德茂遣壯士五十人，衣青出迎，埜先不虞其圖己，青衣兵自後攢槊殺之。（槊音朔，矛屬。）埜先旣死，其子兆先復集兵屯方山。

復用陳兆先

智安降兵

十六年，春三月，太祖率諸將取集慶路，攻破陳兆先營，釋兆先而用之，擇其降兵驍勇五百人置麾下。五百人者多疑懼不自安，太祖覺其意，是夕令入宿衞，環上而寢，悉屏舊人於外，獨留馮國用一人侍臥榻傍。太祖解甲，安寢達旦，疑懼者始安。

克金陵

進攻集慶，國用率五百人先登陷陣，敗元兵於蔣山，（在今江蘇南京市內，即今鍾山。）直抵城下，諸軍拔柵競進，元行臺御史大夫福壽督兵力戰，死之，遂克集慶路。太祖入城，召官吏父老諭之曰：「元失其政，所在紛擾，生民塗炭。吾率衆至此，爲民除害耳。汝等各守舊業，無懷疑懼。」於是城中軍民皆喜悅，更相慶慰。改集慶路爲應天府。太祖嘉福壽之忠，以禮葬之。

康茂才來歸

張士誠、康茂才來降。士誠，泰州白駒場亭民，（泰州治海陵縣，即今江蘇泰州縣。）及其弟士德、士信舉兵陷泰州，據高郵，（即今江蘇高郵縣。）稱誠王，時據平江來降。（元平江路治吳縣，即今江蘇蘇州市。）茂才，蘄州人，（蘄州治蘄春縣，即今湖北蘄春縣。）初結義旅，爲元捍寇江上，有功累遷宣慰使、都元帥，戍采石。及太祖兵渡江，茂才奔金陵，至是率衆來附。

克鎮江

金陵既定，太祖欲發兵取鎮江，（鎮江府治丹徒縣，即今江蘇鎮江市。）慮諸將不戢士卒，爲民患，命徐達爲大將，率諸將浮江東下，戒之曰：「吾自起兵未嘗妄殺，今爾等當體吾心，戒戢士卒，城下之日，毋焚掠殺戮，有犯令者處以軍法，縱者罰無赦。」達等頓首受命。進兵攻鎮江，克之。達等自仁和門入，號令嚴肅，城中晏然。

克廣德

六月，命鄧愈等將兵攻廣德路，克之，改爲廣興府。

聘秦從龍

秋七月，諸將奉太祖爲吳國公。遣使聘鎮江秦從龍，（字元之，洛陽人。初仕元，避亂居鎮江。）既至，太祖親迎之入，事無大小皆與謀。從龍盡言無隱，每以筆書漆簡，問答甚密，左右無知

取寧國諸路

以康茂才爲營田使

取婺州開郡學

方國珍來附

之者；太祖呼爲先生而不名。九月，太祖如鎭江府，謁孔子廟，分遣儒士告諭鄉邑勸農桑。

十七年，夏四月，命徐達、常遇春帥師攻寧國，（即今安徽宣城縣。）久不下，太祖乃親往督師，守將楊仲英開門降，其百戶張文貴殺其妻子，自刎死。尋遣諸將取江陰、徽州、池州，（元江陰路治江陰縣，在今江蘇江陰縣南。徽州治歙縣，即今安徽歙縣。池州治貴池縣，即今安徽貴池縣。）皆下之。秋八月，張士誠降於元。九月，太祖取揚州。

十八年，春二月，以康茂才爲營田使，太祖諭之曰：「比因兵亂，隄防頹圮，（圮音痞，毁也。）民廢耕耨，故設營田使以脩築隄防。今軍務實殷，用度爲急，理財之道，莫先於農事，故命爾此職。大抵設官爲民，非以病民，若所至紛擾，無益於民，則非付任之意！」

冬十二月，太祖取婺州，（治金華縣，即今浙江金華市。）命知府王宗顯開郡學，延儒士葉儀、宋濂爲五經師。時喪亂之餘，學校久廢，至是始聞絃誦之聲。

太祖欲遂取浙東未下諸郡，諭諸將曰：「克城雖以武，而安民必以仁。吾每聞諸將下一城得一郡不妄殺人，輒喜不自勝。爲將者能以不殺爲心，非惟國家所利，在己亦蒙其福。」

十九年，春三月，方國珍以三郡來附。國珍，台州人。（台州治臨海縣，即今浙江臨海縣。）戊子冬起兵，後降於元。至是以溫、台、慶元三郡來獻，（溫州治永嘉縣，即今浙江溫州市。慶元府治鄞縣，即今浙江寧波市。）且以次子關爲質。太祖曰：「既誠信來歸，便當推誠相與，何以質爲！」乃厚賜關而遣之。

**取處州**

秋九月，太祖兵取處州。（治麗水縣，即今浙江麗水縣。）冬十月，遣使徵青田劉基、龍泉章溢、麗水葉琛及浦江宋濂，（徵，召也。）（青田，即今浙江青田縣。龍泉，即今浙江龍泉縣。浦江，即今浙江浦江縣。）以胡大海薦也。時朱文忠守金華，亦薦王禕、許元、王天錫，太祖皆徵召之。

**陳友諒稱漢王**

十二月，天完將陳友諒稱漢王。友諒，沔陽漁人子，（沔陽府治玉沙縣，即今湖北沔陽縣。）嘗爲縣吏，不樂。會徐壽輝兵起，慨然往從之。壽輝稱帝於蘄水，（即今湖北浠水縣。）國號天完，後據漢陽。（即今湖北武漢市舊漢陽縣。）至是，友諒徙壽輝都江州，（治潯陽縣，即今江西九江市。）自稱王。

**劉基**

二十年，春三月，劉基、宋濂、章溢、葉琛至建康，（建康即金陵。）入見，太祖喜甚，曰：「我爲天下屈四先生。」賜坐，從容與論經史及咨以時事，甚見尊禮，命有司創禮賢館處之。

基自幼聰明絕人，凡天文、兵法、性理諸書，過目洞識其要。至正初以春秋舉進士，授高安縣丞，（高安縣，筠州治，即今江西高安縣。）累官江浙儒學副提舉。元政亂，投劾去。（投，上也。按罪曰劾。上狀自劾有過也。）嘗建議勦方國珍，不用，安置紹興。（即今浙江紹興市。）遊西湖，（即今浙江杭州市西湖。）有異雲起西北，諸同遊者皆以爲慶雲，將分韻賦詩，基獨縱飲不顧，大言曰：「此天子氣也，十年後應在金陵，我當輔之。」時杭州猶全盛，皆大駭，以爲狂，無知基者，惟西蜀趙天澤奇之，以爲諸葛孔明之流。至是，基趨建康，陳時務十八策，太祖嘉納之，留基帷幄，預機密謀議。

**花雲死**

夏五月，陳友諒攻太平，城陷，守將花雲被獲。賊縛雲急，雲怒罵曰：「賊奴！爾縛吾，

### 花雲妻郜氏

吾生必滅爾！」遂奮躍大呼起，縛盡絕，奪守者刀，連殺五六人。賊怒，縛雲叢射之，比死，罵賊不絕口。

方雲之與賊戰也，勢甚急，妻郜氏生子煒方三歲，抱之泣，語家人曰：「城且破，吾夫必死之。吾夫死，吾不獨生，然不可使花氏無後；兒在，若等善撫育之。」已聞雲就縛，郜氏卽赴水死。侍兒孫氏收郜瘞之，（瘞音意，埋也。）抱兒逃，漢軍掠之。軍中惡小兒啼，孫氏恐被害，以簪珥屬漁家鞠之。（鞠，養也。）漢敗，孫氏脫身至漁家，竊兒去，夜宿陶穴中；天曙，（曙音樹，曉也。）登舟渡江，遇漢潰軍奪舟，捽孫氏及兒投之江，（捽，持頭髮也。）江中得斷木，附之入蘆渚中，渚有蓮實，孫氏取啗兒，凡七日不死。忽夜半聞人語聲，呼之，逢老父，號雷老，告之，遂與偕行達太祖所。孫氏抱兒拜泣，太祖亦泣，置兒於膝曰：「此將種也。」命賜雷老衣，忽不見。

### 太祖平漢

陳友諒弒其主徐壽輝，遂自稱帝，國號漢。二十一年秋八月，太祖帥師伐漢，拔江州，友諒挈妻子夜奔武昌。（卽今湖北武漢市舊武昌城。）既而友諒僞相胡廷瑞見江州已破，遣使詣軍請降，太祖遂至龍興，（元龍興路治南昌縣，卽今江西南昌市。）改爲洪都府。

### 鄱陽湖之戰

二十三年，秋七月，陳友諒作大艦攻洪都，空國而來，以兵圍城。守將朱文正遣使赴建康告急，太祖親帥舟師二十萬進次湖口；友諒聞之，卽解圍東出，與太祖兵遇鄱陽湖之康郎山。（鄱陽湖，在今江西鄱陽縣西。）友諒聯舟縱戰，望之如山，太祖軍舟小，怯於仰攻，往往退縮。

陳友諒中流矢死

郭興曰：「彼舟如此，大小不敵，非火攻不可。」太祖然之。明日，東北風起，令諸將乘風縱火，焚其水寨舟數百艘，友諒弟友仁、友貴及其平章陳普略皆焚死。明日，復聯舟大戰，敵兵大敗。友諒斂舟自守，不敢戰，相持者三日。友諒計窮，冒死突出，將奔還武昌，太祖麾諸將邀擊之，友諒中流矢，貫睛及顱而死。顱音盧，頭骨。其將張定邊乘夜以小舟載友諒屍及其子理徑趨武昌，復立理爲帝。

初，鄱陽湖之戰，太祖亦屢瀕於危，一日被圍莫解，指揮韓成請服太祖冠袍，對賊衆投水中，圍乃解。又一日，太祖方與友諒鏖戰，盡死殺人曰鏖。劉基忽躍起大呼曰：「難星過，速更舟。」太祖急更之，舊舟已爲敵砲碎矣。

先是有周顛者舉措詭譎，人莫能識，每見太祖必曰告太平，太祖厭之。一日命覆顛以甕，積薪煅之，火息，啓視，顛正坐宴然。至是征陳友諒，太祖問：「此行何如？」顛應聲曰：「好。」從行至皖城，（即今安徽潛山縣。）苦無風，問顛，顛曰：「只管行，只管有風；無膽不行，便無風。」行不三十里，果大風，倏忽達小孤，（小孤山，在今江西彭澤縣北長江中。）竟如其言。

太祖爲吳王

二十四年，春正月，李善長、徐達等以太祖功德日隆，屢表勸進，勸勉進上帝號也。不允，乃於是月朔卽吳王位。

陳理既還武昌，太祖復進兵圍之，久不下，乃親往視師，遣其降將羅復仁入城諭理使降，理遂率其太尉張定邊等詣軍門降。凡府庫儲蓄令理自取。城中饑困，命給粟賑之。於是湖廣、江西悉平。江西行省以陳友諒鏤金牀進，太祖觀之，曰：「此與孟昶七寶溺器何異。（宋太祖滅後蜀，見蜀主七寶裝溺器，命撞碎之。）陳氏窮奢極侈，安得不亡！」卽命毁之。

毁鏤金牀

張士誠稱吳王

張士誠自立爲吳王，卽平江治宮室，立官屬。士誠委政於弟士信，士信荒淫，每事惟與王敬夫、葉德新、蔡彥夫三人謀，三人者皆詔佞憸邪，（憸音纖。）惟事蒙蔽。太祖聞之曰：「我無一事不經心，尚被人欺，張九四（卽士誠。）終歲不出門理事，豈有不敗者乎！」時有十七字謠曰：「丞相做事業，專用王、蔡、葉，一朝西風起，乾癟。」

訪求古今書籍

二十六年，夏五月，太祖命有司訪求古今書籍，因謂侍臣詹同等曰：「吾每取孔子之言觀之，如『節用而愛人，使民以時』，眞治國之良規。孔子之言，誠萬世之師也。」

伐吳諭將佐

太祖議討張士誠，李善長以爲未可。徐達進曰：「張氏驕横，暴殄奢侈，此天亡之時也。其所任驕將如李伯昇、呂珍之徒，皆齷齪不足數，王、蔡、葉三參軍迂闊書生，不知大計。臣奉主上威德，聲罪致討，三吳可計日而定。」（今江蘇蘇州市爲東吳，鎭江市爲中吳，浙江湖州市爲西吳。）太祖大喜曰：「汝合吾意，事必濟矣。」秋八月，命徐達爲大將軍，常遇春爲副將軍，帥師二十萬伐張士誠，集諸將佐諭之曰：「卿等宜戒飭士卒，毋肆虜掠，毋妄殺戮，毋發丘壟，毋毁廬舍。聞士誠母葬姑蘇城外，（姑蘇卽今江蘇蘇州市舊名。）愼勿侵毁其墓。」諸將皆再拜受命出。太祖復召達、遇春曰：「爾等此行，用師孰先？」遇春曰：「逐梟者必覆其巢，去鼠者必熏其穴。此行當直擣平江，平江旣破，其餘諸郡可不勞而下。」太祖曰：「不然。士誠起鹽販，與張天

伐吳先攻湖州

騏、潘原明輩皆相爲手足。士誠窮蹙，天騏輩懼俱斃，必併力救之。今不先分其勢，而遽攻姑蘇，若天騏出湖州，（治烏程縣，即今浙江湖州市。）原明出杭州，援兵四合，何以取勝？莫若先攻湖州，使其疲於奔命。羽翼既披，然後移兵姑蘇，取之必矣。」

冬十月，徐達師至湖州，士誠發兵來援，大敗之，而守將李伯昇及張天騏遂舉城降。朱文忠師下杭州，守將潘原明籍土地錢穀出降。文忠入宿城上，秋毫無犯。一卒強入民家，磔以徇。（磔音窄，裂尸也。徇，行示也。）

徐達既下湖州，會諸將進攻平江，士誠諸將多降。康茂才至尹山橋，遇士誠兵，擊敗之，遂進兵圍其城。達、遇春等四面築長圍困之，城中震恐。

立宗廟社稷

十二月，羣臣咸請太祖定宮闕制度。太祖以國之所重，莫先宗廟、社稷，遂定議以明年爲吳元年，命有司立廟、社，建宮室。

定文武科取士法

二十七年，春二月，太祖定文武科取士之法。

王弼破吳軍

夏六月，士誠被圍既久，欲突圍出，將奔常遇春營，遇春覺其至，嚴陣待之。遇春撫王弼背曰：「軍中皆稱爾爲猛將，能爲我取此乎？」弼應聲馳鐵騎揮雙刀往擊之，敵小却；遇春率衆乘之，遂大敗其軍，溺於沙盆之潭。士誠故有勇勝軍，號「十條龍」，常銀鎧錦衣出入陣中，（鎧，甲也。）是日皆溺死。士誠馬驚，墮水，幾不救，肩輿入城。

逾三日，士信方在城樓上督戰，（士信，士誠弟。）忽飛砲碎其首而死。

張士誠自經

浙西吳會平

北定中原

平方國珍

秋九月，達、遇春率衆渡橋進薄城下，（薄，逼也。）士誠軍大潰。諸將蟻附登城，城破，士誠收餘兵二三萬，親率之戰於萬壽寺東街，復敗。士誠倉皇歸，從者僅數騎。

初，士誠見兵敗，謂其妻劉氏曰：「我敗且死，若曹何爲？」劉氏曰：「君勿憂，妾必不負君！」乃予乳媼金，（媼音襖。）抱二幼子出，積薪齊雲樓下，驅其羣妾、侍女登樓，令養子辰保縱火焚之；劉氏自縊死。日暮，士誠距戶經，舊將李伯昇決戶抱解之。徐達令人慰諭之，反覆數四，士誠瞑目不言，乃以舊盾舁至舟中，送建康。士誠臥舟中不食，至龍江，（在今江蘇南京市興中門外。）堅臥不肯起。舁至中書省，李善長問之不語；已而士誠言不遜，善長怒罵之，士誠竟自縊死。改平江曰蘇州府，浙西、吳會皆平。

冬十月，太祖既掃除羣雄，乃遣大將軍徐達、副將軍常遇春率甲士二十五萬北伐以定中原，馳檄諭齊、魯、河、洛、燕、薊、秦、晉之人。

太祖定律令。十一月，頒戊申曆。

太祖遣兵討方國珍。初，國珍懷詐反覆，云「俟克杭州卽納土」。及大兵克杭州，猶自據如故。至是太祖命湯和等帥師討國珍於慶元，國珍遁入海島；太祖復命廖永忠帥師自海道會湯和等兵討之。國珍惶懼，遂及其弟國珉、兄子明善率家來降。和送國珍於京師，浙東悉平。

是年，（戊申年也。）正月，李善長率羣臣奉表勸進，上曰：「恐德薄不足以當尊。」善長曰：

即帝位

「天命已有歸矣，若不正大位，何以慰天下臣民之望！」上固却之。明日，善長復固請，乃從之。

馬后高識

編 立妃馬氏爲皇后。

比豆粥麥飯困尤甚

紀 上初渡江時，后嘗謂上曰：「今豪傑並爭，雖未知天命所歸，以妾觀之，惟以不殺人爲本，人心所歸卽天命所在。」上深然之，至是册立爲皇后。上因謂侍臣曰：「昔光武勞馮異曰：『倉卒蕪蔞亭豆粥，滹沱河麥飯，厚意久不報。』語在光武建武六年。朕念皇后起布衣，常倉卒自忍飢餓，懷糗餌食朕，糗，乾飯也。餌音耳，稻餅也。比之豆粥、麥飯，其困尤甚。昔長孫皇后當隱太子構隙之際，長孫皇后，唐太宗后。隱太子，太宗兄建成。內能盡孝，謹承諸妃，消釋嫌疑。朕素爲郭氏所疑，徑情不恤，將士或以服用爲獻，后輒先獻郭氏，慰悅其意；及欲危朕，后乃爲寬解，卒免於患，尤難於長孫皇后也。朕或因服御詰怒小過，輒勸朕曰：『王忘昔日之貧賤邪？』朕爲惕然。家之良妻，猶國之良相，豈忍忘之！」罷朝，因以語后。后曰：「妾聞夫婦相保易，君臣相保難。妾安敢比長孫皇后，但願陛下以堯、舜爲法耳。」

編 立世子標爲皇太子。

李善長相

編 以李善長爲左丞相，章溢爲御史中丞。

命廷臣兼東宮官

編 命廷臣兼東宮官。

紀 禮部尚書陶凱請選人專任東宮官屬，上曰：「朕以廷臣有德望者兼東宮官，非無謂也。常慮廷臣與東宮官屬有不相能，不相善也。遂成嫌隙，江充之事，（江充構陷戾太子，事在漢武帝征和二年。）可爲明鑒！朕今立法，令臺省等官兼東宮官贊輔之，父子一體，君臣一心。」於是太子官屬，詹事、諭德、贊善、率更令等官。以李善長、章溢、劉基等兼之。

編 二月，定郊社宗廟禮。

定衞所將兵法

編 定衞所官軍及將帥將兵之法。

紀 自京師及郡縣皆立衞所，大率以五千六百人爲一衞，一千一百二十人爲一所，一百一十二人爲百戶所。每百戶所設總旗二名，小旗十名，官領鈐束，通以指揮使等官領之。有事征伐則詔總兵官佩將印領之，既旋則上所佩將印於朝，官軍各回本衞，大將軍身還第。權皆出於朝廷，不敢有專擅，自是征伐率以爲常。

平閩

編 湯和等克福州，（元福州路治閩縣，即今福建福州市。）閩地悉平。

紀 先是帝命湯和、廖永忠等取閩，進兵延平，（元延平路治南平縣，即今福建南平縣。）先遣使招諭元福州平章陳友定，不從，遂進攻之。參政文殊海牙開門出降，執友定械送京師。胡廷瑞等進兵克興化，（元興化路治莆田縣，即今福建莆田縣。）元汀州路守將陳國珍納款，（汀州路治長汀縣，即今福建長汀縣。）於是郡縣相繼降附，福建悉平。

編 詔以太牢祀孔子于國學。

紀 仍遣使詣曲阜致祭。

衣冠悉如唐制
定役法
命儒臣脩女誡
禁宦官預政典兵
兩廣平

編 詔衣冠悉如唐制。

編 命中書議役法。

紀 上以立國之初，經營興作，恐役及平民，乃命中書省驗田出夫。於是省臣奏議：「田一頃出丁夫一人，百畝爲頃。不及頃者以別田足之，名曰均工夫。遇有興作，農隙用之。」

編 命選國子監生侍太子讀書。

編 三月，以廖永忠爲征南將軍，朱亮祖副之，由海道取兩廣。

編 命翰林儒臣脩女誡。

紀 上謂學士朱升等曰：「治天下者脩身爲本，正家爲先。觀歷代宮闈政由內出，鮮有不爲禍亂者也。卿等纂脩女誡及賢妃之事可爲法者，使後世子孫知所持守。」

編 蘄州進竹簟，命却之。

紀 諭中書侍臣曰：「古者方物之貢惟服食器用，無玩好之飾。今蘄州進竹簟，未有命而來獻，天下聞風，爭進奇巧，則勞民傷財自此始矣。其勿受。仍令四方，非朝廷所需，毋得妄獻。」

編 夏四月，命圖古孝行及身所經歷艱難、起家、戰伐之事，以示子孫。

編 禁宦官預政典兵。

編 六月，兩廣平。

編 秋七月，徐達、常遇春帥諸將入通州，（元通州治潞縣，在今北京市通州區。）元主避兵北行。

紀 達與遇春會諸將於臨清，（即今山東臨清市。）遂入通州。元主大懼，集后妃、太子議避兵北行，召羣臣會議端明殿，元主徘徊歎息曰：「今日豈可復作徽、欽！」遂決計北徙，命淮王帖木兒不花監國，丞相慶童留守。是夜三鼓，元主及后妃、太子開建德門由居庸北走如上都。（居庸即今北京市昌平區西北居庸關。元上都，即今內蒙古多倫縣。）

克元都

編 八月，徐達、常遇春克元都。（元都即大都，在今北京市城北。）

紀 達等進師取元都，至齊化門，將士塡壕，壕，城下池也。登城而入。達登齊化門樓，執帖木兒不花、慶童等戮之，并獲諸王子六人及玉印一、成宗玉璽一。封府庫、圖籍、寶物及故宮殿門，以兵守之。宮人、妃主，令其宦寺護視。號令士卒，毋得侵暴；人民安堵。言安然如堵，不驚動也。元翰林待制黃殷仕投井死，左丞丁敬可、總管郭允中皆死之。學士危素寓僧寺，亦欲赴井，一僧止之曰：「公死，亡國史也。」遂往見徐達，達尋以素歸。帝雅聞素名，仍命爲學士。

編 命大將軍徐達、副將軍常遇春往取山西。

王褘上書

編 漳州通判王褘上書。（漳州治漳浦縣，即今福建龍溪縣。）

紀 褘上言：「人君脩德之要有二：忠厚以爲心，寬大以爲政。昔者周家忠厚，故垂八百年之基；漢室寬大，故開四百年之業。蓋上天以生物爲心，春夏長養，秋冬收藏，其閒雷電雹霜雪，有時而薄擊肅殺焉，然皆暫而不常；向使雷電霜雪無時不有，上天生物之心息矣。臣願陛下之法天道也。」上嘉納之。時尚嚴厲，故禕以爲言。

置六部官

編 始置六部官。

紀 先是中書省惟設四部，掌錢穀、禮儀、刑名、營造，至是乃定置吏、戶、禮、兵、刑、工六部，分理庶務。

編 詔以汴梁爲北京，（汴梁即開封府，即今河南開封市。）金陵爲南京。

劉基致仕

編 御史中丞劉基致仕。

紀 先是上北巡，命基同李善長留守京師。中書都事李彬犯法，事覺。彬素附善長，善長請基緩其獄，基不聽，馳奏，上竟殺彬，善長銜之。上還，善長愬之，會基有喪告歸，許之。

編 放元宮人。

旁求隱逸

編 旁求隱逸之士。

紀 命學士詹同等十人，分行十道求之。行，巡視也。

乘輿服御諸物毋飾金

編 詔乘輿服御諸物毋飾金。

紀 有司奏造乘輿服御諸物應用金者，特命以銅爲之。有司言：「費小，不足惜。」上曰：「朕富有四海，豈吝於此，然所謂儉約者，非身先之，何以率下！且奢侈之原，未有不由小至大者也。」

碎水晶刻漏

編 冬十月，碎元水晶刻漏。

紀 司天監進元所置水晶刻漏，備極機巧，中設二木偶人，能按時自擊鉦鼓。（鉦音征，鈴也。）上覽之，謂侍臣曰：「廢萬幾之務，用心於此，所謂『作無益，害有益』也。」命碎之。

編 詔御史大夫湯和、平章楊璟並從西征。

編 召劉基至京師。

紀 基至，贈其祖父爵永嘉郡公。（永嘉，溫州治，見上。）欲授基爵，辭曰：「陛下乃天授，臣何敢貪天之功！顯榮先人足矣。」

建大本堂

編 十一月，建大本堂。

紀 命取古今圖籍充其中，延儒臣教授太子、諸王。以起居注魏觀侍太子說書。

編 以孔希學襲封衍聖公，孔希大爲曲阜知縣。

紀 皆世襲。立孔、顏、孟三氏教授司，尼山、洙泗二書院，命博士孔克仁等授諸子經，功臣子弟亦令入學。

取太原

編 十二月，大將軍徐達帥諸軍取太原。（太原府治太原縣，在今山西太原市西南。）

編 己酉，二年，（一三六九）春正月，詔免中原田租。詔免北平、燕南、山東、山西、河東、河南、潼關、唐、鄧、光、恩等處稅糧。

編 詔免江南田租。

取大同

【編】副將軍常遇春帥師取大同。（大同路治大同縣，卽今山西大同市。）

【編】二月，大將軍徐達師次河中，（河中路治河東縣，在今山西芮城縣西北。）副將軍常遇春、馮宗異渡河趨陝西。

詔脩元史

【編】詔脩元史。

【紀】上謂廷臣曰：「近克元都，得元十三朝實錄，元雖亡，史所以勸懲，不可廢。」乃詔左丞相李善長、前起居注宋濂、漳州府通判王禕總裁，徵山林遺逸之士汪克寬等十六人同纂脩。

【編】親耕藉田。古者天子耕藉田千畝，以給宗廟粢盛。藉，蹈藉也，言親自蹈履于田而耕之。天子三推，三公五推，卿大夫九推，庶人受以終畝。

【紀】上躬耕藉田於南郊。既又命皇后率內外命婦蠶於北郊，以爲祭祀衣服。

敕爲文無事浮藻

【編】三月，敕翰林爲文無事浮藻。

【紀】上謂詹同曰：「古人爲文，以明道德，通世務，典、謨之言皆明白易知。至如諸葛孔明出師表亦何嘗雕刻爲文，而誠意溢出，至今誦之，使人忠義感激。近世文士，立辭雖艱深，而意實淺近，卽使過於相如、揚雄，何裨實用！自今翰林爲文，但取通道理、明世務者，無事浮藻。」

取陝西

【編】大將軍徐達克河中，遂會諸將進取陝西。

取鳳翔　獻瑞麥　下平涼克延安　薊北悉平

紀　大軍至西安，營於長安城北，（長安縣，即今陝西西安市舊長安縣。）元平章王武率官屬迎降。達遂遣馮宗異取鳳翔，（鳳翔府治雍縣，在今陝西鳳翔縣南。）元將李思齊奔臨洮。（臨洮府治溢樂縣，即今甘肅臨洮縣。）

編　夏四月，淮安、寧國、鎮江、揚州、台州各獻瑞麥。

紀　一莖五穗、三穗者甚衆，（莖音恆，榦也。穗音遂。）羣臣賀，上曰：「朕爲生民主，惟思脩德致和，使三光平，寒暑時，爲國家之瑞，不以物爲瑞也。」

編　大將軍徐達至鳳翔，遣馮宗異進攻臨洮；李思齊舉城降。

編　五月，大將軍徐達師至蕭關，（在今寧夏固原縣東南，接甘肅平涼界。）下平涼。（即今甘肅平涼市。）指揮朱明克延安，（延安府治膚施縣，即今陝西延安縣。）以明守之。

編　元將張良臣以慶陽降。尋復叛，徐達帥諸將以兵圍其城。（慶陽府治安化縣，即今甘肅慶元縣。）

編　六月，薊北悉平，改元都爲北平府。

紀　元也速復侵通州，上命常遇春以所部軍自鳳翔還禦之。復命李文忠爲偏將軍，副遇春自北平往開平，（宋理宗寶祐四年，蒙古主蒙哥欲建城市，脩宮室，爲都會之所。忽必烈以劉秉忠薦，因命相宅；秉忠以桓州東灤水北之龍岡爲吉，詔秉忠營之，命曰開平府。（開平府即上都，見上。））道三河，經鹿兒嶺，敗元將江文清於錦州，（治錦縣，即今遼寧錦州市。）也速復以兵迎戰，又敗之；也速遁，遂帥兵進攻開平。元主先已北走，追奔數百里，俘其宗王慶生等斬之，凡得將士萬人，車萬輛，馬三萬匹，牛五

北平府

萬頭。薊北悉平，遂改元都爲北平府。

編 秋七月，副將軍常遇春卒于軍。

紀 遇春還次柳河川，得疾卒。上令偏將軍李文忠代領其衆，尋詔文忠自北平會師攻慶陽。

克慶陽

編 八月，大將軍徐達克慶陽。

陝西平

紀 六軍列營慶陽城下，張良臣數出戰，俱不利，糧餉乏絕，至煮人汁和泥嚥之。其平章姚暉等開門納降，達勒兵自北門入，良臣投井中，引出斬之，陝西悉平。達帥諸軍還京師。

編 建功臣廟。敕建功臣廟于雞鳴山。

紀 廟成，敍功，以徐達爲首，次常遇春、李文忠、鄧愈、湯和、沐英、胡大海、馮國用、趙德勝、耿再成、華高、丁德興、俞通海、張德勝、吳良、吳禎、曹良臣、康茂才、吳復、茅成、孫興祖凡二十一人。死者肖像祀之。

定內侍官制

編 命吏部定內侍諸司官制。

紀 上曰：「朕觀周禮，閽寺未及百人；後世至踰數千，卒爲大患。今雖未能復古，亦當爲防微之計，可斟酌其宜，毋令過多。」又顧侍臣曰：「求善良於中涓，即中人，宦官也。涓，潔也，主居中潔除之人。百無一二。用爲耳目即耳目蔽，用爲腹心即腹心病。馭之之道，但當使之畏法，不可使之有功；有功則驕恣，畏法則檢束。」

以濠州爲中都

編 九月，詔以濠州爲中都。

紀 上問羣臣建都之地。或言關中天府之國，或言洛陽天地之中，汴梁亦宋舊京，或言北平宮室完備。上以平定之初，民未休息，供給力役悉資江南，建業長江天塹，建業即金陵。塹，遶城水也。足以立國。臨濠前江、後淮，以險可恃，以水可漕，詔以爲中都。

詔天下郡縣皆立學

編 冬十月，詔天下郡縣皆立學。

紀 府設教授一，訓導四，生員四十人；州設學正一，訓導三，生員三十人；縣設教諭一，訓導二，生員二十人。學者專治一經，以禮、樂、射、御、書、數設科分教，務求實才，頑不率者黜之。

命徐達等往征沙漠

編 庚戌，三年，（一三七〇）春正月，帝命徐達等往征沙漠。沙漠，蒙古南界。

出師當何先

紀 元王保保爲西北邊患，上命右丞相、信國公徐達爲征北大將軍，浙西行省平章李文忠爲左副將軍，都督馮勝爲右副將軍，御史大夫鄧愈爲左副將軍，湯和爲右副將軍，往征沙漠。上問諸將曰：「元主遲留塞外，王保保近以孤軍犯我蘭州，（治皋蘭縣，即今甘肅蘭州市。）其志欲僥倖尺寸之利，不滅不已。卿等出師，當何先？」諸將皆曰：「保保之寇邊者，以元主之猶在也；若以師直取元主，則保保失勢，可不戰而降。」上曰：「王保保方以兵臨邊，今舍彼而取元主，是忘近而趨遠，失緩急之宜，非計之善。吾意欲分兵二道：一令大將軍自潼關出西安擣定西以取王保保，（潼關，在今陝西渭南縣東。定西州治安西縣，即今甘肅安西縣。）一令左副將軍出居庸入沙漠以追元主，使彼此自救，不暇應援。元主遠居沙漠，不意吾師之至，如孤豚之遇猛虎，擒之必矣！事有一舉而兩得者，此是也。」諸將皆曰：「善。」遂受命而行。

編　二月，詔羣臣親老者許歸養。

紀　上行後苑，見鵲巢卵翼之勞，喟然而歎，因有是命。

編　夏四月，以危素爲翰林侍讀學士，已，謫素居和州。（治歷陽縣，即今安徽和縣。）

紀　素居弘文館，一日上御東閣，聞履聲橐橐，上問「爲誰？」對曰：「老臣危素。」上曰：「是爾邪，朕將謂文天祥耳。」素惶懼頓首，上曰：「素元朝老臣，何不赴和州看守余闕廟去？」（和州屬江南。元至正十八年正月，余闕爲元守安慶，陳友諒引軍薄城下，闕以孤軍血戰，城陷，闕引刀自剄，墮清水塘中死，妻妾子女甥亦皆赴井死。）遂有是謫。素踰年卒。

徐達大敗王保保

編　大將軍徐達帥師出安定，與王保保戰，大敗之，保保奔和林。（和林爲元舊都，在今蒙古人民共和國庫倫西南。）

紀　達出安定，駐沈兒峪口，與王保保隔深溝而壘。一日，達整衆出戰，大敗保保兵於川北亂塚閒，擒元諸王國公及平章等官一千八百六十五人，將校士卒八萬四千五百餘人，獲馬萬五千二百八十餘匹，駱駝驢騾雜畜稱是。保保僅與其妻子數人從古城北遁去，至黃河，得流木以渡，遂出寧夏奔和林。（寧夏路治懷遠縣，即今寧夏銀川市。）

**李文忠克應昌**

【編】五月，左副將軍李文忠克應昌，獲元主孫買的里八剌等。帝諡元主曰順帝。

【紀】文忠與左丞趙庸師出野狐嶺，擒元平章祝眞，進敗元太尉蠻子等於白海之駱駝山，遂次開平，元平章上都罕等降。文忠帥師趨應昌，未至百餘里，獲元騎問之，知四月二十八日元主已殂。文忠至應昌，圍其城，獲元主孫買的里八剌幷后妃、宮人、諸王，宋代玉璽金寶一十五，宣和殿玉圖書一，玉册二，鎭國玉帶、玉斧各一，及駝馬牛羊無算，惟太子愛猷識理達臘與數十騎遁去。文忠帥精騎追之，至北慶州，（元北慶州治插漢城，在今內蒙古林西縣境。）不及而還。捷聞，百官稱賀，上命禮部榜示，凡經仕元者不與。又以庚申元主不戰而奔，克知天命，諡曰順帝。

**定科舉法**

【編】詔設科取士，定科舉法。

【紀】初場各經義一道，四書義一道；二場論一道，詔誥表箋內科一道；三場策一道。中式者，後十日以騎、射、書、策、律五事試之。

**行大射禮**

【編】詔行大射禮。

【紀】令太學生及天下郡縣學生員皆習射。

**定服色**

【編】詔定服色。

【紀】禮部奏：「夏尚黑，殷尚白，周尚赤，秦尚黑，漢尚赤，唐服飾尚黃，旗幟尚赤。國家取法周、漢、唐、宋以爲治，尚赤爲宜。」上從之。

册封諸王

編　册封諸王。

紀　詔曰：「諸子之封，本待報賞功臣之後，然尊卑之分所宜早定。」乃封樉爲秦王，樉音爽。棡爲晉王，棡音岡。棣爲燕王，橚爲周王，橚音肅。楨爲楚王，榑爲齊王，榑音扶。梓爲潭王，杞爲趙王，檀爲魯王，姪孫守謙爲靖江王，皆授以册寶，置相、傅、官屬。

嚴宮閫之政

編　嚴宮閫之政，著爲令。

紀　上以元末宮嬪女謁私通外臣，或番僧入宮攝持受戒，而大臣命婦亦往來禁掖，掖，宮旁舍。淫瀆褻亂。遂深戒前代之失，著爲典，俾世守之。皇后止得治宮中嬪婦事，宮門之外不得與焉。宮費奏自尚宮，內使監覆之，始支部，違者死。私書出外者，罪如之。宮人疾，言其狀，徵藥。羣臣命婦節慶、朔望朝見中宮，無故不得入。人君無見外命婦禮。天子、親王后、妃、宮嬪，愼選良家子女，進者勿受。

李文忠送俘至京師

編　六月，李文忠遣人送元買的里八剌等及其寶册至京師。

太祖不忍行獻俘禮

紀　省臣楊憲等請以買的里八剌獻俘於廟，寶册令百官具朝服進。上曰：「寶册貯之庫，不必進也。古者雖有獻俘之禮，武王伐殷曾用之乎？」憲對曰：「武王事殆不可知，唐太宗嘗行之。」上曰：「太宗是待王世充，隋末以王世充爲太尉，世充尋自稱帝，弑隋主侗，後降唐秦王世民，秦王至長安，俘世充獻於太廟。若遇隋之子孫，恐不行此禮。元人入主中國，百年之內，生齒甚繁，家給人足，朕之祖先亦預享其太平，雖古有獻俘之禮，不忍加之。」乃賜買的里八剌第宅於龍山，封爲崇禮侯。

編 頒平定沙漠詔於天下。

紀 是日百官表賀，上諭之曰：「當元之季，盜賊蜂起，天下已非元有矣。朕取天下於羣雄，非取天下於元氏。向使元君克畏天命，不自暇逸，其臣各盡乃職，罔敢驕奢，天下豪傑其得乘隙而起邪！」

大明集禮書成

編 秋九月，大明集禮書成，詔刊行之。其書以吉、凶、軍、賓、嘉、冠服、車輅、儀仗、鹵簿、字學、樂爲綱。所該之目，吉禮十四，嘉禮五，賓禮二，軍禮三，凶禮二；又冠服、車輅、儀仗、鹵簿、字學各一。樂三：曰鍾律，曰雅樂，曰俗樂。凡升降儀節、制度、名數皆備具。通五十卷。

編 冬十一月，大將軍徐達、左副將軍李文忠等振旅還京師。振，止；旅，衆也。言戰罷而止其衆以入也。春秋傳「出曰治兵，入曰振旅。」

大封功臣

編 大封功臣。李善長韓國公、徐達魏國公、常遇春子茂鄭國公、李文忠曹國公、馮勝宋國公、鄧愈衞國公、湯和中山侯、耿炳文長興侯、吳良江陰侯、廖永忠德慶侯、傅友德潁川侯、趙庸南雄侯、楊璟營陽侯、郭興鞏昌侯、顧時濟寧侯、吳楨靖海侯、唐勝宗延安侯、陸仲亨吉安侯、費聚平涼侯、周德興江夏侯、陳德臨江侯、華雲龍淮安侯、胡廷瑞豫章侯、朱亮祖永嘉侯、韓政東平侯、俞通源南安侯、康茂才子鐸蘄春侯、王志六安侯、鄭遇春滎陽侯、曹良臣宣寧侯、黃彬宜春侯、梅思祖汝南侯、陸聚河南侯、華高廣德侯、汪廣洋忠勤伯、劉基誠意伯。

# 明鑑易知錄卷二

## 明紀

### 太祖高皇帝

編　辛亥，四年，(一三七一)春正月，帝命湯和等帥師伐夏。

紀　元至正十七年，隨州人明玉珍起兵，(隨州即今湖北隨縣。)從徐壽輝陷川蜀，(蜀，即今四川成都市。)壽輝令玉珍守之，玉珍尋自據成都，遂稱帝，建國號曰夏。

二十六年，玉珍卒，子昇嗣，甫十歲，母彭氏同聽政。至是，昇將吳友仁寇興元，(即漢中府，治南鄭縣，即今陝西漢中市。)上命湯和、周德興、廖永忠、楊璟、葉昇等率舟師由瞿塘趨重慶，(在今四川重慶市內。)傅友德、顧時、何文輝等率步騎由秦、隴趨成都。上諭和等曰：「今天下大定，四海奠安，惟川蜀未平耳。朕以明玉珍嘗遣使脩好，存事大之禮，憫明昇稚弱，不忍加兵，數遣使開諭，冀其覺悟；昇乃惑於羣議，反以兵犯吾興元，不可不討。今命卿等率水陸大軍分道並進，首尾攻之。」諸將陛辭，上復密諭傅友德曰：「蜀人聞吾西伐，必悉其精銳東守瞿塘，北阻金牛，(在今陝西寧強縣東北。)以拒我師。彼謂地險，吾兵難至；若出其意外，直擣階、文，(階州治福津縣，在今甘肅武都縣東南。文州治曲水縣，在今甘肅文縣西北。)門戶既隳，(隳音灰，毀也。)

腹心自潰。兵貴神速，但患卿等不勇耳！」友德頓首受命。

策試進士于奉天殿

編 三月，策試進士於奉天殿。

紀 始令進士釋褐行釋菜禮。見禮記文王世子篇。立學之初，釋菜以告先聖、先師。釋，置也。菜，蘋藻之屬。

祀帝王三十五

編 遣使祭歷代帝王陵寢。

紀 祀帝王三十五。在河南者十：陳州祀伏羲，殷高宗，孟津祀漢光武，洛陽祀漢明帝、章帝，鄭州祀周世宗，鞏縣祀宋太祖、太宗、眞宗、仁宗。在山西者一：滎河祀商湯。在山東者二：東平祀唐堯，曲阜祀少昊。在北平者二：內黃祀殷中宗，滑縣祀顓頊、高辛。在湖廣者二：酃縣祀神農，寧遠祀虞舜。在浙江者二：會稽祀夏禹、宋孝宗。在陝西者十五：中部祀黃帝，咸陽祀周文王、武王、成王、康王、宣王、漢高帝、文帝、景帝，興平祀漢武帝，長安祀漢宣帝，三原祀唐高祖，醴泉祀唐太宗，蒲城祀唐憲宗，涇陽祀唐宣宗。

編 夏四月，命永嘉侯朱亮祖爲右副將軍，帥師伐蜀。

紀 上以湯和、傅友德等伐蜀三月，未得捷報，命亮祖帥師助之。

宴享九奏樂章

編 六月，吏部尙書詹同、禮部尙書陶凱作宴享九奏樂章。曰本太初，曰仰大明，曰民初生，曰品物亨，曰御六龍，曰泰階平，曰君德成，曰聖道成，曰樂清寧。上以協律，善之，悉屛俗樂。

編 廖永忠、湯和師至重慶，夏主明昇降。

紀 永忠帥舟師自夔州乘勝抵重慶，（夔州府治奉節縣，即今四川奉節縣。）沿江州縣望風奔附。

夏明昇降

明昇與右丞劉仁等大懼，仁勸明昇奔成都，其母彭氏泣曰：「事勢如此，縱往成都，不過延命旦夕，何益？不如早降，以免生靈於鋒鏑。」明昇遂遣使詣永忠軍，全城納款。永忠以湯和軍未至，辭不受。後數日，湯和至重慶，會永忠以兵駐朝天門外，是日明昇面縛銜璧，縛手于後，惟見其面，以璧爲贄，手縛故銜之。左傳僖公六年：「許男面縛銜璧。」奉表詣軍門降。和受璧，永忠解縛，遣指揮萬德送明昇等并降表於京師。朱亮祖兵亦至。

蜀平

編　秋七月，傅友德兵圍成都，克之。蜀地悉平。

編　八月，明昇至京師，封爲歸義侯。已而投昇于高麗。

以劉基書付史館

編　以劉基所上書付史館。

紀　上手書問劉基曰：「近西蜀平，疆宇恢廣。元以寬失天下，朕救之以猛，然小人但喜寬，遂恣誹謗。今天鳴八載，日中黑子疊見，卿宜條悉以聞。」基上言，以爲「霜雪之後，必有陽春。今國威已立，宜少濟以寬。」上以其書付史館。或有言殺運三十年未除者，基曰：「若使我當國，掃除俗弊，一二年後寬政可復也。」

編　冬十二月，賞平蜀將士。

紀　傅友德、廖永忠各白金二百五十兩，彩緞二十表；楊璟、趙庸、朱亮祖不與賞。上親製平西蜀文，紀傅、廖二將之功。

編　壬子，五年，（一三七二）春正月，遣大將軍徐達等征沙漠。

三事未了

紀　上謂諸將曰：「今天下一家，尚有三事未了：一，歷代傳國璽在元未獲；二，王保保未擒；三，元太子不聞音問。今遣爾等分道征之。」於是令徐達、馮勝、李文忠等三路出師，其兵四十萬。後達等兵至沙漠，以糧運不繼而還。

考課必有學校農桑之績

編　冬十二月，敕中書命有司考課。

紀　敕考課必有學校、農桑之績，違者降罰。已而莒州日照知縣馬亮考滿，（日照縣，即今山東日照縣。）無課農、興學之效，而長於督運，命黜之。山西汾州考平遙主簿成樂，（平遙屬汾州府，即今山西平遙縣。）能恢辨商稅。辨，治也。上曰：「恢辨是額外取民也。主簿職在佐理縣政，撫安百姓，豈以恢辨爲能！州之考非是。」命吏部移文訊責。

命仍祀孟子

編　命仍祀孟子。

紀　初，國子監請釋奠，禮文王世子：「凡始立學者，必釋奠于先聖、先師。」謂但奠置所祭之物，而無尸及食飲酬酢等事，以其主於行禮，非報功也。命罷孟子祀。至是上曰：「孟子闢邪說，辨異端，發明先聖之道，其復之。」帝讀孟子至「草芥寇讎」之說，大不然之，欲去其配享，詔有諫者以不敬論，且命金吾射之。刑部尚書錢唐輿櫬入諫，袒胸受箭，曰：「臣得爲孟軻死，死有餘榮。」帝見其誠懇，命太醫療其箭瘡，孟子配享得不廢。

編　縱苑中禽獸。

紀　內使奏增飼虎肉，上曰：「養牛以供耕作，養馬以供騎乘，養虎欲以何用？而費肉以飼之乎！」命以虎送光祿，他禽獸悉縱之。

置六科給事中

編 癸丑，六年，（一三七三）春正月，置六科給事中。掌參駁糾察之事。

編 徵孔克表爲翰林修撰。克表家浙江溫州府平陽縣，元至正中進士，博學篤行，孔子五十五代孫也。

編 以舉人張唯、王璉等爲編修。

紀 唯、璉等入文華堂肄業，以太子贊善宋濂、正字桂彥良爲之師。上聽政之暇，輒幸堂中，定其優劣，賜白金、弓矢、鞍馬，寵遇甚隆。一日，上問彥良曰：「法數行而數犯，奈何？」對曰：「用德則逸，用法則勞。法以靖民則民勞而弗靖，德以靖民則民靖於德矣。」上曰：「卿，帝者師也，江南大儒惟卿一人。」對曰：「臣不敢當宋濂、劉基。」上曰：「濂文人，基峻隘，不如卿也。」

詔暫罷科舉

編 二月，詔暫罷科舉，令有司察舉賢才。

紀 上諭中書省臣曰：「朕設科舉，求天下賢才以資任用。今所司多取文詞，及試用之，不能措諸行事者甚衆。朕以實心求賢，而天下以虛文應之，甚非所以稱朕意也！其暫罷天下科舉。有司察舉賢才，必以德行爲本，文藝次之。」

昭鑒祖訓錄

編 夏四月，脩昭鑒祖訓錄成。

紀 初，上命陶凱等采摭漢、唐以來藩王可爲觀戒者，摭音職，拾也。書成，賜名昭鑒祖訓錄，上親爲之敍，頒賜諸王。

編 以左丞相胡惟庸爲右丞相。

奪劉基祿

編 奪誠意伯劉基祿。

紀 先是基言於帝曰：「溫、處之閒，（溫州治永嘉，即今浙江溫州市。處州治麗水，即今浙江麗水縣。）有地名談洋，僻絕巖險，民多負販私鹽，萃逋逃之衆，宜設巡司涖之。」基又言：「郡縣豪猾吏當治。」使其子璉奏上二事，皆不先關白中書。時胡惟庸行丞相事，恨之。適有旨逮豪猾吏，惟庸訹吏誣基善相地，（訹音恤，誘也。）以談洋負山面海，有王氣，欲圖爲祖墓，民弗與，則畫建司之策以逐其家。遂爲成案，奏上，請加重辟。帝不聽，惟奪基祿而已。基入朝謝，遂留京師。

詔禁對偶文辭

編 秋九月，詔禁對偶文辭。

紀 命翰林院儒臣擇唐、宋名儒箋表可爲法者，羣臣以柳宗元代柳公綽謝表及韓愈賀雨表進，令中書省頒爲式。

更定大明律

編 冬十月，更定大明律。（令刑部尚書劉惟謙及宋濂等更定之也。）

編 十一月，潞州進人參。（潞州治長治縣，即今山西長治市。）

紀 上曰：「朕聞人參得之甚艱，豈不勞民，今後不必進。」因謂省臣曰：「往年金華進香米，（金華，即今浙江金華市。）朕命止之，遂於苑中種之，每當耘耔刈穫之時，（耘，除草也。耔，壅本也。）親往觀之，足以自適，而其所入亦足供用。朕飲酒不多，太原進葡萄酒，亦令勿進。國家以養民爲務，豈以口腹累人哉！」

脩孔子廟

編 甲寅，七年，（一三七四）春二月，詔脩治闕里孔子廟。

紀 設孔、顏、孟三氏子孫教授，以訓其族人。

編 夏五月，禮部尚書牛諒奏請致齋之日，（禮祭義：「致齋于內，散齋于外。」）宰犢爲膳；不許。

紀 諒奏：「古禮，凡大祀齋之日，宰犢牛爲膳，以助精神。」上曰：「致齋三日而供三犢，所費太侈，徒增傷物之心，何益事神之道？」諒曰：「周禮所定也。」上曰：「周禮不行於後世多矣，惟自奉者乃欲法古，何哉！」

遣買的里八剌北還

編 冬十月，遣崇禮侯買的里八剌北還。

紀 臨行，上諭之曰：「爾本元君子孫，國亡就俘，曩即欲遣歸，以爾年幼，道里遼遠，恐不能達。今既長成，朕不忍令爾久客於此，故特遣還，見爾父母，以全骨肉之愛。」

編 十二月，陝州人獻天書，（陝州治靈寶縣，即今河南靈寶縣。）斬之。

劉基卒

編 乙卯，八年，（一三七五）夏四月，誠意伯劉基卒。

紀 初，上欲相胡惟庸，基謂不可，既而上竟相之，基大慼曰：「其如蒼生何！」因憂憤成疾。後疾愈增，惟庸乃遣醫視疾，飲基藥二劑，有物積腹中如卷石，疾遂篤。至是，上遣使送還家，僅一月而卒。基剛毅慷慨，每遇急難，計畫立就，上甚禮重，常稱爲「老先生」而不名。又曰：「伯溫，（劉基字。）吾子房也。」

編 甘露降。

葉居昇應詔上言

論用刑

紀　甘露降於圜丘青松上，有若明珠，探嘗之，甘於飴。羣臣咸歌詩誦德，上曰：「天道幽微難測，若恃祥不戒，祥未必吉。朕德不逮，惟圖脩省，豈敢以此爲己所致哉！」

編　丙辰，九年，(一三七六)春三月，詔免今年稅糧。

編　秋閏九月，五星紊度，詔求直言。

紀　欽天監奏：「五星紊度，日、月相刑。」下詔求言。山西平遙訓導葉居昇上言曰：「臣觀當今之事，太過者有三：曰分封太侈也；用刑太繁也；求治太速也。臣觀歷代開國之君，未有不以尙德緩刑而結民心，亦未有不以專事刑罰而失民心，國祚長短，悉由于此。今議者曰：『宋、元中葉之後，中葉，中世也。紀綱不振，專事姑息，苟安也。檀弓曾子曰：「君子之愛人也以德，細人之愛人也以姑息。」以致亡滅。』陛下所以痛懲其弊而矯枉之者也。姑以當今刑法言之，笞、杖、徒、流、死，今之五刑也。用此五刑，既無假貸，一出乎大公至正可也；而用刑之際，多出聖衷，致使治獄之吏，務求深刻以趨承上意，深刻者多獲功，平允者多獲罪，欲求治獄之平允，豈易得哉！近者特旨雜犯死罪免死充軍，其餘以次倣徒、流律，又删定舊諸律條減有有差；此漸見寬宥，全活者衆，而主上好生之仁已藹然布乎宇內矣。然法司之治獄，猶循舊弊，雖有寬宥之名，而無寬宥之實。所謂實者，在主上不在臣下也，故必有罪疑惟輕之意，虞書：「罪疑惟輕，功疑惟重。」而後好生之德洽於民心；必有王三宥然後刑之政，文王世子：「公曰：宥之，公又曰：宥之。及三宥。」而後有囹圄空虛之效。囹音陵，圄音語，獄也。唐太宗曰：『鬻棺之家，欲歲之疫，非欲害於人，欲利於棺售故耳。』今法司覈理一獄，必求深以成其考，今作何法，使得平允！古之爲士者以登仕版爲榮，以罷職不敍爲辱。今之爲士者以混迹無聞爲福，以受玷不錄爲幸，以屯田、工役爲必獲之罪，以鞭笞捶楚爲尋常之辱。其始也，朝廷取天下之士，網羅捃摭，務無遺逸，有司催迫上道，如捕重囚。比至京師，而除官多以貌選，故所學或非其所聞，而其所用或非其所學，洎乎居官，洎音忌，及也。言動一跌，跌，失也。於法苟免誅戮，則必罹屯田、工役之科，罹音離，遭也。所謂取之盡錙銖，用之如泥沙，率是爲常，不少顧惜。然此亦豈人主樂爲之事哉？欲人之惧而不敢犯也，竊見數年以來，誅殺亦可謂不細矣，而犯者日月相踵，豈下人之不惧哉？良由激濁揚清之不明，善惡賢愚之無別，議能之法既廢，周禮小司寇以八辟麗邦法：一曰議親之辟，二曰議故之辟，三曰議賢之辟，四曰議能之辟，五曰議功之辟，六曰議貴之辟，七曰議勤之辟，八曰議賓之辟，是爲八議。以致人不自厲，而爲善者怠。若是，非用刑之煩者乎！漢之世嘗徙大族於山陵矣，未聞實之以罪人也。今鳳陽皇陵所在，龍興之地，而率以罪人居之，以怨嗟愁苦之聲充斥園邑，非所以恭承宗廟意也。賊人四大王突竄山谷，四大王，元宗室。如狐如鼠，無窟可追，深山大壑，捕之數年，既無其方，乃歸咎于新附戶籍之細民而遷徙之，騷動四千里之地，雞犬不得寧息。況新附之民，日前兵難流於他所，朝廷許之復業而來歸；今乃就附籍者取其數而盡遷之，是法不信于民也！夫有戶口而後田野闢，田野闢而後賦稅增，臣恐自茲之後，北郡戶口不復得增矣！凡此皆臣所謂大過，而足以召災異者也。臣

論求治

願自今朝廷宜錄大體，赦小過，明詔天下，備舉八議之法，嚴深刻之吏，斷獄平允者則超遷之，奇刻聚斂者則罷黜之，兆民自安，天變自消矣。

昔者周自文、武至於成、康而後教化大行，漢自高帝至於文、景而後號稱富庶。文王、武王、高帝之才，非不能使教化行以致富庶也，蓋天下之治亂，氣化之轉移，人心之趨向，皆非一朝一夕之故。臣謂天下趨於治也，猶堅冰之將泮也。泮音判，冰釋。冰之堅，非太陽一日之光能消之也，陽氣發生，土脈微動，然後能使之融釋。聖人之治天下，亦猶是也。求治之道，莫先於正風俗，正風俗之道莫先於使守令知所務，使守令知所務莫先於使風憲知所重，使風憲知所重莫先於朝廷知所尚；則必以簿書期會、獄訟、錢穀之不報爲可恕，期會，猶言程限。而流俗失世敗壞爲不可不問，而後正風俗之道得矣。今之守令，以戶口、錢糧、簿書、獄訟爲急務，至於農桑、學校，王政之本，乃視爲虛文而置之不問，此守令未知所務之失也。風憲之司，所以代朝廷宣導風化，條舉綱目，至於聽訟讞獄，讞，平議也。其一事耳。今專以訟獄爲要務，雖有忠臣、孝子、義夫、節婦，視爲虛文末節而不暇舉，此風憲未知所重之失也。守令，親民之官；風憲，親臨守令之官，未知所務如此，所以求善治而卒未能也。王制論鄉秀士升於司徒，王制，禮記篇名。司徒升於太學，太學正升諸司馬，司馬辨論官材，論定然後官之，任官然後爵之，其考之詳如此。今使天下郡縣生員升於太學，或未數月遽選入官者間亦有之。開國以來，選舉秀才不爲不多，選任名位不爲不重，自今數之，賢者能有幾人乎！

論分封

凡此皆臣所謂求治太速之過也。

日者君之象也，月者臣之象也，五星者鄉士庶人之象也。臣愚不知星術，姑以所聞於經、傳并摭前世已行之得失者論之。詩曰：『彼月而食，則維其常。』詩小雅十月之交篇辭。今日刑於月猶之可也，而日、月相刑，則月敢抗於日者，臣敢抗於君矣。傳曰：『都城過百雉，國之害也。』語見左傳隱公元年。城方丈曰堵，三堵曰雉，雉長三丈高一丈，言都城不可過三百丈也。國家懲宋、元孤立宗室不競之弊，秦、晉、燕、齊、梁、楚、吳、閩諸國，各盡其地而封之，都城宮室之制，廣狹大小，亞於天子之都，賜之以甲兵衞士之盛。臣恐數世之後，尾大不掉，掉，搖動也。左傳昭公十一年：「末大必折，尾大不掉。」然後削之地而奪之權，則起其怨，如漢之七國，晉之諸王，否則恃險爭衡，否則擁衆入朝，甚則緣閒而起，防之無及也。昔賈誼勸漢文帝早分諸國之地，空之以待諸王子孫，謂力少則易使以義，國小則無邪心。願及諸王未國之先，節其都邑之制，減其衞兵，限其疆里，亦以待封諸王之子孫。此制一定，然後諸王有聖賢之德行者，入爲輔相，其餘世爲藩輔，可以與國同休，世世無窮矣。」書奏，帝怒，逮問，繫死獄中。後無敢言者。

承宣布政使司

編　詔改中書行省爲承宣布政使司。

編　丁巳，十年，(一三七七)春二月，學士承旨宋濂致仕歸。

編　夏五月，命韓國公李善長、曹國公李文忠總中書省、都督府、御史臺，同議軍國重事。詔監察御史巡按州縣。

内侍不許讀書識字

編 制內侍不許讀書識字。

紀 有內侍以久侍內庭，從容言及政事；上卽日遣還鄕，命終身不齒。齒猶錄也。禮王制：「屛之遠方，終身不齒。」諭羣臣曰：「閹侍之人，朝夕左右，其小忠小信，足以固結君心。及其久也，假威竊權，勢遂至於不可抑。朕立法，寺人不得預政事，今決去之，所以懲將來也。」因敕內侍不許讀書識字。

置通政使司

編 秋九月，置通政使司。

紀 掌出納諸司文書、敷奏封駁之事，以曾秉正爲之。

濮眞抽刀剖心

編 冬，都督僉事濮眞征高麗，被執，不屈，死之。

紀 眞被執，高麗王愛其驍勇，欲降之，不從。王怒欲殺之，眞曰：「大丈夫有赤心，肯汝屈邪！」卽抽刀剖心示之而死。王大懼，遣使入朝謝罪。上嘉眞忠節，追封樂浪公，謚忠襄，其子璵尙在襁褓，卽封爲西梁侯。

建文帝

編 十一月，皇孫允炆生。炆音文。

編 戊午，十一年，（一三七八）春三月，禁奏事關白中書省。

編 以李文煥、費震並爲戶部侍郞。

紀 上諭吏部曰：「朝廷懸爵祿以待士，資格者爲常流設，非爲賢才設。今後庶官之有才能而居下位者，當不次用之。」於是以西安府知府李文煥、寶鈔提舉費震俱爲戶部侍郞。

（西安府治長安縣，在今陝西西安市內。）

傅藻上春秋本末

編　己未，十二年，（一三七九）春三月，東宮文學傅藻等編春秋本末成，上之。

編　冬十二月，貶右丞相汪廣洋於海南，道卒。

紀　御史中丞涂節言劉基爲胡惟庸毒死，廣洋宜知狀。上問廣洋，廣洋對無是事。上頗聞其實，因責廣洋欺紿，謫居海南；行次太平，上復遣使責之，廣洋自縊死。

胡惟庸謀逆

編　庚申，十三年，（一三八〇）春正月，丞相胡惟庸謀逆，伏誅。

紀　惟庸等謀逆，誑言所居第井中湧醴泉，邀上往觀。駕出西華門，內使雲奇知其謀，走衝蹕道，（顔師古曰：「天子出則稱警，示戒肅也。入則言蹕，止行人也。」）勒馬言狀，氣方勃，舌駃不能達意，上怒其不敬，左右撾捶亂下，奇右臂幾折，尙指惟庸第，弗爲痛縮。上悟，登城眺察，見惟庸第內兵甲伏屛帷閒；卽發兵掩捕，拷掠具伏，磔惟庸於市。（磔音窄，裂尸也。）御史大夫陳寧、都督李玉等皆伏誅。上召雲奇，死矣，深悼之，追封右少監，賜葬鍾山。

惟庸辭連李善長，羣臣請罪之。上曰：「此吾初起時股肱心腹，吾不忍罪之，其勿問。」宋濂、孫愼坐黨逆被刑，籍其家，械濂至京，上欲幷誅之，皇后諫曰：「民閒請一先生尙有始終，不忘待師之禮。宋濂親教太子、諸王，豈宜若是恝。況濂致仕在家，當不知情。」上意解，濂得發茂州安置。（茂州治文山縣，卽今四川茂縣。）行至夔州，以疾卒。

罷中書省

編　詔罷中書省。

成祖之國

紀 罷丞相等官，陞六部官秩，如古六卿之制。夏五月，詔免天下今年田租。

編 燕王之國北平。（即今北京市城內。）以葛誠爲燕府長史。

編賦役黃冊

編 辛酉，十四年，（一三八一）春正月，編賦役黃冊。以一百一十戶爲里，推丁糧多者十人爲里長，餘百戶分隸十里。歲役里長一人，管攝一里之事。城中曰坊長，近城曰廂長，鄉都曰里長。十年一周，每里編爲一冊，冊首總爲一圖，鰥寡孤獨不應役者則帶管于一百一十戶之外，而列于圖後，名曰畸零。冊成，一本進戶部，其布政司及府州縣各存一本，十年攢造一次。

編 秋七月，舉孝弟力田、賢良方正文學之士。以何德忠、金思作等爲參政、參議諸官。

征雲南

綱 九月，命潁川侯傅友德爲征南將軍，永昌侯藍玉、西平侯沐英爲副將軍，帥師征雲南。

紀 友德等帥師征雲南，上諭之曰：「雲南自昔爲西南夷，至漢置吏，臣屬中國。今元之遺孽把匝剌瓦爾密等自恃險遠，（把匝剌瓦爾密，元梁王。）輒害使臣，在所必討。爾等行師之際，當知其山川形勢，以規進取。」師行，上餞於龍江，（在今江蘇南京市興中門外。）旌旗蔽江而上。友德師至湖廣，分遣都督郭英、胡海洋、陳桓等帥兵五萬，由四川永寧趨烏撒，（永寧衞，即今四川敍永縣。烏撒衞，即今貴州威寧縣。）友德等率大兵由辰、沅趨貴州。（辰州府治沅陵縣，即今湖南沅陵縣。沅州即今湖南芷江市。）

平曲靖

編 冬十二月，傅友德等師至普安，（在今貴州普安縣西北。）攻下之，遂進平曲靖。（曲靖府治南寧縣，即今雲南曲靖縣。）

**沐英白石江之捷**

紀　元梁王把匝剌瓦爾密，遣司徒平章達里麻將精兵十餘萬屯曲靖，以拒明師。沐英謂友德曰：「彼謂我師疲於深入，未有虞心；若倍道疾趨，出其不意，破之必矣。」友德是之，遂進師。未至曲靖數里，忽大霧四塞，衝霧而行，阻水，則已臨白石江矣。（白石江，在今雲南曲靖縣東北。）頃之霧霽，達里麻望見大驚，倉皇失措。友德卽欲濟師，英曰：「我軍遠來，形勢既露，固利速戰，然亟濟恐爲所扼。」乃整師臨流，勢若欲渡。達里麻悉精銳扼水，英別遣數十人從下流潛渡出其後，鳴金鼓，樹旗幟。達里麻急撤衆禦之，陣動，英乃拔劍督師濟江，以猛而善泅者先之，（泅，浮行水上也。）長刀蒙盾，（盾，干也，所以蔽身扞目。）破其前軍；敵氣索，退數里而陣。明師畢濟，友德麾兵進薄之，（薄，逼也。）英縱鐵騎擣其中堅，敵遂大敗，生擒達里麻，橫屍十餘里，軍聲大振，遂平曲靖。友德分遣藍玉、沐英帥師趨雲南，而自以衆數萬向烏撒，爲郭英等聲援。把匝剌瓦爾密聞達里麻敗，棄城走，挈妻子入晉寧州忽納砦，（晉寧州治陽城堡，在今雲南晉寧縣東。）驅妻子俱赴滇池死。（滇池，在今雲南昆明市南。）

**雲南平**

編　藍玉、沐英等師至雲南，元右丞觀甫保出降，雲南遂平。

紀　玉等師至雲南之板橋，（鎮名，在今雲南昆明市東。）觀甫保出降，諸父老焚香出迎，玉等斂衆入城，秋毫無犯，收梁王金印幷宮府符信圖籍，撫定其民。自九月朔出師迄下雲南，僅百餘日。後雲南悉平，上召傅友德班師，沐英留鎮。

置錦衣衛

孔子豈可以職位論

編 壬戌，十五年，(一三八二)春正月，命天下朝覲官各舉所知一人。

編 三月，置錦衣衛及鎮撫司。所隸有大漢將軍、力士、校尉等，專掌直駕侍衛巡捕等事；若有重囚，下衛司推勘。

編 夏四月，黜廉州府巡檢王德亨，流廣平府吏王允道於海外。

紀 德亨上言取西戎水銀阬，黜之。允道言磁州臨水鎮地產鐵，(磁州治滏陽縣，即今河北磁縣。)請如元時置鐵冶都提舉司轄之，歲可收鐵百餘萬斤；上命杖之，流海外。

編 五月，遣使求經明行脩之士，以秀才曾泰爲戶部尙書。

紀 廣東儒士上治平策數千言，上以其不及用賢，責之。泰，江夏人，有學行，故不次擢用。

編 帝詣國子學行釋菜禮。

紀 國學成，上將釋菜，令諸儒議禮。議者曰：「孔子雖聖人，臣也，禮宜一奠再拜。」上曰：「聖如孔子，豈可以職位論哉！昔周太祖如孔子廟將拜，左右曰：『陪臣，不宜拜。』周太祖曰：『百世帝王之師，敢不拜乎！』遂再拜。朕深嘉其不惑於左右之言。今朕敬禮先師之禮，宜特加尊崇。」儒臣乃定其儀，從之。

編 帝親錄繫囚。

紀 上錄囚畢，命御史袁凱送東宮覆審，遞減之。凱還復命，上問：「朕與東宮孰是？」

凱頓首曰：「陛下法之正，東宮心之慈。」上大喜，悉從之。

馬后賢德

【編】秋八月，皇后馬氏崩。

【紀】后性恭儉，服澣濯之衣，每誡諸王妃、公主曰：「爾等生長富貴，當爲天地惜物。」接妃嬪有恩，被寵生子者待之加厚。太子、諸王雖愛之甚篤，勉令務學，有以器皿衣服相尙者，必切責之。上常前殿決事，或震怒，還宮必問今日處何事？怒何人？因言：「陛下有衆子，正好積德，不可縱怒殺人，致死者寃枉。活人性命，乃子孫之福，國祚亦長久。」上每從之。至是病，不肯服藥；上強之，終不肯，曰：「死生有命，雖扁鵲，何益！扁鵲，春秋時良醫也，姓秦名越人，與黃帝時扁鵲相類，故仍號扁鵲。又家于盧國，因名盧醫。使服藥而不瘳，陛下寧不以妾故而殺此諸醫乎！」遂崩，年五十一。上痛悼，終身不復立后。

終身不復立后

選僧分侍諸王

【編】九月，詔選高僧分侍諸王。

【紀】有僧道衍者，姓姚名廣孝，蘇州人，幼出家，改名道衍，字斯道。好讀書，工詩文，遇異人傳術，異人，道士席應眞。能預知人休咎，及善術數之學。文皇在燕邸，邸，舍也。凡郡國朝宿之舍在京師者率名邸。廣孝自請於燕王曰：「殿下若能用臣，臣當奉白帽子與大王戴。」白字加於王字上，蓋謂皇字也。至是，燕王自求廣孝於上，許之。

【編】徵耆儒鮑恂等至，並命爲學士；固辭，尋放還。

【紀】徵崇德鮑恂、上海全思誠、吉安余銓、高郵張長年，（崇德縣，在今浙江桐鄉縣西南。上海縣，在今上海市境。吉安縣，即今江西吉安縣。高郵縣，即今江蘇高郵縣。）既至，入見，年皆七十餘，賜坐，顧問者久之，並命爲文華殿大學士。恂等固辭，上曰：「免卿早朝，日晏而入。」恂等復以老疾辭，乃放還。

置殿閣學士

編 置殿、閣學士，以禮部尚書劉仲質爲華蓋殿大學士，翰林學士宋訥爲文淵閣大學士，檢討吳伯宗爲武英殿大學士，典籍吳沈爲東閣大學士。

吳沈薦方孝孺

編 召方孝孺入見，復遣還。

紀 吳沈薦孝孺學行，召入見，上喜其舉動端雅，曰：「此莊士，當老其才用之。」遣還鄉。

編 設都察院，以詹徽、林駟爲監察御史。

精誠錄

編 癸亥，十六年，（一三八三）春正月，吳沈承制編敬天、忠君、孝親三事爲書，上之，賜名精誠錄。

編 秋七月，遣御史錄囚於諸省。

編 冬十月，刑部尚書開濟以罪誅。

紀 先是濟議法巧密，上曰：「竭澤而漁，害及鯤鮞；鮞音而，魚子。焚林而田，禍及麛鷇。麛音麋，鹿子。鷇音冦，鳥雛。巧密之法，百姓何堪，非朕所望也！」濟強敏綜核，善深文，莫能自脫。嘗繫獄，借死囚脫代，獄吏發之，捶獄吏死。至是下濟獄而死。

編 十二月，初令儒學歲貢生員。

頒行科舉成式

徐達卒

編　甲子，十七年，（一三八四）春正月，以孔訥襲封衍聖公。孔子五十七代孫也。

編　三月，頒行科舉成式。

紀　凡三年大比，鄉試，試三場：八月初九日，試四書義三，經義四，四書義主朱子集註，經義：詩主朱子集傳，易主程、朱傳、義，程傳、朱子本義。書主蔡氏傳及古註疏，蔡氏，蔡沈。春秋主左氏、公羊、穀梁、胡氏、張洽傳，禮記主古註疏；十二日，試論一，判語五，詔、誥、章、表内科一；十五日，試經史策五。禮部會試以二月，與鄉試同，其舉人則國子學生、府州縣學生，暨儒士未仕官之未入流者應之；其學校訓導，專主生徒，罷閑官吏、倡優之家與居父母喪者，俱不許入試。

編　冬十月，以秀才宋矩等十七人爲監察御史。

編　十一月，以孔希文爲曲阜世職知縣。孔子五十六代孫也。

編　乙丑，十八年，（一三八五）春二月，初昏五星並見。

編　太傅、魏國公徐達卒。

紀　達自北征還，卽上將印。自去冬疾作，至是卒，年五十四。上痛悼不已，親爲文祭之，追封中山王，謚武寧，賜葬中山。子四：長輝祖，襲封魏國公；次添福，勳衞；次增壽，左都督；次應緒，都督僉事。女四：長文皇后，次安王妃，次代王妃。

編　會試天下貢士。

置行人司

焚錦衣衛刑具

文武非二塗

紀 取黃子澄第一，練子寧次之。殿試丁顯第一，子寧次之，子澄又次之。

編 丙寅，十九年，（一三八六）春二月，置行人司。

編 秋七月，詔舉經明行脩、練達時務之士，年七十以上者送京師。

編 丁卯，二十年，（一三八七）春正月，詔脩闕里孔子廟。

編 二月，帝耕耤田。

編 詔焚錦衣衞刑具。

紀 上聞錦衣衞多以非法訊鞫罪囚，命取其刑具悉焚之，所繫囚仍送刑部審理。有軍人犯罪當杖，其人嘗兩得罪宥免，有司請并論前罪誅之。上曰：「前罪既宥，今復論之，則不信矣，使人何所措手足乎！」

編 秋七月，有司請立武學，祀太公，不許。

紀 有司請立武學，祀太公。上曰：「文、武非二塗也，太公從祀帝王廟，罷其舊祀。」

編 戊辰，二十一年，（一三八八）春正月，以御史凌漢爲右都御史。

紀 漢鞫獄平恕，人有德漢者遇諸途，厚遺以金。漢曰：「子罪當爾，律有定法，非我私子，何以金爲！」上廉得其事，廉，察也。故有是擢。

編 三月，廷試進士。

紀 賜任亨泰等進士及第、出身有差。亨泰，襄陽人，（襄陽縣，在今湖北襄樊市。）命有司建狀

解縉上封事萬餘言

元坊以旌之。奉旨建坊自此始。

編　冬十月，以庶吉士解縉爲監察御史，尋遣歸。

紀　縉，吉水人，（吉水，即今江西吉水縣。）七歲能詩文，十八舉於鄉，連登進士，上親選爲庶吉士，特被寵眷。因上封事，密奏也。凡萬餘言，其略曰：「陛下進人不擇賢否，授職不量輕重，誠信有閒，用刑太繁，每多自悔之時，輒有無及之歎。律以人倫爲重，乃有給配夫婦之條，恐傷節義之禮。太常非俗樂可肄，官妓非人道所爲，可以禁絕。釋、老之壯者宜出之，使復人倫。經咒之妄者悉火之，以杜俗惑。陛下天資清高，而學問不充；善端開發，而心學無素。」上嘉其識，擢爲監察御史。時都御史袁泰恣橫，無敢言之者，縉歷詆其奸狀。上慮縉少涵養，將爲衆所傾，召其父諭之曰：「才之生甚難，而大器者晚成，其以爾子歸，益進其學。」又諭縉曰：「後十年來朝，大用爾未晚也。」

編　以卓敬爲給事中。

紀　時諸王服飾有擬太子者，敬乘閒言於上曰：「陛下於諸王不早辨等威，而使服飾與太子埒。埒音劣，等也。尊卑無序，何以令天下！」上曰：「卿言是也。」

宗人府

編　己巳，二十二年，（一三八九）春二月，改大宗正院爲宗人府，以秦王爲宗人令。

編　二月，詔公侯各還其鄉，賜賚有差。

紀　上以天下無事，憫諸將老，欲保之，故有是命。上諭守成之道曰：「人常慮危，乃不蹈危。車行於峻阪而仆於平地者，愼於難而忽於易也。保天下亦如御車，雖治平，何可不愼！」

編 庚午，二十三年，（一三九〇）夏四月，除百官期年奔喪之制。舊制，遇祖父母、伯叔兄弟沒，皆得奔喪，至是止許遣人致祭。

殺李善長

編 殺韓國公李善長。

紀 先是善長坐他累削祿，既又有以胡惟庸黨言者，上亦未之究也。至是，會有星變，其占爲大臣當災。時帝大殺京民之怨逆者，善長請免其親戚數人。上大怒，遂賜死。

求仙人張三丰

編 詔求仙人張三丰不得，召其徒丘玄清拜太常卿。

紀 三丰不知何處人，洪武初入武當山脩煉，（武當山一名太和山，在今湖北均縣南。）寒暑一衲，衲音納，補衲衣也。時稱爲張邋遢。邋遢，音臘塔。有問之者，終日不答一語。或與論經書，則津津不絕口。一啖數斗輒盡，辟穀數月亦自若。辟音璧，除也。隆冬，鼾臥雪中，鼾音翰，臥息也。道士丘玄清遇之，遂爲弟子。至是上遣使求三丰不得，乃召丘玄清至，與語大悅，拜太常卿。

劉廌襲封誠意伯

編 命劉基孫廌襲封誠意伯。

紀 初基爵止其身，不世襲。既而忤胡惟庸，爲所害，基子璉爲江西參政，又爲惟庸黨沈立木所脅，卒於官。及惟庸敗，上憫思之，故有是命。

定生員巾服之制

馮堅言九事

民情不知所教何事

編　辛未，二十四年，（一三九一）春二月，改封豫王桂爲代王，漢王楧爲肅王，衛王植爲遼王。

編　冬十月，定生員巾服之制。

紀　上親視，必求典雅，凡三易其制，始定襴衫。

編　擢馮堅爲僉都御史。

紀　南豐典史馮堅上言九事，（南豐，即今江西南豐縣。）上奇之，超擢爲都察院右僉都御史。

編　壬申，二十五年，（一三九二）夏四月，皇太子薨，謚曰懿文。

編　秋七月，竄吳從權、張恒于極邊。

紀　岢嵐州學正吳從權、山陰教諭張恒，岢嵐音可藍。（岢嵐州，在今山西五寨縣西南。山陰縣，在今山西山陰縣東南。）給由至京師，上問民閒疾苦，皆對曰：「非職事，不知也。」上曰：「宋儒胡瑗，仁宗朝爲浙江湖州府教授，訓人有法，科條纖悉備具，以身率先，從之遊者數百人，立經義治事齋以教實學。及興太學，詔下湖州取其法，著爲令式。爲蘇、湖教授，其教諸生皆兼時務。聖賢之道，所以濟世也，民情不知，則所教何事？其竄之極邊，命刑部榜諭天下學校。」

編　九月，立嫡長孫允文爲皇太孫。

紀　太孫生而額顱稍偏，性聰穎，善讀書，然仁柔少斷。帝每令賦詩，多不喜。一日令之屬對，大不稱旨；復以命燕王，語乃佳。帝常有意易儲，儲音除，副也。太子副君，故謂之儲。翰林學士劉三吾曰：「若然，置秦、晉二王何地？」帝乃止。

【編】以脩撰黃子澄兼少詹事，侍東宮講讀。

【編】以方孝孺爲漢中府教授。

【紀】蜀獻王聞孝孺賢，命世子受學，名其讀書之廬曰正學。

【編】癸酉，二十六年，（一三九三）春正月，涼國公藍玉謀逆，伏誅。

【紀】初，胡惟庸之叛，有稱玉與其謀者，上以其功大，宥不問。後諸老將多沒，乃擢爲大將，總兵征伐，甚稱上意。然玉素不學，性復狠愎，愎音闢，戾也。又恃功橫暴。有訐其陰事者，上詰責之，玉不爲意。至是，命爲太傅，玉攘袂大言曰：「我固不當爲太師也。」閒奏事，上不從，玉懼，退語所親曰：「上疑我矣。」乃謀反。

時鶴慶侯張翼、普定侯陳桓、景川侯曹震、舳艫侯朱壽、東莞伯何榮、都督黃恪、吏部尚書詹徽、侍郎傅友文及諸武臣嘗爲玉部將者，玉乃遣親信召之，晨夜會私宅謀議，集士卒及諸家奴，伏甲將爲變。約束已定，爲錦衣衛指揮蔣瓛所告。瓛音完。命羣臣訊狀具實，磔於市，夷三族。徹侯、功臣、文武大吏以至偏裨將卒，裨音皮，副將也。坐黨論死者可二萬人，蔓衍過於胡惟庸。

【編】夏四月，太白經天。太白，陰星，上公大將軍之象，出東當伏東，出西當伏西。過午爲經天，謂晝見午上，爲不臣兵起也。

編　秋九月，頒大成樂器於天下以祀孔子。令有司如式製造。

編　詔褒浦江義門鄭氏。

紀　浦江鄭氏，（浦江，即今浙江浦江縣。）十世不異爨，長幼至千餘人，田賦各有所司，凡出納雖絲毫咸有文可覆，無敢私。諸婦惟事女工，不與家政。子孫孝謹，執親喪，哀毀三年，不御酒肉。家畜兩馬，一出則一爲之不食。家以田多，擇爲糧長，數以事入覲，上識之。後被人妄訐其家與權臣通財，時嚴通財黨與之誅，犯者不問實與不實，必死。其宗長鄭濂與從弟湜兩人爭先就吏，湜音殖。上憐之曰：「我知鄭門無是也，人誣之耳。」擢湜福建布政司參政。上問濂治家所以長久之道，對曰：「守家法，不聽婦人言而已。」上深嘉之。至是，尚書嚴震直述其家世孝友以聞，遂下詔褒異之。

編　甲戌，二十七年，（一三九四）秋九月，謫青州民江伯兒戍海南。

紀　青州日照民江伯兒以母病，割脇肉食之，不愈，禱於岱岳，（即泰山，在今山東泰安市北。）祠誓云：「母病愈則殺子以祀。」既而母病愈，竟殺其三歲子祭之。有司以聞，上怒曰：「父子天倫至重，今賊殺其子，絶滅倫理！亟捕治之，勿使傷壞風化。」遂逮伯兒，杖一百，謫戍海南。

編　寰宇通志成。

紀　方隅之目有八：東距遼東都司，（即今遼寧遼陽市。）東北至三萬衛，（即今遼寧開原縣。）西

頒大成樂器　義門鄭氏　江伯兒愚孝　寰宇通志成

極四川松潘衛，（即今四川阿壩藏族自治州松潘縣。）西南距雲南金齒，（金齒衛，即今雲南保山縣。）南距廣東崖州，（在今廣東崖縣西北。）東南至福建漳州府，（治漳浦縣，即今福建漳州市。）北暨太平大寧衛，（在今河北平泉縣西北。）西北至陝西、甘肅。縱一萬九百里，橫一萬一千五百里，四裔不與焉。

編 乙亥，二十八年，（一三九五）夏六月，詔禁黥、刺、剕、劓、閹割之刑。黥，刺面。剕，刖足。劓，截鼻。閹割，宮刑。

編 秋七月，信國公湯和卒。

編 九月，皇明祖訓成。

紀 上自爲之序曰：「朕觀自古國家，建立法制，皆在始受命之君。蓋其創業之初，備嘗艱苦，閱人既多，歷事亦熟，比之生長深宮之主，未諳世故，及僻處山林之士，自矜己長者，甚相遠矣。朕與羣雄並驅，慮患防微，近二十載，乃能統一海宇，人之情僞亦頗知之，故以所見所行，開導後人，著祖訓一篇，立爲家法。首尾六年，凡七謄稿，至今方定，豈非難哉！蓋俗儒多是古非今，奸吏常舞文弄法，凡我子孫，欽承朕命，毋作聰明，亂我已成之法。」

編 丙子，二十九年，（一三九六）春三月，詔文廟從祀罷揚雄，進董仲舒。從行人司副楊砥言也。

編 冬十月晦，皇曾孫文奎生。

覆閱下第卷

大明律誥成

鄉里置木鐸

紀 太孫允炆長子也。上以十月數終，又生於晦日，命內庭勿賀。

編 丁丑，三十年，（一三九七）春三月，命儒臣覆閱會試下第卷。

紀 初，會試以翰林學士劉三吾、安府紀善白信蹈充考試官，取宋琮等五十二人，中原、西北士子無與名者。三月殿試賜進士，以閩縣陳䢿爲第一。䢿音安。（閩縣，即今福建福州市。）被黜者咸以不公爲言。上大怒，命儒臣覆閱下第卷。或傳三吾與信蹈至閱卷官所，屬以卷之最陋者進呈。上驗之，果爲不堪文字，益怒，謂爲胡、藍二黨，胡惟庸、藍玉。命刑部拷訊。三吾、信蹈、贊善司憲三人爲藍黨，侍讀張信、司直張謙、校書嚴叔載等皆爲胡黨，惟侍讀戴彝不與焉。詔三吾謫戍邊，餘皆棄市。於是覆閱取六十一人，皆北人也。

編 夏五月，大明律誥成。

編 秋九月，詔天下每鄉里各置木鐸。

紀 上命戶部令天下人民，每鄉里各置木鐸，選年老者，每月六次持鐸徇於道路。又令民每時置一鼓，凡遇農桑時月，晨起擊鼓會田所，怠惰者里老督責之，里老不勸督者罰。遇婚姻、死喪吉凶等事，一里之內，互相賙給。

編 戊寅，三十一年，（一三九八）春三月，以齊泰爲兵部尚書。

編 夏五月，上不豫。

編 閏月，帝崩，太孫允炆即位。

敕燕王還國

以方孝孺爲侍講

齊黃首議削奪諸藩

紀 帝崩，年七十一。遺詔止諸王入臨、會葬。臨，哭也。燕王入，將至淮安，齊泰言於帝，令人齎敕使還國；燕王不悅。

編 葬孝陵。

編 六月，上皇祖考大行皇帝謚曰欽明啓運峻德成功統天大孝高皇帝，廟號太祖。尊母呂氏爲皇太后。

編 以蹇義爲吏部右侍郎，夏原吉爲戶部右侍郎。命兵部尚書齊泰、太常寺卿黃子澄與參國事。

編 秋七月，以方孝孺爲翰林院侍講，直文淵閣。以董倫爲禮部侍郎，兼翰林院學士、王仲爲國子監博士。

編 逮周王橚至京，廢爲庶人。

紀 戶部侍郎卓敬密奏裁抑宗藩，疏入不報。於是燕、周、齊、湘、代、岷諸王頗相煽動，有流言聞於朝，帝患之，謀諸齊泰。泰與黃子澄首建削奪議，乃以事屬泰、子澄。泰謂子澄曰：「燕握重兵，且素有大志，當先削之。」子澄曰：「不然。燕預備久，卒難圖，宜先取周，剪燕手足，燕卽可圖矣。」乃命曹國公李景隆調兵卒至河南圍之，執周王及其世子、妃嬪送京師，削爵爲庶人，遷之雲南。燕王見周王被執，且齊泰、黃子澄用事，遂簡壯士爲護衞，以句逃軍爲名，異人術士多就之。

寧馨肸和尚

初，道衍嘗遊嵩山佛寺，（嵩山，在今河南登封縣北。）遇鄞人袁珙，（鄞，即今浙江寧波市。）珙相之曰：「寧馨肸和尚乃爾邪！寧馨，猶言恁地。目三角，彯白，彯音飄。形如病虎，性必嗜殺，他日劉秉忠之流也。」元初邢臺人劉秉忠隱居武安山，尋爲僧於天寧寺，往來雲中。值元世祖忽必烈遣人召僧海雲，海雲邀秉忠與俱。既入見，應對稱旨。秉忠于書無所不讀，尤邃于易及邵氏經世書，至于天文、地理、律曆三式，六壬、遁甲之屬無不精通，論天下事如指諸掌。元世祖大愛之，凡征伐謀議皆與。道衍大笑，因此自負。至是，薦珙相術於燕王。王使召之至，令使者與飲於酒肆，王服衛士服，偕衛士九人入肆沽，珙趨拜燕王前曰：「殿下何自輕如此！」燕王陽不省曰：「吾輩皆護衛校士也。」珙不對。乃召入詳叩之，珙稽首曰：「殿下異日太平天子也。」燕王恐人疑，乃佯以罪遣之，既而密召入邸。世傳二語，云「辨宰相於嵩山佛寺，識眞主於長安酒家」，謂此也。

編　冬十月，熒惑守心。熒惑，南方火星。居其宿曰守。心爲明堂大星天王前後星，子屬。

程濟先見

紀　四川岳池教諭程濟通術數，（岳池，即今四川岳池縣。）上書言：「北方兵起，期在明年。」朝議以濟妄言，召入，將殺之，濟曰：「陛下幸囚臣，至期無兵，殺臣未晚也。」乃囚濟於獄。

編　十一月，詔加魏國公徐輝祖太子太傅，與李景隆同掌六軍以圖燕。

紀　燕、齊有告變者，帝問黃子澄曰：「孰當先？」子澄曰：「燕王久稱病，日事練兵，且多置異人術士左右，此其機事已露，不可不急圖之。」復召齊泰問曰：「今欲圖燕，燕王素善用兵，北卒又勁，奈何？」泰對曰：「今北邊有寇警，以防邊爲名，遣將戍開平，（即今內蒙古多倫縣。）悉調燕藩護衞兵出塞，去其羽翼，乃可圖也。」從之。乃以工部侍郎張昺爲北平左布政使，謝貴爲都指揮使，俾察燕王動靜。徐輝祖，燕王妃同產兄也，時以燕事密告之帝，大見信用，詔加太子太傅，與李景隆同掌六軍，協謀圖燕。

# 明鑑易知錄卷三

## 明紀

### 建文皇帝

名允炆，懿文太子之子，太祖孫也。在位四年，靖難兵破京城，帝祝髮遜去，正統五年迎入西內，以壽終。

編　己卯，建文皇帝建文元年，（一三九九）春正月，燕王遣長史葛誠入奏事。

編　帝密問誠燕邸事，誠具以實告。遣誠還燕，使爲內應。至則燕王察其色異，心疑之。

編　二月，尊皇考懿文太子爲興宗孝康皇帝，皇妣常氏爲孝康皇后。

編　封弟允熥爲吳王，允熞爲衡王，允熙爲徐王。

編　立子文奎爲皇太子。

編　燕王來朝。

曾鳳韶劾燕王

卓敬請徙封燕王

紀　燕王入覲，行皇道入，登陛不拜。監察御史曾鳳韶劾王不敬，帝曰：「至親勿問。」戶部侍郎卓敬密奏曰：「燕王智慮絕人，酷類先帝。夫北平者，強幹之地，金、元所由興也，宜徙封南昌，（南昌府治南昌縣，即今江西南昌市。）以絕禍本。」帝覽奏，袖之，翼日語敬曰：「燕王骨肉至親，何得及此？」敬曰：「隋文、楊廣，非父子邪！」帝默然，良久曰：「卿休矣。」

編 三月，燕王還國。

紀 燕王歸國卽託疾，久之，遂稱篤。

湘王被執焚死

編 夏四月，遣使執湘王柏，湘王自焚死。

紀 人告岷王楩不法事，削其護衞，誅其導惡指揮宗麟，廢爲庶人。又以湘王柏僞造鈔及擅殺人，降敕切責，仍遣使以兵迫執之。湘王曰：「吾聞前代大臣下吏，多自引決，身高皇帝子，南面爲王，豈能辱僕隸手求生活乎！」遂闔宮自焚死。又以人告齊王槫陰事，詔至京，廢爲庶人，拘繫之。幽代王桂於大同，廢爲庶人。未幾，靖難兵起。

編 燕世子高熾及其弟高煦、高燧至京師，尋遣還。

徐輝祖密奏

紀 太祖小祥，燕王遣三子入臨，臨，哭也。或曰：「不宜偕往。」王曰：「令朝廷勿疑也。」及至京，齊泰請幷留之，黄子澄曰：「不可。疑而備之，謂燕王。殆也，不若遣還。」世子兄弟皆魏國公徐輝祖甥，輝祖察高煦有異志，密奏曰：「三甥中獨高煦勇悍無賴，非但不忠，且叛父，他日必爲大患。」帝以問輝祖弟增壽及駙馬王寧，皆庇之，乃悉遣歸國。初，世子入京，燕王大憂悔，及歸，喜曰：「吾父子復得相聚，天贊我也。」已而燕兵起，高煦戮力爲多，戮力，并力也。帝曰：「吾悔不用輝祖之言！」

編 六月，下詔讓燕，逮燕府官屬。

燕王佯狂稱疾

紀 燕護衛百戶倪諒上變告燕官校于諒、周鐸等陰事，變告，謂以非常之事上告也。逮繫至京，皆戮之。有詔責燕王，王乃佯狂稱疾，走呼市中，奪酒食，語多妄亂，或臥土壤彌日不甦。張昺、謝貴入問疾，王盛夏圍爐搖顫，顫音戰，四肢寒掉也。曰：「寒甚。」宮中亦杖而行。朝廷稍信之。長史葛誠密告昺、貴曰：「燕王本無恙。公等勿懈。」會燕王使其護衛百戶鄧庸詣闕奏事，齊泰請執訊之，具言王將舉兵狀，泰卽發符遣使往逮燕府官屬，密令謝貴、張昺圖燕，使約長史葛誠、指揮盧振爲內應。

張信見燕王

以北平都指揮張信爲燕王舊所信任，密敕之使執燕王。信受命，憂甚，不敢言。母疑問之，信以告，母驚曰：「不可。吾故聞燕王當有天下。王者不死，非汝所能擒也。」信乃往燕邸請見，召入，拜於牀下。王佯爲風疾不能言，信曰：「殿下無爾也，有事當以告臣。」王曰：「疾非妄也。」信曰：「殿下不以情語臣，上擒王矣，當就執；如有意，勿諱臣。」王見其誠，下拜曰：「生我一家者子也！」

風雨墮瓦

乃召僧道衍至謀事，適暴風雨，簷瓦墮，王心惡之，色不懌。道衍以爲祥，王謾罵：「和尚妄，烏得祥！」道衍曰：「殿下不聞乎？飛龍在天，從以風雨，瓦墜，天易黃屋耳。」王喜，遂令護衛指揮張玉、朱能等帥壯士八百人入衛。貴等以在城七衛幷屯田軍士圍王城，又以木柵斷端禮等門。未幾，削爵及逮官屬詔至。

靖難兵起

編 秋七月，燕王棣殺北平左布政使張昺、都指揮使謝貴等，遂發兵反。

紀 謝貴、張昺督諸衛士，皆甲，圍府第，索所逮諸官屬，飛矢入府內。燕王與張玉、朱

斬謝貴張昺

燕王諭將士

能等謀曰：「彼軍士滿城市，吾兵甚寡，奈何？」朱能曰：「先擒殺貴、昺，餘無能爲矣。」王曰：「是當以計取之。今奸臣遣使來逮官屬，依所坐名收之。卽令來使召貴、昺，付所逮者。貴、昺必來，來則擒之，一壯士力耳。」明日，王稱疾愈，御東殿，官僚入賀。王先伏壯士左右及端禮門內，遣人召貴、昺，不來，復遣官屬內官以所就逮名往，乃至。王曳杖坐，賜宴行酒，出瓜數器，曰：「適有進新瓜者，與卿等嘗之。」王自進片瓜，忽怒，且詈曰：「今編戶齊民，齊等之民。兄弟宗族尙相恤；身爲天子親屬，旦夕莫必其命，縣官待我如此，不敢指斥天子，故稱縣官。天下何事不可爲乎！」擲瓜於地。護衞軍皆怒，前擒貴、昺，捽盧振、葛誠等下殿。王投杖起曰：「我何病，迫於若奸臣耳！」遂曳貴、昺等，皆斬之。貴、昺諸從人在外者尙未知，見貴、昺移時不出，各稍稍散去；圍王城將士聞貴、昺已被執，亦潰散。

明日，燕王誓師以誅齊泰、黃子澄爲名，去建文年號，仍稱洪武三十二年，署官屬。以張玉、朱能、丘福爲都指揮僉事，拜卒金忠爲燕紀善。忠，浙江寧波府鄞縣人，精於卜，燕師將起，召忠卜之，以大吉告，遂署爲紀善，命侍帷幄，用其謀策。王下令諭將士曰：「予太祖高皇帝之子，今爲奸臣謀害。祖訓云：『朝無正臣，內有奸逆，必舉兵誅討以淸君側之惡。』公羊傳定公十三年：「晉趙鞅取晉陽之甲以逐荀寅、士吉射，荀寅、士吉射者，君側之惡人也。」用率爾將士誅之；罪人旣得，法周公以輔成王。爾等其體予心。」

編　燕王棣上書請誅齊泰、黃子澄；詔削燕王屬籍。

燕王上書　燕軍攻薊州　燕兵陷懷來

紀　燕王上書曰：「皇考太祖高皇帝艱難百戰定天下，成帝業傳之萬世，封建諸子，鞏固宗社爲磐石計。奸臣齊泰、黃子澄包藏禍心，橚、榑、柏、桂、楩五弟，橚，周王；榑，齊王；柏，湘王；桂，代王；楩，岷王。不數年間，並見削奪，柏尤可憫，闔室自焚。聖仁在上，胡寧忍此！蓋非陛下之心，實奸臣所爲也。心尚未足，又以加臣。臣守藩於燕二十餘年，寅畏小心，奉法循分，誠以君臣大分，骨肉至親，恒思加慎，爲諸王先，而奸臣跋扈，猶言強梁也。扈，竹籬也，水居者於水未至先作竹籬候魚之入，水退小魚獨留，大者跳跋籬扈而出，故言跋扈也。加禍無辜，執臣奏事人，箠楚刺爇，爇，音屑。備極苦毒，迫言臣謀不軌，遂分宋忠、謝貴、張昺等於北平城內外圍守臣府。已而護衛人執貴、昺，始知奸臣欺詐之謀。竊念臣於孝康皇帝同父母兄弟也，今事陛下如事天也。譬伐大樹，先翦附枝，親藩既滅，朝廷孤立，奸臣得志，社稷危矣！臣伏覩祖訓有云：『朝無正臣，內有奸惡，則親王訓兵待命，天子密詔諸王統領鎮兵討平之。』臣謹俯伏俟命。」書奏，詔削燕王屬籍。

編　燕張玉攻薊州，（即今河北薊縣。）都督指揮馬宣死之。

紀　燕王以郭資守北平，出師次通州，（即今北京市通州區。）指揮房勝以城降。張玉曰：「不先定薊州，將爲後患。」時都督指揮馬宣嚴兵守薊州，燕王命玉帥兵往攻。玉使人諭之，不下；環城攻之，宣帥衆出戰，敗被執，罵不絕口，遂死之。指揮毛遂以薊州降。

編　燕兵陷懷來，（在今河北懷來縣東北。）都指揮使余瑱、都督宋忠等皆死之。

紀 先是宋忠率兵三萬屯開平，尋自開平率兵至居庸關，（開平，即今內蒙古多倫縣。居庸關，即今北京市昌平區西北居庸關。）不敢進，退保懷來。時余瑱守居庸，燕王令指揮徐安、鍾祥等擊瑱，瑱且守且戰，援兵不至，乃棄關走懷來依宋忠。燕王曰：「宋忠握兵懷來，必爭居庸，宜乘其未至擊之。」諸將皆曰：「彼衆我寡，難以爭鋒，擊之未便，宜固守以待其至。」王曰：「當以智勝，難以力取。彼衆新集，其心不一，宋忠輕躁寡謀，很愎自用，乘其未定，擊之必破矣。」遂率馬步精銳八千，捲甲倍道而進。

先是宋忠紿將士云：（紿，誑也。）「爾等家在北平城中，皆爲燕兵所殺，屍積道路。」欲以激怒將士。燕王令其家人張樹旗幟爲先鋒，衆遙識旗幟，呼其父兄子弟相問勞，無恙，輒喜，謂：「宋都督欺我！」倒戈走。宋忠帥餘衆倉皇列陣未成，王麾師渡河，鼓譟而前。都指揮孫泰先登，頗有斬獲，燕王擇善射者射泰，中之，流血被甲，慷慨裹血而戰，奮呼陷陣死。忠軍大敗，奔入城，燕兵乘之而入。忠匿於廁，搜獲之，幷執余瑱，皆不屈死。當時諸將校爲燕師所俘者百餘人，皆不肯降，發憤死。

燕兵既克懷來，山後諸州皆不守，而開平、龍門、上谷、雲中守將往往降附矣。（龍門，在今河北龍關縣東北。上谷，即今河北易縣。雲中，即今山西大同市。）

編 命長興侯耿炳文等帥師討燕。

紀 時帝方銳意文治，日與方孝孺等討論周官法度，以北兵爲不足憂。黃子澄謂北兵

耿炳文等北伐

素強，不早禦之，恐河北遂失。乃以耿炳文佩大將軍印，駙馬都尉李堅爲左副將軍，都督寧忠爲右副將軍，帥師北伐。子澄又請命安陸侯吳傑、江陰侯吳高、都督都指揮盛庸、潘忠、楊松、顧成、徐凱、李文、陳暉、平安等帥師並進。擢程濟爲翰林編脩，充軍師，護諸將北行。吳傑等各帥偏師步騎，號百萬，數道並進，期直搗北平，檄山東、河南、山西三省合給軍餉。帝誡諸將士曰：「昔蕭繹舉兵入京，而令其下曰『六門之內，自極兵威』，蕭繹，南北朝梁武帝第七子，初封湘東王，都江陵。侯景弒簡文帝綱立豫章王棟；棟，歡之子，歡，武帝太子統之子也。未幾，景復廢棟自立。繹乃遣王僧辯討景。僧辯啓繹曰：「平賊之後，嗣君棟何以爲禮？」繹曰：「六門之內，自極兵威。」蓋謂殺棟也。景敗，沉棟於水，繹乃即位於江陵，是爲元帝，在位三年，西魏兵入江陵，繹被殺。不祥之極。今爾將士與燕王對壘，務體此意，毋使朕有殺叔父名。」

耿炳文眞定之敗

編　八月，耿炳文與燕師戰于眞定，（眞定府治眞定縣，即今河北正定縣。）敗績，遣李景隆代將。

紀　炳文等率兵三十萬至眞定，徐凱率兵十萬駐河閒，（河間府治河間縣，即今河北河間縣。）潘忠駐莫州，（即今河北任丘縣。）楊松帥先鋒九千人據雄縣，（在今河北涿縣東南。）約忠爲應。張玉往覘炳文營還，覘，窺視也。報燕王曰：「炳文軍無紀律，其上有敗氣，無能爲。潘忠、楊松扼吾南路，宜先擒之。」燕王悅，躬擐甲胄，擐音患，貫也。帥師至涿州。（在今河北涿縣東北。）壬子，晡時，晡，申時。渡白溝河，（即今河北涿縣拒馬岔河。）謂諸將曰：「今日中秋，彼不備，飲酒爲樂，此可破也。」

楊松死節

夜半至雄縣，緣城而上，松與麾下九千人皆戰死。燕王度潘忠在莫州，未知城破，必引衆來援，諭諸將曰：「吾必生擒潘忠。」諸將未喻，遂命譚淵領兵千餘，渡月漾橋，伏水中，領軍士數人伏路側，望忠等接戰，即舉砲。既而忠等果至，王進兵逆擊之，路旁砲舉，水中伏兵起據橋；忠戰敗，趨橋不得，燕兵腹背夾擊，遂生擒忠，餘衆多溺死。

燕王厚撫張保遣歸

燕王問諸將帥所嚮，玉曰：「當徑趨眞定，彼衆新集，我軍乘勝，可一鼓破之。」王曰：「善！」即趨眞定。耿炳文部將張保來降，保言：「炳文兵三十萬，先至者十三萬分營滹沱河南北。」（滹沱河，在今河北安國、深縣之間。）燕王厚撫保，遣歸詐言「保兵敗被執，幸守者困得脫，竊馬歸。」又令言雄、莫敗狀，燕兵旦夕且至。諸將請曰：「今由閒道，不令彼知，蓋掩其不備，奈何遣保告之？」王曰：「不然。始不知彼虛實，故欲掩襲之。今知其半營河南北，則當令知我至，其南岸之衆必移於北，幷力拒戰，一舉可盡殲之，（殲，盡殺也。）兼使知雄縣、莫州之敗以奪其氣，兵法所謂『先聲後實』也。若徑薄城下，（薄，逼也。）北岸雖勝，南岸之衆乘我戰疲，鼓行渡河，是我以勞師當彼逸力也。」

先聲後實勞師逸力

壬戌，燕王率三騎先至眞定東門，突入其運糧車中，擒二人訊狀，南岸營果北移。王率輕騎數十，繞出城西南，破其二營。炳文出城迎戰，張玉、譚淵、馬雲、朱能等率衆奮擊，燕王以奇兵出其背，循城夾擊，橫貫南陣，炳文大敗，奔還。朱能與敢死士三十餘騎，追奔至滹沱河東。炳文衆尙數萬，復列陣向能。能奮勇大呼，衝入炳文陣，陣衆披靡，（震懾貌。）自相蹂躪，死者無算，棄甲降者三千餘人。騎士薛祿引槊中李堅，（槊，矛屬。）墜馬，獲之。甯忠、顧成

黃子澄薦李景隆

及都指揮劉燧皆被執。燕王謂堅至親，送北平，道卒。謂成先朝舊人，解其縶，與語曰：「皇考之靈，以汝授我。」因語以故，言已，泣下，成亦泣，遂遣人護送北平，令輔世子居守。炳文奔入眞定，閉門固守。燕兵攻城，三日不能下，燕王還北平。帝聞，怒曰：「老將也而摧鋒，奈何！」黃子澄曰：「勝敗常事，毋足慮。聚天下之兵，得五十萬，四面攻北平，衆寡不敵，必成擒矣。」曰：「孰堪將者？」子澄曰：「李景隆可。向用景隆，今破矣。」遂遣景隆代炳文，臨行，賜景隆通天犀帶，親餞之江滸。滸音虎。岸上曰滸。復賜斧鉞，俾專征伐，不用命者僇之。召炳文回。

編　九月，鎭守遼東江陰侯吳高與耿瓛、楊文帥師圍永平。（遼東鎭治遼陽，即今遼寧遼陽市。永平府治盧龍縣，在今河北昌黎縣西北。）

編　李景隆師屯河閒。燕王棣帥師援永平，吳高退保山海關；詔削高爵，徙廣西。

紀　景隆乘傳至德州，（治德平縣，在今山東惠民縣西。）收集耿炳文敗亡將卒，幷調各路軍馬五十萬，進營於河閒。燕王聞之，呼景隆小字曰：「李九江，膏粱豎子耳，寡謀而驕，色厲而餒，未嘗習兵見陣，輒予以五十萬衆，是自阬之也。然吾在此，彼不敢至，今往援永平，彼知我出，必來攻城，回師擊之，堅城在前，大軍在後，必成擒矣。」諸將曰：「北平兵少，奈何？」王曰：「城中之衆，以戰則不足，以守則有餘。兵出在外，奇變隨用，吾出非專爲永平，直欲誘九江來就擒耳。吳高怯不能戰，聞我來，必走，是我一舉解永平圍，且破九江也。」遂行，而誠世子居守，曰：「景隆來，堅守毋戰也。」

壬申，燕軍援永平，諸將請守蘆溝橋，（即今北京市豐台區蘆溝橋。）王曰：「方欲使九江困於堅城之下，奈何拒之？」燕師猝至永平，吳高不能軍，退保山海關。（在今河北秦皇島市東北。）燕兵奔之，斬首數千級。王曰：「高雖怯，行事差密，楊文勇而無謀，去高，文不足慮也。」乃遣人貽二人書，盛譽高而詆文，帝聞之，削高爵，徙廣西，獨命文守遼東。

燕王襲執寧王

【編】冬十月，燕兵襲大寧，執寧王權還北平。

【紀】初，太祖諸子，燕王善戰，寧王善謀。洪武中，燕王受命巡邊，至大寧，（在今河北平泉縣西北。）與寧王相得甚歡。燕王既起兵，而朝廷疑寧王與燕合，削其三護衛。燕王聞之，喜曰：「此天贊我也，取大寧必矣。」乃爲書貽寧王，而陰帥師兼程趨大寧，襲破其西門。燕王駐師城外，遂單騎入城會寧王，執手大慟，言「北平旦夕且破，非吾弟表奏，吾死矣。」寧王爲草表謝，請赦。居數日，情好甚洽。燕王銳兵出伏城外，諸親密吏士稍稍得入城，遂令陰結三衞渠長及閭左思歸士，（凡戍卒率皆貧弱之民，居閭里之左者爲之，故稱。）皆喜，定約。燕王辭去，寧王出餞郊外，伏兵起，執寧王，諸騎士卒一呼皆集，遂擁寧王入關。燕兵益盛，於是寧府妃妾、世子皆攜其寶貨隨寧王還北平。

燕敗李景隆

【編】李景隆進師攻北平。十一月，燕王棣兵至，擊之，景隆敗，走還德州。

【紀】景隆聞燕兵攻大寧，帥師進渡蘆溝橋，喜曰：「不守此橋，吾知其無能爲矣！」遂薄城下，築壘九門。景隆攻麗正門，幾破，城中婦女並乘城，擲瓦礫，礫音力，小石。景隆令不嚴，驟退。北平守益堅，燕世子選勇士夜縋城砍營，南軍擾亂，退營十里。惟都督瞿能奮勇，與其二子帥精騎千餘殺入張掖門，銳不可當，後不繼，乃勒兵以待；景隆忌能成功，使人止之，候大軍至俱進。於是城中連夜汲水灌城，天寒冰結，明日，不得登。

李景隆忌瞿能

十一月，景隆移營河西，先鋒都督陳暉渡河而東。燕王率兵至孤山，（在今北京市周口店區舊房山縣南。）列陣於北河西，（北河即永定河。）河水難渡，是日雪，默禱曰：「天若助予，則河冰合。」是夜冰果合，遂率師擊敗陳暉兵，暉衆跳冰遁，冰乃解，溺死無算。燕王見景隆兵動，以奇兵左右夾擊，連破七壘，逼景隆營。燕中軍將張玉等列陣而進，至城下，城中亦出兵，內外交攻，景隆不能支，宵遁。翌日，諸軍始聞景隆走，乃棄兵糧，晨夜南奔。景隆還德州。景隆既敗，黃子澄等匿不以聞。帝曰：「外聞近傳軍不利，果何如？」子澄曰：「聞交戰數勝，但天寒士卒不堪，今暫回德州，待來春更進。」子澄遂遣人密語景隆，隱其敗，勿奏。

編　燕王棣復上書自理，以誅齊泰、黃子澄傳檄天下。

燕王上書

編　十二月，加李景隆太子太師。

加李景隆太子太師

紀　景隆之敗，黃子澄既不以聞，且云屯德州合各處軍馬，期以明年春大舉，故有是命。燕王諭諸將曰：「李九江集衆德州，將謀來春大舉，我欲誘之，以徽其衆。今師師征大同，大同告急，景隆勢必來援，南卒脆弱，苦寒之地，疲於奔命，凍餒逃散者必多，善戰者因其勢而利導之。」諸將曰：「善。」遂帥師出紫荊關，（在今河北易縣西紫荊嶺上。）攻廣昌，守將楊宗以城降。

罷齊泰黃子澄

編 罷兵部尚書齊泰、太常寺卿黃子澄。

紀 以燕王疏列二人罪也。二人名雖罷退，實籌畫治兵如故。

曾濬死

編 薊州鎮撫曾濬起兵攻北平，不克，死之。

編 以練子寧爲吏部左侍郎，茹瑺爲兵部尚書。

編 庚辰，二年，（一四〇〇）春正月，燕王棣帥師下蔚州，（在今河北蔚縣西南。）遂進攻大同。

紀 燕王進兵圍蔚州，指揮王忠、李遠以城降，遂進攻大同。李景隆帥師救大同，出紫荊關。燕王由居庸關入還北平。景隆軍凍餒死者甚衆，墮指者十二三，委棄鎧仗於道，（鎧音愷，甲也。仗，兵器。）不可勝紀。

李景隆白溝河之敗

編 夏四月，李景隆與武定侯郭英、安陸侯吳傑合軍北伐，戰于白溝河，敗績。

紀 景隆自德州進兵，過河間，前鋒將至白溝河，英等過保定，期於白溝河合勢同進。燕王帥諸將進駐固安，（在今河北霸縣西北。）謂丘福等曰：「李九江等皆匹夫，無能爲，惟恃其衆耳。然衆豈可恃也？人衆易亂，擊前則後不知，擊左則右不應，將帥不專，政令不一，甲兵糧餉，適足爲吾資耳。爾等但秣馬厲兵以待。」（以穀飼馬曰秣。厲，磨也。左傳僖公三十三年：「束載厲兵秣馬矣。」）張玉請先往駐白溝以逸待勞，燕王從之。燕兵渡五馬河，駐營蘇家橋。燕王見兵刃

視河流辨東西

有火光，如毬擊，金鐵錚錚作聲，弓絃皆鳴，喜曰：「此勝兆也。」

帝慮景隆輕敵，乃遣魏國公徐輝祖帥京軍三萬爲殿，星馳會之。

己未，景隆及郭英、吳傑等合軍六十萬，號百萬，次於白溝河，列陣以待。景隆前鋒都督平安伏精兵萬騎邀擊。燕王曰：「平安豎子，從吾出塞，識吾用兵，以故敢爲先鋒。今日吾先破之。」安驍勇善戰，鋒初交，安奮矛率衆而前，都督瞿能父子亦奮躍，所向披靡，殺傷燕兵甚衆，燕兵遂却。燕有內官狗兒者，亦敢勇，率千戶華聚力戰河北岸，百戶谷允入陣，得級七，燕王親率兵夾擊，殺數千人，都指揮何清被執，至夜深始各收軍還。燕王從三騎殿後，迷失道，下馬伏地視河流，辨東西，始知營，自上流倉猝渡河而北。

燕王既收軍還營，夜秣馬待戰，使張玉將中軍，朱能將左軍，陳亨將右軍爲先鋒，丘福將騎兵繼之，馬步十餘萬。黎明，黎，黑也，天將明而猶黑也。燕軍畢渡，瞿能率其子擣房寬陣，平安翼之；寬陣披靡，擒斬數百人。張玉等見寬敗，有懼色，燕王曰：「勝負常事耳，彼兵雖衆，不過日中，保爲諸君破之。」即麾精銳數千突入左掖，高煦率張玉等軍齊進。燕王先以七騎馳擊之，南軍飛矢如注，射王馬，凡三被創，創，傷也。三易之，馬却阻於隄，幾爲瞿能所及。燕王急走登隄，佯麾鞭若招後繼者，景隆疑有伏，不敢上隄，而燕王復率衆馳入陣，斬其騎數人。平安斬陳亨於陣，高煦見事急，帥精騎數千前與王合。日薄午，薄，迫也。瞿能復引衆躍而前，大呼滅燕，斬其騎百餘人。越嶲侯俞通淵、陸凉衞指揮滕聚復引衆赴之。會旋風

燕兵入德州

鐵鉉守濟南

起，折大將旛，旛音遂，大將旗也。以全羽繫旌上，取全而遂之之義。南軍相視而動，燕王乃以勁騎繞出其後，突入馳擊，與高煦騎兵合殺瞿能父子於陣，平安與朱能戰亦敗，於是列陣大崩，奔走之聲如雷。通淵與聚等皆死，燕兵追至其營，乘風縱火，燔其營壘。郭英等潰而西，李景隆潰而南，委棄器械輜重山積，輜重，載衣物車。斬首及溺死者十餘萬。景隆單騎走德州。壬戌，燕王進攻德州。

編 五月，李景隆奔濟南，燕兵入德州，濟陽儒學教諭王省死之。（濟陽，在今山東臨邑縣東南。）

紀 燕兵入德州，籍吏民，收府庫，獲糧百餘萬，自是兵食益饒。哨騎至濟陽，哨騎，邏卒也。執教諭王省，既而釋之。省還，陞明倫堂，集諸生曰：「此堂名『明倫』。今日君臣之義何在？」遂大哭，諸生亦哭，以頭觸柱而死。

編 燕王隸帥兵圍濟南，參政鐵鉉等擊却之，遂復德州。

紀 先是山東參政鐵鉉方督餉赴李景隆軍，會景隆師潰東奔，鉉與參軍高巍酹酒同盟，收集潰亡守濟南，相與慷慨涕泣，以死自誓。及景隆奔就鉉，燕王令諸將乘勝倍道而進。庚辰，至濟南，景隆衆尚十餘萬，倉猝出戰，布陣未定，燕王帥精騎馳擊之，景隆復大敗，單騎走。於是燕兵列陣圍之，鉉督衆悉力捍禦。事聞，乃陞鉉爲山東布政司使，召李景隆還，以左都督盛庸爲大將軍，右都督陳暉副之。

鐵鉉計破燕王

燕王圍濟南久不下，乃堰城外諸溪澗水灌城，城中人大懼，鉉曰：「無恐，計且破之。」乃議令軍中詐降，迎燕王入，約壯士懸鐵板伏城上闉，闉音因。城上之臺曰闉。王且入則下鐵板，拔橋。計定，乃撤守具出居民，伏地請曰：「奸臣不忠，使大王冒霜露，爲社稷憂。然東海之民，不習兵革，見大軍壓境，不識大王安天下、子元元之意，元，善也，民類皆善，謂之元元。或謂聚而殲之。請大王退師十里，單騎入城，臣等具壺漿而迎。」燕王大喜，亟下令退軍。王乘駿騎徐行，張蓋率勁騎數人渡橋直至城下，城門開，守陴者皆登城伏堵間，燕王比入門，門中人呼千歲，鐵板亟下，傷燕王馬首。王驚，易馬而馳。濟南人挽橋，橋則堅，燕王竟從橋逸去，復合兵圍濟南。鉉令守陴者罵，燕王大怒，乃以砲擊城，垂破；鉉書高皇帝神牌懸城上，燕兵不敢擊。鉉每出不意，募壯士突擊燕兵，破之。燕王憤甚，計無所出，僧道衍進曰：「師老矣，請暫還北平以圖後舉。」於是撤圍還北平，鉉及盛庸等兵乘勢追之，遂復德州，兵勢大振。上即軍中擢鉉爲兵部尚書，贊理大將軍軍事，封盛庸爲歷城侯。

鐵板傷馬首

盛庸等北伐

編 九月，詔大將軍盛庸總平燕師北伐。

紀 於是副將軍吳傑進兵定州，（即今河北定縣。）都督徐凱等屯滄州。（即今河北滄縣。）

編 冬十月，燕王棣帥兵襲滄州，城陷，徐凱等被執，械至北平。

盛庸等東昌之捷

編 十二月，大將軍盛庸、參軍鐵鉉等及燕王棣戰于東昌，（東昌府治聊城縣，即今山東聊城市。）大敗之，殺燕將張玉，燕軍奔還。

復齊泰黃子澄官

【紀】燕王率兵至汶上，（即今山東汶上縣。）掠濟寧，（即今山東濟寧市。）盛庸、鐵鉉躡其後，營於東昌。乙卯，燕兵向東昌，庸與鉉等背城而陣，具列火器、毒弩以待。燕軍至即鼓譟前薄，盡爲火器所傷。會平安兵至，與庸軍合，於是庸麾兵大戰。燕王以精騎衝左掖，入中堅，庸軍圍燕王數重，朱能率蕃騎衝入，奮力死戰，翼燕王出。張玉不知王已出，突入陣救之，沒於陣，庸軍乘勝擒斬萬餘人。燕兵大敗，遂北奔，庸趣兵追之，復擊殺者無算。

是役也，燕王數危甚，諸將奉帝詔，「毋使朕有殺叔父名」之詔也。莫敢加刃。至是奔北，燕王獨以一騎殿後，追者數百人不敢迫。適高煦領指揮華聚等至，擊退庸兵而去。燕王聞張玉敗沒，乃痛哭曰：「勝負常事，不足慮；艱難之際，失此良輔，殊可悲恨！」師還，與諸將語，每及東昌事，曰：「自失張玉，吾至今寢食不安。」遂涕下不已。

【編】辛巳，三年，（一四〇一）春正月，詔復齊泰、黃子澄官，仍領軍國事。

【紀】東昌捷至，詔褒賞將士，召泰、子澄還朝，仍領軍事。享太廟，告東昌之捷。

【編】二月，燕王棣帥師南下。

【紀】初，燕王師出，僧道衍曰：「師行必克，但費兩日耳。」及自東昌還，道衍曰：「兩日，昌也，自此全勝矣。」至是，燕王因激勸將吏，召募勇敢，以圖進取。乙未，帥師南出。己酉，師至保定。（保定府治淸苑縣，即今河北保定市。）

盛庸合諸軍二十萬駐德州，吳傑、平安出眞定。燕王與諸將議所向，丘福等言：「定州城池未固，攻之可拔。」王曰：「野戰易，攻城難。今盛庸聚德州，吳傑、平安駐眞定，相爲犄角，（左傳襄公十四年：「譬如捕鹿，晉人角之，諸戎掎之。」言晉執其角以禦上，戎牽其足以亢下也。）攻城未拔，頓師城下，必合勢來援。堅城在前，强敵在後，勝負未可決也。今眞定相距德州二百餘里，我軍界其中，敵必出迎戰；取其一軍，餘自膽破。」諸將曰：「軍介兩敵，使彼合勢夾攻，吾腹背受敵，奈何？」王曰：「百里之外，勢不相及。兩軍相薄，勝敗在呼吸間，雖百步不能相救，況二百里哉！」明日遂移軍東出。

盛庸夾河之敗

編　三月，盛庸及燕兵戰于夾河，敗績，庸走還德州。

紀　燕王師次滹沱河，盛庸軍夾河爲營，燕兵由陳家渡過河逆之。辛巳，庸軍及燕兵遇於夾河，燕王以步騎萬餘薄庸陣，攻其左掖，庸軍擁盾自蔽，矢刃不能入。燕軍預作長欑，

長欑破盾

（欑，小矟。）約六七尺，橫貫鐵釘於端，釘末有逆鉤，令勇士直前擲之，直貫其盾，亟不得出，動則牽連。乘隙急攻之，庸軍棄盾走，燕兵蹂陣而入，南軍奔潰。壬午復戰，相持不決，忽東北風大起，塵埃漲天，沙礫擊面，兩軍瞇目，咫尺不見人。北軍乘風大呼，縱左右翼橫擊之，庸軍大敗，棄兵走。燕兵追至滹沱河，踐溺死者不可勝計。庸走德州。燕王戰罷還營，塵土滿面，諸將不能識，聞語聲始趨進見。

編　詔竄逐齊泰、黃子澄於外，籍其家以謝燕。（有司奉行，徒爲文具，實使出外募兵也。）

吳傑藁城之敗

編　閏月，吳傑等及燕兵戰于藁城，（即今河北藁城縣。）敗績。

紀 傑、平安自眞定引軍出滹沱河，距燕軍七十里。燕王聞之，趣兵渡河，（趣同促。）循河行二十里，與傑軍遇於藁城，會日暮。明日，傑等列方陣於西南以待，燕王親率驍騎循滹沱河繞出陣後，會大風起，發屋拔樹，燕軍乘之，傑等師大潰。燕王麾兵四向蹙之，斬首六萬餘級，追奔至眞定城下，傑、安走入城。燕兵自白溝至藁城，三捷皆有風助之。

編 夏四月，燕王棣上書請召還吳傑等師，帝遣使齎書報之。

紀 燕王兵次於大名，（即今河北大名縣。）聞齊泰、黃子澄皆竄逐，乃上書，稱臣燕王棣，大略言：「比聞齊泰、黃子澄皆已竄逐，臣一家喜有更生之慶，而將士皆曰『恐非誠心，姑以餌我。不然，吳傑、平安、盛庸之衆當悉召還，而今猶集境上，是奸臣雖出，而其計實行。』臣思其言，恐亦人事或然也，故不敢遽釋兵。惟陛下斷而行之，毋爲奸邪所敝。」書上，帝以示方孝孺及侍中黃觀，孝孺對曰：「諸軍大集，燕兵久羈大名，（羈音雞。）暑雨爲沴，（沴音田，上聲。陰陽氣亂曰沴。）不戰自疲。急令遼東諸將入山海關攻永平，眞定諸將渡盧溝橋擣北平；彼顧巢穴歸援，我以大軍躡其後，必成擒矣。今宜且與報書，往返踰月，彼心懈而衆離，我謀定而勢合，機不可失也。」帝曰：「善。」命孝孺草詔赦燕王父子及諸將士罪，使歸本國，勿預兵政，仍復王爵，永爲藩輔。遣大理少卿薛嵓齎往燕師。（嵓音巖。）

嵓齎詔至，燕王讀之怒，問嵓臨行上何言？嵓曰：「上言殿下旦釋甲謁孝陵，（太祖陵也。）暮即旋師。」燕王曰：「嚄，是不可紿三尺兒！」嵓惶恐不能對。諸將請殺嵓，燕王曰：「嵓天子命使，毋妄言。」嵓戰慄，流汗被體。留數日，遣中使送出境，語之曰：「歸爲老臣謝天子。天子素愛厚臣，一旦爲權奸讒構，以至於此。臣不得已，爲救死計耳。幸蒙詔罷兵，臣一家不勝感戴，但奸臣尚在，大軍未還，臣將士存心狐疑，未肯遽散。望皇上誅權奸，散天下兵，臣父子單騎歸闕下，惟陛下命之。」嵓歸至京，方孝孺私就問燕事，嵓具以告，且曰：「燕王語直而意誠。」又言其將士同心，南師雖衆，驕惰寡謀，未見可勝。孝孺默然。嵓入見帝，亦備述前意。帝語孝孺曰：「誠如嵓言，曲在朝廷，齊、黃誤我矣。」孝孺惡之曰：「此爲燕遊說也。」

燕燒南軍積聚

編　五月，燕王棣遣都指揮李遠燒南軍積聚。

柳枝插背

紀　燕師駐大名，吳傑、平安發兵斷北平餉道，燕王遣指揮武勝復奏書於朝，大略言：「朝廷許罷兵，而盛庸等攻北絶糧餉，與詔旨背馳。」帝得書有罷兵意，以示方孝孺曰：「此孝康皇帝同產弟，朕叔父也。吾他日不見宗廟神靈乎！」孝孺曰：「陛下果欲罷兵邪？卽兵一罷，散不可復聚，彼長驅犯闕，何以禦之？今軍聲大振，計捷書當不遠，願陛下毋惑甘言。」上然之，縛勝下錦衣獄。燕王聞之，怒曰：「候命三月，今武勝見執，是其志不可回矣。彼軍駐德州，資糧所給，皆道徐、沛，（徐，卽今江蘇徐州市。沛，卽今江蘇沛縣。）以輕騎數千邀焚之，德州必困。若來求戰，吾嚴師待之，以逸待勞，可必勝。」諸將皆曰：「善。」乃遣李遠等帥輕騎六千詒徐、沛，令易士卒甲冑與南師同，插柳枝於背爲識。遠等至濟寧、穀城，盡焚軍輿以來積聚。丘福、薛祿合兵攻濟州，（卽上濟寧。）破其城，遂掠沙河、沛縣。南軍不之覺，糧船數萬艘，糧數百萬，悉爲所焚，軍資器械俱爲煨燼，河水盡熱，漕運軍士散走。京師大震，德州糧餉遂艱。

遣張安遺高熾書

編 秋七月，遣張安遺燕世子高熾書。

紀 方孝孺門人林嘉猷嘗居北平邸中，知高煦、高燧弗恭於燕世子。中官黃儼素奸險，方曲事高燧。高燧與世子協守北平，高煦從燕王軍，時時傾世子。而是時河北師老無功，德州餉道絕，孝孺乃言於上曰：「兵家貴間，燕父子兄弟可閒而離也。世子誠見疑，王必北歸，王歸而我餉道通，事乃可濟。」上善之，立命孝孺草書，遣錦衣衛千戶張安如燕遺世子，令歸朝廷，許以王燕。

高熾得書不啓封

世子得書不啓封，遣人并安等送軍前。中官黃儼者，比書至北平，則已先使人馳報燕王曰：「世子且反。」王疑之，問高煦。高煦曰：「世子固善太孫。」（太孫謂建文帝。）語未竟，世子所遣使以書及張安至，燕王啓視，遽曰：「嗟乎，幾殺吾子！」乃囚安等。

編 冬十月，燕王棣還北平。

梅殷守淮安

編 十一月，遣駙馬都尉梅殷鎭守淮安。（淮安府治山陽縣，即今江蘇淮安縣。）

紀 殷尚太祖女寧國公主，有才智，太祖特眷注之。臨崩，帝與殷侍側受顧命，（顧命，周書篇名。成王將崩，命羣臣立康王，史序其事爲篇，謂之顧命。顧命者，臨死回顧而發命也。）太祖謂帝曰：「燕王不可忽。」顧語殷曰：「汝老成忠信，可託幼主。」出誓書及遺詔授之曰：「敢有違天者，爲朕伐之！」言訖崩。至是燕兵漸逼，諸將多畏懦觀望，乃召募淮南兵民，合軍士號四十萬，命殷統之，駐淮上以阨燕師。旣而燕王遺殷書以進香金陵爲辭，殷答曰：「進香皇考有禁，遵者爲孝，不遵者不孝。」割使者耳、鼻，口授數語，詞甚峻。燕王怒，決計趨金陵。

編　十二月，燕師發北平。

編　壬午，四年，（一四〇二）六月帝出亡，燕王棣簒位。春正月，命魏國公徐輝祖帥京軍往援山東。

編　燕兵陷東阿，（在今山東茌平縣南黄河南岸。）吏目鄭華死之。

編　燕兵入沛縣，知縣顏伯瑋、主簿唐子清、典史黄謙皆死之。

編　二月，燕王棣帥師南下。

平安泥河之敗

編　平安及燕兵遇于淝河，（卽肥水，在今安徽合肥市西南。）戰不利，退屯宿州。（卽今安徽宿縣。）

紀　燕將金銘護北軍渡河，期與燕王會於宿州。平安率馬步兵四萬躡燕軍，燕王親率騎二萬，持三日糧，至淝河，設伏兵，南軍追至，伏發，南軍還走。燕王率兵至，平安以三千騎走北岸，燕王以數十騎當之。平安裨將火耳灰者，故燕蕃騎指揮，素驍勇，被召入京師，遂隸平安麾下，持矟直犯燕王，矟音朔，矛丈八者。相距十步許，燕王令胡騎指揮童信射其馬

火耳灰者

蹶，遂獲火耳灰者，其部曲哈三帖木兒亦勇，大將軍營五部，部校尉一人；部有曲，曲有軍候一人。見火耳灰者被獲，持矟突陣，亦射擒之。平安易服，以數騎走，燕王率兵追之，南軍大敗，驍將林帖木兒等被執。平安退屯宿州。是日釋火耳灰者，令入宿衞，諸將以爲言，不聽。

何福等靈壁之敗

平安被執

編　燕兵陷蕭縣，（即今安徽蕭縣。）知縣陳恕死之。

編　夏四月，總兵何福、都督平安等師屯靈壁，（即今安徽靈壁縣。）燕兵攻破之，福遁走。安被執，遣詣北平。

紀　平安營於小河，燕兵據河北，燕王令陳文扼要處爲橋，先渡步卒，輜重騎兵隨之，遂分兵守橋。明日，總兵何福列陣十餘里，張左右翼，緣河而東，燕王帥騎兵戰，福麾步兵而前爭所守橋，福帥後軍來援，奮擊破之，遂斬陳文於陣。平安轉戰，遇燕王於北坂，王急，幾爲安槊所及，馬蹶不得前，燕番騎指揮王騏躍馬入陣援，燕王得脫。南軍奪橋而北，勇氣百倍。徐輝祖軍至，大戰齊眉山，自午至酉，勝負相當。

是時南軍再捷，燕驍將多敗沒，燕王不解甲者數日，南軍相慶。

時廷臣有曰：「燕且北矣，京師不可無良將。」帝因召輝祖還，何福軍聲遂孤。燕遣輕騎截南軍餉道，又令遊騎擾其樵採；福乃下令移營靈壁就糧。時南軍運糧五萬，平安帥馬步六萬護之，燕王遣壯士萬人遮援兵，而令高煦伏兵林閒，躬帥師迎戰。福出壁與安合擊，高煦帥衆自林閒突出，燕王還兵掩擊其後，福等大敗，盡喪其糧餉。福等入營堅守。是夜，福下令期明旦聞砲聲三，卽突圍出師就糧於淮河。庚辰，燕軍攻靈壁營，燕王帥諸將先登，軍士蟻附而上。燕兵三震砲，福軍誤爲己砲，急趨門，門塞不得出，營中紛擾，燕兵急攻之，遂破其營。福遁走，安等被執，參贊軍務禮部侍郎陳性善、大理寺丞彭與明皆死之。平安被俘見燕王，王曰：「淝河之戰，公馬不蹶，何以遇我？」安大言曰：「刺殿下如拉朽耳！」王太息曰：「高皇帝好養壯士。」釋之，遣還北平。自是南軍益衰矣。

燕兵至泗州

編 五月，燕兵至泗州，（卽今安徽泗縣。）守將周景初舉城叛降燕。

紀 燕王謁祖陵，泣曰：「横罹權奸，罹音離，遭也。幾不免矣，幸賴祖宗，得今日拜陵下。」陵下父老來見，悉賜牛酒慰勞遣之。

編 燕兵渡淮，守淮河兵部主事樊士信死之。

紀 燕師至淮，盛庸帥馬步兵數萬、戰艦數千列營南岸。艦，戰船。燕王令艤舟編筏，附船向岸曰艤。揚旗鼓噪，若將渡者，潛遣丘福、朱能、狗兒等西行二十里，以小舟潛渡出庸後，漸近營，舉砲，南軍驚走。庸股栗不能上馬，遂單舸脫去。燕兵盡得其戰艦，渡淮駐南岸。樊士信死之。

燕兵至揚州

編 燕兵陷盱眙、天長，（盱眙縣卽今江蘇盱眙縣。天長縣，卽今安徽炳輝縣。）進至揚州，（卽今江蘇揚州市。）守將崇剛、監察御史王彬死之。

編 燕兵至高郵，（卽今江蘇高郵縣。）遂陷儀眞。（卽今江蘇儀徵縣。）

編 詔天下勤王。

方孝孺請計緩燕師

紀 儀眞既破，北舟往來江上，旗鼓蔽天，燕王駐師江北。朝廷六卿大臣多爲自全計，求出守城，都城空虛。帝下詔罪己，遣使四出徵勤王兵。方孝孺曰：「事急矣，宜以計緩之。

陳瑄迎燕王

遣人許割地，稽延數日，東南募兵當至。長江天塹，（塹，遶城水也。）北兵不閑舟楫，相與決戰於江上，勝敗未可知。」帝從之，乃以呂太后命，遣慶城郡主如燕師議和，以割地分南北爲請。郡主，燕王從姊也。燕王見郡主哭，郡主亦哭。燕王問周、齊二王安在？（周王橚、齊王榑。）郡主言：「周王召還未復爵，齊王仍拘囚。」燕王益悲不自勝。郡主徐申割地議，燕王曰：「凡所以來，爲奸臣耳。皇考所分吾地且不能保，何望割也！但得奸臣之後，謁孝陵，朝天子，求復典章之舊，免諸王之罪，卽還北平，祗奉藩輔，豈有他望。此議蓋奸臣欲緩我師，俟遠方兵至耳。」郡主默然辭歸，燕王送之出曰：「爲我謝天子。吾與上至親，相愛無他意，幸不終爲奸臣所惑。更爲我語諸弟妹，吾幾不免，賴宗廟神靈得至此，相見有日矣。」郡主還，具言之。帝出語方孝孺，且問曰：「今奈何？」孝孺曰：「長江可當百萬兵。江北船已遣人燒盡，北師豈能飛渡！」

【編】寧波知府王璡、永清典史周縉募兵勤王。

【編】六月，燕兵渡江，盛庸整衆禦之，師潰，庸單騎遁。

【紀】燕兵至浦子口，盛庸諸將逆戰，敗之。會高煦引北騎至，燕王大喜，撫煦背曰：「勉之！世子多疾。」於是煦殊死戰，燕王帥精騎直衝庸陣，庸軍小却。帝遣都督僉事陳瑄帥舟師往援庸，瑄乃降燕。

乙卯，瑄具舟至江上來迎燕王，王乃誓師渡江。庸所駐海艘列兵沿江上下二百里，皆大驚愕。師漸近岸，庸等整衆以禦。燕王麾諸將鼓譟先登，以精騎數百衝庸軍，庸師潰，追奔數十里，庸單騎走，餘將士皆降燕。

編　燕兵進屯金川門，谷王橞與李景隆開門降。

紀　燕諸將請徑薄京城，燕王曰：「鎭江咽喉之地，若城守不下，往來非便。先下鎭江，則彼勢益危矣。」乃令來降海舟懸黄幟往來江中，鎭江城中望見驚曰：「海舟皆已降，吾將何爲？」其守將童俊遂率衆降。

帝聞江上海舟暨鎭江皆降，甚憂鬱，召方孝孺問計。孝孺卽班中執李景隆，請誅之，曰：「壞陛下事者此賊也。」不聽。孝孺請令諸王分守城門，乃命谷王橞、安王楹分守都城門，遣李景隆及兵部尚書茹瑺、都督王佐往龍潭，（在今江蘇句容縣北，臨江。）仍以割地請和爲辭，觀虛實以待援兵。景隆、瑺至龍潭見燕王，伏地叩頭而已，稍稍及割地事，燕王曰：「吾今救死不暇，何用地爲！且今割地何名？皇考裂土分封，吾故有地矣，此又奸臣計也。凡所以來，欲得奸臣耳。公等歸奏上，但奸臣至，吾卽解甲，謝罪闕下，謁孝陵歸奉北藩，永祗臣節。」景隆、瑺還報命，帝令景隆再如燕師，言罪人已竄逐，候執至來獻，且令諸王與偕。既至，燕王見諸王相勞苦，諸王具述帝意。燕王曰：「諸弟試謂斯言誠僞。」諸王曰：「大兄洞見矣。」燕王曰：「吾來但欲得奸臣耳，不知其他。」遂宴諸王，遣歸。

帝會羣臣慟哭，或勸帝且幸浙，或曰不若幸湖、湘。（謂湖南、湖北。）方孝孺請堅守京城以待援，萬一不利，車駕幸蜀，收集士馬以爲後舉。齊泰奔廣德州，（即今安徽廣德縣。）黃子澄奔蘇州，帝太息曰：「事出汝輩，而今皆棄我去乎！」長吁不已。

癸亥，燕王整兵而進，屯金川門，時谷王橞與李景隆守金川門，燕兵至，遂開門降。魏國公徐輝祖率師迎戰，敗績。

編　大內火，帝遜國去。

紀　時朝廷文武俱迎降燕，帝聞金川門失守，欲自殺。翰林院編脩程濟曰：「不如出亡。」少監王鉞跪進曰：「昔高帝升遐時，猶言登遐。離騷作「登霞」，曲禮、莊子俱作「登假」，並與遐同，猶曰適遠云爾。有遺篋，曰：『臨大難當發。』謹收藏奉先殿之左。」羣臣齊言急出之，俄而舁一紅篋至，舁，對舉也。四圍俱固以鐵，二鎖亦灌鐵，帝見而大慟。急命舉火焚大內，皇后馬氏赴火死。程濟碎篋得度牒三張，一名應文，一名應能，一名應賢，袈裟、帽鞋、剃刀俱備，袈裟，僧衣。白金十錠，朱書篋內：「應文從鬼門出，餘從水關御溝而行，薄暮會於神樂觀之西房。」帝曰：「數也。」程濟卽爲帝祝髮，斷截其髮曰祝。吳王教授楊應能願祝髮隨亡，監察御史葉希賢毅然曰：「臣名賢，應賢無疑。」亦祝髮。各易衣披牒，在殿凡五六十人俱矢隨亡。帝曰：「多人不能無生得失，宜各從便。」九人從帝至鬼門，而一舟艤岸，爲神樂觀道士王昇，見帝叩頭稱萬歲，曰：「臣固知陛下之來也。疇昔，檀弓：「疇昔之夜。」注：「疇，發語辭。昔之夜，昨夜也。」高皇帝見夢，令臣至此耳。」乃乘舟至太平門，昇導至觀，已薄暮矣。俄而楊應能、葉希賢等十三人

建文從亡二十二人

同至，共二十二人。廖平、金焦、趙天泰、程亨、王良、蔡運、梁田玉、葉希賢、程濟、梁良玉、梁中節、宋和、郭節、馮漼、牛景先、王資、楊應能、劉仲、鄭洽、王之臣、周恕、史彬。帝曰：「今後但以師弟稱，不必拘主臣禮也。」約定，左右不離者三人，給運衣食者六人，餘俱遙爲應援。黎明，取道溧陽去。（溧陽，即今江蘇溧陽縣。）

燕王即位

編　燕王立爲皇帝。

紀　諸王及文武臣詣燕王勸進，勸勉進上帝號也。燕王固辭，諸王羣臣頓首固請，燕王乃命駕謁孝陵畢，入城。燕王曰：「諸王羣臣以爲奉宗廟宜莫如予。宗廟事重，予不足稱；今辭弗獲，勉徇衆志，諸王羣臣各宜協心輔予不逮。」遂詣奉天殿即皇帝位。

復周王橚、齊王榑封爵。

清宮三日，諸宮人、女官、內官多誅死，惟得罪於建文者乃得留。上詰問宮人、內侍以建文帝所在，皆指認后屍應焉。乃出屍於煨燼中哭之，曰：「小子無知，乃至此乎！」召翰林侍讀王景問葬禮當何如？景對曰：「當葬以天子之禮。」從之。

革去興宗孝康皇帝廟號，仍舊諡號懿文皇太子。降封吳王允熥爲廣澤王，衞王允熞爲懷恩王，徐王允熙爲敷惠王。尋復降允熥、允熞爲庶人，允熙改封甌寧王，後皆不得其死。

殺方孝孺

編　殺故文學博士方孝孺。

紀　上之發北平也，僧道衍送之郊，跪而密啓曰：「南有方孝孺者，素有學行，武成之日，必不降附，請勿殺之，殺之則天下讀書種子絕矣。」上首肯之。及建文帝遜去，即召用孝孺，不屈，繫之獄。上欲草即位詔，皆舉孝孺，乃召出獄。孝孺斬衰入見，悲慟徹殿陛。上諭之曰：「我法周公輔成王耳。」孝孺曰：「成王安在？」上曰：「伊自焚死。」孝孺曰：「何不立成王之子？」上曰：「國賴長君。」孝孺曰：「何不立成王之弟？」上降榻勞曰：「此朕家事耳，

擲筆哭罵

先生毋過勞苦。」左右授筆札，上曰：「詔天下非先生不可。」孝孺大批數字，擲筆於地，且哭且罵，曰：「死既死耳，詔不可草。」上大聲曰：「汝獨不顧九族乎！」高祖至玄孫之親，五服異姓之親亦在其中。孝孺曰：「便十族奈我何！」聲愈厲，上大怒，令以刀抉其口，兩旁至兩耳，復錮之獄。大收其朋友、門生盡殺之，然後出孝孺磔之聚寶門外。孝孺慷慨就戮，時年四十六，坐死者八百七十三人。

殺鐵鉉

編 殺故兵部尚書鐵鉉。

紀 鉉被執至京陛見，背立廷中，正言不屈，令一顧不可得，割其耳鼻竟不肯顧。爇其肉納鉉口中，爇，燒也。令啖之，問曰：「甘否？」鉉厲聲曰：「忠臣孝子肉有何不甘！」遂寸磔之，至死猶喃喃罵不絕。上乃令舁大鑊至，納油數斛熬之，投鉉屍，頃刻成煤炭，導其屍使朝上，轉展向外，終不可得。上大怒，令內侍用鐵棒十餘夾持之，使北面，笑曰：「爾今亦朝我邪！」語未畢，油沸蹙濺起丈餘，蹙，急也。濺，灑也。諸內侍手糜爛，棄棒走，屍仍反背如故。上大驚，命葬之。鉉年三十七。

殺齊泰黃子澄

殺景清

瓜蔓鈔

殺練子寧

編　秋七月朔，大祀天地于南郊，以即位詔天下，大赦。

紀　仍以洪武三十五年爲紀，改明年爲永樂元年。

編　執黃子澄、齊泰至京，皆殺之，夷其族。

編　以夏原吉爲戶部尚書。

編　八月，殺故左僉都御史景清。

紀　初，燕師入，清知帝出亡也，猶思興復，詭自歸附，上厚遇之，仍其官。清自是恆伏利劍於衣衽中，委蛇侍朝，蛇音移。委蛇，安舒貌。人疑焉。八月望日早朝，清緋衣入。緋音非，絳色。先是靈臺奏「文曲犯帝座急，色赤。」及是見清獨衣緋，疑之，朝畢出御門，清奮躍而前，將犯駕，上急命左右收之，得所佩劍。清知志不得遂，乃起植立嫚罵，抉其齒，且抉且罵，含血直噀御袍，噀音巽，噴也。乃命剝其皮，草櫝之，械繫長安門，碎磔其骨肉，是夕精英迭見。後駕過長安門，索忽斷，所械皮趨前數步，爲犯駕狀。上大驚，乃命燒之。已而上晝寢，夢清仗劍追繞御座，覺曰：「清猶爲厲邪！」命赤其族，籍其鄉，轉相扳染，扳音攀。謂之「瓜蔓鈔」，村里爲墟。

編　殺故右副都御史練子寧。

紀　子寧被縛至闕，語不遜，上大怒，命斷其舌，曰：「吾欲效周公輔成王耳。」子寧手探舌血，大書地上「成王安在」四字，上益怒，命磔之，宗族棄市者一百五十一人。

封功臣

建文帝往滇

編　九月，大封靖難功臣。丘福淇國公、朱能成國公、張武成陽侯、鄭亨武安侯、顧成鎮遠侯、王聰武成侯、陳珪泰寧侯、孟善保定侯、郭亮成安侯、王忠靖安侯、徐忠永康侯、張信隆平侯、李遠安平侯、徐祥興安伯、徐理武康伯、李濬新城伯、唐雲新昌伯、孫巖應城伯、趙彝沂城伯、陳旭雲陽伯、張玉子輔信安伯、譚淵子忠新寧伯、房寬思恩侯、房勝富昌伯、劉才廣恩伯。以李景隆、茹瑺、王佐、陳瑄有默相事機功，增景隆祿一千石，封瑺忠誠伯、佐順昌伯、瑄平江伯。駙馬都尉王寧封永春侯，餘將士論功有差。

編　以蹇義爲吏部尚書。命解縉、黃淮、胡廣、楊榮、楊士奇、金幼孜、胡儼直文淵閣。

編　徙封谷王橞於長沙。（長沙府治長沙縣，即今湖南長沙市。）

編　以黃福爲工部尚書。

編　冬十月，寧王權來朝，徙封南昌。

編　十一月，立妃徐氏爲皇后。中山王徐達之女也。

編　建文帝往滇。（滇謂雲南。）

紀　初帝附舟至京口，（即今江蘇鎮江市。）過六合，（即今江蘇六合縣。）陸行至襄陽，至是往滇。

建文帝至雲南永嘉寺

以北平爲北京

封朝鮮國王

# 明鑑易知錄卷四

## 明紀

**太宗文皇帝**　名棣，太祖第四子，初封燕王，舉兵陷京城，建文出亡，遂自立爲帝，徙都北平，在位二十二年，壽六十五歲而崩。

編　癸未，太宗文皇帝永樂元年，（一四〇三）春正月，建文帝至雲南永嘉寺。

編　復代王桂、岷王楩封爵。

編　二月，詔以北平爲北京。

紀　設留守及行部官，改北平爲順天府。

編　命皇子高煦率兵備開平。（即今内蒙古多倫縣。）

編　冬十月，賜貴州總兵官、鎭遠侯顧成銀幣。

紀　上謂侍臣曰：「朕今休息天下，惟望時和年豐，百姓安樂；至於外夷，但思有以備之，必不欲自我擾之，以罷敝生民。成言『今日惟安養中國，愼固邊方』，甚合朕意，以是特嘉獎之。」

編　十一月，封李芳遠爲朝鮮國王。

【編】甲申，二年，（一四〇四）春正月，召皇長子及高煦還京。

【編】夏四月，立皇長子高熾爲皇太子，封高煦爲漢王，高燧爲趙王。

【紀】初，上議建儲，武臣咸請立高煦，謂其有扈從功，惟文臣金忠以爲不可。上密諮解縉，縉言：「立嫡以長。」復問黃淮，亦曰：「長嫡承流，萬世正法。」上意遂決。

【編】擢左善世道衍爲太子少師。

姚廣孝姊

【紀】始復姓名姚廣孝，上稱爲姚少師而不名。亦終不畜髮娶妻，嘗賜二宮人，亦不近。尋命廣孝賑濟蘇、湖，往見其姊，姊拒之曰：「貴人何用至貧家爲？」不納。廣孝乃易僧服往，姊堅不出。家人勸之，姊不得已，出立堂中，廣孝即連下拜，姊曰：「我安用爾許多拜！曾見做和尚不了底是個好人！」遂還戶內，不復見。

【編】六月，詔杖饒州儒士朱友季，（饒州府治鄱陽縣，即今江西鄱陽縣。）焚其所著書。

【紀】饒州鄱陽儒士朱友季詣闕獻所著書，專毀濂、洛、關、閩之說。（濂謂周敦頤，洛謂程顥、程頤，關謂張載，閩謂朱熹。）上覽之，曰：「此儒者之賊也！」遣行人押還饒州，會司府縣官聲其罪，杖之，悉焚其書。

黃河清

【編】冬十月，山西蒲州河津縣禹門渡黃河清。凡百餘日。（河津縣，在今山西稷山縣西。禹門渡，即今稷山縣西北禹門口，古龍門關。）

文獻大典

【編】直文淵閣解縉等承制纂錄韻書成，賜名文獻大典。

選新進士入文淵閣

討安南

【編】十二月，李景隆伏誅。

【紀】景隆僭踰不法，諸司連章劾奏其罪。上初宥景隆死，惟沒其田莊，令杜門省愆。因奸人造圖讖，謂「十八子當有天下」，乃執景隆下獄。景隆見上，大呼曰：「陛下非臣開門奉迎，何以有今日？」上曰：「幸是朕來，若他人來，汝亦開門邪？」景隆遂死於獄。

【編】乙酉，三年，（一四〇五）春正月，詔選新進士，就文淵閣進學。

【紀】命學士解縉選新進士才識英敏者，入文淵閣進學。於是選脩撰曾棨等凡二十八人，棨音起。以應二十八宿。庶吉士周忱自陳年少，願進學。上喜曰：「此有志之士也。」命增忱爲二十九人，人歆其榮。

【編】冬十月，以鄭賜爲禮部尚書，呂震爲兵部尚書。

【編】丙戌，四年，（一四〇六）春二月，命趙王高燧居守北京。

【編】帝詣太學謁孔子。

【紀】上視太學，禮部尚書鄭賜言：「宋制謁孔子，服鞾袍，再拜。」上曰：「見先師，禮不可簡。」乃服皮弁，弁音便，冠也。皮弁，以白鹿皮爲之。行四拜禮。

【編】建文帝至重慶之大竹善慶里。（大竹縣屬重慶府，即今四川大竹縣。）

【編】夏四月，建文帝至西平侯沐晟家。五月，結茅白龍山。

【編】秋七月，命成國公朱能、新城侯張輔等帥師討安南。

紀 先是安南國王陳日烜爲其臣黎季犛所弒，季犛竄易姓名，上表詐稱陳氏絕嗣，求權署國事，上從之。踰年，故安南王孫陳天平走至京師愬實，上遣人責之，季犛卑辭表請還國，上遂命廣西都督黃中等以兵送天平還。季犛伏兵殺天平，中等引兵還。事聞，上大怒曰：「蕞爾小醜，蕞音萃。蕞爾，小貌。罪惡滔天，猶敢潛伏奸謀，肆毒如此。朕推誠容納，乃爲所欺，此而不誅，兵則奚用！」乃命朱能、張輔等帥兵分道進討。

建北京宮殿

編 詔建北京宮殿。

編 冬十月，朱能有疾留龍州，（即今廣西龍津縣。）張輔等入安南。朱能尋卒。

編 丁亥，五年，（一四〇七）春正月，出學士解縉爲廣西布政。漢王高煦惡之也。尋復改交趾。

宣宗

編 夏四月，命皇長孫瞻基出閣就學。

紀 時年九歲。命太子少師姚廣孝、翰林院待詔胥瑄、宋禮等侍講讀，禮部郎中李繼鼎說書，不置僚屬。

安南平

編 五月，安南平。

紀 張輔等至安南，黎季犛遁，輔軍追敗之，生擒季犛及其子澄，餘衆悉降。安南平，得府十五，州四十一，縣二百八，戶三百十二萬。

徐后賢德

編 秋七月，皇后徐氏崩。

紀 后疾甚，上問有何言？對曰：「天下雖定，然生民未大休息，惟陛下矜念之。妾不能報陛下恩，願無驕畜外家。」后崩，上哭之慟。

徐后諭命婦

后恭勤婦道，高后深愛重。高后崩，哀毁動左右，蔬食三年。正位中宮，愈益敬謹，命婦入見，后諭之曰：「妻之事夫，豈止衣服饋食，必有德行之助。常情，朋友之言，有從有違，夫婦之言，婉順易入。吾在宮中，朝夕侍皇上，未嘗不以生民爲言，每承顧問，多見聽納。今皇上所與共圖治理者，公卿大臣數輩，諸命婦可不有以翼贊於内乎？百姓安則國家安，國家安則君臣同享富貴，澤被子孫矣。」崩年四十六。太子、漢王、趙王皆后出。

編　九月，張輔等檻送黎季犛等至京師，檻，載囚車也。帝御承天門受俘。軍所虜囚曰俘。

編　戊子，六年，(一四〇八)春三月，張輔等振旅還京師。

建文帝白龍庵災

編　夏六月，建文帝白龍庵災。

紀　程濟出山募葺。

編　秋七月，論平安南功，封元功張輔等七人爲公、侯、伯，餘皆頒賚有差。

編　己丑，七年，(一四〇九)春二月，帝巡幸北京，命皇太子監國。

編　三月，帝至北京。

編　敕都御史虞謙、給事中杜欽巡視兩淮。

汲黯何如人

紀　謙等奏：「潁州軍民缺食，(潁州，即今安徽阜陽縣。)請發廩賑貸。」皇太子遣人馳諭之曰：「軍民困乏，待哺嗷嗷，衆口愁也。卿等尙從容啓請待報。汲黯何如人也？漢武帝朝，汲黯奉使過河南，見貧人傷水旱萬餘家，或父子相食，黯以便宜，持節發倉粟以賑之。即發廩賑之，勿緩！」

建文帝還滇

編 夏五月，建文帝還滇。

紀 先是上命太監鄭和航海通西南諸國，和數往來雲、貴閒踪跡建文帝，帝東行至善慶里，是月復還滇。（滇謂雲南。）

建文帝復至白龍庵

編 庚寅，八年，（一四一〇）春三月，建文帝復至白龍庵。

紀 工部尚書嚴震使安南，密訪建文帝，忽與帝遇於雲南道中，相對而泣，帝曰：「何以處我？」對曰：「上從便，臣自有處。」夜縊於驛亭中。帝復結庵於白龍山，尋復舍白龍庵他去。

編 冬十月，帝還南京。

開濬會通河

編 辛卯，九年，（一四一一）春二月，開濬會通河。（即今山東臨清市至東平縣之運河。）

建文帝至鶴慶山

編 夏四月，建文帝至鶴慶山。

紀 先是，有司毀白龍庵。是月，建文帝至浪穹鶴慶山，（浪穹縣，即今雲南洱源縣。）其地頗佳，因募建一庵，名大喜。

逮解縉下獄

編 六月，逮交阯參〔政〕（議）解縉至京，下之獄。

紀 先是縉入奏事，會上北巡，見皇太子而歸。及上還京，趙王言：「縉瞰陛下遠出，覲儲君，無人臣禮。」上怒。時檢討王偁亦謫交阯，縉偕偁至廣東娛嬉山水，且上言請役夫數

應慧

冷面寒鐵

萬鑿(滰)(贛)江以便往來。上大怒曰：「爲臣受事，則引而避去，乃欲勞民如此！」遂逮緡并㑩俱下獄。

編　詔遇民饑即行賑給。

紀　戶部言賑北京、臨城飢民三百餘戶，(臨城屬眞定府，在今河北內丘縣北。)給糧三千七百石有奇。上曰：「國家儲蓄，上以供國，下以濟民，故豐年則斂，凶年則散。隋開皇閒旱饑，文帝不肯開倉賑濟，末歲計所積，可供五十年。倉廩雖豐，民心不固，煬帝無道，遂至滅亡。前鑒具在，今後但遇水旱民飢即賑給之。」

編　冬十一月，立皇長孫瞻基爲皇太孫。

編　壬辰，十年，(一四一二)春三月，建文帝納弟子應慧。因應能、應賢相繼而卒故也。

編　秋九月，殺浙江按察使周新。

紀　新，南海人，(南海縣，即今廣東廣州市。)舉鄉薦爲御史，彈劾不避權貴，京師稱爲「冷面寒鐵」。出爲雲南按察使，改浙江。時錦衣衛指揮紀綱有寵，使千戶往浙緝事，作威受賂，新推治之。千戶脫走訴於綱，綱奏新專權，上命逮新至京。新見上，抗聲曰：「臣奉詔擒姦惡耳，奈何罪臣！(生爲直臣，)臣死且不憾！」上怒，命殺之。已而悟其寃，問侍臣曰：「新何處人？」對曰：「廣東。」上歎曰：「廣東有此好人，枉殺之矣。」悼惜者久之。

編　癸巳，十一年，(一四一三)春正月，帝巡幸北京。

封阿魯台為和寧王

親征瓦剌

【紀】皇太孫從，命尚書蹇義、學士黃淮、諭德楊士奇、洗馬楊溥輔太子監國。

【編】夏五月，山東曹縣獻騶虞。騶虞，仁獸，白虎黑文，尾長於身，足不履生草，食自死之肉。（曹縣，即今山東曹縣。）

【編】秋七月，封韃靼太師阿魯台為和寧王。

【紀】先是阿魯台遣使來納款，且請得部署女眞、吐蕃諸部。上以問左右，多請許之，黃淮獨不可，曰：「此屬分則易制，合則難圖矣。」上顧左右曰：「黃淮如立高岡，無遠不見；諸人處平地，所見惟目前耳。」乃不許阿魯台之請。至是封為和寧王，賜金帛，仍居漠北。沙漠之北。北方流沙曰漠。

【編】瓦剌順寧王馬哈木怨阿魯台，朝貢不至。

【編】甲午，十二年，（一四一四）春二月，詔親征瓦剌。

【編】三月，車駕發北京。

【紀】皇太孫從，上謂侍臣曰：「朕長孫聰明英睿，智勇過人，今肅清沙漠，使躬歷行陣，見將士勞苦，征伐不易。」又謂胡廣、楊榮、金幼孜曰：「每日營中閒暇，爾等即以經史於長孫前講說，文事武備，不可偏廢。」

【編】夏六月，帝帥師擊瓦剌軍，大敗之，馬哈木北遁。

【紀】上帥師至撒里怯兒之地，前鋒都督劉江遇敵三峽口，擊走之。戊申，上發蒼厓峽，次闌忽失溫，馬哈木以三萬人來戰，頓山巔不敢發。上遣鐵騎挑之，敵奮而下，中軍將安遠

漢王譖東宮官

榜葛剌國獻麒麟

纂脩五經四書性理大全

建文帝遊衡山

侯柳升以神機砲斃其騎數百，上率鐵騎乘之，馬哈木遂大潰走。追至土剌河，生擒數十人，馬哈木乘夜北遁，上遂下令班師。

【編】秋八月，車駕還北京。

【編】逮學士黃淮等下獄。

【紀】上北征還，太子遣使迎車駕緩，且書奏失辭，上怒曰：「此輔導之咎也。」漢王高煦復譖之，遂逮尚書蹇義、學士黃淮、諭德楊士奇、洗馬楊溥、芮善、正字金問等。既而義獲宥，淮等俱下獄。尋召士奇至前，親問東宮事，士奇言：「太子孝敬誠至，凡所稽遲，皆臣等之罪。」乃特宥士奇復職。

【編】榜葛剌國獻麒麟。榜葛剌者，東印度也。

【編】冬十二月，命儒臣纂脩五經、四書、性理大全。

【紀】開館于東華門外。書成，上親爲之序。

【編】乙未，十三年，(一四一五)春二月，解縉死于獄。妻子徙邊。

【編】秋八月，建文帝遊衡山。十月還大喜庵。

【編】冬十月，賜刑部主事劉寧妻安氏銀幣。

【紀】有人納銀於瓜以餽寧者，寧妻安氏發之。詔褒寧平日廉信於妻，妻能佐夫以義，賜白金二百兩，綵幣八表裏。

北京誠帝王之都

谷王橞謀逆

編　瓦剌馬哈木貢馬謝罪。

編　丙申，十四年，（一四一六）春三月，徙封趙王高燧於彰德，（彰德府治安陽縣，即今河南安陽市。）漢王高煦於青州。（青州府治益都縣，即今山東益都縣。）

編　冬十月，帝還南京。

紀　上將建北京宮殿，命羣臣會議，於是文武羣臣議奏曰：「北京，聖上龍興之地，北枕居庸，（居庸關，在今北京市昌平區西北。）西峙太行，（峙音雉，立也。）（太行山，在今河南沁陽縣西北。）東連山海，（山海關在今河北秦皇島市東北。）南俯中原，山川形勝足以控四夷制天下，誠帝王之都也。比年車駕巡狩，四海會同，人心協和，漕運日廣，商賈輻輳，財貨充盈。良材巨木，已集京師，天下軍民，樂於趨事。伏乞上順天心，下從民望，早敕所司興工營建，以爲子孫萬世帝王之業，天下幸甚。」

編　命豐城侯李彬鎮交阯。

編　以翰林院脩撰沈度爲侍讀學士。

紀　上愛度書法，稱爲「我朝王羲之」，命中書習其字。

編　丁酉，十五年，（一四一七）春二月，谷王橞謀逆，詔削爵爲庶人。

紀　上以谷王橞開門迎降之故，待之加厚，改封長沙。橞陰養死士，造戰船。隨侍都督張興密言於上，上未之信。會蜀王椿次子崇寧王悅𤐤得罪於父，逃橞所，橞詭衆曰：「建

漢王高煦徙居樂安

文君初不死，今已在此。」蜀王聞之，上疏具言櫶謀逆之事。上歎曰：「朕何如待櫶，乃有此心。蜀王忠孝，又不宜欺我，張興嘗爲我言，我不忍信，今果然。」立命中官持敕諭櫶，令遣悅鐏還蜀，且徵櫶，櫶不意敕使猝至，乃就徵。至京入見，上以蜀王章示之，櫶伏地言「死罪死罪！」上不忍誅，削櫶及其二子賦灼、賦熻爵爲庶人。誅諸通謀者，張興以先發櫶謀，得不坐。

編　三月，漢王高煦有罪，徙居樂安。

紀　先是，封高煦爲漢王，國雲南，怏怏不肯去，曰：「我何罪，斥我萬里！」及改青州，又不肯去，曰：「何爲置我脊土！」留居京師，請得天策衛爲護衛，（天子禁軍。）曰：「唐太宗爲天策上將軍，（唐太宗初爲秦王，高祖以其功大，前代官皆不足以當之，特置天策上將，位在王公上，以秦王爲之，開府置屬。）吾得之豈偶然。」又益請兩護衛，曰：「我英武豈不類秦王！」遂僭用天子車服。上在北京頗聞之，及還南京，以問楊士奇，對曰：「漢王始封雲南不肯行，復改青州又不行，今知朝廷將徙都北京，惟欲留守南京。此其心，路人知之。惟陛下蚤善處置，用全父子之恩。」上默然。後數日，上復得高煦造兵器，陰養死士，招納亡命等事，大怒，召至詰之，縶之西華門內，將誅之，皇太子涕泣力救，乃徙封樂安，（在今山東惠民縣南。）促即日行。上顧謂皇太子曰：「樂安去京甚近，如其作禍，可朝發而夕擒之。」

編　帝巡北京，命皇太子監國。

編　秋八月，瓦剌順寧王馬哈木卒，以其子脫歡襲順寧王。

【編】冬十二月，建北京宮殿。

胡廣卒

【編】戊戌，十六年，（一四一八）夏五月，胡廣卒。

【紀】初，燕兵渡江時，解縉、胡廣與周是脩約，同死於難。既而縉使人覘廣動靜，覘，窺視也。廣方問家人飼豬否？縉聞而笑曰：「一豬尚不肯捨，況肯捨性命。」蓋初皆無意於死也，惟是脩竟行其志。後縉、廣同直文淵閣，上曰：「縉、廣少同業，仕同官，縉業已有子，廣宜妻之以女。」廣曰：「臣妻有娠，娠音震，懷子也。未卜男女。」上曰：「定生女。」越數月，廣妻果生女，遂訂盟。既而縉遭讒死，舉家徙邊，廣欲使女改適，女竊入室，以刀截耳，家人覺而救之，血被兩頰，且言曰：「薄命之婚，皇上主之，父面承之，一與之盟，終身不改。」越數年，解氏蒙宥歸，女卒歸解氏。

【編】以吏科給事中陳諤爲順天府尹。

頒二書於天下學校

【編】己亥，十七年，（一四一九）冬十二月，頒爲善陰騭、孝順事實二書於天下學校。

【紀】上命儒臣輯錄古今載籍所記，爲善陰騭之事可以垂勸者，得百六十五人；孝順之事可以垂教者，得二百七人；上親爲之序。

立東廠

【編】庚子，十八年，（一四二〇）秋八月，立東廠。

【紀】命內官一人主之，刺大小事情以聞。刺，偵探也。

【編】九月，北京宮殿成。

建文帝入蜀

【編】冬十月，建文帝入蜀。程濟從，徧遊諸勝。

【編】十一月，皇太子赴北京。

【紀】太子過鄒縣，（即今山東鄒縣。）會歲荒民飢，乃下馬入民舍，見男女衣皆百結不掩體，竈釜傾仆不治，歎曰：「民隱不上聞若此乎！」會山東布政使石執中來迎，讓之曰：「爲民牧而視民窮如此，亦動念否乎？」執中言：「凡被災之處，皆已奏請，賜今年秋糧。」太子曰：「民飢且死，尙及徵稅邪？速取勘飢民口數，近地約三日，遠地約五日，悉發官粟賑之。」執中請人給三斗，太子曰：「且與六斗。汝毋懼擅發，予見上，當自奏也。」太子至卽奏之，上曰：「昔范仲淹之子，猶能舉麥舟濟其父之故舊；況百姓吾赤子乎！」

【編】辛丑，十九年，（一四二一）春正月，帝御北京奉天殿受朝賀。大赦。

三殿災

【綱】夏四月，奉天、謹身、華蓋三殿災，詔求直言。

建文帝入粵

【編】秋七月，建文帝入粵。遊海南諸勝，十一月還大喜庵。

【編】冬十月，阿魯台入寇。

【紀】上議北征，大臣皆言「糧儲未足，且頻年出師無功，宜休養兵民」，上不悅，下戶部尙書夏原吉、刑部尙書吳中獄。

親征阿魯台

【編】壬寅，二十年，（一四二二）春三月，帝親征阿魯台。

【紀】阿魯台寇興和，（即今內蒙古興和縣。）殺守將王煥。上遂決意親征，駕至雞鳴山，阿魯

阿魯台自稱可汗

建文帝入楚

台聞之，夜遁。

編 秋七月，帝至西涼亭，下令班師。

紀 駕次西涼亭。西涼亭者，故元往來巡遊之地也。上望其頹垣遺址，樹林鬱然，謂守臣曰：「元氏創此，將遺子孫爲不朽之圖，豈意有今日。書云『常厥德，保厥位。厥德靡常，九有以亡』，（書咸有一德篇文。）況一亭乎？可以爲殷鑒矣！」因下令禁軍士斬伐樹木，遂班師。

編 九月，車駕還京師。

編 冬閏十二月，阿魯台弒其主本雅失里，自稱可汗。

編 癸卯，二十一年，（一四二三）春二月，蜀王椿薨，謚曰獻。

紀 王天性孝友，循禮執法，好學不倦，喜接士大夫，講道問業，諸王中最稱賢。

編 建文帝入楚。程濟從，六月遊漢陽，七月留大別山。

編 夏五月，常山中護衞指揮孟賢等謀逆，伏誅。

紀 先是上以疾，多不視朝，中外事悉啓皇太子處分。太子每裁抑宦侍，黄儼、江保尤見疎斥。儼等素厚趙王，流言傳播，謂上屬意趙王。由是孟賢遂起邪心，與羽林衞指揮彭旭等連結貴近，謀進毒於上；俟晏駕，天子初崩曰晏駕，蓋臣子之心，猶謂宮車當駕而晚出也。即以兵劫內庫兵仗符寶，執大臣僞撰遺詔，廢皇太子而立趙王。布置已定，中護衞總旗王瑜知之，詣闕上變告。上大驚，急捕賊。既悉得，上御左順門親鞫之，鞫音菊，推窮罪也。召皇太子、趙王、文武大臣皆至，上覽所撰僞詔，震怒，顧趙王曰：「爾爲之邪？」皇太子爲之營解曰：「高燧必不預謀，此自下人所爲耳。」遂止按誅賢等。

皇太子爲趙王營解

編　秋七月，帝復親征阿魯台。

復親征阿魯台

紀　上聞阿魯台將犯邊，復親征，次於宣府。（在今河北張家口市東南。）

編　冬十月，帝至上莊堡，韃靼王子也先土干率衆來降。

紀　初，上次沙城，阿失帖木兒率妻子來降，言阿魯台聞天兵復出，疾走遠遁，不復有南意。至是，也先土干來降，上喜，謂諸將曰：「遠人來歸，宜有以旌異之。」乃封爲忠勇王，賜姓名金忠。遂班師。

編　十一月，帝還京師。

編　甲辰，二十二年，（一四二四）春正月，阿魯台寇大同。（卽今山西大同市。）

紀　大同守將奏阿魯台侵塞。遂大閱，議北征。

再征阿魯台

編　夏四月，詔命皇太子監國，帝發京師。

紀　大學士楊榮、金幼孜從。五月，師次清水源，阿魯台遠遁。上謂榮、幼孜曰：「朕夜夢神人告朕曰：『上帝好生。』如是者再，是何祥也？豈天屬意茲寇乎？」榮、幼孜言：「宜承天意，赦其不臣之罪，班師還京。」上曰：「此朕志也。」

編　六月，帝下詔班師。

帝崩

出夏原吉等於獄

置公孤官

紀 師次答蘭納木兒河，彌望荒塵野草。阿魯台遁走已久，前鋒陳懋、金忠引兵抵白邙山下，咸無所遇，以糧盡還。英國公張輔奏：「願假臣一月糧，率騎深入，罪人必得。」上曰：「今出塞已久，人馬俱勞。北地早寒，一旦有風雪之變，歸途尚遠，不可不慮。」乃詔旋師。

編 秋七月，帝崩于榆木川。（在今內蒙古多倫縣西北。）

紀 師次蒼崖，上不豫。庚寅，次榆木川，上大漸，病甚也。周書顧命：「疾大漸。」召張輔受遺命，傳位皇太子。辛卯，上崩。

編 八月，梓宮至京師。

紀 楊榮等奉大行皇帝訃至京師，皇太子遣皇太孫赴開平迎梓宮，天子棺以梓木爲之，曰梓宮。（開平，即今內蒙古多倫縣。）壬子，至京師。

編 出夏原吉、吳中、黃淮、楊溥、金問於獄。

編 太子高熾卽位，大赦。復夏原吉、吳中官。

編 置公、孤官。

紀 太師、太傅、太保皆正一品，少師、少傅、少保皆從一品。上諭吏部尙書蹇義曰：「此皇祖之制，皇考聖明天縱，可不置此官，予歷事未廣，不無望於師傅，卿等勉之。」遂加義少保。

編 赦解縉妻子還鄉，官其子禎亮爲中書舍人。

解縉論評人品

紀　初，文皇嘗手書蹇義等十人授縉曰：「汝可疏其人品。」縉曰：「蹇義天姿厚重，中無定見。夏原吉有德有量，不遠小人。劉儁雖有才幹，不知顧義。鄭賜可謂君子，頗短於才。李至剛誕而附勢，雖才不端。黃福秉心易直，確有執守。陳瑛刻於用法，好惡頗端。宋禮戇直而苛，戇音撞，愚也。人怒不恤。陳洽疏通警敏，亦不失正。方賓簿書之才，駔儈之心。」駔音臧，上聲。儈音膾。牙儈會合兩家買賣者曰駔。奏上，文皇以示上曰：「至剛朕已洞灼，餘徐驗之。」至是，上出縉奏示楊士奇曰：「今人率謂縉狂士，觀所論評，皆有定見。」乃赦其家屬，官其子禎亮。

編　九月，進蹇義少傅，加楊士奇少保，楊榮太子少傅，金幼孜太子少保。

賜蹇義等銀圖書

紀　賜義等銀圖書各一，其文曰「繩愆糾繆」。周書冏命篇辭。繩，直也。糾，正也。諭之曰：「卿等皆先帝舊臣，又事朕於東宮；今朕嗣位之初，賴卿等協心贊輔，凡政有闕失，羣臣及卿等言之而朕未從，悉用此印密疏以聞。」

建文帝下江南

編　冬十月，建文帝下江南。至史彬家。十一月至寧波，渡蓮花洋。

編　立妃張氏爲皇后。彭城伯張麟之女也。

編　立皇太孫瞻基爲皇太子。

編　封子瞻埈爲鄭王，瞻墉爲越王，瞻垠爲蘄王，瞻墡爲襄王，瞻堈爲荆王，瞻墺爲淮王，瞻塏爲滕王，瞻垍爲梁王，瞻埏爲衛王。

方孝孺輩皆忠臣

編 十一月，赦奸黨族屬，並放還家，給還田產。

紀 上謂侍臣曰：「方孝孺輩皆忠臣也，宜從寬典。」因下御札，諭禮部尚書呂震曰：「建文中奸臣，其正犯已悉受顯戮，家屬初發教坊司、錦衣衛及功臣之家爲奴；今有存者，既經大赦，可宥爲民，給還田土。」

楊士奇諫逮舒仲成

編 逮治前御史舒仲成，既而罷之。

紀 初，上監國時，仲成以言事忤旨，貶湖廣按察副使。至是，命都察院逮治之。楊士奇上疏言：「向來得罪者多，陛下即位皆宥之，今追理仲成，即詔書不信。漢景帝爲太子，召衞綰不赴，即位，進用綰，前史韙之。」韙音委，美也。上覽疏喜，即有旨罷治仲成，而降敕獎諭士奇。

編 十二月，葬長陵。（在今北京市昌平區，明十三陵之一。）

## 仁宗昭皇帝 名高熾，文皇長子，在位一年，壽四十八歲而崩。

編 乙巳，仁宗皇帝洪熙元年，（一四二五）春正月，進大學士黃淮爲少保兼戶部尚書，楊士奇兼兵部尚書，金幼孜兼禮部尚書。

建宏文閣

編 建宏文閣。

紀 建宏文閣於思善門之左，作印章，命翰林院學士楊溥掌閣事。徵蘇州儒士陳繼爲翰林院五經博士學錄，楊敬爲翰林院編修訓導，何澄爲禮科給事中，皆直宏文閣。上親舉印授溥曰：「朕用卿等，非止助益學問，亦欲廣知民事，爲理道之助。卿等如有建白，卽用此印封識以聞。」

權謹

編 三月，徵權謹爲學士。

紀 上聞前光祿寺署丞權謹孝行，曰：「忠孝之人，可任輔導。」遂驛召至，以爲文華殿大學士。

趙王之國

編 趙王高燧之國彰德。

瞻圻守鳳陽皇陵

編 遣漢王高煦子瞻圻守皇陵。

紀 初，瞻圻恨父殺其母，屢發父過惡，文皇曰：「爾父子，何忍也！」及文皇北征晏駕，瞻圻在北京，凡朝廷事，潛遣人馳報，一晝夜六七行。高煦日亦遣數十人入京師潛伺，幸有變。上固知之，顧益厚遇。至是，高煦悉上瞻圻前後覘報朝中事，且曰：「廷議旦夕發兵取樂安。」上召瞻圻示之曰：「汝處父子兄弟閒，讒構至此乎！穉子不足誅，發鳳陽守皇陵。」

詔免山東淮徐稅糧

編 夏四月，詔免山東、淮、徐稅糧之半。

紀 時有至自南京者，上問「所過地方何如？」對曰：「淮、徐、山東民多乏食，而有司徵稅方急。」上遂召楊士奇等，令草詔免之。士奇曰：「此事可令戶部、工部與聞。」上曰：「救民之窮，當如救焚拯溺，不可遲疑，有司慮國用不足，必持不決之論。」乃令士奇書詔畢，卽遣使齎行。上顧士奇曰：「卿今可語戶、工二部，朕已悉免之矣。」左右言：「地方千餘里，其閒未必盡荒，宜有分別，庶不濫恩。」上曰：「恤民寧過厚。爲天下主，乃與民寸寸計較邪？」

編 命皇太子謁祭皇陵、孝陵，留南京監國。

編 出二敕二印，賜蹇義、楊士奇。

紀 上明於星象，忽夜見星變，召士奇等語曰：「天命盡矣！」乃歎息而起。次日早朝罷，召義、士奇諭曰：「監國二十年，爲讒慝所構，心之艱危，吾三人共之。賴皇考仁明，得遂保全。」言已，泫然，義、士奇亦流涕。上曰：「卽吾去世後，誰復知吾三人同心一誠？」遂出二敕二印，一賜義，文曰「忠貞」；一賜士奇，曰「貞一」，皆拜受而退。

賜蹇義楊士奇印

編 五月，帝崩。

紀 上不豫，召蹇義、楊士奇、黄淮、楊榮至思善門，命士奇書敕遣中官海壽馳召皇太子於南京。翌日，上疾大漸，遺詔傳位皇太子，遂崩。壽四十八。時皇太子未至，羣臣請鄭、襄二王監國。

編 建文帝自閩、粵還鶴慶山。

建文帝還鶴慶山

紀 建文帝自閩、粵還山，止程濟從。聞仁宗崩，帝曰：「吾心放下矣。今後往來亦少如意也。」

編 六月，太子瞻基卽位。

紀 太子至自南京，遂卽位。

編 秋七月，尊皇后曰皇太后。

編 立妃胡氏爲皇后。都督胡榮女也。

編 九月葬獻陵。

## 宣宗章皇帝 名瞻基，仁宗太子，在位十年，壽三十七歲而崩。

編 丙午，宣宗皇帝宣德元年，（一四二六）春正月，漢王高煦遣人獻元宵燈。

紀 有言於上曰：「漢府所遣來者多，是窺瞰朝廷之事，特以進獻爲名。」上曰：「吾惟推誠以待之耳。」復書報謝。

編 二月，禮部進耕藉田儀注。

宣宗論耕藉田

紀 上觀之，謂侍臣曰：「先王制藉田以奉粢盛，以率天下務農，所貴有實心耳。誠念創業艱難，愛恤蒼生，使明德至治達於神明，則黍稷之薦不待親耕矣。誠輕傜薄賦，貴農重穀，則人咸樂耕，不待勸率矣。不然，三推、五推，何益於事！」

編 夏四月，呂震卒。以胡濙爲禮部尚書。

編 五月，以戶部左侍郎陳山爲戶部尚書，兼謹身殿大學士，禮部左侍郎張瑛兼華蓋殿大學士，並入內閣預機務。

編 秋八月，漢王高煦反，帝自將討擒之。

紀 初，高煦旣之國樂安，反謀未嘗一日忘。及仁宗崩，上卽位，賜高煦視他府特甚。

高煦益自肆。八月壬戌遂反，遣枚青潛來京，約英國公張輔爲內應，輔縶青聞於朝。又約山東都指揮靳榮等反濟南爲應。（濟南府治歷城縣，即今山東濟南市。）乃立五軍都督府，指揮王斌領前軍，韋達左軍，千戶盛堅右軍，知州朱煊後軍。諸子瞻坌、瞻域、瞻埣、瞻墿各監一軍，坌音慈，埣音歲，墿音亦。高煦率中軍，世子瞻垣居守，指揮韋賢、韋興、千戶王玉、李智領四哨。邏騎也。部署已定。御史李濬，樂安人，棄其家，變姓名，閒道詣京上變，閒道，微道也。言高煦刻日取濟南，然後率兵犯闕。

楊夏勸親征

丁卯，高煦遣百戶陳剛進疏，斥言二三大臣夏原吉等爲奸佞，並索誅之。上歎曰：「高煦果反！」議遣將討高煦，楊榮力言不可，曰：「陛下獨不見李景隆事乎？」建文遣李景隆討燕。上默然，顧原吉，原吉曰：「兵貴神速，宜卷甲韜戈以往，一鼓而平之，所謂『先聲有奪人之心也。』若命將出師，恐不濟。榮言是。」上意遂決。立召張輔諭親征，輔對曰：「高煦鷙而寡謀，鷙，猛也。外戇中恇，戇，直也。恇音匡，恐也。今所擁非有能戰者，願假臣兵二萬，擒逆賊獻闕下。」上曰：「卿誠足辦賊，顧朕新即位，小人或懷二心，行決矣。」

乙丑，敕平江伯陳瑄防守淮安，（淮安府治山陽縣，即今江蘇淮安縣。）勿令賊南走。令指揮芮勛守居庸關，勿令北入胡。戊辰，命定國公徐景昌、彭城伯張昶守皇城，安鄉伯張安、廣寧伯劉瑞、汴城伯張榮、建平伯高遠輔、鄭王瞻埈、襄王瞻墡留守北京，蹇義、楊士奇、夏原吉、楊樂、楊溥、吳中、胡濙、張本、顧佐扈從，豐城伯李賢、侍郎郭璡督軍餉，陽武侯薛祿爲先鋒。

諭高煦書

辛未，車駕發京師，率大營五軍將士以行。戊寅，獲樂安歸正人，給榜令還樂安諭衆。

上賜書諭高煦曰：「王，太宗皇帝之子，仁宗皇帝之弟，朕嗣位以來，事以叔父，禮不少虧，何爲而反邪？朕惟張敖失國，本之貫高；漢高帝朝，趙王張敖相貫高，說敖謀逆，事覺，敖坐廢。淮南受誅，成於伍被。漢武帝朝，淮南王安謀反，召中郎伍被與謀反事，被自詣吏上告，安自殺。自古小人事藩國，率因之以自圖富貴，而陷其主於不義；及事不成，則反噬主以圖苟安。今六師壓境，王能悔禍，即擒獻倡謀者，朕與王削除前過，恩禮如初。王如執迷，或出兵拒敵，或嬰城固守，嬰，繞也。圖僥倖於萬一，當率大軍乘之，一戰成擒矣。又或麾下以王爲奇貨，執以來獻，王以何面目見朕？雖欲保全，不可得也。王之轉禍爲福，一反掌閒耳，其審圖之！」

辛巳，車駕至樂安，諸將請即攻城，上不許。復敕諭高煦，不報。又以敕繫矢射城中，諭黨逆者以禍福，於是城中人多欲執獻高煦者。高煦狼狽失據，狽無前足，附狼而行，故人猝遽無措者謂之狼狽。密遣人詣御幄陳奏：「願寬假今夕與妻子別，明旦出歸罪。」上許之。是夜，高煦盡取積歲所造兵器，與凡謀議交通文書盡焚之。壬午，高煦將出，王斌等固止之，曰：「寧一戰以死，就擒辱矣！」高煦遂潛從閒道衣白席藁出見上，頓首自陳。羣臣請正典刑，不許。上令高煦爲書，召諸子同歸京師。

移師彰德之議

乙酉班師，命中官頸繫高煦父子赴北京。庚寅，車駕至獻縣之單橋，（獻縣，即今河北獻縣。）戶部尚書陳山迎駕。山見上，言「宜乘勝移師向彰德，襲執趙王。則朝廷永安矣。」上召楊

楊士奇諫圖趙王

榮以山言諭之，榮對曰：「山言，國之大計。」遂召蹇義、夏原吉諭之，兩人不敢異議。榮言：「請先遣敕趙王，詰其與高煦連謀之罪，而六師奄至，奄，忽也。可擒也。」從之。榮遂傳旨令楊士奇草詔，士奇曰：「事須有實，天地鬼神豈可欺哉！且敕召以何爲辭？」榮厲聲曰：「此國家大事，庸可沮乎？令錦衣衞責所係漢府人狀，云與趙連謀，何患無辭？」士奇曰：「錦衣衞責狀何以服人心？太宗皇帝惟三子，今上親叔二人，一人有罪者不可恕，其無罪者當厚之，庶幾仰慰皇祖在天之靈。」榮不肯。時楊溥亦與士奇意合，上乃不復言移兵，車駕遂還京。

【編】九月，帝至京師，廢高煦爲庶人，逆黨王斌、朱煊等伏誅。同謀伏誅者六百四十餘人。

【紀】時言者猶喋喋，多言貌。請盡削趙護衞，且請召趙王拘之京，上皆不聽。乃召楊士奇諭曰：「言者論趙王益多，如何？」對曰：「今日宗室惟趙王最親，當思保全之，毋惑羣言！」上曰：「吾亦思之，皇考於趙王最友愛，且吾今惟一叔，奈何不愛，然當思所以保全之道。」乃封羣臣言章，遣駙馬都尉廣平侯袁容、左都御史劉觀齎以示之，使自處。容等至，趙王大喜曰：「吾生矣！」即獻護衞，且上表謝恩，而言者始息。

【編】漢庶人高煦伏誅。

【紀】庶人鎖縶大內逍遙城，一日上往，熟視久之，庶人出不意，伸一足句上仆地。上大怒，亟命力士舁銅缸覆之。缸重三百斤，庶人有力，頂負缸起。乃積炭缸上如山，然炭，逾時，火熾銅鎔，庶人死。諸子皆死。

編 冬十月，復李時勉翰林侍讀。

紀 洪熙中，時勉言事過激，仁宗怒，命武士扑以金瓜，斷脇不死，繫獄，至是，上面訊，釋之，復召入翰林。

編 以張本爲兵部尚書，陳祚、于謙並爲監察御史。

編 丁未，二年，（一四二七）春二月，進張瑛禮部尚書。

編 秋八月，建文帝入蜀。程濟從。

建文帝入蜀

編 九月，詔浙江按察使林碩復職。

紀 碩振舉憲法不少貸，中官裴可立督事浙江，以沮格詔令誣之。格音閣。上遣人逮碩至，親問之，曰：「爾毋怖，但盡實對。」碩言：「臣往年爲御史，嘗巡按浙江，小人多不便臣。今任按察使至浙未久，中宮在彼者亦無乖忤，惟舊不便臣者設謀造詐，欲去臣以自便耳。」上曰：「朕固未信，逮汝面問，今既明白，卽馳驛還任，汝無他慮。」遂降敕切責裴可立曰：「歸必不貸也。」碩初被逮，衆皆危之，一見遽釋，中外頌聖德焉。

編 冬十一月，皇子祈鎮生。孫貴妃所出也。

編 以薛瑄爲監察御史。

編 戊申，三年，（一四二八）春二月，立皇子祈鎮爲皇太子。

編 廢皇后胡氏，立妃孫氏爲皇后。

紀 先是上嘗召張輔、蹇義、夏原吉、楊士奇、楊榮諭之曰：「朕年三十，未有子，今幸貴妃生子。母以子貴，公羊傳隱公元年：「子以母貴，母以子貴。」古亦有之，但中宮宜何如處置？」因舉中宮過失數事。榮曰：「舉此廢之可也。」上曰：「廢后有故事否？」義曰：「宋仁宗降郭后爲仙妃。」事在明道二年。上問「輔、原吉、士奇何無言？」士奇對曰：「臣於帝、后，猶子事父、母。今中宮，母也，羣臣，子也，子豈當議廢母。」上問「輔、原吉云何？」二人依違其間曰：「此大事，容臣詳議以聞。」上問：「此舉得不貽外議否？」義曰：「自古所有，何得議之。」士奇曰：「宋仁宗廢郭后，孔道輔、范仲淹率臺諫十數人入諫，被黜。至今史册爲貶，何謂無議？」既退，明日，上復召問士奇、榮，士奇對曰：「漢光武廢后，詔書曰：『異常之事，非國休福。』事在建武十七年。宋仁宗廢后，後來甚悔。願陛下慎之。」上不懌而罷。一日，獨召士奇至文華殿，屏左右，諭曰：「若何處置爲當？」士奇因問「中宮與貴妃若何？」上曰：「甚和睦，相親愛。中宮今病踰月矣，貴妃日往視，慰藉甚勤也。」士奇曰：「然則乘今有疾而導之辭讓，則進退以禮，而恩眷不衰。」上頷之。頷音撼，點頭以應也。數日，復召士奇曰：「爾前說甚善，中宮果欣然辭，貴妃堅不受，太后亦尚未聽辭，然中宮辭甚力。」士奇曰：「若此則願陛下待兩宮當均一。昔宋仁宗廢郭后，而待郭氏恩意加厚。」上曰：「然。吾不食言。」其議遂定，敕皇后退居別宮。册立孫氏爲皇后。

楊士奇薦顧佐

編　夏六月，出左都御史劉觀，以通政使顧佐爲左都御史。

紀　上罷朝，諭：「朝臣貪濁，奈何？」楊士奇對曰：「貪風始永樂末，今更甚。」上問「何如？」對曰：「太宗自十五六年數疾不視朝，扈從之臣，請託賄賂公行無忌。」楊榮曰：「當是時，惟方賓有貪名。」上卽顧榮問：「今貪者誰甚？」對曰：「莫甚於劉觀。」士奇曰：「風憲所以肅百僚，憲長如此，則不肖御史皆效之。御史奉巡四方，則不肖有司皆效之。」上歎息曰：「除惡務本。顧觀去，誰代觀者？」士奇曰：「通政使顧佐廉公有威。」榮曰：「佐爲京尹，能禁防下吏，政清弊革。」上喜曰：「顧佐乃能如是。」乃命觀巡閱河道，而以佐代之，尋下觀獄。

建文帝至成都

編　冬十月，建文帝遊漢中。（漢中府治南鄭縣，即今陝西漢中市。）

編　己酉，四年，（一四二九）春正月，建文帝至成都，（卽今四川成都市。）再宿而去。五月帝還浪穹，六月至鶴慶山中。

編　二月，江南守備襄城伯李隆獻騶虞，羣臣請表賀，不許。

紀　隆獻騶虞二，云出滁州來安縣石固山。（來安縣，卽今安徽來安縣。）禮部尙書胡濙等請上表賀，上曰：「朕嗣位四年，民生未能得所，騶虞之祥，於德弗類。」不許。

編　冬十一月，千戶臧清棄市。

紀　時有囚告左都御史顧佐枉法者，上怒，召楊士奇、楊榮諭曰：「此必有重囚敎之陷佐。」因命法司窮治之，得千戶臧清殺無罪三人當死，敎之誣告。上曰：「不誅之，佐何以行

夏原吉卒

事！」立命磔清於市。磔音窄，裂尸也。

**編** 庚戌，五年，（一四三〇）春正月，少保、戶部尚書夏原吉卒。贈太師，諡忠靖。

**紀** 原吉天性寬平，人無識與不識皆稱爲君子長者。呂震嘗在上前短原吉柔奸。震爲子求官，上問原吉，原吉稱震有守城功。陳瑄靖難初，欲殺原吉；原吉薦瑄才，總漕運。嘗有從隸汙所服織金賜衣，懼欲逃，原吉曰：「汙可浣，何懼爲？」吏壞所寶古硯，匿不敢見，原吉召吏諭曰：「物皆有壞，吾未嘗惜此。」慰遣之。在部，吏捧精微文書押之，因風爲墨所汙，吏懼，肉袒以俟，原吉曰：「汝何與焉。」明日袖至上前，自咎不謹被汙，上命易之。一時卿大夫雅量推原吉第一。嘗夜閱文卷，撫案歎息，欲下而止者再。其夫人問之，原吉曰：「此歲終大辟奏也。吾筆一下，死生決矣，是以慘沮而筆不忍下也！」嘗與同列飲於他所，夜歸值雪，過禁門，有欲不下馬者，原吉曰：「君子不以冥冥惰行。」其敬慎如此，有古大臣之風焉。

況鍾治蘇

**編** 秋八月，以況鍾爲蘇州知府。

**紀** 鍾，靖安人，（靖安，在今江西靖安縣西南中潦水北岸。）始爲吏胥，呂震薦其才，授儀制司郎中。至是，大臣奏蘇州等九大郡煩劇難治，特選鍾等九人爲知府，賜以璽書，假便宜行事，馳驛赴任。鍾至蘇，初視事，陽爲木訥，胥有弊蠹，輒默識之。通判趙忱肆謾侮，鍾亦不校，及期月，一日宣敕，召府中胥悉前，大聲言：「某日某事某竊賄若干，某日某亦如之。」羣胥駭服，不敢辨，立殺六人肆諸市。復出屬官貪暴者五人，庸懦者十餘人。由是吏民震悚，蘇人稱之曰「況青天」。

編　冬十二月，含譽星見。瑞星也。

建文帝往陝西

編　辛亥，六年，(一四三一)春二月，建文帝往陝西。四月至延安，七月南行入蜀，九月至夔。

陳祚請講大學衍義

編　逮江西巡按御史陳祚下獄

紀　祚上疏勸上務帝王實學，退朝之暇，命儒臣講說眞德秀大學衍義一書。宋理宗端平元年眞德秀上大學衍義，帝詔德秀進講。上覽疏怒曰：「朕不讀書，大學且不識，豈堪作天下主乎！」命逮至京，幷其家下錦衣衛獄，禁錮者五年。時上方以博綜經史自負，祚之措詞若上未嘗學問者，故怒不可解。

帝微行

編　秋七月，帝微行，私出也。夜至少傅楊士奇家。

紀　時上頗好微行，夜半從四騎至士奇家。比出迎，上已入門立庭中，士奇俯伏地下，言「陛下奈何以宗廟社稷之身自輕！」上笑曰：「思見卿一言，故來耳。」遂屏左右語。既竟，士奇叩頭曰：「車駕今夕俯臨，外間必有知者，伏乞自此愼出，事變不測，當慮也。」駕還宮，明日遣太監范宏問「車駕臨幸，曷不謝？」對曰：「至尊夜出，愚臣迨今中心惴慄未已，豈敢言謝。」又數日，遣宏問「堯不微行乎？」對曰：「陛下恩澤豈能徧洽幽隱，萬一有怨夫寃卒窺覘竊發，誠不可無慮。」後旬餘，錦衣衛獲二盜，嘗殺人，捕急，遂私約候駕之玉泉寺，挾弓矢伏道旁林叢中作亂。捕盜校尉變服如盜，入盜羣，盜不疑，以謀告，遂爲所獲。上歎曰：「士

金幼孜卒
建文帝至楚
脩廣濟倉
陳銘捽擊內官
黃淮致仕

奇愛我。」遣宏賜金綺。

編 冬十二月，大學士金幼孜卒。贈少保，謚文靖。

編 壬子，七年，（一四三二）春正月，建文帝入楚，至公安。五月至武昌，八月下九江，九月遊杭州吳山，十一月遊天台。（公安，在今湖北公安縣西南。）

編 夏六月，詔脩各州縣廣濟倉。

紀 巡按湖廣御史朱鑑上言：「洪武間，郡縣皆置東西南北四倉以貯官穀，令富民守之，遇水旱饑饉以貸貧民。今廒倉廢弛，贖穀、罰金有司皆掩爲己有，深負朝廷仁民之意。」上從其言，命違者從按察使、監察御史劾奏。

編 秋八月，詔釋故城縣丞陳銘罪，復其官。

紀 先是上聞內官奉使者多貪縱爲民害。以太監劉寧清謹，命同御史馳往各郡，盡收所差內官資橐，并其人解京師。既還，道經故城，縣丞陳銘聞有內官至，不問從來，輒奮前捽寧，（捽，持頭髮也。）手擊之。御史奏丞無狀，逮至，上曰：「丞固可罪，朕以其一時偏於所惡，姑宥之。」侍臣言：「縱赦之，亦不可使復任。」上曰：「朕既釋之，彼當知所改過也。」

編 癸丑，八年，（一四三三）春正月，少保大學士黃淮致仕。

紀 淮辭歸，上宴之於太液池，親灑宸翰送之。

編 秋八月，南海諸國獻麒麟者四。

濟農倉

建文帝往粵西

編　景星見。

編　冬十一月，巡撫南直隸工部侍郎周忱奏定濟農倉之法。（南直隸轄南京所屬各府、州、縣。）

紀　令諸縣各設倉，擇縣官之廉公有威與民之賢者司其籍，每歲種蒔之際量給之，蒔音時，植也。秋成還官。明年江南大旱，諸郡發濟農米以賑貸，民不知饑。

編　甲寅，九年，（一四三四）夏五月，建文帝至吳江史彬家，（吳江，即今江蘇吳江縣。）程濟從。時彬已死，帝悲悼久之。復爲會稽之遊，八月還。

編　冬十二月，有僧自陳脩寺祝延聖壽，詔斥之。

紀　上謂侍臣曰：「人情莫不欲壽。古之人君若商中宗、高宗、祖甲、周文王享國最久，其時豈有僧、道、神仙之說？秦皇、漢武求神仙，梁武帝、宋徽宗崇僧、道，效驗可見。世人不悟，可歎也！」

編　乙卯，十年，（一四三五）春正月，帝崩，太子祁鎮即位。時年九歲。

紀　上不豫，百官朝皇太子於文華殿。翌日上崩，太子即位。

編　尊皇太后曰太皇太后，皇后曰皇太后。封弟祁鈺爲郕王。

編　命禮部尚書兼翰林院學士楊溥復入閣參預機務。

編　三月，建文帝往粵西。

編　夏六月，葬景陵。

王振用事

宦官專政自此始

編 秋七月，命司禮太監王振偕文武大臣閱武于將臺，（故址在今北京市朝陽門外。）振矯制以隆慶右衞指揮僉事紀廣爲都督僉事。

紀 振，山西大同人，初侍上東宮，及卽位，遂命掌司禮監，寵信之，呼爲先生而不名，振遂擅作威福。時輔臣方議開經筵，而振乃導上閱武將臺，集京營及諸衞武職試騎射，殿最之。紀廣者，嘗以衞卒守居庸，往投振門，大見親暱，遂奏廣第一，超擢之。宦官專政自此始。

太皇太后嘗御便殿，英國公張輔、大學士楊士奇、楊榮、楊溥、尚書胡濙被旨入朝，上東立，太皇太后顧上曰：「此五人，先朝所簡遺皇帝者，有行必與之計，非五人贊成不可行也。」上受命。有頃，宣太監王振，振至俯伏，太皇太后顏色頓異，曰：「汝侍皇帝起居多不律，今當賜汝死。」上跪爲之請，諸大臣皆跪。太皇太后曰：「皇帝年少，豈知此輩禍人家國！我聽皇帝暨諸大臣貸振，此後不可令干國事也。」

# 明鑑易知錄卷五

## 明紀

### 英宗睿皇帝

名祁鎭，宣宗太子。在位十四年北狩，景泰元年還居南宮，景泰八年復辟，又在位八年，壽三十八歲而崩。

【編】丙辰，英宗皇帝正統元年，（一四三六）春正月，詔開經筵。大學士楊士奇、楊榮、楊溥知經筵事。

始設提學

【編】夏四月，始設提學。南北兩京御史各一員，各省副使或僉事一員，專敕責成提督學政，不許撫按侵越。

【編】秋八月，建文帝還至滇，卜築舊日之浪穹。（即今雲南洱源縣。）

帝閱武將臺

【編】冬十月，帝閱武于將臺。

【紀】命諸將騎射以三矢爲率，受命者萬騎，惟駙馬都尉井源彎弓躍馬，三發三中。上大喜，撤上尊賜之。觀者皆曰：「往年王太監閱武，紀廣驟陞；今天子自來，顧一杯酒邪！」

【編】丁巳，二年，（一四三七）春二月，詔宋儒胡安國、蔡沈、眞德秀從祀孔子廟庭。

【編】夏六月，京師旱。

土龍禱雨之謠

【紀】時御巷小兒爲土龍禱雨，拜而歌曰：「雨帝，雨帝，城隍土地。雨若再來，還我土地。」成羣呼噪，不知所起。後有監國即位及復辟之事，說者謂「雨帝」者「與弟」，「城隍」者「郕王」，再來、還土地，復辟也；悉如謠。

編 秋九月，召溫州府知府何文淵爲刑部右侍郎。（溫州府治永嘉縣，即今浙江溫州市。）

編 戊午，三年，（一四三八）秋七月，建文帝復往粤西。

編 己未，四年，（一四三九）春三月，加蘇州府知府況鍾秩正三品，（蘇州府治吳縣，即今江蘇蘇州市。）仍知府事。

楊士奇贈況鍾詩

紀 鍾考滿當代，軍民詣闕留者數萬人。詔陞鍾俸，令復任。楊士奇贈以詩云：「十年不愧趙清獻，（宋趙抃謚清獻，仁宗朝知成都府，以一琴一鶴自隨。）七邑重逢張益州。」（宋張詠太宗朝如益州，恩威並用，蜀民畏而愛之。後徙永興軍，眞宗朝復自永興徙知益州，民聞詠再至，皆鼓舞相慶。）（蘇州府除所治吳縣外，有長洲、吳江、崑山、常熟、嘉定、太倉州、崇明等七邑。）

編 庚申，五年，（一四四〇）春三月，建文帝同寓僧詣思恩知州岑瑛，（思恩府，即今廣西武鳴縣。）自稱建文帝，僧及建文帝被執赴京師。

建文帝被執赴京師

紀 建文帝好文章，能爲詩歌，至是出亡蓋三十九年矣。會有同寓僧者，竊帝詩，自謂建文帝，詣思恩知州岑瑛，大言曰：「吾建文皇帝也。」瑛大駭，聞之藩司，因繫僧，幷及建文帝，飛章以聞。詔械入京師。程濟從。

編 命侍講學士馬愉、侍講曹鼐並直內閣機務。鼐音奈。

四人竟是我輩人
楊榮卒
建文帝至京

紀　先是王振語楊士奇曰：「朝廷事賴三位老先生，謂士奇及楊榮、楊溥。然三公亦高年倦勤矣，後當何如？」士奇曰：「老臣當盡瘁報國，死而後已。」楊榮曰：「先生安得爲此言？吾輩老，無能效力，當以人事君耳。」振喜，越日卽薦曹鼐、苗衷、陳循、高穀等，遂次第擢用。士奇因尤榮，榮曰：「彼厭吾輩，吾輩縱自立，彼容能已乎！一旦內中出片紙，命某某入閣，則吾輩束手矣。今四人竟是我輩人，何傷也？」士奇是其言。

編　秋七月，少師、大學士楊榮卒。謚文敏，人稱東楊。

編　九月，僧及建文帝至京師。

紀　命御史廷鞫之，僧稱年九十餘，且死，思葬祖父陵旁耳。御史言建文君生洪武十年，距正統五年當六十四歲，何得九十歲？廉其狀，廉，察也。僧實楊應祥，鈞州白沙里人。（鈞州卽禹州，今河南禹縣。）奏上，僧論死，下錦衣獄。建文帝白其實，御史密以聞。閹吳亮老矣，逮事建文帝，乃令探之。建文帝見亮輒曰：「汝非吳亮邪？」亮曰：「非也。」建文帝曰：「吾昔御便殿，汝尚食，食子鵝棄片肉於地，汝手執壺據地狗餂之，餂音忝。乃云非是邪？」亮伏地哭。建文帝左趾有黑子，摩視之，持其踵復哭，不能仰視，退而自經。於是迎建文帝入西內。程濟聞之，歎曰：「今日方終臣職矣！」往雲南焚庵，散其徒。建文帝既入宮，宮中人皆呼爲老佛，以壽終葬西山，不封不樹。

編　辛酉，六年，（一四四一）夏四月，太監王振矯詔以工部郎中王佑爲工部右侍郎。

**王佑無鬚**

紀　振既弄權，佑以諂媚超擢，與兵部侍郎徐晞極意逢迎之。佑貌美而無鬚，善伺候振顏色，一日振問曰：「王侍郎何無鬚？」對曰：「老爺所無，兒安敢有！」聞者鄙之。

**薛瑄不肯屈王振**

編　秋八月，召山東提學僉事薛瑄爲大理寺左少卿。

紀　初，王振問楊士奇曰：「吾鄉人誰可大用者？」士奇薦瑄，乃有是召。瑄至京朝見，不謁振，振至閣下，問何不見薛少卿？二楊爲謝，二楊，楊士奇、楊溥。振知李賢素與瑄厚，召至閣下，令致己意。賢至朝房與瑄言，瑄曰：「厚德亦爲是言乎？李賢字厚德。拜爵公朝，謝恩私室，吾不爲也。」久之，振知其意，亦不復問。一日會議東閣，公卿見振皆拜，一人獨立，振知其爲瑄也，先揖之，且告罪，然自是益深銜之。銜音鹹，恨也。

**作三殿成**

編　冬十月，作奉天、謹身、華蓋三殿成。

紀　三殿工成，宴百官。故事，宦者雖寵，不得預外庭宴。是日上使人視王先生何爲？振方大怒，曰：「周公輔成王，我獨不可一坐乎？」使以聞，上爲蹙然，乃命開東華中門，聽振出入。振至問故，曰：「詔命也。」至門外，百官皆望風拜，振悅。

編　十一月，右副都御史吳訥乞致仕，許之。訥，蘇州常熟人，著有思菴集、性理全書補註、小學集解、文章辨體等書。

**吳中妻**

編　壬戌，七年，(一四四二)夏六月，少保、工部尙書吳中卒。謚榮襄。

紀　中以國子生累官至尙書。性貪鄙，其妻甚嚴正。一日迎誥，其妻呼子宣之問曰：

「此誥詞是主上自言邪？是翰林代草邪？」曰：「亦翰林代草耳。」歎曰：「翰林先生果不虛妄，吳中一篇誥文，止說他平生爲人，何嘗有『淸廉』二字！」中聞之雖恚，恚音惠，恨也。強笑容而已。

編 以禮部侍郎王直爲吏部尙書。

編 冬十月，太皇太后張氏崩。

紀 初，宣宗崩，上沖年踐祚，事皆白太后然後行。委用三楊，士奇、榮、溥。政歸臺閣，每數日，太后必遣中官入閣，問施行何事具以聞。或王振自斷不付閣議者，必立召振責之。太后旣崩，振益無所憚矣。

編 十二月，太監王振矯詔以徐晞爲兵部尙書。

編 癸亥，八年，(一四四三)夏四月，雷震奉天殿鴟吻，詔求直言。下侍講劉球獄，殺之。

王振殺劉球

紀 球素爲王振所憾，錦衣指揮彭德淸，球鄉人也，往來振門用事，公卿率趨謁，球獨不爲禮，德淸銜之。至是，球應詔上言十事，德淸乃激振曰：「公知之乎？劉侍講疏之三章，言別賢否以淸正士。蓋詆公也。」振怒，欲置之死。會編脩董璘自陳願爲太常，而球疏有「太常不可用道士，宜易儒臣」語，乃逮璘及球俱下獄。振卽令其黨錦衣衞指揮馬順以計殺球。一夕五更，順獨攜一校，推獄門入，球與璘同臥，小校前持球，球知不免，大呼曰：「死訴太祖、太宗！」校持刀斷球頸，流血被體，屹立不動。

瓦剌也先嗣立

王振枷李時勉

石大用救李時勉

編 下大理寺少卿薛瑄獄，尋除名放歸田里。

紀 瑄素不爲王振屈，振銜之。會有武吏病死，其妾有色，振姪山欲奪之，妻持不可，妾因誣告妻毒其夫。都御史王文究問，已誣服；瑄辨其冤，屢駁還之。文諂事振，譖之，嗾御史劾瑄受賄，故出人罪。廷鞫竟坐以死，下獄，瑄怡然曰：「辨冤獲罪，死何愧焉！」在獄讀易以自娱。初，瑄既論死，子淳等三人請一人代死，二人戍贖父罪；不許。將決，振老僕泣於爨下。振問之，曰：「薛少卿不免，是以泣。」曰：「何以知之？」曰：「鄉人也。」因述其平生，振少解。會侍郎王偉申救之，得免死，除名放歸田里。

編 瓦剌太師順寧王脱歡卒，子也先嗣。

紀 自脱歡并吞諸部，勢浸強盛，至也先益横，屢犯塞北，邊境自此多事。

編 秋八月，王振枷祭酒李時勉于國子監門，尋釋之。

紀 振嘗詣監，銜時勉無加禮，令人廉其事，無所得。彝倫堂有古樹，故許衡所植也，許衡，號魯齋，元世祖朝官至集賢大學士，兼國子祭酒。時勉嫌其陰翳妨諸生班列，稍命伐其旁枝，振遂誣以伐官木私家用，矯旨令荷校肆諸成均。校音敎，枷也。成均，五帝太學之名。監生石大用乞以身代，號哭奔走闕下，上疏求解者數千人。會昌伯孫繼宗言於孫太后，太后爲上言之，始知振所爲也，命立釋之。

編 立妃錢氏爲皇后。

李賢請重脩太學

編　甲子，九年，（一四四四）春正月，新建太學成，帝臨視，祇謁先聖，行釋奠禮。（釋奠，見、卷二洪武四年「國子監請釋奠」注。）

紀　先是，太學猶因元陋，吏部主事李賢上言：「國家建都北京以來，所廢弛者莫甚於太學，所創新者莫多於佛寺，舉措如是，可謂舛矣！若重脩太學，雖極壯麗，不過一佛寺之費。請及時脩舉，以致養賢及民之效。」從之，至是成。

楊士奇卒

編　三月，少師、兵部尚書兼華蓋殿大學士楊士奇卒。贈太師，謚文貞，人稱西楊。

編　夏四月，以翰林院學士陳循直文淵閣，與機務。

下張需獄

編　乙丑，十年，（一四四五）秋七月，下霸州知州張需獄。（霸州，即今河北霸縣。）

紀　需善字民，順天府丞王鐸嘗旌異之。（順天府治大興縣，即今北京市舊大興縣。霸州屬順天。）有牧馬官擾民，需置於法。牧馬官以譖王振，遂被逮，箠楚幾死，謫戍邊；并坐鐸私舉，下於理。

于謙撫梁晉

編　丙寅，十一年，（一四四六）春三月，貶巡撫山西、河南兵部侍郎于謙爲大理寺少卿，尋復命巡撫。

紀　謙撫梁、晉十餘年，（梁即河南，晉即山西之簡稱。）懼盈滿，舉參政孫原貞、王來自代。時王振方用事，謙每入京，未嘗持一物交當路。又御史有姓名類謙者嘗忤振，振意以爲謙，嗾言官劾之，罷爲大理少卿。二省民倍道赴闕乞留，親藩亦以「不可無謙」請，乃復命巡撫。

楊溥卒

編 秋七月，少師、禮部尙書兼武英殿大學士楊溥卒。贈太師，謚文定，人稱南楊。

羅亨信請備邊

編 丁卯，十二年，（一四四七）春正月，巡撫宣、大僉都御史羅亨信，（宣卽宣府鎭，治宣化，在今河北張家口市南。大卽大同鎭，治大同，卽今山西大同市。）奏請增置城衞以備邊，不報。

紀 亨信上言：「瓦剌也先專候釁端圖入寇，宜預於直北要害，在我爲要，在彼爲害，故曰要害。（直北，北直隸，治順天府。）增置城衞土城備之，不然恐貽人患。」奏聞，兵部尙書鄺埜畏王振，不敢主議，遂寢不行。

于謙還部

編 以于謙爲兵部侍郎。

編 以都督僉事石亨爲左參將，守萬全。（萬全衞，左衞在今河北張家口市西南，右衞在今張家口市西北。）

編 戊辰，十三年，（一四四八）春二月，脩大興隆寺。

紀 寺初名慶壽，在禁城西，金章宗建，王振言其敝，命役軍民脩之，費巨萬，壯麗甲於京都，上臨幸焉。

也先進馬

編 己巳，十四年，（一四四九）春二月，瓦剌也先遣使進馬。

紀 也先遣使二千餘人進馬，詐稱三千人。王振怒其詐，減去馬價，使回報，遂失和好。

先是也先遣人入貢，通事輩利其賄，告以中國虛實。也先求結婚，通事私許之，朝廷不知也。至是貢馬，曰：「此聘禮也。」答「詔無許婚意。」也先益愧忿，謀寇大同。

三殿復災

編　夏六月，謹身、奉先、華蓋三殿復災。

紀　丙辰夜，雷電大震，風雨驟作，謹身殿火起，延奉天、華蓋二殿，奉天諸門皆燬。自王振擅權，災異疊見，振略不警畏，很恣愈甚，且諱言天變。時浙江紹興山移於平地，官不敢聞。又地動，白毛遍生，奏入不省。陝西二處山崩、山移，有聲三日不絕，移三里，不敢詳奏。黃河改往東流於海，淹沒人家千餘戶。又振宅新起，未踰時一火而盡。南京宮殿火，是夜大雨，殿基上荆棘二尺高。始下詔赦天下。

也先大舉入寇

編　秋七月，瓦剌也先大舉入寇，帝下詔親征。

紀　也先圖犯邊，其勢甚張，侍講徐珵語其友劉溥曰：「禍不遠矣！」亟命妻子南歸。皆重遷，有難色，珵怒曰：「爾不急去，不欲作中國婦邪！」乃行。八日，也先大舉入寇，兵鋒銳甚，大同兵失利，塞外城堡所至陷沒，邊報日至，乃遣駙馬都尉井源等四將各率兵萬人出禦之。源等既行，王振勸上親征，從之。

編　車駕發京師，命弟郕王祁鈺居守。

紀　親征命下，二日即行，事出倉卒，卒音猝。舉朝震駭。命太師英國公張輔、太師成國公朱勇率師以從，戶部尚書王佐、兵部尚書鄺埜、學士曹鼐、張益等扈征。吏部尚書王直及大小羣臣伏闕懇留，不允。命太監金英輔郕王居守，遂偕王振幷官軍五十餘萬人出居庸關，

(卽今北京市昌平區西北居庸關。)過懷來至宣府，(懷來，在今河北懷來縣東，現爲官廳水庫。)未至大同，兵士已乏糧，僵屍滿路；寇亦佯避，誘師深入。

編 八月，車駕至大同，下詔班師。

紀 師至大同，王振又欲進兵北行，欽天監正彭德清斥振曰：「象緯示警，不可復前，若有疎虞，陷乘輿於草莽，誰執其咎！」曹鼐曰：「臣子固不足惜，主上係天下安危，豈可輕進！」振怒曰：「倘有此，亦天命也。」於是井源等報敗踵至，會暮復有黑雲如繖罩營，(繖卽傘字。)雷雨大作，振惡之。會前軍西寧侯朱瑛、武進伯朱冕全軍覆沒，鎭守大同中官郭敬密言於振：「勢決不可行。」振始有還意。明日，班師。

彭德清斥王振

編 車駕至土木，(土木堡，在今河北懷來縣南。)大軍與瓦剌兵戰，敗績，帝被擁以去。

紀 大同總兵郭登告曹鼐等：「車駕入，宜從紫荆關，(在今河北易縣西紫荆嶺上，路達山西大同。)庶保無虞。」王振不聽。振，蔚州人，(蔚州，在今河北蔚縣西南。)因欲邀駕幸其第，既又恐損其禾稼，行四十里復轉而東，還至狼山，追騎且及。庚申，遣朱勇等率三萬騎禦之。勇進軍鷂兒嶺，敵於山兩翼邀阻夾攻，殺掠殆盡。

土木之變

是日，駕至土木，日尚未晡，(晡，申時。)去懷來二十里。衆欲入保懷來，以王振輜重千餘兩未至，(輜重，載衣物車。)留待之。鄺埜再上章請車駕疾驅入關，而嚴兵爲殿，不報。又詣行殿力請，振怒曰：「腐儒安知兵事！」遂駐土木。旁無水泉，又當敵衝，辛酉欲行，敵已逼，不敢

那顏

動，人馬不飲水已二日，飢渴之甚，掘井深二丈不得水。

也先分道自土木傍麻谷口入，守口都指揮郭懋拒戰終夜，敵益增。壬戌，敵遣使持書來以和爲言，上遂召曹鼐草敕與和，遣二通事與北使偕去。振急傳令移營，南行未三四里，敵復四面攻圍，兵士爭先奔逸，勢不能止，敵奮長刀以砍，大軍大呼「解甲投戈者不殺！」衆裸袒相蹈藉死，蔽野塞川，宦侍、虎賁矢被體如蝟。蝟，獸類，徧身有刺如栗房。上與親兵乘馬突圍，不得出，被擁以去。張輔、鄺埜、王佐、曹鼐、張益而下數百人皆死。

初，師既敗，上乃下馬盤膝面南坐，有一敵將索衣甲，不與，欲加害，其兄來曰：「此非凡人，舉動自別。」擁出雷家站見也先之弟賽刊王。上問曰：「子其也先乎？其伯顏帖木兒乎？賽刊王乎？大同王乎？」賽刊王聞語大驚，馳見也先曰：「部下獲一人甚異，得非大明天子乎？」也先乃召使中國二人問是否，二人見大驚，曰：「是也。」也先喜曰：「我常告天，求大元一統天下，今果有此勝！」問衆何以爲計？其中一人名乃公，大言曰：「天以仇賜我，不如殺之。」伯顏帖木兒大怒，呼也先爲那顏，那顏者，華言大人也。「安用此人在旁」，摧其面曰「去」，因力言：「兩軍交戰，人馬必中刀箭，或踐傷壓死；今大明皇帝獨不踐壓、中刀箭，而問那顏，問我等，無驚恐怨怒。我等久受大明皇帝厚恩賞，雖天有怒，推而棄之地下，而未嘗死之，我等何反天？那顏若遣使告中國迎返天子，那顏不有萬世好男子名乎？」衆皆曰「者」，猶華言「然」也。於是也先以上送伯顏帖木兒營，令護之。報至京師，皇太后遣使齎重寶文綺，載以八騎，皇后錢氏盡括宮中物佐之，詣也先營請還車駕，不報。

編 皇太后詔立皇長子見深爲皇太子，時年二歲。命郕王爲輔，代總國政。

編 籍王振家，族誅之。

樊忠誅王振

紀 帝之北狩也，護衞將軍樊忠從帝旁，以所持棰捶死振，曰：「吾爲天下誅此賊！」遂突圍，殺數十人，死之。至是廷臣請族誅振，振所親馬順及王、毛二侍，一時被擊死。都御史陳鎰奉郕王令旨籍其家，并振從子山臠於市，臠，切肉塊也。族屬無少長皆斬。振家當京城內外凡數處，重堂邃閣，擬於宸居，器服綺麗，尙方不逮，玉盤百面，珊瑚高六七尺者二十餘株，金銀六十餘庫，幣帛珠寶無算。

編 皇太后以于謙爲兵部尙書。

編 也先擁帝至大同，尋復擁帝去。

也先擁帝索幣

紀 也先擁帝至大同城下索金幣，約賂至卽歸帝。都督郭登閉門不納，帝傳旨曰：「朕與登有姻婭，何外朕若此？」登遣人傳奏曰：「臣奉命守城，不敢擅啓閉。」隨侍校尉袁彬以頭觸門大呼，於是廣寧伯劉安等括公私金銀共萬餘兩出迎駕，旣獻，復不應。

郭登謀奪駕

初，也先來索賂，郭登曰：「此紿我耳，紿，欺也。莫若以計代其謀，劫營奪駕入城，此爲上策。」乃謀以壯士七十餘人餉之食，令奮前執其弓刀，因擁帝還，會有沮者，旣淹久，寇覺，驚擾而去。

也先擁帝道宣府，總兵楊洪閉城門不出。事聞，逮洪繫詔獄。帝出塞過猫兒莊、九十海子，歷蘇武廟、李陵碑至黑松林，也先營在焉。帝始入也先營，也先屢欲謀害，會夜大雷雨，震死也先所乘馬，謀乃止，且加禮焉。袁彬侍左右，頗知書，性警敏。又有哈銘者，先隨使臣吳良羈留在北，至是亦與彬同侍。又有衞沙狐狸者，亦隨上至漠北，供薪水，勞苦備至。

郕王即位

編　皇太后命郕王即帝位，羣臣奉表勸進。

紀　太后遣太監金英傳旨：「皇太子幼沖，郕王宜早正大位以安國家。」時議者以時方多故，人心危疑，思得長君以弭禍亂。於是文武羣臣交章勸進。勸勉進上尊號也。王再辭讓，衆請遵太后命，允之，遂擇日行禮。

編　九月，也先遣使來。

紀　使言欲送帝還京師。使還，以金百兩，銀二百兩，綵幣二百匹賜也先。

編　郕王即皇帝位，遙尊帝爲太上皇，詔赦天下，改明年爲景泰元年。

編　也先復遣使致書。

于謙見帝泣言

紀　也先書辭悖慢，兵部尚書于謙見上泣言曰：「寇賊不道，勢將長驅深入，不可不預爲計。邇者各營精鋭盡遣隨征，宜急遣官分設召募；京師九門，宜用都督統領。通州、霸上倉糧，（通州，即今北京市通州區。霸即霸州，今河北霸縣。）不可捐棄以資寇，令在官者悉詣闕支，准

也先挾上皇入寇

于謙抗疏諫遷都

急焚各處芻粟

爲月糧之數，庶幾兩得。」上嘉納之。

編 以陳循爲戶部尙書，高穀爲工部尙書。

編 出楊洪、石亨于詔獄，命洪仍守宣府，亨總京師兵馬。

紀 亨有威望，方面，鉅軀，鬚垂至膝。初協守萬全，坐不救乘輿，械繫詔獄，至是以于謙言赦出之，使總京營兵馬贖罪。

編 冬十月，也先挾上皇與可汗脫脫不花寇紫荆關，京師戒嚴。

紀 先是太監喜寧，故韃靼也，土木之敗降於也先，盡以中國虛實告之，爲彼嚮道，奉上皇入寇。七日至大同城下，守臣郭登曰：「賴天地祖宗之靈，國有君矣。」也先知有備，不攻去。九日至廣昌，（即今河北淶源縣。）破紫荆關。朝野洶洶，人無固志。侍講徐珵方有時名，亦銳意功業，太監金英召珵問計，珵曰：「驗之星象、曆數，天命已去，請幸南京。」英叱之，令人扶出。明日，于謙上疏抗言：「京師，天下根本，宗廟、社稷、陵寢、百官、萬姓、帑藏、倉儲咸在，若一動則大勢盡去，宋南渡之事可鑒也。珵妄言，當斬！」金英宣言於衆曰：「死則君臣同死，有以遷都爲言者，上命必誅之。」乃出榜告諭，固守之議始決。

謙聞寇迫關，思各處芻粟數萬計，恐爲敵資，急遣使焚之，然後奏聞。或請姑待報，謙曰：「寇在目前，若少緩彼將據之，適以齎盜糧耳。獨不見宋牟駝岡事乎！」（宋欽宗靖康元年，金斡离不軍抵汴城，據牟駝岡，積粟盡爲所得。）衆皆是之。

編　也先軍圍京師，石亨等擊卻之，也先北遁。

紀　也先長驅至京城西北關外。命石亨等軍於城北，于謙督其軍都督孫鏜軍於城西，刑部侍郎江淵參其軍，皆背城而陣。以交阯舊將王通爲都督，與御史楊善守城。謙率先士卒，躬擐甲冑，擐音患，貫也。出營德勝門，以示必死。

于謙以忠義諭三軍

泣以忠義諭三軍，人人感奮，勇氣百倍。喜寧嗾也先遣使來議和，索大臣出迎駕。衆莫敢出，乃以通政參議王復爲禮部侍郎、中書舍人趙榮爲鴻臚寺卿，出朝上皇於土城廟。也先、伯顏帖木兒擐甲持弓矢侍上皇。復等見上皇進書敕，也先曰：「爾皆小官，急令王直、胡濙、于謙、石亨來。」上皇諭復、榮曰：「彼無善意，汝等宜急去。」二人辭歸。

寇益四出剽掠，剽音票，截也。攻城益急。既而宣府楊洪援兵至，軍聲大振。時諸軍二十二萬列城下，寇見大軍盛而嚴，不敢輕犯。

石亨敗敵

石亨出安定門，與其從子彪持巨斧突入敵中堅，所向披靡。震懾貌。敵卻而西；亨追戰城西，復卻而南。彪率精兵千人誘寇至彰義門，寇見彪兵少，逼之，亨率衆乘之，寇敗走。神機營都督范廣以飛鎗火箭殺傷甚衆，於是也先氣稍沮。于謙使諜諜知上皇移駕遠，（諜，探也。）命石亨等夜舉火大砲擊其營，死者萬人。也先以上皇北遁。脫脫不花聞之，遂不敢入關，亦遁。

編　十一月，京師解嚴。警兵曰戒嚴，罷兵曰解嚴。楊洪等班師還京，封洪昌平侯，石亨武清侯。加于謙少保，總督軍務；謙固辭，不許。

編 伯顏帖木兒妻令侍女迎上皇駕；尋值聖節，也先上壽。

紀 上皇北至小黃河蘇武廟，伯顏帖木兒妻阿撻剌阿哈剌令侍女設帳迎駕，宰羊遞杯進膳。尋值聖節，也先上壽，進蟒衣貂裘，筵宴。哈銘、袁彬常宿御寢傍，天寒甚，每夜上皇令彬以兩脇溫足，一日晨起謂銘曰：「汝夜手壓我胸，我俟汝醒乃下手。」因言光武與子陵共臥事，銘頓首。上皇夜出帳房，仰觀天象，指示二人曰：「天意有在，我終當歸也。」上皇使哈銘致意伯顏妻，令勸伯顏送還朝。妻曰：「我婦人，何能爲？然官人洗濯，我侍巾帨，帨音稅。亦當進一言。」銘時時設喻慰上皇勿憂或成疾。

編 十二月，尊皇太后孫氏曰上聖皇太后，生母吳氏曰皇太后，立妃汪氏爲皇后。

## 景皇帝 名祁鈺，宣宗第二子。初封郕王，英宗北狩，奉皇太后命卽帝位，在位七年而崩。

編 庚午，景皇帝景泰元年，（一四五〇）春正月，上皇書至，索大臣來迎。

紀 上命公卿集議，廷臣因奏請遣官使北賀節，進冬衣。上謂必能識太上皇帝者始可行。羣臣懼，謝罪，事遂寢。

編 瓦剌兵入朔州，（卽今山西朔縣。）大同總兵郭登擊走之。

紀 登以八百騎破寇數千，追奔四十里，奪回人口牛馬軍器以萬計。捷聞，進封登定襄伯。

喜寧伏誅

于謙諫和寇

也先始謀歸太上

編　二月，叛臣喜寧伏誅。

紀　寧教也先擾邊，且不欲送上皇還，上皇深惡之。寧又忌袁彬，誘彬出營，將殺之，上皇急救之乃免。彬與上皇謀，遣寧傳命入京，令軍士高磐與俱，密書繫磐髀間，髀音彼，股骨。令至宣府與總兵等官計擒之。既至，宣府參將楊俊出與寧飲城下，磐抱寧大呼，俊縱兵遂縛寧，送京誅之。也先聞寧誅，與賽刊王等分道入寇。

編　大同參將許貴請遣使與瓦剌脩好，不許。

紀　貴請遣使賟幣以款寇兵，賟音忝，厚也。而徐爲討伐計。于謙曰：「前者固非不遣使，都指揮季鐸、指揮岳謙遣而寇騎已至關口，通政王復、少卿趙榮遣而不獲徵太上一信。其狡焉侮我而齕我，齕，齧也。何似而可言和！況也先不共戴天仇也，理固不可和。萬一和而彼遂肆無厭之求，從之則坐弊，不從則生變，勢亦不可和。貴介胄之臣，介，甲也。而委靡退怯，法當誅！」是時上任謙方專，疏既入，於是邊將人人言戰守，也先不得挾重相恫喝，抱空名不義之質，始謀歸太上矣。

編　秋七月，也先遣其參政完者脫歡等齎書來請和，詔遣禮部右侍郎李實等齎敕報之。

紀　也先以和議不成，命其知樞密院阿剌爲書，遣完者脫歡等五人至京師請和。禮部會議，尚書胡濙等奏奉迎上皇，上不允。次日上御文華殿，召文武羣臣諭曰：「朝廷因通和

王直乞遣使迎復上皇

壞事，欲與寇絕，而卿等屢以爲言何也？」吏部尚書王直對曰：「上皇蒙塵，理宜迎復，乞必遣使，勿使有他日之悔。」上不懌曰：「我非貪此位，而卿等強樹焉！（樹，立也。）今復作紛紜何？」衆不知所對。于謙從容曰：「大位已定，孰敢他議。答使者，冀以舒邊患得爲備耳。」上意始釋曰：「從汝，從汝！」言已卽退。

羣臣出文華門，太監興安傳呼曰：「孰堪使者？有文天祥、富弼乎？」宋恭宗朝，元伯顏軍逼京城，太皇太后遣使奉璽以降，伯顏欲執政面議，太后乃以天祥爲右丞相兼樞密使，如元軍，被執。宋仁宗朝，契丹王耶律宗眞遣使來求關南之地，進富弼樞密直學士，齎書報之。衆未答，王直面赤厲聲曰：「是何言！臣等惟皇上使，誰敢勿行者！」安語塞入復。時李實任禮科都給事中，上命安傳旨欲遣之，對曰：「實不才，然朝廷多事，安敢辭。」安入復命，遂以李實爲禮部右侍郎充正使，羅綺爲大理寺少卿充副使，馬顯授指揮使爲通事，齎璽書以行。時閣臣及府部諸臣承上意，止言息兵講和，不及迎復上皇意，實等遂偕完者脫歡北行。

編 李實等辭歸。

紀 實等至也先營，地名失八禿兒。既見，也先讀璽書畢，乃引見上皇。上皇居伯顏帖木兒營，所居氈毳帳服，食飲皆羶酪。（羶，羊臭。酪，乳漿。）牛車一乘爲移營之具，左右惟校尉袁彬暨哈銘侍。實等見上皇泣，上皇亦泣。上皇曰：「朕非爲遊畋而出，所以陷此者王振也。」因問太后、皇上、皇后俱無恙，又問二三大臣，上皇曰：「也先欲歸我，卿歸報朝廷善圖之。」實等因問上皇，居此亦思舊所享錦衣玉食否？又問何以寵王振至此，致亡國？上皇曰：「朕不能燭姦，然振未敗時，羣臣無肯言者，今日皆歸罪於我。」日暮，實等歸宿也先營，也先營，酌酒相待。也先曰：「南朝我之世仇，今天使皇帝入我國，我不敢慢；南朝若獲我，肯留至今日乎？」又言：「皇帝在此，吾輩無所用之，每遣使南朝令來迎，竟不至，何也？」實等反覆譬曉，欲奉迎上皇意。也先曰：「南朝遣汝通問，非奉迎也。若歸亟遣大臣來。」實等遂辭歸。

編　脫脫不花遣其平章皮兒馬黑麻來請和，詔遣右都御史楊善等報之。

紀　李實未至京，會脫脫不花亦遣皮兒馬黑麻來請和。右都御史楊善慨然請行，中書舍人趙榮亦請往，乃遣善、榮等同皮兒馬黑麻往。道遇實，實告以故，善曰：「得之矣，即敕書所無，可權以集事也。」實既還朝，具述也先情及上皇起居狀，奏請遣使奉迎，文武大臣上疏懇請遣使，皆不許。上問實也先講和之意虛實，對曰：「論其和意，似有實情。」上曰：「待楊善歸再議。」

上皇還京師

編　八月，上皇還京師，帝送上皇居南宮。

紀　楊善等至也先營，也先見善等甚喜，善因請上皇還京，歷述累朝恩遇之厚，不可忘，反覆辨論數千百言。也先問：「上皇還更臨御否？」善言：「天位已定，不得再易。」也先問：「古堯、舜事如何？」善言：「堯讓位於舜，今日兄讓位於弟。」也先悅服。平章昂克問善：

「欲迎復來何操？」善言：「若操賄來迎，後人以爾貪賄歸上皇；今無所操而歸，書之史册，後世皆稱述。」也先然其言。伯顏帖木兒請留使臣，遣使欲南朝更請上皇臨御。也先曰：「曩令遣大臣來迎，大臣至矣，不可無信。」乃引善見上皇。明日，也先設宴餞上皇於其營，善侍，也先與妻妾以次起爲壽。也先令善坐，上皇曰：「從太師言坐。」善曰：「雖草野，不敢失君臣禮。」也先顧羨曰：「中國有禮。」罷酒，送上皇出。明日，宴使臣。又明日，伯顏帖木兒設宴餞上皇。又明日，亦宴使臣。又明日，上皇駕行，也先率衆頭目羅拜而別，伯顏送至野狐嶺，慟哭良久始別去，仍命其部將率五百騎護送至京。既入塞，禮部議迎復儀注未定，上皇先遣使詔諭避位，免羣臣迎。

丙戌，百官迎上皇於安定門，上皇自東安門入，上迎拜，上皇答拜，各述授受意，遜讓良久，乃送上皇至南宮，羣臣就見而退，大赦天下。

編 冬十二月，禮部尚書胡濙請明年正旦，百官朝上皇于延安門，不許。

編 命靖遠伯王驥守備南宮。

編 辛未，二年，（一四五一）春二月，上皇在南宮。

編 二月，命右僉都御史王竑巡撫江、淮諸郡。竑音宏。

紀 時淮、徐大飢，死者相枕藉，山東、河南流民踵至。竑不待奏報，大發倉儲賑之，近者日餇以粥，遠者給米，被鬻者贖歸其家。擇醫四十人，空庾六十區，處流民之病者，死則

救荒錄

給以棺，爲叢塚葬之。窮晝夜，竭精慮，事事窮理，有所委任，出於至誠，人人爲盡力。共用米一百六十餘萬石，全活數百萬人，人述其行事爲救荒錄，世傳焉。先是，上聞淮、徐大饑，驚曰：「奈何！」後得竑奏，大喜曰：「好御史，不然飢死我百姓矣。」

編　秋七月，詔擇顏子、孟子後裔一人，並授翰林院世襲五經博士。

編　冬十月，以李賢爲兵部右侍郎。

編　壬申，三年，（一四五二）春正月，上皇在南宮。

廢皇太子

編　夏五月，廢皇太子見深爲沂王，立皇子見濟爲皇太子。

紀　先是，上欲易儲，語太監金英曰：「七月初二日，東宮生日也。」英頓首對曰：「東宮生日是十一月初二日。」上默然。至是上意既定，恐文武大臣不從，乃分賜內閣諸學士金五十兩，銀倍之，陳循、王文等遂以太子爲可易。時有廣西潯州守備都指揮黃竑者，竑音宏。（潯州府治桂平縣，即今廣西桂平縣。）思明土知府㻬庶兄也。㻬音岡。（思明府，即今廣西寧明縣。）㻬老，子鈞襲知府，竑欲謀奪之，與其子矯軍門令徵兵思明，率驍悍數千人夜馳入㻬家，支解㻬父子，納甕中，瘞後圃。瘞音意，埋也。總兵武毅知之，疏聞於朝。竑懼，乃遣千戶袁洪走京師，上疏請易太子。上大喜曰：「萬里外有此忠臣。」亟下廷臣集議，且令釋竑罪，予官都督。尚書胡濙、

萬里外有此忠臣

侍郎薛琦、鄒幹會廷議，王直、于謙相顧錯愕久之，司禮太監興安厲聲曰：「此事不可已，卽以爲不可者，勿署名。」羣臣皆唯唯署議。於是胡濙等上言：「陛下膺明命中興，邦家統緒之

傳宜歸聖子，黄竑奏是。」詔從之。

編 廢皇后汪氏，立妃杭氏爲皇后。

紀 后，太子生母也。

編 冬十月，命太子太保、左都御史王文入閣，參預機務。

編 癸酉，四年，（一四五三）春正月，上皇在南宮。

何文淵易儲詔辭

編 吏部尚書何文淵罷。

紀 時言官劾文淵貪縱，下獄。文淵自言易儲有功，詔書所云「天佑下民作之君，父有天下傳之子」，己所屬對也。乃令致仕。

編 冬十月，以左諭德徐有貞爲右僉都御史。

紀 有貞初名珵，以倡南遷之議，爲太監金英所叱，遂懷悵惘。陳循教之更名，無使內臣習知，庶朝廷忘其議而薦可行也。遂更名，乃有是命。

編 十一月，皇太子見濟卒。

編 甲戌，五年，（一四五四）春正月，上皇在南宮。

編 積雪恒陰，詔求直言。

廖莊應詔上書

編 夏四月，南京大理寺少卿廖莊應詔上書，不報。

紀 莊言：「上皇被留北庭，陛下屢降詔書，以鑾輿未復爲意。今幸上皇迎歸，伏望篤親親之恩，時時朝見於南宮，或講明家法，或論推治道。仍令羣臣亦得朝見，以慰上皇之心。如此則孝弟刑於國家，恩義通於神明，災可弭而祥可召矣。然所係之重，又不特此。太子者，天下之本。臣以爲上皇諸子，陛下之猶子也，宜令親近儒臣，誦讀經書，以待皇嗣之生，使天下臣民曉然知陛下有公天下之心。蓋天下者太祖、太宗之天下，仁宗、宣宗之繼體守成者，此天下也，上皇之北征亦爲此天下也。今陛下撫而有之，必能念祖宗創業之艱難，思所以繫屬天下之人心矣。」不報。

編　御史鍾同上疏請復儲。

紀　先是同嘗因待漏與儀制郎中章綸論易儲事，繼之以泣，至是遂上疏言：「宗社之本在儲位，宜復不宜緩。」聞者韙之。（韙音委，美也。）

下章綸鍾同獄

編　五月，下禮部儀制郎中章綸、御史鍾同于獄。

紀　綸上脩德弭災十四事，又曰：「太上皇帝君臨天下十四年，陛下嘗親受册封爲臣子，是天下之父也。陛下宜率羣臣每月朔望及歲時節旦，朝見於延安門以極尊崇之道。而又復皇后於中宮，以正天下之母儀。復皇儲於東宮，以定天下之大本。」疏奏，下錦衣獄鞫訊，體無完膚。鍾同先亦有言，故并逮之。

楊集上書于謙

編　以進士楊集爲六安州知州。（六安州，即今安徽六安縣。）

紀　集上書于謙曰：「姦人黃竑進易儲之說以迎合上意，本逃死之計耳。公等國家杜

進士選知州

石，乃戀官僚之賞，而不思所以善後乎？脫章綸、鍾同死獄下，而公坐享崇高，如清議何！」謙以示王文，文曰：「書生不知朝廷法度，然有膽，當進一級處之。」進士選知州始此。

【編】謫給事中徐正戍鐵嶺衞。（即今遼寧鐵嶺縣。）

伐南城樹

【紀】正密請召見便殿，屏左右言：「今日臣民有望上皇復位者，有望廢太子沂王嗣位者，陛下不可不慮。宜出沂王於沂州；（即今山東臨沂縣，沂王封地。）增高南城數尺，伐去城邊高樹，宮門之鎖，亦宜灌鐵，以備非常。」上怒，謫戍。御史高平亦言：「城南多樹，事叵測。」叵音頗，不可也。遂盡伐之。時盛暑，上皇常倚樹憩息；及樹伐，得其故，大懼。復辟後，正、平皆伏誅。

【編】乙亥，六年，（一四五五）春正月，上皇在南宮。

【編】秋八月，杖大理寺少卿廖莊、禮部郎中章綸、御史鍾同于闕。

【紀】同死杖下，綸仍詔獄，謫莊定羌驛丞。先是莊上疏忤旨，至是赴京陛見，上念及，命杖之。

【編】丙子，七年，（一四五六）春正月，上皇在南宮。

遣太監視于謙疾

【編】夏五月，帝遣太監興安、舒良視少保于謙疾。

【紀】謙以疾在告，上遣安、良視之，見謙自奉儉，相與歎息，因以聞。上爲計所資用，一切上方給之，至輟尚膳醯醬、蔬菜以賜。駕幸萬歲山，伐竹爲瀝，爲和藥丸，尤異數也。言官有言謙柄用過重者，興安言：「只說日夜與國家分憂，不要錢，不愛官爵，不問家計，朝廷正要用此等人，可尋一個來換于謙。」衆皆默然。

## 英宗睿皇帝

英宗復位

編　丁丑，英宗皇帝天順元年，（一四五七）春正月，武清侯石亨、副都御史徐有貞等迎上皇復位。

紀　先是，景帝不豫，以儲位未定，中外憂懼。兵部尙書于謙日與廷臣疏請立東宮，蓋謂復憲宗也。中外籍籍，謂大學士王文與太監王誠謀白太后，迎取襄王世子。襄王，名瞻墡，宣宗弟。都御史蕭維楨同百官問安於左順門外，太監興安自內出曰：「若皆朝廷大臣，不能爲社稷計，徒問安邪？」維楨集御史議曰：「今日興安之言，若皆達其意否？」衆曰：「皇儲一立，無他慮矣。」衆謂上皇子宜復立。惟王文意他有所屬，陳循知文意，獨不言。李賢以問學士蕭鎡，鎡曰：「既退不可再。」文遂對衆言曰：「今只請立東宮，安知朝廷之意在誰！」維楨因舉筆曰：「我更一字。」乃更「早建元良」爲「早擇」，疏進。

許彬舉徐有貞

時石亨知景帝疾必不起，念請復立東宮，不如請太上皇復位可得功賞。遂與都督張軏、太監曹吉祥以南城復辟謀叩太常卿許彬，彬曰：「此社稷功也。彬老矣，無能爲矣，盍圖之徐元玉。」元玉，徐有貞字也。亨、軏遂往來有貞家，有貞亦時時詣亨，人莫知也。是月十四日夜會有貞宅，有貞曰：「如公所謀，南城亦知之乎？」亨、軏曰：「一日前已密達之。」有貞

徐有貞南宮復辟之謀

曰：「俟得審報乃可。」亨、軏去。至十六日既暮，復會有貞曰：「得報矣，計將安出？」有貞乃升屋步覽乾象，亟下曰：「事在今夕，不可失！」遂相與密語。會有邊吏報警，有貞曰：「宜乘此以備非常爲名，納兵入大內，誰不可者！」亨、軏然之。計定，倉皇出，有貞焚香祝天，與家人訣曰：「事成，社稷之利；不成，門戶之禍。歸人，不歸鬼矣！」遂與亨、軏往會吉祥及王驥、楊善、戶部侍郎陳汝言，收諸門鑰，夜四鼓開長天門，納兵千人，宿衞士驚愕不知所爲。時天色晦冥，亨惶惑叩有貞曰：「事當濟否？」有貞大言曰：「時至矣，勿退！」率衆薄南宮，（薄，逼也。）毁垣壞門而入。亨、軏等入見，上皇燭下獨出，呼亨、軏曰：「爾等何爲？」衆俯伏，合聲：「請陛下登位。」遂共掖上皇登輿以行。忽天色明霽，星月皎然，上皇顧問有貞等爲誰？各自陳官職姓名。入大內，門者呵止之，上皇曰：「吾太上皇也。」門者不敢禦。遂升奉天殿，登御坐，鳴鐘鼓，啓諸門。是日百官入候景帝視朝，有貞號於衆曰：「上皇復辟矣，趣入賀！」百官震駭，乃就班賀。景帝聞鐘鼓聲，大驚，問知爲上皇，連聲曰「好！好！」明日上皇臨朝，詔改景泰八年爲天順元年。

編　詔逮少保于謙、王文、學士陳循、蕭鎡、商輅、尚書俞士悅、江淵、都督范廣、太監王誠、舒良、王勤、張玉下獄。命副都御史徐有貞以本官兼翰林院學士，直內閣與機務，尋晉兵部尚書，兼職如故。

編　出前禮部郎中章綸于獄，擢爲禮部侍郎。

殺于謙

紀　上以綸建議復儲，出之獄，嗟歎良久，遂有是擢。

編　殺少保、兵部尚書于謙。

紀　先是城下之役，石亨功不如謙而得侯爵，心媿之，乃推謙功。詔予一子千戶，謙固辭，且曰：「縱臣欲爲子求官，自當乞恩於君父，何必假手於石亨？」亨聞，恚甚。亨從子彪貪暴，謙奏出之大同，亨益銜之。徐有貞嘗因謙求祭酒，景帝召謙辟左右諭之曰：辟音璧，屏也。「有貞雖有才，然奸邪。」謙頓首退。有貞不知，亦恨謙。及上之復辟也，有貞嗾言官以迎立外藩議劾王文，且誣謙；下獄，所司勘之無驗。有貞曰：「雖無顯跡，意有之。」法司蕭維楨等阿亨輩，乃以「意欲」二字成獄。奏上，上猶豫未忍曰：「于謙曾有功。」有貞直前曰：「不殺于謙，今日之事無名。」上意乃決，遂與王文及太監舒良、王誠、張永、王勤斬東市，妻子戍邊。謙有再造功，上北狩，廷臣或主和，謙輒曰「社稷爲重君爲輕」，以故也先抱空質，上得還，然謙禍機亦萌此矣。謙死之日，陰霾翳天，行路嗟歎。都督范廣勇而知義，爲謙所任，亨惡之，并斬廣。

以意欲二字成獄

論迎復功

編　論迎復功，封武清侯石亨爲忠國公，都督張軏爲太平侯，張輗爲文安侯，都御史楊善爲興濟伯，並世襲。

論隨駕功

編　論隨駕功，擢哈銘、袁彬並爲錦衣衛指揮僉事。

編　召廖莊于定羌驛，賜還官。贈故御史鍾同大理寺左丞，廕其子入太學。

廢景帝仍爲郕王

編 二月，皇太后詔廢景泰帝仍爲郕王，尋薨。

紀 太后諭郕王歸西內，廢皇后汪氏仍爲郕王妃。欽天監奏革除景泰年號，上曰：「朕心有所不忍，可仍舊書之。」郕王薨，祭葬禮悉如親王，謚曰戾。

編 出左都御史蕭維楨於南京。召南京副都御史軒輗爲刑部尚書，巡撫陝西；副都御史耿九疇爲右都御史，掌院事。

編 三月，封直內閣兵部尚書徐有貞爲武功伯，兼華蓋殿大學士，掌文淵閣事。

編 夏四月，復立元子見深爲皇太子。

編 襄王瞻墡來朝。

紀 先是，土木之變，王兩上疏慰安皇太后，乞命皇太子居攝天位，急發府庫，募勇敢之士，務圖迎復，仍乞訓諭郕王盡心輔政。疏上，景帝已立八日矣。至是得疏宮中，上覽之感歎，手敕取王入朝，禮待甚隆。王辭歸，上送至午門。王伏地不起，上曰：「叔父欲何言？」王頓首曰：「萬方望治如飢渴，願陛下省刑、薄斂。」上拱手謝曰：「敬受教。」

曹石陷徐有貞

編 六月，逮徐有貞下獄。

紀 曹吉祥、石亨憾有貞，嗾諸閹巧詆，數爲巧語觸上，上殊不爲動。錦衣官門達復劾其阿比，排陷石亨。詔執鞫之，降廣東參政。既有以飛章謗國是者，飛章，無姓名上章者，若飛來也。其語復多侵亨、吉祥，於是復訴上，謂有貞實主使。逮歸置獄，窮治鍛鍊無所得，摘其誥

曹石益專橫

李賢論奪門之非

詞「纘禹神功」語爲所自草，大不敬，無人臣禮，當死；以雷震奉天門，宥爲黔首，黔，黑也。秦謂民爲黔首，以其頭黑也。謫戍雲南金齒。（金齒衞，即今雲南保山縣。）有貞去，而曹、石益專橫矣。

【編】以戶部侍郎陳汝言爲兵部尚書。

【紀】汝言附石亨、曹吉祥謀奪門，故亨薦用之。及理部事，益阿比，表裏爲奸。

【編】秋七月，謫內閣贊善岳正爲廣東欽州同知。（欽州，即今廣東欽縣。）

【紀】初正入直文淵閣，上嘗召問曰：「卿何以輔朕？」正曰：「今內臣、武臣權過重。」上頷之。正退語曹欽、石彪，令謝兵歸第。欽、彪走告曹吉祥，吉祥詣上垂泣，免冠請死，具道所由。上曰「無之」，乃召正責其漏言。正曰：「固也。臣觀二家必有背叛之滅，即今無可按之誅，臣欲全君臣共難情，故令早自爲計。」上不悅。會承天門災，上命正草詔罪己，歷陳奸邪蒙蔽狀。石亨見之怒，遂指爲謗訕，因有是謫。陳汝言故恨正，復中以私事，戍肅州衞。（即今甘肅酒泉市。）

【編】九月，敕左順閽者：閽音昏，守門官也。「今後非有宣召，總兵官不得輒入。」總兵官，指石亨。

【紀】上頗知石亨等驕恣，然念其功。閒屏人語大學士李賢，賢對曰：「權不可下移，惟獨斷乃可。」既又與賢語及奪門功，賢曰：「迎駕則可，『奪門』二字豈可傳示後世！陛下順天應人以復大位，門何必奪？且內府門寧當奪邪！當時亦有以此事邀臣者，臣辭不與。」上驚問故，對曰：「景帝不起，羣臣自當表請陛下復位。此名正言順無可疑者，何至奪門！假事泄，此輩固不足惜，不審置陛下於何地？此輩藉陛下圖富貴耳，豈有爲社稷之心哉！」上大悟，寖疏之。

編 冬十一月，逮陳汝言下錦衣獄，籍其家。

紀 給事中高明等交章劾汝言怙勢亂法，贓私藉甚，藉甚，盛極也。故逮之。上命所司陳籍汝言物於大內廡下，召大臣入視，且曰：「景泰閒任于謙久，籍沒無餘物。汝言未期，得賂多若是邪！」時上怒甚，色變，石亨等皆俯首。自是上漸悟謙寃而惡亨等矣。

# 明鑑易知錄卷六

## 明紀

### 英宗睿皇帝

編　戊寅，二年，（一四五八）春正月，皇太子出閣讀書。

編　遣建庶人出居鳳陽。（鳳陽府治鳳陽縣，即今安徽鳳陽縣。）

紀　庶人，建文君幼子也，入禁大內時方二歲，至是年五十六。上意欲寬之，謂李賢曰：「親親之義，實所不忍。」賢對曰：「陛下此一念，天下鬼神實臨之，太祖在天之靈實臨之，堯、舜之心不過如此。」左右或以爲不可，上曰：「有天命在，任自爲之。」遂遣居鳳陽，聽其婚娶，出入自在。庶人出禁，見牛、羊亦不識。未幾庶人卒，懿文太子、建文君遂無後。

不識牛羊

編　己卯，三年，（一四五九）秋八月，定遠侯石彪有罪，下獄。

石彪下獄

紀　彪性陰狡兇暴，出鎮大同，（大同府治大同縣，即今山西大同市。）素侮總兵官，總兵官因彪嘗奏城威寧海子，遂爲流言稱彪有異志。上固疑彪，屢有功，屢召還。彪乃陰使大同千戶楊斌等五十人詣闕，乞留爲鎮守。上知其詐，下彪獄。詞連石亨，上猶念亨功，宥之，惟罷其兵權，令以本籍歸第。

編　庚辰，四年，（一四六〇）春正月，石亨謀反，伏誅。

紀　初，亨見稍疎斥，懷怨望。嘗往來大同，顧紫荆關謂左右曰：（紫荆關，在今河北易縣西北紫荆嶺上。）「若塞此關守之，據大同，京師何由得至？」一日退朝歸私第，語錦衣指揮使盧旺、彥敬曰：「吾所居官，皆爾等所欲者。」旺、敬不知所謂，對曰：「旺、敬以公得至此，他何敢言！」亨曰：「陳橋之變，（宋太祖趙匡胤初爲周殿前都點檢，奉命率兵禦契丹，次陳橋驛，遂謀變還汴稱皇帝，廢周主爲鄭王。）史不稱其篡。爾能助吾，吾官非爾官乎？」旺、敬股栗莫敢對。會瞽人童先出妖書，曰「惟有石人不動」，勸亨舉事。亨謂其黨曰：「大同士馬甲天下，吾撫之素厚，今石彪在彼，可恃也。異日以彪代李文佩鎮朔將軍印，（鎮朔，即今山西左雲縣。）專制大同，北塞紫荆關，東據臨清，（即今山東臨清市。）決高郵之隄以絶餉道，（高郵，即今江蘇高郵縣。）京師可不戰而困矣。」遂請以盧旺守裏河。會孛來寇延綏，（延綏鎮治榆林縣，即今陝西榆林縣。）上命亨往禦之。先又力勸亨，亨曰：「爲此不難，但天下都司除代未周，待周爲之未晚也。」先曰：「時者難得而易失。」亨不聽。先私謂所親曰：「此豈可與成大事者！」會彪敗，上猶念亨功，置不問，罷其兵，而亨之謀漸急，事益露。其家人上變告亨謀反，逮治之，死獄中。斬彪於市，其黨童先等俱坐死。

編　二月，詔令冒報迎駕功陞官者，許自首改正。

紀　時法司奏石亨等冒功陞官者，俱合查究。上召問李賢曰：「此事恐驚動人心。」賢

曹吉祥等反伏誅

宦官子弟爲天子

對曰："不若令其自首免罪。"上曰："然。"遂行之，於是冒功陞職者四千餘人，皆自首改正。

編 辛巳，五年，（一四六一）秋七月，太監曹吉祥及昭武伯曹欽反，殺恭順伯吳瑾、都御史寇深。懷寧伯孫鏜、兵部尚書馬昂率兵討平之，吉祥、欽俱伏誅。

紀 方石亨之敗也，上命由亨冒功以進者許自首革，吉祥念與亨同功，亨敗己且不得獨完，因日犒諸降丁金帛，倚爲腹心。諸降丁亦念由吉祥冒功進，一旦不測，身且隨後，相與爲死黨。吉祥之客有馮益者，欽一日問曰："自古有宦官子弟爲天子者邪？"益曰："君家魏武蓋中官騰之後。"魏武帝曹操，其先爲夏侯氏，操父嵩爲中常侍曹騰養子，遂易姓曹。欽大喜，由是陰畜異志。錦衣百戶曹福來嘗役欽家，欽慮其洩，箠楚濱死。上聞，諭欽曰："速改過，不悛，悛音詮，改也。罪無赦！"先是石彪得罪，上亦先諭之，欽以故大懼。又錦衣指揮逯杲伺欽甚急，會孛來寇甘、涼，（甘州衛，即今甘肅張掖市。涼州衛，即今甘肅武威縣。）上使孫鏜統京軍往征之，馬昂監其軍，擇庚子昧爽出師。昧爽，且微明也。於是欽與諸昆季其黨都督伯顏也先數十人謀曰："縣官持我急，縣官謂天子。不發，我爲石彪續矣！"遂分勒死士蕃、漢軍五百人，約以是日昧爽朝門開則擁殺鏜、昂，奪門入，此時吉祥素所部禁兵且可爲內應。

謀定，以其夕飲諸降丁酒，酒半夜可二鼓，鏜與吳瑾、廣義伯琮方待漏朝房，都指揮完者禿亮從欽席上亡走，見瑾、琮告變。瑾、琮趨告鏜，相與去匿他所，手作奏投門罅聞上。上止開門，縋入吉祥，鎖縶之，欽不知也，與弟鉉、鐕、鐸率蕃將伯顏也先至東長安門，門閉，欽知事泄，即召死士馳至逯杲門，杲出，殺之，恨杲爲上伺己也。寇深素善欽，旣乃與言官疏劾之，欽亦以此爲恨，與鐸馳入西朝房索深殺之。大學士李賢待朝東朝房，欽復馳索之，賢驚出被執，欽持杲頭示賢曰：「今日直爲此激變，非得已也。可爲我草疏進上。」又執尚書王翺，賢乃就翺所索紙爲草疏，同翺投入長安左門隙，門堅不啓，欽火之。欽往來嘯呼，擬賢刃者數，舍之馳去。又索馬昂，不得，時已昧爽矣。旣而征西軍稍集至二千人，孫鏜曰：「不見長安門火邪？曹欽謀反，兵少，擊殺者予金。」皆曰「諾。」工部尚書趙梁被甲躍馬奮呼市中曰：「能殺賊者從我！」從者亦數百人。鏜之東安門逐賊，軍銳甚，賊衆披靡。吳瑾將五騎出覘，賊猝與遇，覘，竊視也。力戰死。鏜子軏遇欽於道，奮砍中其膊，膊音博，肩膊也。軏亦死，欽懼，夜竄歸。鏜督兵與戰，馬昂以精兵殿，會昌侯孫繼宗兵又集，鏖戰，軍士奮呼而入。欽迫，投井死，遂屠其家，親黨同謀一時盡死。下吉祥都察院獄，明日磔於市。磔音窄，裂尸也。

編 壬午，六年，（一四六二）秋九月，皇太后孫氏崩。

編 太傅、吏部尚書致仕王直卒。贈太保，謚文端。

編 癸未，七年，（一四六三）春正月，以姚夔爲禮部尚書。

編 追謚宣德廢后胡氏爲恭讓章皇后。

紀 孫太后崩，錢皇后屢爲上言胡后賢而無罪。其死也，人畏太后，斂葬皆不如禮，勸上復其位號。上從之。錢皇后素性孝謹，絕無妒忌。上北狩，每夜哀籲拜天，倦則臥地，因損一肢；哭泣太多，復損一目。上在南城每不快，后曲爲慰解。復辟之後，待景皇后尤盡禮焉。

胡濙卒

【編】秋八月，少師、禮部尚書致仕胡濙卒。贈太保，謚忠安。

下袁彬獄

【編】下錦衣衞指揮僉事袁彬獄，尋釋之，調南京錦衣衞。

【紀】時都指揮門達有寵，自計得進言於御前者惟李賢與彬二人而已，謀排去之，乃使邏卒摭彬陰私數十事上之。邏，巡也。上欲法行，不以彬沮，諭之曰：「從汝逮問，只要一個活袁彬還我。」彬遂下獄。有彩漆軍匠楊暄者，憤然不平，上疏論救，言「昔者駕留北庭，獨彬以一校尉保護聖躬，備嘗艱苦。今猝然付獄，乞御前審錄，則死無憾。」幷陳達不法三十餘事，擊登聞鼓以進。上令達逮問，達逼暄令供李賢主使，暄懼拷死於獄，乃佯諾曰：「此實李閣老教我，但我言於此無人證見，不若請多官廷鞫，我對衆言之，彼乃無辭。」達信之，以聞，命中官會法司訊於午門，暄大言曰：「死則我死，何敢妄指他人！鬼神昭鑒，此實門指揮教我扳指也。」扳音攀。達失色計沮，彬得從輕調南京。

【編】甲申，八年，（一四六四）春正月，帝崩。

定后名分

【紀】上不豫，既而大漸，乃處分後事，命太監牛玉執筆，口占，占，隱度也。隱度其辭，口以授人曰口占。使書之，一曰東宮卽位百日成婚，二曰定后妃名分，三曰勿以嬪御殉葬，四曰殯斂器服從舊。書畢，命玉持付閣臣潤色。李賢與學士陳文、彭時捧讀驚愴，歎曰：「所言皆關大體，而止殉葬一事尤爲盛德。」是月，上崩。

編　太子見深卽位。

編　尊皇后曰慈懿皇太后，生母貴妃周氏曰皇太后。

后妃並尊

紀　時周貴妃傳旨「錢后無子，不得稱太后。宣德自有例。」彭時曰：「胡后上表讓位，退居別宮，故正統初不加尊號。今日名分固在，若推大孝之心，宜兩宮同尊。」得允所請。李賢復議曰：「正宮宜加二字，不然無分別。」因定尊號，稱皇后錢氏爲慈懿皇太后，貴妃周氏爲皇太后。

編　葬裕陵。

編　錦衣衞都指揮門達有罪下獄，謫戍南丹衞。（卽今廣西南丹縣。）召袁彬還。

召袁彬還

紀　言官劾達欺罔，始繫獄。彬自南京召還，復職，適達遣戍南丹，彬餞送出城如禮，人以爲難。

編　三月，加李賢少保兼華蓋殿大學士，陳文吏部左侍郎，彭時吏部右侍郎。

編　夏五月，以馬昂爲戶部尙書，王竑爲兵部尙書。

編　六月，禮部左侍郎兼翰林院學士致仕薛瑄卒。贈禮部尙書，謚文淸。

編　冬十月，立妃王氏爲皇后。中軍都督王鎭之女也。

## 憲宗純皇帝

名見深，英宗太子，在位二十三年，壽四十歲而崩。

編 乙酉，憲宗皇帝成化元年，（一四六五）春正月，詔釋戍邊陳循、江淵、俞士悅等及王文子宗彝、于謙子冕、謙壻朱驥各回原籍，給還家產。

紀 冕訟父寃，上追復謙官，遣行人往祭其墓，復冕世襲千戶。

流民劉千斤起兵

編 夏四月，荆、襄流民劉千斤反。劉千斤名通，正統中與妖僧尤天峯謀亂，天順末有石和尚名龍，糾衆四散刧掠，通約同擧事於大木廠，聚衆至四萬餘人。

編 秋八月，以彭時爲兵部尚書，仍兼翰林院學士。

編 丙戌，二年，（一四六六）春二月，重脩闕里廟成，帝製文紀之。

編 起復大學士李賢，賢固辭，不許。

紀 賢以父喪去位，詔奪情起復。賢固乞終制，不許。命內侍林興護送賢還鄉視葬。

編 夏五月，李賢還京，命入閣視事。

羅倫劾李賢

紀 賢還京，復上疏乞終喪，不允，命入閣視事。脩選羅倫上疏劾賢，謂「宋仁宗起復富弼，孝宗起復劉珙，二人皆不從，綱常倫理，所關甚大。」上惡倫狂妄，謫福建市舶司副提擧。編脩尹直引文彥博待唐介故事，宋仁宗朝，侍御史唐介劾文彥博知益州日造閒金奇錦，緣閹侍通宮掖以得執政。帝怒，貶介爲英州別駕。後御史吳中復請召還唐介，彥博言於帝，請如中復奏，乃召介知諫院，時稱彥博長者。請賢留倫，賢曰：「潞公市恩，彥博封潞國公。歸怨朝廷，吾則不敢。」

劉千斤譖號

編 襄陽賊劉千斤僭號於南漳，（即今湖北南漳縣。）命撫寧伯朱永、尚書白圭督兵討平之。

彭韶直聲震一時

滿四反於固原

編 冬十二月，少保、吏部尚書、大學士李賢卒。贈太師，謚文達。

編 丁亥，三年，（一四六七）春三月，召商輅至京，復爲兵部侍郎兼翰林院學士，入內閣辦事。

編 召羅倫還，復爲翰林院脩撰。

編 下刑部郎中彭韶獄，既而釋之。

紀 周太后弟長寧伯彧與眞定武強縣民爭田，（武強縣，在今河北獻縣西南。）命韶往勘之。韶至田所，環視之，歸奏曰：「田本民有，雖其間地有多餘，然歲有旱潦，地有高下，安有空閒可以別給。且民者國之本，食者民之天，食足民始安，民安則國安，豈可以民田給貴戚，重傷國本邪？」疏上，下詔錦衣衛獄；言官交章救之，得釋。先是韶以論都御史張岐倖進事下獄，尋有復職，至是復下獄，直聲震一時。

編 秋七月，追封漢儒董仲舒爲廣川伯，宋儒胡安國爲建寧伯，蔡沈爲崇安伯，眞德秀爲浦城伯。

編 以李秉爲吏部尚書。

編 戊子，四年，（一四六八）春二月，固原土官滿四據石城反；（固原，即今寧夏固原縣。）官軍討之，失利。

編 夏六月，慈懿皇太后錢氏崩。

錢太后合葬之議

紀　錢太后崩，命大臣議葬所。衆相視，莫敢先發。大學士彭時曰：「此一定之禮，無可議者。梓宮當合葬裕陵，神主當祔廟。」禮部尚書姚夔曰：「此正禮也。」太監夏時曰：「慈懿無子，且有疾，宜別葬。」彭時曰：「太后母儀天下近三十年，臣子豈忍議別葬！」已而上御文華殿，召內閣諸大臣面議，彭時曰：「合依禮而行，庶全聖孝。」上曰：「朕豈不知。但與太后有礙。」學士劉定之曰：「孝子從義不從令，雖聖母有言，亦不可從也。」上默然良久曰：「合葬固是孝；若因此失聖母心，亦豈得爲孝乎？」彭時曰：「陛下大孝當以先帝之心爲心。先帝待慈懿太后始終如一，今若安葬於左，而虛其右以待後來，指周太后。則兩全其美矣。」上感悟。明日，傳諭：「卿等如前議行。」

編　秋八月，命都督同知劉玉充總兵官，右副都御史項忠提督軍務，太監劉祥監軍，帥京營兵四萬討滿四。

編　冬十月，以商輅爲兵部尚書仍兼學士。

編　十一月，劉玉、項忠等討滿四，擒之，餘黨悉平。

編　己丑，五年，（一四六九）春正月，吏部尚書李秉罷。

紀　秉素剛介，給事中蕭彥莊受屬誣劾之，遂致仕。

編　三月，命禮部左侍郎萬安兼翰林院學士，入內閣參預機務。時萬貴妃有寵，安遂認爲同宗。

編 夏六月，以姚夔爲吏部尚書。

孝宗

編 庚寅，六年，（一四七〇）秋七月，皇子祐樘生。樘音撐。

紀 紀妃所生也。初，妃有娠，娠音震，懷孕也。萬貴妃知而恚之，恚音惠，怨恨也。百方謀害，胎竟不墮。至是生，妃乳少，太監張敏使女侍以粉餌哺之。哺音步，口飼也。彌月，西內廢后吳氏保抱惟謹，憲宗初即位立吳氏爲后，尋廢，立王氏。不使貴妃知之。

定漕米長運法

編 辛卯，七年，（一四七一）春正月，定漕米長運法。

編 冬十月，立皇子祐極爲皇太子。萬貴妃所生也。

編 壬辰，八年，（一四七二）秋七月，隴州大風雨雹。（隴州，即今陝西隴縣。）

編 雹有大如牛者五，長七八尺，六日方消。隴州北山吼三日，裂成溝，長半里。

編 癸巳，九年，（一四七三）春二月，吏部尚書姚夔卒。贈太保，謚文敏。

編 以尹旻爲吏部尚書。

查王三保出使西洋水程

編 命中官至兵部查西洋水程。

紀 時上好寶玩，有言宣德間嘗遣王三保出使西洋，所獲奇珍異貨無算。上乃命中官至兵部查三保至西洋水程。時項忠爲兵部尚書，劉大夏爲車駕司郎中。忠遣都吏往庫中檢舊案，大夏先入檢得之，藏置他處，都吏檢之不得，大夏亦祕不言。會言官交章諫，其事遂寢。後忠呼都吏詰之曰：「庫中案卷，焉得失去！」大夏在旁，微笑曰：「三保太監下西洋，費

彭時編纂宋元綱目
復郕王帝號

錢糧數十萬，軍民死者亦萬計。此一時弊事，舊案雖在，亦當毁之以拔其根，尚何追究其有無哉！」忠聳然降位，揖而謝之，曰：「公陰德不細，此位不久當屬公矣。」後大夏果至兵部尚書。

【編】夏五月，以商輅爲戶部尚書，萬安爲禮部尚書，仍兼舊職。

【編】冬十一月，帝諭大學士彭時編纂宋元綱目。

【編】甲午，十年，（一四七四）冬十一月，復郕王帝號。

【紀】上諭羣臣曰：「曩者朕叔郕王踐祚，戡難保邦，戡音堪。奠安宗社，亦既有年，屬寢疾彌留之際，疾彌甚而留連將死之際也。周書顧命篇：「病日臻，既彌留。」姦臣貪功生事，妄興詭構，請去帝號。先帝尋知誣枉，深懷悔恨，以次抵姦於法，不幸上賓，謂崩也。未及舉復。朕嗣承大統，一紀於茲，敦念親親，用承先志。郕王宜復帝號，其上尊謚曰恭仁康定景皇帝。」

【編】乙未，十一年，（一四七五）春三月，少保文淵閣大學士彭時卒。謚文憲。

【編】命吏部侍郎劉珝兼翰林院學士，珝音許。入內閣典機務。

【編】皇太子祐極薨。

【紀】皇太子薨，內官漸傳西宮有一皇子六歲矣。萬貴妃驚曰：「何獨不令我知？」遂具服進賀，召皇子入昭德宮，徙紀氏於永壽宮。

【編】夏六月，皇妃紀氏薨。謚曰恭恪莊僖淑妃。

【紀】妃薨日天色皆赤，人疑爲萬貴妃所鴆云。鴆，酒有鴆毒也。鴆，毒鳥，以其毛瀝酒，飲之則殺人。

編　冬十一月，立皇子祐樘爲皇太子。

編　丙申，十二年，（一四七六）秋七月，命宋儒朱熹十世孫墩爲翰林院五經博士，墩音豚。奉祠祀。

編　命增孔子廟籩豆、佾舞之數。

紀　國子監祭酒周宏謨言：「臣比言孔子封號、冕服、籩豆、佾舞等事，禮部尚書鄒幹以謚號器數之加否不足爲孔子重輕，請仍舊爲宜。臣竊以孔子自唐開元封文宣王，開元，唐玄宗年號。被以袞冕，樂用宮縣。縣同懸，縣鐘磬也。周禮：「天子樂宮縣，四面；諸侯軒縣，闕南方。」當時袞冕雖通乎上下，而宮縣者天子之樂也，樂既用天子之宮縣，服必用天子之袞冕，是唐之奉孔子已用天子禮樂矣。宋承五代衰弊之制，至徽宗始加冕爲十二旒。元時孔子廟貌徧天下，崔豹古今注：「廟者貌也，所以彷彿前人之容貌。」而被天子袞冕，聖朝因之。則孔子服冕已用天子之禮，佾舞止用諸侯之樂。以禮論樂則樂不備，以樂論禮則禮爲僭。乞敕廷臣議增籩豆爲十二，佾數爲八，則佾數與冕服相稱，禮明樂備，補前代缺略之典，備聖明尊崇之制。」上曰：「尊崇孔子，乃朝廷盛典，宜從所言。其籩豆、佾舞俱如數增用，仍通行天下，悉遵此制。」

**置西廠**

編　丁酉，十三年，（一四七七）春正月，置西廠，命太監汪直詗刺外事。詗，伺也。刺，探也。

紀　直年少黠譎，上寵之。先是妖人李子龍以左道惑衆，內使鮑石、鄭忠敬信之，賓緣入內府，時引至萬歲山觀望，謀不軌。錦衣官校發其事，伏誅。自是上銳意欲知外事，乃選錦衣官校善刺事者百餘人，別置廠於靈濟宮前，號西廠。永樂中盡戮建文諸臣，懷疑不自安，始設東廠主刺奸，至是名西廠，以別東廠也。縱直出入，分命諸校，廣刺督責，大政小事，方言巷語，悉採以聞。

**罷西廠**

編　夏五月，罷西廠。

紀　汪直羅織人罪，數起大獄。任用錦衣百戶韋瑛縱肆貪暴，臣民悚慄。大學士商輅疏言：「近日伺察太繁，政令太急，刑網太密，人情疑畏，洶洶不安，蓋緣陛下委聽斷於汪直，而直又寄耳目於羣小也。中外騷然，安保其無意外不測之變！往者曹欽之反，皆逯杲有以激之。一旦禍興，卒難消弭。（卒音猝。）望陛下斷自宸衷，革去西廠，罷汪直以全其身，誅韋瑛以正其罪。」疏入，上命去西廠，遣太監懷恩數直罪責之；謫韋瑛戍宣府。（宣府鎮治宣化，在今河北張家口市南。）

**復西廠**

編　六月，復西廠，命汪直仍刺事。

紀　御史戴縉言：「近年災變洊臻，（洊音薦。）未聞大臣進何賢，退何不肖。惟太監汪直釐奸剔弊，（釐音離，治也。）允合公論，而止以官校韋瑛張皇行事，遂革西廠。伏望推誠任人，命兩京大臣自陳去留，斷自聖衷。」上悅。時縉九年不遷，以覬進，（覬音記，希幸也。）故頌直。其自陳一事尤直所喜，蓋直常惡商輅、左都御史李賓，難於施行也。御史王億言：「汪直所行，不獨可爲今日法，且可爲萬世法。」天下聞而唾之。上以二人言，復西廠，直仍刺事。

商輅等致仕

東宮內官覃吉

老伴

編 大學士商輅、尚書薛遠、董方、左都御史李賓並致仕，以王越爲兵部尚書兼左都御史，掌院事。

紀 時越附汪直，嗾御史馮瓘排諸大臣。輅既致仕，遠等相繼自陳去。

編 秋七月，以余子俊爲兵部尚書，加太子少保。

編 冬十一月，以馮瓘爲大理寺丞，戴縉爲尚寶司少卿。縉尋擢僉都御史王億爲湖廣按察副使。

編 戊戌，十四年，（一四七八）春二月，命皇太子出閣講學。

紀 時東宮內官覃吉，溫雅誠篤，知大體，通書史，議論方正，雖儒生不能過。輔東宮，悉道以正，暇則開說五府、六部及天下民情、農桑、軍務以至宦者專權蠹國情弊，悉直言之。曰：「吾老矣，安望富貴，但得天下有賢主足矣！」上嘗賜東宮五莊，吉曰：「天下山河皆主所有，何以莊爲？徒勞民傷財，爲左右之利！」竟辭之。太子嘗呼吉爲「老伴」。一日，太子念蒿里經而吉適至，駭曰：「老伴來矣！」即以孝經自攜。吉跪曰：「主得無念經乎？」曰：「否，讀孝經耳。」其見畏如此。太子出講，必使左右迎請；講官講畢，則語講官云「先生喫茶」。左右不以爲然，吉曰：「尊師重傳，禮當如此。」

編 夏六月，命太監汪直往遼東處置邊務。

編 己亥，十五年，（一四七九）春正月，加吏部尚書尹旻太子太保。汪直爲之請也。

逮馬文升下錦衣獄

編　夏六月，逮整飭遼東邊務、兵部右侍郎馬文升下錦衣獄。（遼東鎭治遼陽縣，即今遼寧遼陽市。）

紀　初，陳鉞巡撫遼東，行事乖方，文升更置之，約束不得動。汪直至遼東，鉞戎服伏道左，文升獨與直抗禮，左右多譽鉞毀文升，鉞又譖之。會給事中張良劾鉞激變屬部，逮至京。鉞賂直，言「海西皆以文升禁農器不與交易，（海西指蒙古部落。明置海西衞，在今遼寧遼河以東及吉林松花江以西地。）故屢寇邊。」直遂奏文升「妄啓邊釁，擅禁農器」，乃遣直同刑部尚書林聰往訊。直繆致恭敬，深自結納於聰。聰上報竟如直言，遂逮文升下獄，謫戍重慶。（重慶府治巴縣，在今四川重慶市內。）

命汪直行邊

編　秋七月，命汪直行邊。

汪直討海西

編　冬十月，遼東巡撫陳鉞請討海西，以撫寧侯朱永爲總兵，陳鉞提督軍務，汪直監之。

紀　直既至遼東，有頭目郎秀等四十人入貢，遇直於廣寧，直誣以窺伺，掩殺之，出塞掩不備，焚其廬帳而還，以大捷聞。論功加汪直歲祿，監督十二團營，朱永進保國公，陳鉞戶部尚書。已而海西諸部，以復仇爲辭，深入雲陽、清河等堡，殺掠男婦，皆支解以徇。邊將斂兵不出，鉞隱匿不以聞。以太僕少卿王宗彝爲僉都御史，巡撫遼東。宗彝，故大學士文子也，以郎中督餉遼東，阿汪直得驟進。

黄絹敝衣

復罷西厰

编 十二月，以陳鉞爲戶部尚書，掌部事。

编 庚子，十六年，（一四八〇）春三月，命太監汪直、保國公朱永、尚書王越率兵出塞襲敵於威寧，破之。越封威寧伯。

编 夏五月，以周洪謨爲禮部尚書。

编 秋七月，逮巡撫陝西右副都御史秦紘下錦衣獄，既而釋之。

纪 時秦府旗校肆橫，民苦之，紘擒治不少貸。秦王奏紘欺滅親藩，上怒，逮紘下獄。命籍其家，止得黄絹一匹，敝衣數件。上親閱，嘉歎良久，詔釋紘繫，且賜鈔萬錠以旌其廉。調紘巡撫河南。調，陞也。汪直亦以事至，紘與抗禮，不爲屈。直以上知其廉，亦加敬焉。

编 以陳鉞爲兵部尚書。

编 冬十月，以國子監祭酒邱濬爲禮部侍郎，仍掌監事。

编 辛丑，十七年，（一四八一）夏四月，命汪直監督威寧伯王越軍務赴宣府，相度擊賊事宜。

编 冬十二月，命王越佩征西前將軍印鎮守大同，（大同府治大同，即今山西大同市。）仍與汪直提督各路軍馬。

编 壬寅，十八年，（一四八二）春三月，復罷西厰。

纪 先是有盜越皇城入西內，東厰校尉緝獲，太監尚銘以聞。上喜甚，厚賜賚。汪直

李孜省用事

聞，怒曰：「銘，吾所用，乃背吾獨擅功。」思有以傾之。銘懼，潛以直構禍事達於上。上自直行後，李孜省用事，萬安結昭德宮，頗攬權，惡直浸淫，上亦漸疏之。於是科道交章奏：「西廠苛察，非國體。」萬安亦謂宜罷。劉珝不可。上竟罷西廠，中外欣然，珝有慚色。

編　冬十二月，進吏部尚書萬安太子太傅、華蓋殿大學士，戶部尚書劉珝太子太保、謹身殿大學士，禮部尚書劉吉太子太保、武英殿大學士。

編　癸卯，十九年，（一四八三）夏六月，調汪直南京御馬監。

紀　直與總兵許寧不協，巡撫郭鏜以聞，故有是命。

編　秋八月，汪直有罪罷。

徐鏞劾汪直疏

紀　御史徐鏞上疏劾汪直欺罔罪，曰：「汪直與王越、陳鉞結爲腹心，自相表裏，肆羅織之文，振威福之勢。兵連西北，民困東南。天下之人但知有西廠，而不知有朝廷，但知畏汪直，而不知畏陛下，漸成羽翼，可爲寒心。乞陛下明正典刑，以爲奸臣結黨怙勢之戒。」上深納其言，遂罷直；削越威寧伯，追奪誥券，編管安陸州；（即今湖北鍾祥縣。）鉞及戴縉革職爲民。召還馬文升，以爲左副都御史，巡撫遼東。

阿丑譎諫

初，汪直用事久，勢傾中外，天下凜凜。有中官阿丑，善詼諧，（詼，譏戲也。諧，和韻之言。）恆於上前作院本，（院本，金、元時流行之劇本，明謂之雜劇。）頗有譎諫風。一日，丑作醉者酗酒狀，（酗，醉怒也。）前遣人佯曰「某官至」，酗罵如故；又曰「駕至」，酗亦如故；曰：「汪太監來！」醉者驚迫帖然。旁一人曰：「駕至不懼而懼汪太監，何也？」曰：「吾知有汪太監，不知有天子。」又一日，忽效直衣冠，持雙斧，趨蹌而行。或問故，答曰：「吾將兵惟仗此兩鉞耳。」問鉞何名，曰：「王越、陳鉞也。」上微哂，自是而直寵衰矣。及其罷斥，中外莫不快之。尋尚銘亦有罪黜，籍其家。韋瑛謫萬全衞，尋伏誅。

僧繼曉

編 冬十月，以僧錄司繼曉爲左善世，惠昇爲右善世。

編 甲辰，二十年，(一四八四)春正月，京師地震。

編 三月，命太監陳準提督東廠。

紀 準爲人平恕清儉，涖事之初，下令軍校曰：「大逆者告我，非此則有司之事也。」由是中外安之。

建永昌寺

編 冬十月，建永昌寺，下刑部員外郎林俊、後府經歷張黻獄。

林俊劾繼曉、梁芳

紀 僧繼曉始以淫貪欺誑楚府事敗，走匿京師，夤緣梁芳等引入禁中。其術得售，尊爲善世，賜美珠十餘，金寶不可勝紀。乃言於上，發內庫銀數十萬兩，於西華門外拆毁民居，創建永昌寺。大臣諫官皆不言，於是林俊上疏言：「今歲以來，災異屢見，京師地震，陵寢動搖，鑒戒之昭，莫此爲甚。陝西、山西、河南連年饑謹，人民流離，可以流涕。而僧繼曉欺罔聖德，發內庫銀建永昌寺，以有用之財，供無益之費，工役不息，人怨日興。臣謂不斬繼曉，異日之禍未可言也。然縱之者，梁芳也。芳傾覆陰很，引用奸邪，排斥忠良，數年之閒，假進貢買辦爲名，盜祖宗百餘年之府庫殆盡。家貲山積，尙銘不足多；所在風擾，汪直莫能過。饑民之死，莫不欲食梁芳、繼曉之肉，而不敢以此言進者，所惜者官，所畏者死耳，臣何忍畏死不言，以爲陛下仁聖之累。」上覽疏大怒，下俊錦衣衞獄，貶雲南姚州。（即今雲南姚安縣。）

張黻救林俊

判官張黻上言：「今三邊未靖，（三邊，謂楡林、寧夏、甘肅三鎭，明於三邊置提督以衞畿輔。）四方災旱，軍民愁苦萬狀，凡有世道之憂者惟恐陛下不得盡聞。今林俊上言而反得罪，則遠近相傳，以言爲諱，豈朝廷之福哉！伏乞察俊忠直，恕其僭越，使士氣益張，讜論無隱。」上以黻回護林俊，貶雲南師宗州知州。（師宗州，即今雲南師宗縣。）

王恕諫罪林俊張黻

南京兵部尙書王恕上疏曰：「邇聞刑部員外郎林俊陳言過直，干冒天威，後府經歷張黻，爲林俊陳情，亦蒙逮問。臣嘗以二人爲戒，而復敢進言者，實爲天下國家慮也。今都城內外佛寺不知有幾千百區，茲又欲營建，遷移軍民數千百家，計費帑銀數十萬兩。人皆知此事之非而不言，獨林俊言之；人皆知林俊之是而不言，獨張黻言之。今悉置之於法，人皆以言爲諱，設再有奸邪誤國，陛下何由知之？乞復林俊等以慰天下，停建寺以理兵荒，庶宗社可鞏固，天命可永保矣。」疏入，留中。

星隕有聲

編　乙巳，二十一年，（一四八五）春正月，星隕有聲，詔求直言。

紀　工部主事張吉、中書舍人丁璣、進士敖毓元俱上疏斥李孜省、僧繼曉等罪惡。疏

復林俊張黻官

太監懷恩

入，俱留中，尋皆以他事謫之。孜省，江西人，嘗爲吏，坐贓，巡按御史楊守隨逮問充軍。孜省逃至京師，夤緣入禁中，以符水得幸，授太常寺丞。守隨尋還朝，卽劾孜省罪惡，不宜典郊廟百神之祀。命改上林苑監，未幾，擢禮部侍郎，掌通政司事，受密命訪察百官賢否，書小帖以所賜圖書封進，其寵眷如此。

編 復林俊、張黻原職。

紀 初，林俊之劾繼曉下獄也，事且不測，獨太監懷恩叩頭語曰：「自古未聞有殺諫官者，臣不敢奉詔。」上大怒曰：「汝與林俊合謀訕我！」舉所用御硯擲之。恩免冠號哭不起，曰：「臣不能復事陛下。」上命左右扶出。恩至東華門，使人謂鎭撫司曰：「若等諂梁芳，合謀傾林俊，俊死若等不得獨生！」俊獄得解。

時星變，黜傳奉官。御馬監太監王敏請於上，凡馬房傳奉不復動。恩怒曰：「星象示變，專爲我輩內臣壞朝廷之法，外官何能爲？今甫欲正法，汝等又來壞之，他日天雷擊汝矣！」敏鬱鬱而死。章瑾以進奉寶石授鎭撫司，命懷恩傳旨，恩曰：「鎭撫掌天下刑獄，奈何以小人得之？」不肯傳。上曰：「汝違我！」恩曰：「非敢違命，恐違法也。」上命覃昌傳之。恩曰：「倘外廷有諫者，吾言尚可行也。」時尚書余子俊在兵部，恩語之曰：「第執奏，吾從中贊之。」子俊謝不敢，恩歎曰：「吾固知外廷之無人也！」時尚書王恕屢上疏切直，恩曰：「天下忠義，斯人而已。」

編 三月，泰山屢震。

紀 泰山凡大震者七次。（泰山，在今山東泰安市北。）時椒寢漸縈，（謂后生子繁多。）上頗有易儲意，而未宣露。欽天監奏言：「泰山震動，應在東宮。」上大驚，意遂已。

編 秋九月，大學士劉珝致仕。以李孜省左道亂政也。

編 冬十月，以詹事彭華爲吏部左侍郎兼翰林院學士，入內閣參預機務。

編 丙午，二十二年，（一四八六）春三月，罷南京兵部尚書王恕。

紀 先是，因星變，傳奉官多革罷，既而夤緣復進用。恕上言：「政令必信，不宜數改。」語多激切，忤上意，遂令恕致仕。

編 秋七月，致仕大學士商輅卒。

紀 輅字弘載，淳安人，（即今浙江淳安縣。）鄉會殿試皆第一，奉敕纂脩續資治通鑑綱目。卒年七十三，謚文毅。

商輅纂脩續資治通鑑綱目

編 以馬寅爲山東布政使。

紀 寅在郎署三十年，爲副使十六年，未嘗以淹抑降志，嘗語坐客曰：「君子有三惜：此生不學，一可惜；此日閒過，二可惜；此身一敗，三可惜。」客歎爲名言。

馬寅三可惜

編 冬十月，加大學士萬安少師，劉吉少傅，彭華爲禮部尚書，尹直爲兵部尚書，並加太子少保。

召王恕爲吏部尚書

【編】丁未，二十三年，（一四八七）秋八月，帝崩。

【紀】上不豫，命皇太子視朝於文華殿。己丑，上崩，年四十歲。

【編】九月，太子祐樘即位。尊皇太后曰太皇太后，皇后曰皇太后。

【編】立妃張氏爲皇后。壽寧侯張巒之女也。

【編】李孜省伏誅，僧繼曉發原籍爲民。

【紀】太常卿道士趙玉芝、鄧常恩謫戍邊，番僧國師領占竹等悉革職，斥佞豎梁芳、陳喜等往孝陵司香，先朝妖佞之臣放斥殆盡。繼曉尋伏誅。

【編】冬十月，召王恕爲吏部尚書。

【紀】初，太監懷恩以直道屏居鳳陽，上素知之，至是召還。恩言大學士萬安諛佞，王恕剛方，請上去安而召恕，遂有是命。

【編】十一月，謚生母淑妃紀氏爲孝穆皇太后。

【紀】上念吳后保抱之恩，命宮中進膳如太后禮。

【編】大學士萬安罷。

【紀】先是安結萬貴妃兄弟進妖僧繼曉以固其寵，與李孜省結納，表裏奸弊，上在東宮稔聞其惡。至是於內中得一篋，篋音怯，箱也。皆房中術也，悉署曰「臣安進」。上遣懷恩持至閣下，曰：「是大臣所爲乎？」安慚汗不能出一語。已而科道交章論之，遂命罷去。安在道，

萬安夜望三台星　邱濬進大學衍義補

猶夜望三台星，冀復進用，尋卒。

編　禮部右侍郎邱濬進所著大學衍義補，擢禮部尚書。

紀　先是濬以眞西山大學衍義有資治道，而治國平天下之事缺焉，乃采經傳子史有關治國平天下者，分類彙集，附以己意，名曰大學衍義補。至是書成，進之。上覽之甚喜，批答曰：「卿所纂書，考據精詳，論述該博，有輔政治，朕甚嘉之。」賜金幣，遂進尚書，仍命禮部刊行。

編　葬茂陵。

## 孝宗敬皇帝 名祐樘，憲宗第三子，在位十八年，壽三十六歲而崩。

編　戊申，孝宗皇帝弘治元年，（一四八八）春正月，召南京兵部尚書馬文升爲左都御史。

紀　文升陛見，賜大紅織金衣一襲，蓋上在東宮時，素知其名故也。文升感殊遇，自奮勵，知無不言。

編　閏正月，詔天下舉異才。

編　二月，帝耕耤田。

紀　上耕耤田畢，宴羣臣，教坊以雜伎承應，或出褻語。馬文升厲色曰：「新天子當知稼穡艱難，豈宜以此瀆亂宸聰！」卽斥去。

編　以劉健爲禮部右侍郎兼翰林院學士，直文淵閣。

儲瓘請起用張吉等

編 三月，帝視學，釋奠先師。（釋奠，見卷二洪武五年「國子監請釋奠」注。）

編 起用謫降主事張吉、王純、中書舍人丁璣、進士敖毓元、李文祥。

紀 先是五人並以言事遠謫南京，吏部主事儲瓘上言：「五人者既以直言徇國，必不變節辱身。今皆棄之嶺、海之閒，毒霧瘴氣，與死爲伍，情實可憫。乞取而置之風紀論思之地，則言論風采必有可觀，與其旋求敢諫之士，不若先用已試之人。」上命吏部起用之。

編 加贈前少保于謙特進、光祿大夫、柱國、太傅，謚肅愍。（萬曆中改謚忠肅。）

編 初開經筵。

紀 少詹事楊守陳上開講勤政疏，上嘉之，詔開經筵。講畢，賜講官程敏政等茶及宴，上皆呼先生而不名。

編 冬十月，以耿裕爲禮部尚書。

編 己酉，二年，（一四八九）春二月，以馬文升爲兵部尚書。

下湯鼐劉槩獄

編 下御史湯鼐、壽州知州劉槩獄。（壽州，即今安徽壽縣。）

劉吉使徐鵬伺湯鼐

紀 先是萬安、劉吉、尹直在政府，嘗語鼐朝廷不欲開言路，鼐卽以其言劾之。已而安、直皆免官，鼐與李文祥等以爲小人退則君子進，雖劉吉在，不足慮也。吉使客徐鵬啗御史魏璋以殊擢，使伺鼐。

劉槩與湯鼐書

鼐家壽州，知州劉槩與書言：「夢一人牽牛陷澤中，鼐手提牛角引之而上。人牽牛，象國姓，（國姓，朱也。）此國勢瀕危，賴鼐復安之兆也。」鼐大喜，出書示客。璋以劾之，謂其妖言誹謗，下錦衣獄。辭連庶吉士鄒智。智身親三木，（在頸及手足枷杻械也。）僅餘殘喘，神色自若。議者欲處以死，刑部侍郎彭韶辭疾，不爲判案，獲免，左遷石城吏目。（石城，即今廣東廉江縣。）

夏鍭劾劉吉

大理寺評事夏鍭上言：「主事李文祥、庶吉士鄒智、御史湯鼐等，皆以言獲罪，實大學士劉吉誤陛下，豈知劉吉之罪，不減萬安、尹直乎？」疏奏，留中。鍭謝病歸。

【編】夏五月，以彭韶爲吏部左侍郎。

【紀】王恕爲尙書，得韶爲貳，皆不避權貴，請謁路絕。

定預備倉

【編】庚戌，三年，（一四九〇）夏四月，定預備倉。

【編】冬十一月，有星孛于天津。詔大臣極言時政得失。

【紀】吏部侍郎彭韶言：「正近侍，愼宮爵，厚根本，減役錢。」上嘉納之。禮部尙書耿裕率羣臣條時政七事，上謂有防微杜漸之意。左侍郎倪岳上言：「當今民日貧，財日匱，宜節儉以爲天下先。」又言：「減齋醮，（醮音教。）罷供應，省營繕。」上採納之。

何喬新執法不回

【編】辛亥，四年，（一四九一）春正月，刑部尙書何喬新致仕。

【紀】喬新執法不回，每重王恕，不平劉吉。吉銜之，嗾御史鄒魯誣奏喬新受餽遺，下獄鞫訊無驗，遂致仕歸。

【編】以彭韶爲刑部尙書。

【編】秋八月，吏部尙書王恕上疏乞致仕，不許。

事雖十易不爲害

紀　恕時有建白，衆議謂業已行矣。恕言：「天下事苟未得其當，雖十易之不爲害；若謂已行不及改，則古之納諫如流，豈皆未行乎？」恕遇事敢言，有不合輒引疾求退，上每溫詔留之。

編　九月，大學士劉吉罷。

劉棉花

紀　時上欲封張皇后弟伯爵，吉言必盡封周、王二太后家乃可。上惡之，使中官至其家，勒令致仕去。初，吉屢被彈章，仍進秩，人呼爲「劉棉花」，謂其愈彈愈起也。

編　冬十月，命禮部尚書邱濬兼文淵閣大學士，典機務。

編　壬子，五年，（一四九二）春二月，立皇子厚照爲皇太子。

王華請御經筵疏

編　右諭德王華上疏，請帝恆御經筵。

紀　略曰：「每歲經筵不過三四御，而日講或間旬日始一行，則緝熙之功毋乃或間，雖聖德天健，自能乾乾不息。易乾卦：「天行健，君子以自強不息。」又：「君子終日乾乾。」而宋儒程頤所謂『涵養本源，薰陶德性』者，必接賢士大夫之時多，宦官宮妾之時少，始可免於一暴十寒之患。」上嘉納之。

邱濬言時政之弊

編　夏四月，大學士邱濬上疏言時政之弊。

紀　大略言：「陛下端身以立本，清心以應務，謹好尚勿流於異端，節財費勿至於耗國，公任用勿失於偏聽，禁私謁以肅內政，明義理以絕奸佞，愼儉德以懷永圖，勤政務以弘至治，度可以回天災消異物，帝王之治可幾也。」因擬爲二十二條，以爲朝廷抑遏奸言，杜塞希求，節財用，重名器之助，凡萬餘言。上覽奏甚悅，以爲切中時弊。

王恕諫開納事例

編　冬十一月，詔停生員吏典開納事例。

紀　王恕言：「永樂、宣德、正統間，天下亦有災傷，各邊亦有軍馬，當時未有開納事例，糧不聞不足，軍民不聞困弊。近年以來，遂以此例爲長策。既以財進身，豈能以廉律己？欲他日不貪財害民，何由而得乎！」上從之。

編　癸丑，六年，（一四九三）春三月，刑部尚書彭韶罷。韶爲外戚、宦官所嫉，又與大學士徐溥不協，乃辭疾歸，後二年卒，贈太子少保，謚惠安。

編　吏部尚書王恕致仕。恕與大學士邱濬不協，力求去，詔允之。

編　改禮部尚書耿裕爲吏部尚書，加太子太保。以禮部左侍郎倪岳爲禮部尚書。

河決張秋劉大夏治決河

編　甲寅，七年，（一四九四）春二月，河決張秋。（在今山東壽張縣東北。劉大夏塞決口九十餘丈，築滾石水壩功成，賜名安平鎭。）命太監李興、平江伯陳銳協同都御史劉大夏往治之。下山東按察副使楊茂仁獄。

楊茂仁請專委劉大夏

紀　大夏既受命，循河上下千餘里，周覽形勢，上言：「河性湍悍，張秋乃下流襟喉，勢難猝治，當於上流分導南下，再築長隄以禦橫波，且防大名、山東之患，俟其循軌，而後決可塞也。」楊茂仁上疏言：「官多則民擾。治河既委劉大夏，又差李興、陳銳，事權分而財力匱。

乞將興、銳取回，專委大夏。水陰也，其應爲內官，爲外寇，宜戒飭后戚，防禦邊患。」疏入，興等奏茂仁爲妖言，逮繫錦衣衛獄；科道交章論救，乃謫長沙府同知。（長沙府治長沙縣，即今湖南長沙市。）

編 秋八月，加徐溥少傅、吏部尚書、謹身殿大學士，邱濬少保、戶部尚書，劉健太子太保，並兼武英殿大學士。

編 冬十月，西域進獅子。

紀 倪岳言：「獅者外域之獸，眞僞不可知。縱眞，非中國宜畜；非眞，無爲外域所笑。」詔還之。

西域進獅子

# 明鑑易知錄卷七

## 明紀

### 孝宗敬皇帝

編　乙卯，八年，（一四九五）春二月，少保、大學士邱濬卒。濬字仲深，廣東瓊州府瓊山縣人，卒年七十三，贈太傅，謚文莊。

編　命禮部侍郎兼侍讀學士李東陽、詹事兼侍講學士謝遷參與機務。

編　張秋隄成，召劉大夏爲戶部右侍郎。

編　秋八月，設江西巡撫于南贛。（南贛即贛州府，治贛縣，即今江西贛州市。扼江西、廣東兩省交通之衝，故置巡撫。）

設江西巡撫

紀　時汀、漳多盜，（汀州府治長汀縣，即今福建長汀縣。漳州府治龍溪縣，即今福建龍溪縣。）嶺南姦民附之，（嶺南謂廣東。）故添設憲府於要地，以節制焉。

編　丙辰，九年（一四九六）春閏三月，諭德王華日講文華殿。

王華日講文華殿

紀　華講唐李輔國與張后表裏用事。（事見唐肅宗乾元元年。）時內侍李廣方貴幸，招權納賄，華以諷上。上樂聞之，特命賜食。

編 夏四月，以吏部左侍郎周經爲戶部尙書，禮部左侍郎徐瓊爲禮部尙書。

編 秋八月，大學士徐溥、劉健、李東陽、謝遷上疏諫燒煉、齋醮之事。

紀 溥等以內官李廣、楊鵬引用劉良輔左道惑亂，乃上疏曰：「我祖宗自洪武至天順閒，皆召儒士諮議政事，今朝參外不得一覲天顏。夫人君之心必有所繫，不繫於此則必繫於彼，正士既疏則邪說乘閒而入。近有以齋醮、燒煉進者，此乃異端惑世之術，聖王之所必禁也。宋徽宗崇信道流，卒使乘輿播遷，社稷傾覆。至若燒煉金石之藥，性多酷烈，唐憲宗藥發致疾，其禍甚慘！矧熒惑失度，太陽無光，天鳴地震，草妖木異，四方奏報，殆無虛日。今望嚴早朝之節，復奏事之規，遠邪佞之人，斥誣罔之說，太平之業可保矣。」上嘉納之。

編 丁巳，十年，（一四九七）春三月，命內閣及翰林院官纂脩大明會典。

編 帝罷遊後苑。

紀 上屢遊後苑，侍講王鏊侍經筵，講文王不敢盤于遊田。上悟，納之，召李廣等戒之曰：「今日講官所指，蓋爲若輩，好爲之！」竟罷遊。

編 夏五月，京師風霾，霾音埋，雨土蒙霧也。詩邶風：「終風且霾。」各省地震，詔求直言。

紀 祠祭郎中王雲鳳上言納忠言，罷左道齋醮、採辦、傳奉諸事。上嘉納之。

編 戊午，十一年，（一四九八）春二月，進內閣大學士徐溥少師兼太子太師，劉健少傅，李東陽、謝遷並太子少保，許進兵部尚書，馬文升少傅兼太子太傅，刑部尚書白昂太子太保，戶部尚書周經、禮部尚書徐瓊、工部尚書徐貫、左都御史閔珪並太子少傅。

編　皇太子出閣講學。

編　夏六月，有熊入京城，乾清宮災。

紀　京師西直門有熊入城。馬文升謂：「野獸入城，宜嚴武備以防不虞。」兵部郎中何孟春謂同列曰：「熊之爲兆宜愼火。」未幾，禮部燬，禁中亦火，乾清宮災。或問孟春：「此占出自何書？」孟春曰：「予不曉占書，曾見宋紀，紹興中，（高宗年號。）永嘉災前數日，（永嘉，即今浙江溫州市。）有熊至城下，州守高世則謂其倅趙允緒曰：（倅音翠，副也。）『熊於字「能、火」，郡中宜愼火。』果延燒官民舍十之七八。予憶此事，不料其亦驗也。」

編　冬十月，少師、華蓋殿大學士徐溥致仕。（未幾卒，贈太師，謚文靖。）

編　太監李廣有罪自殺。

紀　廣以左道見寵任，權傾中外。會幼公主痘殤，太皇太后歸罪於廣；廣懼，飲鴆死。上命搜廣家，得納賄簿籍，中言「某送黃米幾百石，某送白米幾千石」。上曰：「廣食幾何？而多若是。」左右曰：「黃米，金也。白米，銀也。」上怒，籍沒之。

編　己未，十二年，（一四九九）春正月，給事中楊廉上疏請講大學衍義，從之。

編　冬十一月，寧王覲錫卒，（寧藩舊在大寧，太祖子初封之地，後徙封江西南昌府，仍號寧王。）上高王

黃米白米

宸濠嗣爲寧王

宸濠嗣。（上高，即今江西上高縣。）

紀 宸濠，寧康王覲錫庶子，初封上高王，至是覲錫卒，宸濠嗣爲寧王。

編 庚申，十三年，（一五〇〇）夏五月，吏部尚書屠滽、戶部尚書周經、禮部尚書徐瓊、刑部尚書白昂、工部尚書徐貫罷。各以星變乞致仕，許之。

編 以右都御史佀鍾爲戶部尚書，佀同似。掌詹事府，禮部左侍郎傅瀚爲禮部尚書，左都御史閔珪爲刑部尚書，工部左侍郎曾鑑爲工部尚書。

編 夏六月，召南京兵部尚書倪岳爲吏部尚書，南京刑部尚書戴珊爲左都御史。加兵部尚書馬文升少傅。

編 辛酉，十四年，（一五〇一）春正月，陝西地震。

紀 馬文升上言：「祇畏變異，痛加脩省。」勸上「積金帛以備緩急，罷齋醮以省浪費，止傳奉之官，禁奏討之地，將陝西織造絨褐內臣早取回京，以蘇軍民之困。」上嘉納之。

編 秋九月，太子太保、吏部尚書倪岳卒。

編 冬十月，以馬文升爲吏部尚書，劉大夏爲兵部尚書。

編 壬戌，十五年，（一五〇二）春二月，佀鍾罷，以南京兵部尚書韓文爲戶部尚書。

編 夏四月，命御史王哲巡按江西。

王哲巡按江西

紀 哲所至，恤民隱，作士風，表先賢祠墓。時天旱，種不入土。哲乃親錄繫囚，出其所當原者數百人，翌日雨，是歲有秋。民有女奴自逃，其讎指爲故殺，訟於官。獄既成，哲復訊，見其有寃色，使人密訪女奴所在，得之，民得不坐。又有大家被盜，因誣其所怨者，賂鎮守，欲置於法。哲察其誣，出之。鎮守怒，衆亦以爲疑，久之眞盜得，始皆愧服。民爲之謠曰：「江西有一哲，六月飛霜雪；天下有十哲，太平無休歇。」

編　癸亥，十六年，（一五〇三）春二月，進劉健少師兼太子太師、吏部尚書、華蓋殿大學士，李東陽戶部尚書、謹身殿大學士，謝遷禮部尚書、武英殿大學士，並加太子太保，吳寬禮部尚書兼翰林院學士，掌詹事府。

編　夏五月，京師大旱。

紀　劉大夏因言兵政之弊，未能悉革，乞退；不允，令開陳所言弊端。大夏條上十事，上覽奏，嘉納之。上嘗問大夏：「天下何時太平？朕如何得如古帝王？」對曰：「求治不宜太急。凡用人行政，卽召內閣幷執政大臣面議行之，但求順理以致太平。」時刑部尚書閔珪持法忤旨，上與大夏語及之而怒，大夏曰：「人臣執法，不過效忠朝廷。珪所爲，無足異！」上曰：「古亦有之乎？」對曰：「舜爲天子，皐陶爲士，執之而已。」上默然，徐曰：「珪第執之過耳，老成人何可輕棄！」竟允珪請。

編　甲子，十七年，（一五〇四）春三月，太皇太后周氏崩。

編　秋七月，掌詹事府禮部尚書吳寬卒。謚文定。

編 乙丑，十八年，（一五〇五）夏五月，帝崩。

紀 上不豫，召大學士劉健等受顧命。顧命者，臨死回顧而發命也。健等入，叩頭榻下，上曰：「朕蒙皇考厚恩，選張氏爲皇后，生東宮，今十五歲矣，尚未選婚，社稷事重，可即令禮部舉行。」皆應曰：「諾。」上曰：「東宮聰明，但年幼好逸樂，諸先生須輔之以正道，俾爲令主。」健等皆叩頭曰：「臣等敢不盡力！」諸臣出，翼日上崩。（翼日與翌日同，謂明日也。）

編 太子厚照即位。尊皇太后曰太皇太后，皇后曰皇太后。

編 秋九月，恆星晝見。

編 葬泰陵。

## 武宗毅皇帝

名厚照，孝宗太子，在位十六年，壽三十一歲而崩。

編 丙寅，武宗皇帝正德元年，（一五〇六）春正月，天鳴地震。

編 命都御史楊一清總制陝西三邊軍務。（三邊，榆林、寧夏、甘肅三鎮。）

編 以神機營中軍二司內官太監劉瑾管五千營。

紀 瑾，陝西興平人，（興平，即今陝西興平縣。）故姓淡，景泰中自宮，割勢也。爲劉太監名下，因其姓。成化時領教坊見幸，弘治初擯茂陵司香，其後得侍東宮，以俳弄爲上所悅。俳弄，俳優戲弄。上即位，瑾朝夕與其黨八人爲狗馬、鷹犬、歌舞、角觝以娛上，（角觝，角力之戲，如今之摔跤。）上狎焉。八人者，馬永成、高鳳、羅祥、魏彬、邱聚、谷大用、張永，其一瑾。瑾尤獪給，獪音膾，狡也。給，口捷也。頗通古今，常慕王振之爲人。英宗正統中，太監王振用事。至是漸用事。

編 夏四月，少師、吏部尚書馬文升罷。以焦芳爲吏部尚書。召南京兵部尚書張敷華爲左都御史。

編 六月，雷震郊壇禁門、太廟脊獸、奉天殿鴟吻。

劉健等連疏請誅八人

紀 大學士劉健、謝遷、李東陽聞上與八人戲亡度，連疏請誅，略曰：「政在於民生國計，則若罔聞知；事涉於近倖貴戚，則牢不可破。臣等叨居重地，徒擁虛銜，或旨從中出，略不與聞；或衆所擬議，竟行改易。若以臣言爲是，則宜傳賜施行；臣等言非，亦宜明加斥責。而往往留中不發，視之若無。臣等因循玩愒，愒音慨。玩、愒，皆貪也。左傳：「玩歲而愒日。」竊祿苟容，既負先帝，又負陛下。」語甚切直，不報。

編 秋七月，彗星見參、井，掃太微垣。彗，竹掃帚也。彗星，妖星，光芒徧指如彗者也。參、井，二宿名。太微，天帝南宮也。

編 太白經天。

編 八月，立妃夏氏爲皇后。慶陽伯夏儒之女也。

編 九月，兵部尚書劉大夏致仕。以劾劉瑾罪也。

編 以總督宣、大軍務都御史劉宇爲兵部尚書。（宣，宣化府，治宣化縣，在今河北張家口市南。大，大同府，治大同縣，即今山西大同市。）

編　冬十月，命劉瑾入掌司禮監兼提督團營。瑾矯詔罷大學士劉健、謝遷，殺內司禮監太監王岳、范亨等，下刑科給事中吳翀、山西道御史劉玉獄。

韓文劾劉瑾疏

紀　戶部尚書韓文具疏合九卿諸大臣上言：「伏覩近歲以來，太監馬永成、谷大用、張永、羅祥、魏彬、劉瑾、邱聚、高鳳等置造巧僞，淫蕩上心，或擊毬走馬，或放鷹逐兔，或俳優雜劇，錯陳於前。或導萬乘之尊與人交易，狎暱媟褻，媟音屑。無復禮體，日遊不足，夜以繼之，勞耗精神，虧損聖德。遂使天道失序，地氣靡寧，雷異星變，桃李秋花，考厥占候，咸非吉祥。先帝臨崩，顧命之語，陛下所聞也，奈何姑息羣小，置之左右爲長夜之遊，恣無厭之欲以異聖德乎？伏望陛下將永成等縛送法司，以消禍萌。」疏入，上驚泣不食，諸閹大懼，自求安置南京，而閣議持不從。

焦芳泄謀劉瑾

時內司禮監太監王岳，亦東宮舊臣，素剛直，頗惡其儕所爲，與司禮太監范亨、徐智等亦助韓文等密奏上，上允之，待明旦發旨捕瑾等下獄。而吏部尚書焦芳者，故與瑾善，遂以所謀泄之瑾。瑾等亦廉知岳等密奏事，廉，察也。八人者遂夜趨上前，環跪哭曰：「微陛下恩，瑾等磔餧狗矣。」磔音窄，裂尸也。上色動。瑾輒進曰：「害瑾等者，王岳也。夫狗馬鷹犬，岳買獻否？而獨咎瑾等。」上怒曰：「吾收岳矣。」瑾曰：「狗、馬、鷹、兔，何損萬幾？今左班官敢讙無忌者，司禮監無人也；有，則惟陛下所欲爲，誰敢言者！」上怒，是夜立命瑾入掌司禮監兼提督團營，邱聚提督東廠，谷大用提督西廠，張永等並司營務，分據要地。瑾夜傳命榜

李東陽以緘默獨留

許進恐有甘露之變

焦芳導劉瑾爲惡

逮戴銑薄彥徽等下獄

岳、亨、智，逐之南京，而外廷未知也。晨伏闕則旨下。

劉健等知事不可爲，各上疏求去。瑾矯詔勒健、遷致仕，惟李東陽獨留，蓋前閣議時，健嘗推案哭，遷亦詈瑾等不休，惟東陽稍緘默，故得獨留。健、遷濱行，（濱，迫近也。濱行，謂將行。）東陽祖道，祖道，謂餞行也。欷歔，悲泣氣咽而抽息也。健正色曰：「何用今日哭爲？使當日出一語，則與我輩同去耳！」東陽無以應。瑾尋矯詔追殺岳、亨於途，擊折徐智臂，得免。

初，舉朝必欲誅瑾，兵部尚書許進曰：「此屬得疏斥足矣，若峻其事，恐有甘露之變。」唐文宗朝，鄭注、李訓等謀盡誅宦官，伏兵殿左，適金吾衞將軍韓約奏左金吾聽事後石榴夜有甘露，帝命中尉仇士良率諸宦者往視之，至左仗風吹幕起，見執兵者甚衆，士良驚走詣帝告變，訓呼金吾衞士上殿縱擊宦官，不克，士良等命神策兵殺訓、注等及金吾吏卒。既而果如進言。吳翀、劉玉俱上疏論劉瑾佞倖，棄逐顧命大臣。乞留劉健、謝遷而以瑾正典刑。上怒，下獄，斥爲民。

瑾既得志，於是內揣合上意，外日以深文誅求諸臣，使自救不暇，而莫敢進言。上喜，益謂瑾可委任矣。

編　以吏部尚書焦芳兼文淵閣大學士，入閣辦事。

紀　芳潛通劉瑾黨，瑾遂引芳入閣，表裏爲奸，凡變紊成憲，桎梏臣工，杜塞言路，酷虐軍民，皆芳導之。

編　逮南京給事中戴銑、御史薄彥徽等下錦衣衞獄。

【紀】初，劉健等致仕，給事中呂翀、劉蒞上疏留之，（蒞音鹵。）南京兵部尚書林瀚聞而歎息。於是南京六科給事中戴銑等、十三道御史薄彥徽等上疏請斥權閹，正國法，留保輔，托大臣以安社稷。劉瑾矯旨遣緹騎逮繫錦衣衞獄，（緹，帛丹黃色。緹衣，兵服。漢官儀：「執金吾緹騎二百人。」）尋蒞、翀及銑、彥徽等二十人各廷杖，除名爲民。

【編】罷戶部尚書韓文。

【紀】劉瑾恨文，令人日伺其過。會有進納內府折銀者，內有假僞，瑾矯旨文不能防姦，落職閒住。濱歸，瑾陰遣邏卒伺於途，文乘一騾宿野店而去。文子高唐州知州士聰、刑部主事士奇皆削籍。（高唐州，即今山東高唐縣。）

【編】十二月，罷左都御史張敷華。以極言時政之弊，劉瑾惡之也。

【編】進李東陽少師兼太子太師、吏部尚書、華蓋殿大學士，焦芳太子太保、武英殿大學士，王鏊戶部尚書、文淵閣大學士。以許進爲吏部尚書，起屠滽爲左都御史。

【編】謫兵部主事王守仁貴州龍場驛丞。（龍場驛，即今貴州修文縣。）

【紀】守仁上疏言：「戴銑等職居司諫，以言爲責。其言而善，自宜嘉納，如其未善，亦宜包容，以開忠讜之路。（讜音黨，直言也。）乃今赫然下命，遽事拘囚，下民無知，妄生疑懼。在廷之臣，莫不以此舉爲非，然莫敢爲陛下詔言者，恐復以罪銑等者罪之，則無補國事，而徒增陛下之過舉耳。臣恐自茲以往，雖有上關宗廟危疑之事，陛下孰從而聞之？苟念及此，寧不寒心！況今天時凍沍，沍音護，寒凝也。萬一遣去官校，督束過嚴，銑等在道或遂失所塡溝壑，使陛下有殺諫臣之名，然後追咎左右莫有言者，則旣晚矣。伏願追收前旨，使銑等仍舊供職。」疏入，劉瑾怒，矯詔杖五十，斃而復甦，謫貴州龍場驛丞。旣謫後，瑾使人伺之途，將置之死。守仁至錢塘，（杭州府治，即今浙江杭州市。）慮不免，乃乘夜佯爲投江，（江謂錢塘江，在今杭州市南。）而浮冠履水上。遺詩有「百年臣子悲何極，夜夜江濤泣子胥」之句。浙江藩臬及郡守楊孟瑛皆信之，祭之江上，家人亦成服。守仁遂隱姓名，入武夷山中，（武夷山，在今福建崇安縣南。）已而慮及其父華，卒赴驛。華時爲南京吏部尚書，瑾勒令致仕。

章奏悉付劉瑾

編　帝悉以天下章奏付劉瑾。

紀　瑾時雜構戲玩娛上，候上娛則多上章奏請省決，上曰：「吾安用爾爲？而一煩朕。」瑾由是自決政。

榜奸黨

編　丁卯，二年，（一五〇七）春三月，劉瑾矯詔榜奸黨於朝堂，頒示天下。

紀　略曰：「朕以幼沖嗣位，惟賴廷臣輔弼其不逮，豈意去歲奸臣王岳、范亨、徐智竊弄威福，顚倒是非，私與大學士劉健、謝遷，尚書韓文、楊守隨、林瀚，都御史張敷華、戴珊，郎中李夢陽，主事王守仁、王綸、孫磐、黃昭，檢討劉瑞，給事中湯禮敬、陳霆、徐昂、陶諧、劉蒞、艾洪、呂翀、任惠、李光翰、戴銑、徐蕃、牧相、徐暹、張良弼、葛嵩、趙仕賢，御史陳琳、貢安甫、史良佐、曹閔、王弘、任諾、李熙、王蕃、葛浩、陸崑、張鳴鳳、蕭乾元、姚學禮、黃昭道、蔣欽、薄彥徽、潘鏜、王良臣、趙祐、何天衢、徐珏、楊璋、熊倬、朱廷聲、劉玉、翰林倪宗正遞相交通，反側不安，因自陳休致。其敕內有名者，吏部查令致仕，毋俟惡稔，追悔難及。」是日朝罷，令廷臣跪金水橋南聽詔。（金水橋，即今北京市天安門外橋。）

編　秋八月，進焦芳少傅兼太子太傅、謹身殿大學士，王鏊少傅兼太子太傅、武英殿大學士。

楊一清高才重望

編　總制三邊都御史楊一清罷。劉瑾惡之也。

編　以楊廷和爲戶部尚書兼文淵閣大學士，參與機務。

編　戊辰，三年，（一五〇八）春三月，逮前總制三邊都御史楊一清下獄。

紀　先是一清巡邊，上疏陳戰守之策，請開屯田數百里，省內運。奏上，報可。一清遂興築邊牆，剋期完工；而劉瑾憾一清，罷之，工亦止。至是，又惡其築邊糜費，下詔獄。王鏊言於瑾曰：「一清有高才重望，爲國脩邊，可以爲罪乎？」李東陽亦力救，乃得釋。

編　夏四月，致仕吏部尚書王恕卒。贈太師，謚端毅。

編　六月，執朝官三百餘人下詔獄。

紀　時早朝，有遺書丹墀者，墀音池。階上地曰墀，天子以丹漆地，故稱。上命拾以進，則告劉瑾不法狀也。瑾大怒，矯旨跪百官奉天門下，諸監立門東監之。時暑甚，僵偃十數人，命曳出，曳音葉，拖也。至暮，盡送下詔獄。明日，李東陽疏救，瑾微聞出內寺，乃得釋。

勒劉健謝遷爲民

劉健等奪誥充軍

編 逮前戶部尚書韓文下錦衣衞獄。監禁數月，罰米二千石，赴大同親納。

編 秋八月，逮前兵部尚書劉大夏、南京刑部尚書潘蕃下獄，謫戍。劉瑾誣以罪，欲論死，王鏊、屠滽力爲之辨，乃謫戍。

編 劉瑾矯詔以劉宇爲吏部尚書，曹元爲兵部尚書。

編 己巳，四年，（一五〇九）春二月，勒原任大學士劉健、謝遷爲民。

紀 先是詔舉懷才抱德之士，以餘姚周禮、徐子元、許龍、上虞徐文彪應詔。（餘姚，即今浙江餘姚縣。上虞，在今浙江上虞縣東南。）劉瑾以四人皆遷鄉人，而草詔由健，欲因而害之，矯旨下禮等鎭撫司鞫之。吏部尚書劉宇阿瑾意，劾有司訪舉失實，鎭撫詞連健、遷，瑾持至內閣，欲籍其家。李東陽徐爲勸解，得少釋，焦芳抗聲曰：「從輕處，亦當除名！」既而旨下，健、遷除名，禮等戍邊，令餘姚人從此毋選京朝官。

編 三月，以錢璣爲戶部尚書。以附瑾，故不次用。

編 夏四月，大學士王鏊致仕。

編 五月，大學士焦芳以老病致仕。

編 六月，進吏部尚書劉宇少傅兼太子太傅、文淵閣大學士，入閣辦事。以吏部左侍郎張綵爲吏部尚書。

編 冬十二月，追奪大學士劉健、謝遷、尚書馬文升、劉大夏、韓文、許進等六百七十五

楊一清說張永

千載三人

人誥敕爲民，充軍。從都給事中李憲言也。

【編】庚午，五年，(一五一〇)春二月，以曹元爲吏部尚書兼文淵閣大學士，入閣辦事。

【編】夏四月，安化王寘鐇反，(安化，即今甘肅慶陽縣。)起都御史楊一清，命太監張永提督討之。

【紀】一清與永西行，一日歎息，泣謂永曰：「藩宗亂易除，國家內亂不可測，奈何？」永曰：「何謂？」一清曰：「公豈一日忘情，顧無能爲公畫策者。」遂促席手書「瑾」字。永曰：「瑾日夜在上傍，上一日不見瑾則不樂。今其羽翼已成，耳目廣矣，且奈何！」一清曰：「公亦天子信幸臣，今討逆不付他人，付公，上意可知。公試班師入京，詭言請上閒語寧夏事，(寧夏衞，即今寧夏銀川市。)上必就公問，公於此時上寘鐇僞檄，并述渠亂政凶狡，謀不軌，海內愁怨，天下亂將起。上英武，必悟，且大怒誅瑾。瑾誅，柄用公，公益矯瑾行事，呂彊、張承業暨公，(呂彊，東漢末宦官之賢者。張承業，唐末宦官之忠者。)千載三人耳！」永曰：「卽不濟，奈何？」一清曰：「他人言，濟不濟未可知；言出公，必濟。顧公言時，須有端緒，且委曲，脫上不信，公頓首請死，願死上前，卽退，瑾必見殺，又涕泣頓首。得請卽行事，毋緩頃刻，漏事機，禍不旋踵。」永攘臂起曰：「我亦何惜餘生報主乎！」

【編】劉宇罷。

【紀】宇附劉瑾，排斥正人，知瑾將敗，先乞身免。

編　秋八月，劉瑾伏誅。

紀　寘鐇就擒。是月望日，張永至自寧夏獻俘，上迎之東華門，賜宴。比夜，瑾先退，夜半，永出疏懷中，謂瑾激變寧夏，心不自安，陰謀不軌狀。永黨張雄、張銳亦助之。上曰：「罷矣，且飲酒。」永曰：「離此一步，臣不復見陛下也。」上曰：「瑾且何爲？」永曰：「取天下。」上曰：「天下任彼取之。」永曰：「置陛下何地？」上悟，允其奏，當夜即命禁兵逮瑾。永等勸上親至瑾第觀變。時漏下三鼓，瑾方熟寢，禁兵排闥入，瑾披衣起，趨出戶，被執就內獄。明日，降爲奉御，閑住之鳳陽，命廷臣議其罪。

初，上尚未有意誅瑾，瑾聞鳳陽之命曰：「猶不失富太監也。」及籍其家，得金二十四萬錠又五萬七千八百兩，元寶五百萬錠又一百五十八萬三千六百兩，寶石二斗，金甲二，金鈎三千，玉帶四千一百六十二束，蟒衣四百七十襲，衮袍八爪金龍四，盔甲三千，弓弩五百。上大怒曰：「瑾果反！」乃付獄；吏部尚書張綵逕都察院獄。於是六科十三道共劾瑾罪三十餘條，上是之，命法司錦衣衞執瑾午門廷訊之。瑾大言曰：「滿朝公卿皆出我門，誰敢問我者！」皆稍稍却。駙馬都尉蔡震曰：「我國戚也。不出汝門，得問汝。」使人批瑾頰曰：「公卿，朝廷所用，何由汝？抑汝何藏甲也？」曰：「以衞上。」震曰：「何藏之私室？」瑾語塞。既上獄，上命「毋覆奏，凌遲之。」三日梟其首，諸被害人爭買其肉啖之。瑾親屬皆論斬，張綵死獄中。大學士劉宇、曹元、前大學士焦芳、宇子編脩劉仁、芳子侍讀焦黃中、戶部

林俊諫用魏彬

張芹劾李東陽

江西四川盜起

尚書劉璣、兵部侍郎陳震，並削籍爲民。

編封張永兄張富爲泰安伯，弟張容爲安定伯，魏彬弟魏英爲鎭安伯，馬永成弟馬山爲平涼伯，谷大用弟谷大玘爲永淸伯。封義子朱德爲永壽伯，給誥券，世襲。

紀李東陽奏「旬月之閒，二難交作，悉底平定，皆永等之功」，故加恩典。

編命太監魏彬掌司禮監事。

紀四川巡撫都御史林俊上疏「請上還內宮，擇宗室之賢者養於別宮，收召老臣劉健、謝遷、林瀚、王鏊、韓文等以脩舊政。」又言：「劉瑾雖死，而權柄猶在宦豎，安知後無復有如瑾者。」詞旨剴切，大忤左右，不報。御史張芹劾「大學士李東陽，劉瑾專權亂政之時，阿諛承順，不能力爭，及陛下任用得人，潛消內變，又攘以爲功，冒膺恩蔭，乞賜罷斥」，不聽。時魏彬、馬永成等擅執朝政，兩河南北、楚、蜀盜遂起。

編召楊一淸爲戶部尚書，加太子太保。進楊廷和少傅、謹身殿大學士；劉忠少傅，梁儲少保，並武英殿大學士。

編辛未，六年，（一五一一）夏四月，大學士劉忠致仕。

編五月，致仕兵部尚書劉大夏卒。贈太保，謚忠宣。

編江西、四川盜起。

紀攻破州縣，到處劫掠官民。流賊劉六、劉七、齊彥名等橫行畿甸，京師戒嚴。

編 秋八月，命惠安伯張偉等統京營兵討流賊。

編 流賊劉六、趙風子等分寇河南、山東州縣。（劉六趙風子起兵）

紀 張偉、都御史馬中錫討賊無功，逮下獄；偉革爵，中錫死獄中。

編 冬十月，命太監谷大用總督軍務，調宣府、大同邊兵討賊。流賊攻徐州，掠淮西。（徐州府治蕭縣，即今安徽蕭縣。淮西謂淮水以西，即今安徽中部地。）

編 十二月，趙風子破裕州，（即今河南方城縣。）同知郁采死之。

編 進禮部尚書費宏文淵閣大學士，以禮部左侍郎傅珪爲禮部尚書。

編 壬申，七年，（一五一二）春正月，黄河清。自清河至柳家浦九十里，清五日。（黄河清）

編 致仕少師、吏部尚書馬文升卒。贈太傅，謚端肅。

編 夏五月，趙風子被獲，誅之。

紀 劉六等乘舟往來，至通州狼山遇颶風，舟覆，賊盡死。

編 冬十月，召大同遊擊江彬等入京師。（召江彬等入京師）

紀 彬，宣府人，驍勇狡險，時從宣府副總兵張俊征流賊於山東，惟殺掠良民以邀賞。班師入京，賂錢寧引入豹房，得見上。彬機警，善迎人意。上喜，留侍左右，陞左都督，冒國姓，爲義兒，時時在上前講說兵事，因請盡調遼東、宣府、大同、延綏四鎮精兵入京操練。（遼東鎮治遼陽縣，即今遼寧遼陽市。延綏鎮治榆林縣，即今陝西榆林縣。）時許泰、劉暉等皆有寵於上，號

外四家

「外四家」，而彬尤甚，邊卒縱橫驕悍，都人苦之。上嘗於西內練兵，令彬等率兵入習營陣，校騎射，上戎服臨之，銃砲之聲不絕禁中。千戶周麒常叱之，彬竟陷麒死，於是左右皆畏彬。

編 十一月，少師、大學士李東陽乞致仕，從之。

宸濠建陽春書院

編 癸酉，八年，（一五一三）夏四月，寧王宸濠建陽春書院，僭號離宮。

紀 宸濠懷不軌，術士李自然妄稱天命，謂宸濠當爲天子。又招術士李日芳等，謂城東南隅有天子氣，遂建書院當之。

編 六月，以王瓊爲兵部尚書。

以錢寧掌錦衣衛事

編 冬十月，以錢寧掌錦衣衛事，賜姓朱。

紀 寧，鎮安人。（鎮安縣，即今陝西鎮安縣。）太監錢能鎮守雲南，寧幼鬻能家；能死，事劉瑾，因得見上。上甚悅之，嘗醉枕寧臥，百官候朝至晡，（晡，申時。）莫得帝起居，但伺寧。寧內侍帝，外招權納賄，諸大臣造謁恐後，小拂意即中害。時內臣張銳掌東廠，威勢與寧埒，（埒音劣，等也。）中外號曰「廠、衛。」

廠衞

編 甲戌，九年，春二月，（一五一四）命掌詹事府禮部尚書靳貴爲文淵閣大學士。（靳音僅。）

帝始微行

編 帝始微行。

紀 上微行黃花鎮等處。近倖朱寧、張銳、張雄等日導上遊畋、微行，不可諫止。

宸濠自稱國主

編　三月，寧王宸濠自稱國主。

紀　妄傳護衛爲侍衛，改令旨爲聖旨。宸濠欲令撫臣以下朝服見，撫臣俞諫不可，又嘗去其左右爲惡者，濠深銜之。

編　乙亥，十年，（一五一五）春三月，大學士楊廷和罷。以父喪去位。

編　夏四月，命少傅、吏部尚書楊一清兼武英殿大學士。以陸完爲吏部尚書，王瓊爲兵部尚書，彭澤掌都察院事。

編　秋八月，以毛紀爲禮部尚書。

編　冬十月，江西按察司副使胡世寧劾奏寧王宸濠罪。詔下兵部移文寧府，令鈐束其下。

胡世寧發憤上疏

紀　時宸濠反跡已著，人莫敢言，世寧發憤上疏，略曰：「寧王自復護衛以來，正德五年八月革寧王護衛，去年三月復。騷擾閭閻，鈐束官吏，禮樂政令，漸不出自朝廷，臣恐江西之患，不止羣盜也。伏乞聖明，廣集羣議，簡命才節威望大臣，兼任提督、巡撫之職，假之以大權，銷隙寢邪於無形。敕王自王其國，仰遵祖訓，勿撓有司，以防未然。」疏上，宸濠頗懼，委過近屬以自解。未幾，宸濠奏：「胡世寧離閒親親，妖言誹謗。」賄營內旨，逮繫詔獄，尋謫戍。

編　以河南左布政孫燧爲都察院右副都御史，巡撫江西。

編　十一月，江西豕生象。

王守仁巡撫南贛

帝出關遊獵

編 丙子，十一年，（一五一六）秋七月，致仕大學士李東陽卒。贈太師，謚文正。

編 八月，大學士楊一清致仕，以掌詹事府蔣冕兼文淵閣大學士。

編 冬十月，以王守仁爲都察院右僉都御史，巡撫南贛、汀、漳等處。

編 丁丑，十二年，（一五一七）夏四月，命禮部尙書毛紀兼東閣大學士，以毛澄爲禮部尙書。

編 秋七月，召大學士楊廷和還京師。

編 南贛巡撫王守仁請提督軍務，許之。

編 八月，帝出關遊獵。

紀 先是江彬等屢導上出宮遊戲近郊，因數言宣府樂，至是，遂出居庸關至宣府，臨塞下。巡關御史張欽上疏諫，不報。彬爲上營鎭國府第於宣府，輦豹房珍玩女御其中，時時入民家索婦女以進，上樂之忘歸。

編 九月，帝幸大同，獵陽和諸城。（陽和即今山西陽和縣。）

紀 上時獨乘一馬，鹵簿侍從皆不及。天子儀衞曰鹵簿。二十七日，方獵，天雨冰雹，軍士有死者。是夜又有星隕之異。明日，駕赴大同。北寇數萬騎犯陽和，掠應州；（在今山西山陰縣東北。）上命諸將擊之，引去。

編 冬十月，帝還京師。

孫懋劾江彬

紀　南京吏科給事中孫懋上疏言：「都督江彬自進用以來，專事從諛導非，或遊獵馳驅，或聲色貨利，凡可以蠱惑聖心者無所不至。今又導陛下出居庸關，既臨宣府，又過大同，以致寇騎深入應州，使當日各鎮之兵未集，強寇之衆沓來，幾何不蹈土木之轍哉！是彬在一日，國之安危未可知也。」不報。上還京，封江彬平鹵伯，許泰安邊伯，冒應州功也。

編　戊寅，十三年，（一五一八）春正月，太皇太后王氏崩。

紀　上郊祀畢，復出關遊幸，太皇太后崩乃還京。

編　夏六月，帝復議北征。

梁儲不肯草制

紀　寧夏塞有警，上議北征，自稱威武大將軍、太師、鎮國公朱壽，巡邊；以江彬爲威武副將軍扈行。令內閣草敕，大學士楊廷和、梁儲、蔣冕、毛紀上疏力諫，不聽。上御左順門召梁儲，面趣令草制，儲對曰：「他可將順，孝經：「將順其美。」注：「將，行也。君有美善，則順而行之。」此制斷不可草！」上大怒，挺劍起曰：「不草制齒此劍！」儲免冠伏地泣諫曰：「臣逆命有罪，願就死。草制則以臣名君，臣死不敢奉命。」良久，上擲劍去，乃自稱之，不復草制。彬亦罷副將軍命。

帝北巡

編　七月，帝北巡。

家裏

紀　先是上既還京，輒思宣府樂，稱曰「家裏」。至是，復歷宣府，至大同。大同巡撫都御史胡瓚乞回鑾，不聽。

編 冬十月，帝幸榆林。（即延綏鎮治，見上。）

紀 上自偏頭關渡河幸榆林。（偏頭關，在今山西河曲縣東北。）江彬索金璧裘馬數十萬，南京禮部右侍郎楊廉、兵部尚書喬宇上疏諫止，不報。

編 己卯，十四年，（一五一九）春二月，帝自榆林還京師。

制下南巡

編 三月，帝自稱總督軍務、威武大將軍、太師、鎮國公朱壽，制下南巡。

羣臣會闕下諫南巡

張英囊土哭諫

紀 上欲登岱宗，泰山也，爲衆山之宗，五嶽之長。（泰山，在今山東泰安市北。）歷徐、揚，至南京，臨蘇、浙，浮江、漢，祠武當，山名，初名太嶽，又名太和。（武當山，在今湖北均縣南。）偏觀中原。時寧王宸濠久畜異謀。制下，人情洶洶。翰林脩撰舒芬等約羣臣上疏乞留，俱會闕下，吏部尚書陸完迎謂曰：「主上聞直諫，輒引刀爲刎狀。」完意蓋以阻言者也。於是舒芬疏先入，郎中黄鞏、倪宗正、員外陸震聯疏入，吏部郎中夏良勝、禮部郎中萬潮、太常博士陳九川疏繼入，醫士徐鏊以醫諫，吏部郎中張衍慶、禮部郎中姜龍、兵部郎中孫鳳、陸俸等率部僚合疏入，工部郎中林大輅等、大理寺正周敍等、行人司副余廷瓚等亦合疏先後入。上大怒，召江彬示之，以彬言，下黄鞏、陸震、夏良勝、萬潮、陳九川、徐鏊錦衣獄，命舒芬、張衍慶、姜龍、孫鳳、陸俸等百有七人跪午門外五日，林大輅、周敍、余廷瓚等二十餘人俱下獄。明日，黄鞏等六人亦跪五日。於是京師連日陰霾晝晦，禁中水自溢，高橋四尺許，橋下七鐵柱齊折如斬。金吾衞指揮張英者，肉袒挾兩囊土數升，當蹕道哭諫，不允，即拔刀自刎，血流滿地，侍衞人縛送詔獄。問英囊土何爲？曰：「恐汚帝廷，灑土掩血耳。」殯命獄中。是日內旨舒芬等百有七人俱廷杖三十，疏首謫外任；黃鞏等七人俱廷杖五十，徐鏊戍邊；鞏、震、良勝、潮俱削籍；林大輅、周敘、余廷瓚廷杖五十，降級外補。死杖下者員外陸震，主事劉校、何遵，評事林公黼，行人司副余廷瓚，行人詹軾、劉槩、孟陽、李紹賢、季惠、王翰、劉平甫、李翰臣，刑部照磨劉玨十餘人。車駕竟不出，彬等亦知朝廷有人，稍畏憚之。

寧王宸濠反

編　夏六月，寧王宸濠反，都御史孫燧、按察司副使許逵死之。

紀　先是朝廷遣太監賴義、駙馬都尉崔元、都御史顏頤壽戒飭宸濠。元等方行，而京師競傳以爲且擒治。寧王宸濠偵卒林華者，卽兼程逃歸，以六月十三日至江西，値宸濠生日，宴鎭巡三司等官，聞報大驚。罷宴，遂密召奸黨劉養正、劉吉等謀之。養正曰：「事急矣，明早鎭巡三司官入謝宴，可就擒之，殺其不附己者，因而舉事。」乃夜集鄱陽賊首吳十三、凌十一、閔廿四等，（鄱陽湖，在今江西鄱陽縣西。）飭兵器以候。

待旦，急召致仕侍郎李士實入，以謀反告之，士實唯唯而已。尋各官入謝，拜畢，左右帶甲露刃侍衛者數百人，宸濠出立露臺，大言曰：「太后有密旨，令我起兵入朝監國，汝等知之乎？」都御史孫燧毅然曰：「密旨安在？」宸濠曰：「不必多言。我今往南京，汝保駕否？」燧張目直視宸濠，厲聲曰：「天無二日，臣安有二君。太祖法制在，誰則敢違！」宸濠大怒，命縛燧，衆駭愕相顧失色。按察司副使許逵大呼曰：「孫都御史，朝廷大臣，汝反賊，敢擅殺

王守仁起兵討宸濠

邪！」顧燧語曰：「我欲先發，不聽，今制於人，尚何言？」宸濠并縛之，訊逵且何言，逵曰：「惟有赤心耳，豈從汝反！」且縛且駡。宸濠喝校尉火信等拽燧、逵出惠民門外殺之。遂執御史王金、主事馬思聰、金山、右布政胡濂、參政陳杲、劉斐、參議許效濂、黄宏、僉事顧鳳、都指揮許清、白昂，并太監黄宏俱械鎖下獄。思聰、黄宏不食死。

劉養正常言帝星明江、漢閒，故屬意宸濠。至是與李士實謀令參政季斆、僉事潘鵬、師夔持檄諭降諸郡縣，左布政梁宸、廉使楊璋、副使唐錦爲所脅，移咨府部，傳檄遠近，革正德年號，指斥乘輿。以李士實、劉養正爲左、右丞相，參政王綸爲兵部尚書、總督軍務大元帥。分遣逆黨婁伯、王春等四出收兵，閏廿四、吳十三等奪船順流攻南康，（南康府治星子縣，即今江西星子縣。）知府陳霖等遁走；進攻九江，（九江府治德化縣，即今江西九江市。）兵備副使曹雷、知府汪穎等亦遁，城俱陷。

編 提督南雄軍務都御史王守仁起兵討宸濠。（南雄府治保昌縣，即今廣東南雄市。）

紀 先是福州三衞軍人進貴等作亂，（福州府治閩縣，即今福建福州市。）兵部尚書王瓊知宸濠且反，謂主事應典曰：「進貴亂小事，不足煩王守仁，但假此便宜敕書在彼手中，以待他變可也。」乃具題降敕，令守仁查處福州亂軍，故宸濠之叛，江西守臣俱遇害被執，惟守仁以往勘福建出。

六月初九日，自贛起行，十五日守仁至豐城，（即今江西豐城縣。）知縣顧佖告宸濠反，（佖音弼。）

王瓊先見

守仁易服潛至臨江。（臨江府治清江縣，在今江西清州縣西南。）知府戴德孺聞守仁至，喜，迎入城調度，守仁曰：「臨江居大江之濱，與省會近，（江西省會，即今江西南昌市。）且當道路之衝，莫若抵吉安爲宜。」（吉安府治廬陵縣，即今江西吉安縣。）遂行。庚辰，守仁飛報宸濠反，王瓊宣言曰：「有王伯安在，何患，不久當有捷報耳！」

丁亥，守仁集兵糧，傳檄四方諸郡縣，知府伍文定等皆至，議所向。守仁曰：「兵家之道，急衝其鋒，攻其有備，皆非計之得。我故示以自守不出之形，彼必他出，然後尾而圖之，先復省城以搗其巢穴，俟彼還兵來援，然後邀而擊之，此全勝之策也。」宸濠果使人探，守仁不出。

張文錦等守安慶

編　秋七月，宸濠率兵出江西攻安慶，（安慶府治懷寧縣，即今安徽懷寧縣。）知府張文錦、都指揮楊銳、指揮崔文悉力禦之。

三人以孤義激士

紀　宸濠留其黨宜春郡王拱樤同內官萬銳等守南昌，自與拱栟、李士實、劉養正、閔廿四等六萬人，號十萬，以劉吉爲監軍，王綸爲參贊，指揮葛江爲都督，載其妃婁、世子從，總一百四十餘隊出鄱陽，舳艫蔽江而下，（舳，船頭。艫，船尾。言其船多，前後相銜接也。）聲言直取南京。戊戌，宸濠趨安慶，張文錦、楊銳、崔文令軍士鼓譟登城，大罵之，宸濠遂留攻安慶。時九江、南康既陷，遠近震駭，三人憑孤城，以忠義激士誓衆死守。僉事潘鵬，安慶人也，宸濠令鵬遣家屬持書入城諭降，崔文手斬之，磔其尸投城下。宸濠令鵬至城下說之，文引弓欲射鵬，鵬走免，文錦即鵬家盡誅之。宸濠盡攻擊之術，不能克。時朝廷聞宸濠反，乃收交通宸濠太監蕭敬、秦用、盧明、都督錢寧、優人臧賢、尙書陸完等俱下獄，籍其家。後蕭敬罰二萬金得免，秦用、陸完謫戍邊，餘死獄中。

王守仁擒宸濠

編 提督南贛軍務都御史王守仁率知府伍文定等攻南昌，克之。宸濠解安慶圍，還兵援江西。文定等率兵迎擊，大敗之，遂擒宸濠，江西平。

紀 守仁率文定等起兵會於臨江樟樹鎮，（樟樹鎮，即今江西淸江縣。）於是知府戴德孺引兵自臨江，徐璉引兵自袁州，（即今江西宜春縣。）邢珣引兵自贛州，通判胡堯元、童琦引兵自瑞州，（瑞州府治高安縣，即今江西高安縣。）通判談儲、推官王暐、徐文英、新淦知縣李美、太和知縣李楫、寧都知縣王天與、萬安知縣王冕各以其兵至。（新淦縣，即今江西新淦縣。太和縣，即今安徽太和縣。寧都縣，即今江西寧都縣。萬安縣，即今江西萬安縣。）

己酉，至豐城，衆議所往。或謂「寧王經畫旬餘始出，留備南昌必嚴，攻之恐難猝拔。今寧王攻安慶久不克，兵疲意沮，若以大兵逼之江中，與安慶夾攻之，必敗。寧王敗，南昌不攻自破矣。」守仁曰：「不然。我師越南昌下與寧王持江上，安慶之衆僅能自保，必不能援我於中流，而南昌兵議其後絕我糧道，南康、九江又合勢乘之，腹背受敵，非利也。不若先攻南昌，寧王久不克安慶，精銳皆出，守禦必單弱，我兵新集氣銳，南昌可克也。寧王聞我攻南昌，必解安慶圍還兵自救。暨來，我師已克南昌，彼聞之自奪氣。首尾牽制，此成擒矣。」

乃令文定等各攻一門。十九日發兵，以二十日昧爽各至汛地。昧爽，旦微明也。汛音信。守仁下令曰：「一鼓附城，再鼓登，三鼓不登誅，四鼓不登斬其隊將。」又先期爲榜，入諭城中居民，令各閉戶自守，勿助亂，勿恐畏逃匿。遂舁攻具至城下，舁音預，對舉也。梯絙而登，絙，大索也。城上雖設守禦，聞風倒戈，城門有不閉者，兵遂入。守仁乃入城撫定之，擒拱樤及萬鋭等千餘人，散遣脅從，城中始安。

時宸濠憤安慶不下，方自督兵塡濠塹，濠音豪，城下池也。塹，遶城水也。期在必克。聞守仁率兵攻南昌，大恐。李士實等勸宸濠勿還兵，舍安慶徑取南京，既卽大位，江西自服。宸濠不從，解安慶圍，移兵泊阮子江，先遣兵二萬還援江西，宸濠自率大軍繼之。

二十二日諜報至江西，守仁乃集衆議。或謂「寧王兵盛，憑其憤怒悉衆而來，我援兵未集，勢不能支，不若堅壁自守，以待四方之援。彼久頓堅城之下，兵孤援絶，將自潰矣。」守仁曰：「寧王兵力雖強，然所至徒恃焚掠，劫衆以威。今進取不能，巢穴又覆，沮喪退歸，衆心已離；我以鋭卒乘勝擊之，彼將不戰自潰矣。」是日撫州知府陳槐亦率兵至。（撫州治臨川縣，卽今江西撫州市。）

二十三日，諜報宸濠先鋒已至樵舍，守仁乃遣諸將率兵迎擊之。令伍文定以正兵當其前，余恩繼文定後，邢珣率兵繞出賊背，徐璉、戴德孺張兩翼分擊之。諸將各受命出。

二十四日，賊兵乘風鼓譟而前，逼黃家渡，氣驕甚。文定、恩佯北致之，賊爭進趨利，前後不相及，珣兵從後急擊，橫貫其陣，賊敗走；文定、恩還兵乘之，璉、德孺兵合勢夾擊，賊不知所爲，遂大潰，追奔十餘里，擒斬二千餘級，溺水死者萬計。賊氣大沮，退保八字腦。是日建昌知府曾璵等率兵至。（建昌府治南城縣，即今江西南城縣。）

火焚鬚鬢不移足

守仁謂：「九江、南康不復，則道終梗，且湖廣援兵不能達。」乃別遣陳槐率兵四百，合知府林瑊兵攻九江；曾璵率兵四百，合知府陳朝佐兵攻南康。宸濠大賞將士，當先者千金，被傷者百金，使人盡發南康、九江兵至。明日，并力合戰，官兵敗死者數百人，文定急斬先却者以徇，徇，行示也。身立砲銃閒，火焚其鬚鬢不移足，士殊死戰，兵復振，砲及宸濠舟，賊遂大敗，擒斬二千餘級，溺水死者甚衆。

賊復退保樵舍，聯舟爲方陣，盡出其金帛賞士。文定等乃爲火攻之具，珣擊其左，璉、德孺擊其右，恩等分兵四伏，期火發兵合。

宸濠被擒

明日，宸濠朝羣臣，執其不盡力者將斬之，爭論未決，官兵四集奮擊之，火及宸濠副舟，賊復大潰。宸濠與諸妃嬪泣別，妃嬪皆赴水死，將士執宸濠及其世子、郡王并僞丞相、元帥等官李士實、劉養正、徐吉等數百餘人，擒斬賊黨三千餘級，溺水死者約三萬。曾璵、陳槐亦攻復九江、南康二郡。

將士執宸濠入江西，軍民聚觀，歡呼之聲震動天地。宸濠見守仁呼曰：「王先生，我欲盡削護衞請降爲庶民，可乎？」守仁曰：「有國法在。」遂頓首不言。

初，宸濠謀反，妃婁氏泣諫不聽，及被擒，於檻車中泣語人曰：「昔紂用婦人言而亡天下，我以不用婦人言而亡其國，今悔恨何及！」守仁爲求婁妃尸，葬之。

編　八月，帝下詔親征。

紀　時王守仁擒宸濠捷書未至，諸將各獻擒宸濠之策，上亦欲假親征南遊。太監張永等見錢寧、臧賢事敗，又欲因此邀功。於是上自稱奉天征討威武大將軍、鎮國公，邊將江彬、許泰、劉暉、張永、張忠等俱稱將軍，所下璽書改稱軍門檄。上方出師，駐蹕良鄉，（在今北京市周口店區。）而守仁捷書至，且慮有沿途竊發，欲自獻俘闕下。奏入，上屢檄止之，令以俘候車駕至。大學士梁儲、蔣冕屢請回鑾，不聽。

編　九月，帝至南京。

紀　王守仁發南昌，將獻俘闕下，張忠、江彬等謂當縱之鄱湖，（鄱陽湖。）俟上親與遇戰而後奏凱論功，（凱同愷，軍勝之樂。）屢遣人至廣信止之。（廣信府治上饒縣，即今江西上饒縣。）守仁不得已，乘夜過玉山，（玉山縣，即今江西玉山縣。）械繫宸濠等取道由浙江以進。張永已候於杭州，守仁至杭謂永曰：「江西之民既經大亂，繼以旱災，又供京、邊軍餉，困苦既極，必逃聚山谷爲亂。昔助宸濠爲脅從，今將成土崩之勢，然後興兵定亂，不亦難乎！」永深然之，乃徐曰：「吾之此出，爲羣小在君側，調護左右以默轉聖躬，非爲掩功來也。但皇上意將順而行，猶可挽回萬一，若逆其意，徒急羣小之怒，無救於天下大計矣！」於是守仁信其無他，以宸濠

張永說王守仁

張永備言王守仁之忠

付之，乘夜渡浙江過越還江西。（浙江在今浙江杭州市南。越卽紹興府，卽今浙江紹興市。）

編　命王守仁巡撫江西，擢吉安知府伍文定爲江西按察司，贛州知府邢珣爲江西布政司右參政。

紀　初，江彬、張忠等謀欲奪功，誣守仁初附宸濠，及知其勢敗然後擒宸濠攘功。太監張永知其謀，語家人曰：「王都御史忠臣爲國，今欲以此害之，他日朝廷有事，何以敎臣子之忠！」至是永復命，先見上，備言守仁之忠，幷江彬等欲害之之意；彬等毁遂不入。張忠又言：「守仁在杭竟不至南京，陛下試召之必不來，無君可知。」上召之，守仁卽奔命，至龍江將進見，忠殊失意，又從中阻之。守仁乃綸巾野服入九華山。（在今安徽青陽縣西南。）永聞之，又力言於上曰：「王守仁忠臣，今聞衆欲爭功，欲棄其官入山爲道士。」由是上益信之，乃有是命。

編　冬十二月，宸濠至南京。

紀　上欲自以爲功，乃與諸近侍戎服整軍容，出城數十里，列俘於前，爲凱旋狀；旣入，囚禁之。

編　庚辰，十五年，（一五二〇）冬十月，帝自南京班師還京。

紀　先是上以大將軍鈞帖，令巡撫江西都御史王守仁重上捷書。守仁節略前奏，入江彬、張忠等姓名於內上之。疏入，始議北旋。

編　十二月，宸濠伏誅。

紀　上至通州，賜宸濠死，燔其尸，餘黨至京師磔誅之。　獨抑王守仁功未敍。

編　辛巳，十六年，（一五二一）春正月，帝至京師。

紀　江彬益驕橫，其所部邊卒桀驁不可制。

編　加蔣冕少傅、謹身殿大學士，毛紀少保、武英殿大學士。　以石珤爲禮部尙書，（珤音寶。）兼翰林院學士，掌詹事府。

編　三月，帝崩。　皇太后與大學士楊廷和等定議，（皇太后張氏。）奉遺詔迎立興獻王世子厚熜。（興獻王名祐杬，憲宗第四子，正德十四年薨，謚曰獻。　熜音總。）

紀　上寢疾豹房，既而大漸。　丙寅，上崩。　皇太后與楊廷和等定議，遵祖訓「兄終弟及」之文，乃爲遺詔，遣太監谷大用、韋霦、張錦、壽寧侯張鶴齡、定國公徐光祚、駙馬都尉崔元、大學士梁儲、禮部尙書毛澄齎金符往安陸藩府，（安陸，德安府治，即今湖北安陸縣。）迎興獻王世子厚熜入繼大統。



編　江彬伏誅。

紀　初，上崩，彬偶不在左右，皇太后召楊廷和等議，恐彬爲亂，祕不發喪，以上命召彬入。　彬不知上崩，并其子入，俱收之。　皇太后下制暴彬罪惡，論磔於市。　籍其家，金七十櫃，銀二千二百櫃，金銀珠玉珍寶首飾不可勝計，隱匿奏疏百餘本。

議崇祀興獻王典

王守仁封新建伯 張璁上大禮疏

【編】夏四月，興獻王世子厚熜至京師，即位。

【紀】詔以明年爲嘉靖元年。

【編】命禮部會議崇祀興獻王典禮。

【紀】禮部尚書毛澄請於大學士楊廷和，廷和出漢定陶王、宋濮王事授之曰：定陶共王，哀帝生親，事在建平元年。濮安懿王，英宗生親，事在治平二年。「此篇爲據，異議者即奸諛，當誅！」澄會公卿臺諫等官六十餘人上議：「漢成帝立定陶王爲嗣，以楚孝王孫景爲定陶王，奉共王祀。今上入繼大統，宜以益王子崇仁主後興國。其崇號則襲宋英宗故事，以孝宗爲考，興獻王及妃爲皇叔父母，祭告上箋稱姪署名，而令崇仁主考興獻王，叔益王。」上覽曰：「父母可互易若是邪！其再議。」

【編】五月，葬康陵。

【編】太保兼武英殿大學士梁儲致仕。以袁宗皋爲禮部尚書，兼文淵閣大學士。遣中官迎帝母興獻妃。

【編】召王守仁爲南京兵部尚書，封新建伯。以彭澤爲兵部尚書。

【編】秋七月，觀政進士張璁上大禮疏。

【紀】璁疏曰：「朝議謂陛下入嗣大宗，宜稱孝宗皇帝爲皇考，改稱興獻王爲皇叔父，王妃爲皇叔母者，不過拘執漢定陶王、宋濮王故事耳。夫漢哀、宋英皆預立爲皇嗣，而養之於宮中，是明爲人後者也，故師丹、司馬光之論施於彼一時猶可。今武宗皇帝已嗣孝宗十有六年，比於崩殂，而廷臣遵祖訓、奉遺詔迎取陛下入繼大統，遺詔直曰『興獻王長子，倫序當立』，初未嘗明著爲孝宗後，比之預立爲嗣，養之宫中者較然不同。較然，甚明也。夫興獻王往矣，稱之以皇叔父，鬼神固不能無疑也。今聖母之迎也，稱皇叔母，則當以君臣禮見，恐子無臣母之義。禮，長子不得爲人後，況興獻王惟生陛下一人，利天下而爲人後，恐子無自絕父母之義。故陛下爲繼統武宗，而得尊崇其親則可，謂嗣孝宗以自絕其親則不可。臣竊謂今日之禮，宜別爲興獻王立廟京師，使得隆尊親之孝。且使母以子貴，尊與父同，則興獻王不失其爲父，聖母不失其爲母矣。」疏入，上遣司禮監官送至內閣。諭曰：「此議實遵祖訓，據古禮，爾曹何得誤朕！」楊廷和曰：「書生焉知國體！」復持入，上熟覽之，喜曰：「此論一出，吾父子必終可完也。」

編　九月，興獻王妃至通州。

紀　帝母至通州，聞朝廷欲考孝宗，恚曰：「安得以我子爲人之子！」謂從官曰：「爾曹已極寵榮，獻王尊稱胡猶未定？」因留通州不入。上聞之，涕泗不止，目出曰涕，鼻出曰泗。啓慈聖皇太后，願避位奉母歸。羣臣惶懼。

編　冬十月，興獻后至自通州。

紀　先是，楊廷和見追崇興獻之禮勢不得已，乃草敕下禮部曰：「聖母慈壽皇太后懿旨，以朕纘承大統，本生父興獻王宜稱興獻帝，母宜稱興獻后，憲廟貴妃邵氏稱皇太后。仰承慈命，不敢固違。」帝從之，廷和意假母后，示非廷議意也。至是，興獻后自通州至京師，由大明中門入，上迎於闕內。廷和以追崇禮成，擬上慈壽皇太后及武宗皇后尊號，帝因遣司禮監諭廷和曰：「邵太后、興獻帝后亦各擬上尊號。」廷和等上言「不可，宜俟明年大婚禮成，慶宮闈，加之可也。」

編　十二月，除張璁南京刑部主事。

紀　先是帝下大禮，或問於禮部，時楊一清家居，遺書吏部尚書喬宇曰：「張生此論，聖人不易，恐終當從之。」宇不聽。至是楊廷和銜璁，授意吏部除爲南京主事。石珤語璁曰：「愼之，大禮說終當行也。」璁怏怏而去。

編　起林俊爲工部尚書。

紀　都御史林俊致仕家居，楊廷和寓書於俊以定國是，俊上疏曰：「孔子謂『觀過知仁』，陛下大禮未協，過於孝故耳。司馬光有言：『秦、漢而下，入繼大統，或尊崇其所生，皆取譏當時，貽笑後世。』陛下純德，何忍襲之！」疏入，留中。廷和遂奏起林俊爲工部尚書。

楊廷和等諫加興獻皇號

編　帝下御札諭加興獻帝、后以「皇」字。大學士楊廷和等乞罷歸，不報。

紀　廷和等上言：「漢宣帝繼孝昭後，追謚史皇孫、王夫人曰悼考、悼后而已；衞太子納史良娣生子進，號史皇孫，皇孫納王夫人生子病已，卽宣帝。光武上繼元帝，鉅鹿、南頓君以上，鉅鹿都尉回生南頓令欽，欽娶樊氏女生秀，即光武。立廟章陵而已；皆未嘗追尊。今日興獻帝、后之加，較之前代尊稱已極，若加『皇』字，與慈壽孝廟並，是忘所後而重本生，任私恩而棄大義，臣等不得辭其責。」吏部尙書喬宇等奏曰：「皇者正統大義，若加『皇』字於本生之親，則與正統溷而無別，溷，亂也。揆之天理則不合，驗之人心則不安，非所以重宗廟正名分也。」上曰：「慈壽皇太后懿旨有諭：『今皇帝婚禮將行，其興獻帝宜加與「皇」號，母興獻皇太后。』朕不敢辭，爾羣臣其承后命！」廷和等見不可爭，乃俱求罷歸，不報。

# 明鑑易知錄卷八

## 明紀

### 世宗肅皇帝

名厚熜，孝宗弟興獻王祐杬之子，憲宗孫也。武宗崩，無嗣，太后與大臣迎立之。在位四十五年，壽六十歲而崩。

編 壬午，世宗皇帝嘉靖元年，（一五二二）春正月，郊祀甫畢，清寧宮小房災。

紀 楊廷和、蔣冕、毛紀、費宏上言：「火起風烈，此殆天意。況迫清寧後殿，豈興獻帝、后之加稱，祖宗神靈容有未恱乎？」上乃議稱孝宗爲「皇考」，慈壽皇太后爲「聖母」，興獻帝、后爲「本生父母」，而「皇」字不復加矣。

編 三月，上孝宗太后尊號曰昭聖慈壽皇太后，武宗皇后曰莊肅皇后，聖祖母邵氏曰壽安皇太后，本生父曰興獻帝，母曰興國太后。

編 秋九月，立妃陳氏爲皇后。鴻臚寺卿陳萬言之女也。

編 冬十一月，壽安皇太后邵氏崩。

編 癸未，二年，（一五二三）春正月，五星聚于營室。

編 南京刑部主事桂萼上正大禮疏。

桂萼上正大禮疏

紀 萼大略言：「陛下入繼大統，非爲人後，當考興獻帝，母興國太后。」幷録巡撫湖廣都御史席書、吏部員外郎方獻夫二疏以聞。書疏謂：「宜定號皇考興獻帝，別立廟于大内，慈聖應稱曰皇母某后，不可以『興獻』字加之。」獻夫疏：「請稱孝宗曰皇伯，稱興獻帝曰皇考，別立廟祀之。」二疏俱中沮，不果上。下羣臣集議。

編 秋九月，刑部尚書林俊致仕。冬十一月，少師、吏部尚書、華蓋殿大學士楊廷和致仕。

編 甲申，三年，（一五二四）春三月，詔奉興獻帝爲本生皇考恭穆獻皇帝，興國太后爲本生母章聖皇太后。

編 夏五月，前戶部尚書武英殿大學士王鏊卒。

編 六月，以張璁、桂萼、方獻夫爲翰林院學士。少傅蔣冕致仕。以石珤爲文淵閣大學士。

編 秋七月，逮學士豐熙等百三十有四人下獄，吏部右侍郎何孟春等八十有六人令待罪。

紀 先是上命内閣擬撰本生聖母章聖皇太后册文。至是上采張璁、桂萼議，諭大學士毛紀等去册文「本生」字，紀等力言不可。上召百官至左順門敕曰：「本生聖母章聖皇太后，今更定尊號曰聖母章聖皇太后。」何孟春與尚書秦金、學士豐熙等及翰林、寺部、臺諫諸臣，

何孟春等諫去本生二字

哭聲震闕廷

各上言，力爭「本生」二字不宜削，章十三上，俱留中不報。

戊寅，上朝罷，齋居文華殿，尙書金獻民、徐文華倡言曰：「諸疏留中，必改孝宗爲伯考，則太廟無考，正統有間矣。」孟春曰：「憲宗朝，尙書姚夔率百官伏哭文華門爭慈懿皇太后葬禮，憲宗從之，此國朝故事也。」脩撰楊愼曰：廷和之子。「國家養士百五十年，仗節死義正在今日。」給事中張翀、王元正等遂遮留羣臣於金水橋南，曰：「萬世瞻仰在此一舉，今日有不力爭者，共擊之！」孟春、獻民、文華復相號召，於是秦金等凡二十有三人，豐熙等凡二十人，謝蕡等凡十有六人，蕡音焚。余翶等凡三十有九人，馬理等凡十有二人，黃待顯等凡三十有六人，余才等凡十有二人，陶滋等凡二十人，相世芳等凡二十有七人，趙儒等凡十有五人，毋德純等凡十有二人，俱赴左順門跪伏，有大呼高皇帝、孝宗皇帝者。上聞之，命司禮監諭退，不去。金獻民曰：「輔臣尤宜力爭。」禮部侍郎朱希周乃詣內閣告毛紀，紀與石珤遂赴左順門跪伏。上復遣司禮太監諭之退，羣臣仍伏不起，自辰迨午。上怒，命司禮監錄諸姓名，收繫諸爲首者豐熙、張翀、余寬、黃待顯、陶滋、相世芳、毋德純等八人於獄。楊愼、王元正乃撼門大哭，一時羣臣皆哭，聲震闕廷。上大怒，遂命逮繫馬理等凡一百三十有四人於獄，何孟春等八十有六人姑令待罪，總二百有二十人。命拷訊豐熙等八人編伍，其餘四品以上者俱奪俸，五品以下者杖之。於是編脩王相等一百八十餘人各杖有差。

編 詔上本生皇考恭穆獻皇帝尊號曰皇考恭穆獻皇帝，本生聖母章聖皇太后曰聖母

建世廟

章聖皇太后。

紀 初，給事中陳洸言事忤旨，出爲按察司僉事。至是上言曰：「陛下察幾致決，毅然去『本生』二字，有人心者咸謂始全父子之恩，無不感泣。」上悅，復以洸爲給事中。逮繫脩撰楊愼、編脩王元正、給事中劉濟、御史張原等於詔獄，復撲之，謫楊愼、王元正、劉濟戍邊，何孟春調南京工部，毛紀罷。

編 八月，以吏部左侍郎兼翰林院學士掌詹事府賈詠爲禮部尚書，兼文淵閣大學士。

編 九月，詔稱孝宗敬皇帝曰皇伯考，昭聖皇太后曰皇伯母。

編 乙酉，四年，（一五二五）春三月，建獻皇帝廟。是爲世廟。

編 冬十二月，席書上大禮集議。

紀 上命頒賜藩府及中外羣臣，仍令各省刊布以傳。

編 進費宏少師、謹身殿大學士，石珤、賈詠並太子太保、武英殿大學士。

編 丙戌，五年，（一五二六）夏六月，進費宏華蓋殿大學士，起楊一清少師、謹身殿大學士，石珤、賈詠並進少保。

編 秋九月，帝奉章聖皇太后謁見世廟。

編 丁亥，六年，（一五二七）春二月，少保、武英殿大學士石珤致仕，以少保席書爲武英殿大學士，尋卒。

田州土官反

霍韜訟王守仁

編　夏四月，大學士費宏致仕，以禮部右侍郎翟鑾入閣辦事。

編　以新建伯王守仁爲兵部尚書，總制兩廣及江西、湖廣軍務。

紀　初，田州土官岑猛反，（田州，在今廣西百色縣西。）總督兩廣都御史姚鏌討之，猛奔歸順州，（在今雲南永勝縣西。）知州岑璋誅之。已而猛黨盧蘇、王綬復叛，御史石金訮奏：「鏌輕信寡謀，安攘無術。」上怒，落鏌職，命王守仁代之。

編　秋八月，進楊一清華蓋殿大學士，以張璁爲禮部尚書、文淵閣大學士。

編　戊子，七年，（一五二八）夏五月，提督兩廣軍務王守仁討廣西叛蠻，平之。

紀　捷聞，桂萼忌之，論守仁挾詐專兵。禮部尚書霍韜上疏曰：「伏遇聖明，特起王守仁撫勦田州。命下之日，臣竊爲守仁計曰：前巡撫調三省兵若干萬，軍餉支費若干萬，殺死疫死民兵若干萬，僅得田州安靖五十日，自是而思恩叛矣。（思恩軍民府，卽今廣西武鳴縣。）守仁乘此大壞極敝之後，雖合四省兵力，支銀米數百萬，勦平報捷，亦且曰天下大功也。而守仁不役一卒，不費斗糧，只宣揚聖德，遂令稽首來服。若八寨、斷藤峽之賊，又非田州、思恩可比。廣西在萬山之中，土惡水迅，氣習凶悍。八寨賊，洪武間所不能平，斷藤峽賊，成化初僅得討平，餘孽復熾。今守仁沉機不露，掩賊不備，一舉蕩平，百數十年虎豹窟穴，掃而清之，如拂塵然。臣是以歎服守仁能體陛下之仁，以懷綏思恩、田州向化之民；能體陛下之義，以討服八寨、斷藤峽梗化之賊。不以爲功，反以爲罪，可乎？守仁擒宸濠，奸臣許泰等欲掩其功，揚言守仁初與賊同謀，反謂宸濠金帛守仁滿載以去，當時閣臣亦忌守仁之功，不爲辨白。臣謂守仁江西之功不白，無以勸効忠之臣；廣西之功不白，無以勸策勳之臣。守仁，大臣也，豈以功賞有無爲重輕哉！第恐當時有功之人，及守官立功之人，視此解體，則在外鎭臣，遂無所激勸矣。」疏奏，不報。

明倫大典成

編　六月，明倫大典成，加張璁少傅兼太子太傅、吏部尙書、謹身殿大學士。

追奪議禮諸臣官敕

紀　追奪議禮諸臣官，敕曰：「大學士楊廷和謬主濮議，尙書毛澄不能執經據禮，蔣冕、毛紀轉相附和，林俊著論迎合。喬宇爲六卿之首，乃與九卿等官交章妄執，汪俊繼爲禮部，仍注邪議。吏部郎中夏良勝脅持庶官，望遂邪志。何孟春以侍郎掌吏部，鼓舞朝臣伏闕喧呼。朕不欲已甚，姑從輕處：楊廷和爲罪之魁，法當僇市，特寬宥削籍爲民；毛澄、林俊俱已病故，各奪其生前官職；蔣冕、毛紀、喬宇、江俊俱已致仕，各奪職閑住；何孟春情犯特重，夏良勝釀禍獨深，俱發原籍爲民。爾禮部揭示承天門下，俾在外者咸自警省。」

編　冬十月，皇后陳氏崩。閏月，立妃張氏爲皇后。

王守仁卒

編　己丑，八年，（一五二九）春二月，新建伯、兵部尙書兼都察院左都御史王守仁卒于南安。後贈侯，謚文成。

林希元荒政叢言

編　三月，前大理寺評事林希元上荒政叢言。

紀　其言曰：「救荒有二難：得人難，審戶難。有三便：極貧民便賑米，次貧民便賑錢，

改號孔子爲先師易像爲主

三途並用

稍貧民便賑貸。有六急：垂死貧民急饘粥，疾病貧民急醫藥，病起貧民急湯水，已死貧民急埋瘞，瘞音意。遺棄小兒急收養，輕重繫囚急寬恤。有三權：權借官錢以糴糶，權興工作以助賑，權貸牛種以通變。有六禁：禁侵漁，禁攘盜，禁遏糴，禁抑價，禁宰牛，禁度僧。有三戒：戒遲緩，戒拘文，戒遣使。」上以其切於救民，皆從之。

編 秋七月，以少保、吏部尚書兼翰林院學士桂萼爲武英殿大學士。九月，少師、吏部尚書、華蓋殿大學士楊一清致仕。

編 庚寅，九年，（一五三〇）秋八月，致仕大學士楊一清卒。

編 冬十月，改號孔子爲先師，易像爲主。十一月，桂萼致仕。

編 辛卯，十年，（一五三一）春正月，帝改張璁名孚敬，字懋恭，御書賜之。

編 詔三途並用。

紀 詔：「吏、禮二部循洪武十九年以後弘治十一年以前例，三途並用，務在得人，以稱朕用賢之意。」

編 夏六月，以少保、吏部尚書兼翰林院學士方獻夫爲武英殿大學士。

編 閏月，雷震午門西角樓。

編 張孚敬致仕。尋遣行人召還。

編 秋九月，以太子太保、禮部尚書兼翰林院學士李時爲武英殿大學士。

吳山獻白鹿

陳軾獻白兔

編　壬辰，十一年，（一五三二）春二月，進張孚敬華蓋殿大學士。

編　秋七月，彗星見東井，東北行，歷天津，掃太微垣。詔羣臣脩省。

編　八月，張孚敬致仕。尋召還。

編　以汪鋐爲吏部尚書，加太子太保。

編　冬十月，下御史馮恩獄。

紀　恩上疏劾張孚敬、汪鋐、方獻夫曰：「張孚敬之姦久露，汪鋐、方獻夫之姦不測，陛下去孚敬而不去此二人，天下事未可知也。臣謂孚敬根本之彗也，鋐腹心之彗也，獻夫門庭之彗也。乞斬三姦以應更新之象。」上怒，下恩獄。

編　癸巳，十二年，（一五三三）春正月，進張孚敬少師。方獻夫致仕。

編　河南巡撫吳山獻白鹿。

編　夏四月，應天巡撫陳軾獻白兔。

編　秋九月，以張孚敬攝都察院事。

編　甲午，十三年，（一五三四）春正月，廢皇后張氏，立德妃方氏爲皇后。

編　乙未，十四年，（一五三五）春正月，莊肅皇后崩。武宗后。

編　夏四月，張孚敬罷，召費宏入閣。

編　秋九月，汪鋐罷。

嚴嵩至即受貨賄

豐坊請獻廟稱宗

【編】丙申，十五年，（一五三六）秋九月，進李時少師、謹身殿大學士。

【編】冬十一月，少師費宏卒。

【編】十二月，以南京吏部尚書嚴嵩爲禮部尚書，兼翰林院學士。

【紀】時禮部選譯字諸生，嵩至即受貨賄，已而苞苴過多，（裹曰苞，籍曰苴，以物相遺者必苞苴之。）更高其價。御史桑喬列其狀，請罷黜之；嵩乃疏辨求免。給事中胡汝霖復劾其穢行既彰，招致論列，不得飾辭自明，以傷大體。帝乃令以後大臣被劾，宜自省飭，勿得疏辨。嵩懼，益爲恭謹以媚上。

【編】進李時華蓋殿大學士，以少傅、禮部尚書兼翰林院學士夏言爲武英殿大學士。

【編】丁酉，十六年，（一五三七）夏五月，雷震謹身殿。

【編】戊戌，十七年，（一五三八）秋八月，以禮部尚書掌詹事府顧鼎臣爲文淵閣大學士。

【編】九月，追尊太宗文皇帝爲成祖，皇考獻皇帝爲睿宗。

【紀】初，通州致仕同知豐坊上言：「請復古禮，尊皇考獻皇帝廟號稱宗，以配上帝。」下禮部集議，嚴嵩上言：「萬物成形於秋，故王者秋祀明堂，以父配之。自漢武迨唐、宋諸君，莫不皆然，主親親也。若稱宗之禮，則未有帝宗而不祔太廟者，恐皇考有所不寧。」上悅。已而嵩復阿上旨，請尊文皇帝稱祖，獻皇帝稱宗。上從之，乃尊文皇帝爲成祖，獻皇帝爲睿宗，配上帝，詔天下。

方士陶典眞
致一眞人
邵元節

編 冬十二月，少師華蓋殿大學士李時卒。

編 章聖皇太后蔣氏崩。

編 己亥，十八年，（一五三九）春正月，立皇次子爲皇太子。進夏言少師，顧鼎臣少保、武英殿大學士。

編 二月，景雲見。

紀 夏言、顧鼎臣以聞，嚴嵩請上御朝受羣臣賀，嵩乃作慶雲賦及大禮告成頌上之；詔付史館。

編 詔詣承天府視顯陵。睿宗陵也。（承天府，即德安府，興獻王封地，即今湖北安陸縣。）

編 車駕發京師。

編 三月，以方士陶典眞爲神霄保國宣教高士。

紀 典眞一名仲文，黃岡人，（黃岡，即今湖北黃岡縣。）少爲縣掾，喜神仙方術。嘉靖初授遼東庫大使，秩滿至京師。時致一眞人邵元節貴幸，會宮中黑眚見，眚，妖氣也。元節治之無驗，遂薦仲文代己，試宮中，稍能絕妖，上寵異之。至是扈駕南巡，至衞輝，白晝有旋風繞駕不散，上以問仲文，對曰：「當火。」遣仲文禳之，仲文曰：「火終不免，可謹護聖躬耳。」是夜行宮果災，宮中死者無算，錦衣陸炳排闥入，負帝出，竟無恙。明日，敕行在吏部授仲文是職，天子以四海爲家，故行曰乘輿，止曰行在。給誥印，許攜其家於官。

葉經劾嚴嵩

編 夏四月，車駕至承天府。

紀 上至承天，居卿雲宮。辛巳，詣純德山，顯陵在焉。降輦稽首。甲申，享上帝於龍飛殿，奉皇考配。閱陵畢，詔告天下。壬辰，車駕發承天。

編 五月，帝還京。

編 以翟鑾爲禮部尚書、武英殿大學士。

編 庚子，十九年，(一五四〇)春二月，京城黄霧四塞。

編 秋七月，授方士段朝用紫府宣忠高士。

編 冬十月，大學士顧鼎臣卒。

編 十一月，進陶仲文爲忠孝秉一眞人，領道教事。

紀 尋加少保、禮部尚書，又加少傅，食一品俸。

編 辛丑，二十年，(一五四一)夏四月，九廟災。

紀 時久暘不雨，是日初昏，陰雨驟至，大雷電以風，忽震火起仁廟，烈風嘘之，嘘，吹也。須臾燬其主，延及成祖主亦燬，遂及太祖昭穆羣廟，惟獻廟獨存。

編 御史葉經劾嚴嵩罪，赦弗治。

紀 交城王絶，輔國將軍表柚謀襲之，遣校尉任得貴至京，以黄白金三千兩賂嚴嵩，復賂儀制司令史徐旭及王府科胥，人皆受焉。嵩乃題覆從之。東廠邏卒執其籍以聞，邏，巡也。

嚴嵩入閣

宮婢謀弑

下周怡獄

下法司問；受賂者皆戍邊，嵩無恙。既而永壽共和王庶子惟熑與嫡孫懷熺爭立，以白金三千賂嵩，亦受之，爲覆允。永壽莊懷王妃遣人擊登聞鼓奏訴，登聞院懸鼓，以達冤人。於是御史葉經劾嵩貪狀，乞賜敕正。嵩急歸誠於上，上憫之，乃曰：「表柚、惟熑襲爵應否，行所司勘之。嵩安心任事，勿以介意。」

編　秋八月，昭聖皇太后崩。

編　壬寅，二十一年，（一五四二）夏六月，大學士夏言罷。

編　進翟鑾少傅、謹身殿大學士。

編　秋八月，以禮部尚書嚴嵩爲武英殿大學士，參預機務，仍掌部事。

紀　吏科都給事中沈良材、御史童漢臣等首論嵩奸汙，不當乘君子之器。南京給事中王曄、御史陳紹等復論嵩并其子世蕃同惡相濟，關通苞苴，動以千百計。嵩疏辨乞休，上優詔慰留之。

編　癸卯，二十二年，（一五四三）春二月，段朝用伏誅。

編　宮婢楊金英等謀弑帝，伏誅。

紀　上曰：「朕非賴天地鴻恩，遏除宮變，焉有今茲！朕晨起至醮，朝天宮七日。」醮之日，白鶴四十餘翔空中，羣臣賀。

編　夏四月，下給事中周怡獄。

殺葉經

陶仲文兼總三孤

紀 嚴嵩既入內閣，竊弄威權，內外百執事有所建白，俱先白嵩，許諾然後上聞，於是副封苞苴，（謂諸上書者皆爲二封，署其一曰副，執政先發副封，所言不善，屏去不奏。）輻輳其戶外。大學士翟鑾位望先嵩而勢實不競，遂至不相能。（不相善也。）周怡上疏論之，語多侵嵩。疏入，下怡獄。已而鑾以二子倖第，削籍去。

編 秋九月，殺山東巡按御史葉經。

紀 初，經劾嚴嵩受表柚、惟熄賂，嵩銜之。（銜音鹹，恨也。）及經監山東鄉試，嵩摘試錄中有諷上語，激帝怒，逮之至京，杖闕下死。布政使陳儒以下皆遠謫。自是，中外益側目畏嵩矣。

編 甲辰，二十三年，（一五四四）秋八月，以吏部尚書許讚、禮部尚書張璧爲文淵閣大學士。

編 冬十月，加秉一眞人禮部尙書陶仲文爲少師。

紀 大同邊卒獲叛人王三，（大同府治大同縣，即今山西大同市。）上曰：「叛惡就擒，固義勇之効力，實神鬼有以默戮之。」遂加仲文爲少師，其少傅、少保如故。前此大臣，無兼總三孤如仲文者。

編 乙巳，二十四年，（一五四五）春三月，以嚴世蕃爲尙寶司少卿。

編 秋七月，太廟成，布詔天下。

編　冬十一月，許讚削籍去。

編　十二月，復召夏言入閣。

紀　自嚴嵩入相，同事者多罷去，嵩獨相；以太廟工成，加太子太師。後上微聞其橫，厭之，於是詔起夏言。言至，盡復其原官，且加少師，位在嵩上，嵩甚恨之。是時嵩子世蕃爲尙寶司少卿，通賂遺，且代輸戶轉納錢穀，多所朘削。朘音宣。前漢書董仲舒傳：「民日朘月削。」言知之，欲以上聞。嵩懼甚，挈世蕃詣言求哀。言稱疾不出，嵩賂其門者，直走言榻下，及世蕃長跪泣謝，言遂置不發。嵩父子愈恨之。

編　丁未，二十六年，（一五四七）秋七月，以尙寶司少卿嚴世蕃爲太常寺少卿，仍掌尙寶司事。

紀　世蕃納賄日盛，嵩憚夏言知之，乃疏遣世蕃歸；上特命馳驛往還，世蕃益橫。

編　冬十一月，皇后方氏崩。

編　戊申，二十七年，（一五四八）春正月，夏言罷。

紀　嚴嵩旣忌言，都督陸炳亦怨言持己，先是御史陳其學以鹽法論都督陸炳，言擬旨令陳狀，炳詣言請死，有所進橐，長跪而解。陰比嵩圖之。會都御史曾銑議復河套，（今內蒙古伊克昭盟地。）言主之，而嵩則極言其不可，語頗侵言。會澄城山崩裂，又京師大風，上疑言。以套議問嵩，嵩因詆言擅權自用。及退，復上疏劾銑開邊啓釁，言雷同誤國，曲禮：「毋雷同。」注：「聞人之言而附和之，謂之雷同，如雷之發聲而物同應之也。」幷自求去甚力。上溫旨留嵩，而切責言。於是吏部尚書聞淵、禮部尚書費寀、左都御史屠僑皆謂言誤國，上乃命緹騎捕銑至京，因盡奪言師、傅，俾以尚書致仕。

殺曾銑

編 三月，殺都御史曾銑。

紀 銑既被逮，嚴嵩復令仇鸞訐之。刑部侍郎詹瀚等阿嵩意，謂銑行賄夏言，論斬，棄西市。

殺夏言

編 冬十月，殺大學士夏言。

紀 先是言既歸，舟至丹陽，復就逮至京，上疏極陳爲嚴嵩所陷，帝不聽。刑部尚書喻茂堅等據曾銑律以請，而謂言實當八議，所謂議貴議能者。（見卷二洪武九年，「議能之法既廢」注。）上怒責茂堅等阿附言。值居庸報警，（居庸關，即今北京市昌平區西北居庸關。）嵩復以開釁力持，竟坐與銑交通律，棄西市。言既死，大權悉歸嵩矣。

謫厲汝進

編 十二月，謫給事中厲汝進爲典史。

紀 汝進劾嚴嵩及其子世蕃奸惡，謫爲典史，尋以大計削籍。

編 己酉，二十八年，（一五四九）春二月，以南京吏部尚書張治爲文淵閣大學士，國子祭酒李本入閣辦事。

編 三月，皇太子薨。諡曰莊敬。

俺答薄都城

趙貞吉怒罵趙文華

編　冬十月，以夏邦謨爲吏部尚書。

編　庚戌，二十九年，（一五五〇）夏六月，以仇鸞爲宣、大總兵。

紀　以重賂嚴世蕃得之。

編　秋八月，俺答薄都城，薄，逼也。謫司業趙貞吉于嶺南。

紀　俺答入犯宣府，由薊州入古北口，（薊州，即今河北薊縣。古北口，在今北京市密雲縣東北。）轉掠懷柔、順義，（懷柔縣，即今北京市懷柔縣。順義縣，即今北京市順義區。）遂逼通州。（即今北京市通州區。）復自北河東渡，（北河即永定河。）直薄京師。令人持書入朝，求入貢，言多悖慢。

上召嚴嵩及禮部尚書徐階於西苑，曰：「事勢至此，奈何？」嵩曰：「此竊寇乞食耳，毋足患。」上曰：「何以應之？」嵩無以對。乃命階集羣臣議，司業趙貞吉抗言其不可；上壯之，予金五萬募戰士，而敕中無督戰語，不得統攝諸將，因謁嵩，嵩故與貞吉有隙，辭。貞吉怒，會通政趙文華趨入，謂曰：「公休矣，天下事當徐議之。」貞吉愈怒，罵曰：「汝權門犬，何知天下事！」叱守門者，嵩大恨。

已而貞吉單騎出城，偏諭諸營將，諸將皆感奮。仇鸞統大同軍入援，肆掠畿甸，有詔勿問。俺答大掠金帛子女而還，鸞率諸鎮兵尾之，俺答阨險不得出，乃稍棄餘物，從東南行至昌平，（昌平州，即今北京市昌平區。）猝與鸞兵遇，縱騎蹂躪，躪音吝，踐踏也。幾獲。鸞遂循古北口故道出塞，論功進鸞太保。嵩論貞吉狂誕，謫戍嶺南。

嚴嵩紿丁汝夔

三輔

杖沈鍊于闕廷

沈鍊數嚴嵩十大罪

編 殺兵部尚書丁汝夔。

紀 初，俺答薄都城，嚴嵩授汝夔計，謂地近喪師難掩，當令諸將勿輕戰，寇飽自去。諸將固怯戰，輒相謂曰：「有禁勿戰。」故民閒歸罪汝夔，詔收之。嵩恐露前畫，紿曰：（紿，誑也。）「毋慮，吾爲若地。」汝夔信之，弗自辨，論死，臨刑大呼曰：「嚴嵩誤我！」遂棄市。

編 冬十一月，以易州、昌平州、通州爲三輔，（易州，即今河北易縣。）置經略大臣。

編 辛亥，三十年，（一五五一）春正月，杖錦衣衞經歷沈鍊于闕廷。

紀 初，俺答薄都城，求通貢，趙貞吉以爲不可，鍊在衆中申貞吉指不休。吏部尚書夏邦謨目之曰：「何小吏而言若是？」鍊曰：「大吏不言，故小吏言之。」已而上疏請以萬騎護陵寢，萬騎護通州軍儲，而合勤王師邀擊其惰歸，必大捷。時嚴嵩數寢格邊檄，不以上聞，故鍊書奏不報。鍊乃抗疏言：「嚴嵩受國重任，貪婪愚鄙，（婪亦貪也。）不聞諮諏方略，（諏音鄒。）治國安邊，惟與子世蕃爲全家保妻子計。以朝廷之賞罰爲己出，故人皆計嵩愛憎，不知朝廷恩威。」因歷數其十大罪，請戮之以謝天下。詔以鍊詆誣大臣，廷杖之，謫田保安。（在今河北懷來縣西南。）

編 三月，大計京官。

紀 嚴嵩授指吏部，中傷善類甚衆。初，刑部郎中徐學詩以劾嵩父子被斥，至是削籍，并黜其兄中書舍人應豐。吏部奏上，上察其枉，留之，然亦不問。

貶楊繼盛爲狄道典史

編　貶兵部車駕司員外郎楊繼盛爲狄道縣典史。（狄道縣，即今甘肅臨洮縣。）

紀　仇鸞密遣家丁時義結俺答義子脫脫，使貢馬互市。俺答利貨幣，譯書送總督蘇祐，祐以聞，鸞與嚴嵩贊成之，上乃許。繼盛上疏極言其不可。下内閣，嵩等議未決，鸞曰：「豎子不知兵，宜其易之。」密疏詆繼盛阻撓邊計，上意遂中變，詔逮繼盛下錦衣衞獄，貶狄道縣典史。

開馬市于大同

編　夏四月，開馬市于大同。

編　壬子，三十一年，（一五五二）春正月，俺答寇大同。

罷馬市

編　二月，罷馬市。

編　三月，以少保、禮部尚書兼翰林院學士徐階爲東閣大學士。

仇鸞伏誅

編　秋七月，俺答寇薊州，仇鸞伏誅。

紀　俺答寇薊州，時仇鸞患疽，請輿疾督戰。詔兵部尚書趙錦收鸞大將軍印綬，以總兵官陳時代之。鸞聞命，大恚而死。徐階因奏鸞通敵誤國，詔剖棺戮屍，全家斬於市，沒其資產。

王宗茂論嚴嵩大罪八

編　冬十月，謫御史王宗茂爲平陽縣丞。

紀　宗茂疏論嚴嵩負國大罪八，上謂其狂率，遂謫。

編　癸丑，三十二年，（一五五三）春正月，日食。

趙錦請罷嚴嵩

紀 巡按御史趙錦請罷嚴嵩以應天變；上怒，命逮錦繫錦衣獄，久之削籍爲民。

編 兵部員外郎楊繼盛上疏劾嚴嵩，坐絞，繫獄。

楊繼盛劾嚴嵩疏略

紀 初，仇鸞既誅，上思繼盛言，自貶所月餘遷主事，隨遷兵部武選司員外。至是，上疏論嚴嵩十大罪、五奸，略曰：「方今在外之賊爲俺答，在內之賊惟嚴嵩。賊有內外，攻宜有先後，未有內賊不去而外賊可除者，故臣請誅賊嵩當在勦絕俺答之先。嵩之罪惡，徐學詩、沈鍊、王宗茂等論之已詳，然皆止言其貪汙之小，而未嘗發其僭竊之大。去年春雷久不聲，占云『大臣專政』，夫大臣專政孰有過於嵩者？又冬日下有赤色，占云『下有叛臣』，凡心背君者，皆叛也。夫人臣背君，又孰有過於嵩者？如四方地震，與夫日月交食之變，其災皆感應賊嵩之身。乃日侍左右而不覺，上天警告之心，亦恐怠且孤矣。不意陛下聰明剛斷，乃甘受嵩欺，人言不信，雖上天示警亦不省悟，以至於此！臣敢以嵩之專政叛君十大罪爲陛下陳之：我太祖高皇帝詔罷中書丞相而立五府、九卿分理庶政，殿閣之臣，惟備顧問視制草，故載諸訓，有曰：『建言設立丞相者，本人陵遲，全家處死。』及嵩爲輔臣，儼然以丞相自居，挾一人之權，侵百司之事，凡府部題覆，先面稟而後敢起稾，嵩之直房，百官奔走如市，府部堂司，嵩指使絡繹不絕，一或少違，顯禍立見，及至失事，又駕罪於人。是嵩無丞相之名，而有丞相之權，有丞相之權，而無丞相之責。

壞祖宗之成法

壞祖宗之成法，一大罪也。權者，人君所以統御天下之具，不可一日下移。嵩以票本自任，遂作威福。用一人，即先謂曰『我薦之

竊君上之大權

掩君上之治功

縱姦子之僭竊

冒朝廷之軍功

引悖逆之奸臣

誤國家之軍機

也』；罰一人，則又號於衆曰『此得罪於我，故報之也。』羣臣感嵩，甚於感陛下，畏嵩甚於畏陛下。竊君上之大權，二大罪也。人臣善則稱君，過則歸己。今陛下苟有一善，嵩必令子世蕃傳於人曰：『上故無此意，我議而成之。』將聖諭及嵩所進揭帖刻板頒行，名曰嘉靖疏義，欲使天下後世謂陛下所行之善，盡出於彼而後已。掩君上之治功，三大罪也。陛下之令嵩票本蓋取君逸臣勞之義，嵩何所取而令子世蕃代票，又何所取而約諸義子趙文華等羣會而擬題？疏方上，滿朝紛然；既下，若合符契。如錦衣衞經歷沈鍊劾嵩疏，發大學士李本擬旨，本卽叩之世蕃，乃同趙文華自擬以上，此人所共知也。嵩既以臣而弄君之權，世蕃復以子而弄父之柄，京師有大丞相、小丞相之謠。縱姦子之僭竊，四大罪也。邊事廢壞，皆原於功罪賞罰之不明。嵩爲輔臣，欲令孫冒功於兩廣，故置其表姪歐陽必進爲總督，朋奸比黨。將長孫嚴效忠冒征蠻功奏捷，遂陞鎭撫。效忠告病，嚴鵠襲代，加陞錦衣千戶。效忠、鵠，皆世蕃豢養乳臭子。豢音宦。冒朝廷之軍功，五大罪也。仇鸞總兵甘肅，以貪虐論革，世蕃乃受鸞重賄，薦爲大將；後知陛下疑鸞，遂互相誹謗以掩初迹。是通寇者逆鸞，而受賄引用鸞者嵩與世蕃也。進不肖蒙顯戮，引悖逆之奸臣，六大罪也。俺答犯內深入，兵法擊其惰歸，嵩乃曰『京、邊不同勢，敗於邊可掩，敗於京不可掩，且俺答飽自退耳』，故丁汝夔傳令不戰。及汝夔臨刑，而後知爲嵩所紿。誤國家之軍機，七大罪也。刑部郎中徐學詩以劾嵩、世蕃革任爲民矣，又於考察京官之時，罷其兄中書舍人徐應豐。戶科給事中厲汝進

亂黜陟之大柄

失天下之人心

壞天下之風俗

嚴嵩五奸

左右嵩之間諜

納言嵩之鷹犬

爪牙嵩之瓜葛

耳目嵩之奴隸

以劾嵩、世蕃降爲典史矣，又於考察外官之時，逼吏部削汝進籍。夫考察，巨典也，陛下持之以激勵天下之人心，賊嵩竊之以中傷天下之善類。亂黜陟之大柄，八大罪也。府部之權皆撓於嵩，而吏、兵二部尤大利所在，將官既納賄於嵩，不得不剝削乎軍士，有司既納賄於嵩，不得不濫取於百姓。陛下雖累加撫䘏，豈足以當嵩殘虐之害，臣恐天下之患不在塞外而在域中。失天下之人心，九大罪也。先朝風俗淳厚，近自逆瑾用事，劉瑾。始一少變。至嵩爲輔臣，守法度者以爲固滯，尚巧猾者以爲通材，勵節介者以爲矯激，善奔走者以爲練事；風俗之壞，未有甚於此者。壞天下之風俗，十大罪也。

嵩有十大罪昭人耳目，以陛下之神聖而若不知者，蓋有五奸以濟之。嵩偵知陛下之意向者，莫過於左右侍從，厚以賄結之，聖意所愛憎，嵩皆預知，以得遂其逢迎之巧。是陛下之左右，皆嵩之間諜，其奸一。通政司納言之官，虞書：「帝曰：『龍，汝作納言，夙夜出納，朕命惟允』。」嵩令義子趙文華爲之，凡疏到，必有副本送嵩、世蕃先閱而後進，副本，即副封，見上。早爲彌縫。是陛下之納言，乃嵩之鷹犬，其奸二。嵩既內外周密，所畏者廠、衞之緝訪也。嵩則令世蕃籠絡廠、衞，締結姻親。陛下試詰嵩所娶者誰女？立可見矣。是陛下之爪牙，乃嵩之瓜葛，其奸三。廠、衞既已親矣，所畏者科道言之也。嵩於進士初選時，非親知不得與中書行人之選，知縣、推官非通賄不得與給事御史之列。是陛下之耳目，皆嵩之奴隸，其奸四。科道雖入其牢籠，而部臣如徐學詩之類亦可懼也。嵩又令子世蕃將各部之有才望者俱網羅

臣工嵩之心腹

門下，各官少有怨望者，嵩得早爲斥逐。是陛下之臣工，多嵩之心腹，其奸五。夫嵩之十罪賴此五奸以濟之，五奸一破，則十罪立見。陛下何不忍割一賊臣，顧忍百萬蒼生之塗炭乎！陛下聽臣之言，察嵩之奸，或召問二王，（裕王、景王。）令其面陳嵩惡，或詢諸閣臣，諭以勿畏嵩威。重則置之憲典以正國法，輕則諭令致仕以全國體。內賊去，而後外賊可除也！」

疏奏，上怒其引用二王，命繫錦衣獄詰訊主使者。繼盛曰：「盡忠則已，豈必人主使乎！」又問引用二王故，繼盛大言曰：「奸臣誤國，非二王誰不畏嵩者！」獄具，杖百，送刑部。尚書何鰲受嵩意，欲坐以詐傳親王令旨。郎中史朝賓曰：「疏中但云二王亦知嵩惡，原無親王令旨，三尺法豈可誣也！」（三尺法，古以三尺竹簡書法律，故云。）嵩怒，降朝賓爲高郵判官。侍郎王學益助成其說，竟坐絞，繫獄。

編　三月，以嚴世蕃爲工部左侍郎。

倭寇浙江

編　甲寅，三十三年，（一五五四）春正月，倭寇浙江，遣工部侍郎趙文華如浙。

紀　倭賊犯浙江，文華請禱海神以殺賊；遂遣如浙，陵轢官吏，（轢音歷，踐踏也。）搜括財物，公私苦之。

編　秋七月，命駙馬都尉鄔景和、安平伯方承裕、吏部尚書李默、禮部尚書王用賓、左都督陸炳、吏部左侍郎程文德、禮部左侍郎閔如霖、吏禮右侍郎郭村、吳山並直西內撰玄文。

**鄢景和不諳玄理**

紀 景和以不諳玄理辭免，俄以金幣賜玄脩諸臣，猶及景和，景和自疏無功，辭，願洗心滌慮，效馬革裹屍之報。東漢馬援曰：「男兒要當死於邊野，以馬革裹屍還葬耳。」上怒曰：「景和故出不祥語，當擬怨訕律。」乃革爵，安置崑山。

編 乙卯，三十四年，（一五五五）春三月，以楊博爲兵部尚書。

**殺楊繼盛**

編 冬十月，殺兵部員外楊繼盛。

紀 初，繼盛自謫所累遷至武選司員外，常感激思報。妻張氏曰：「公休矣！一鸞困公幾死，今相公嵩父子，百鸞也，公何以報爲？」繼盛不聽。密具疏，疏成，齋三日乃上，遂得罪。

繼盛每出朝審，諸內臣士庶夾道擁視，共指曰：「此天下義士！」又指其三木，三木，在頸及手足，枷、杻、械也。竊歎曰：「奈何不以此囊嵩頭！」司業王林詒嵩曰：「人言籍籍，謂繼盛且不死，公不憂萬世邪！」嵩曰：「吾行當救之。」令其子世蕃謀之其黨胡植、鄢懋卿，懋卿曰：「此養虎自遺患也。」植亦言不可，嵩意遂決。

先是，倭犯江、浙，浙、閩總督張經、浙江巡撫李天寵以玩寇殃民，逮至京師，下獄論死，嵩乃以經、天寵疏覆奏，附繼盛於尾。上覽之，謂江南釀寇遺患，遂下旨行刑。是歲論大辟當刑者凡百餘人，詔決九人，而繼盛與焉。

**張氏乞代夫命疏**

將刑，張氏疏言：「臣夫諫阻馬市，預伐仇鸞，聖旨薄謫，旋因鸞敗，首賜湔雪，湔音箋。謂洗雪其寃也。一歲四遷。臣夫銜恩圖報，誤聞市井之言，尚狃書生之見，妄有陳説。苟陛下不卽加戮，俾從吏議。杖後入獄，割肉二斤，斷筋二條，日夜籠箍，箍音孤。備諸苦楚。年荒家貧，臣紡績供給。部臣兩次請決，俱蒙特宥；今混入張經疏尾，奉旨處決。儻以罪不可赦，乞將臣梟首以代夫命。夫生一日，必能執戈矛禦魑魅，魑音鴟，山神。魅音妹，怪物。左傳文公十八年：「投諸四裔，以禦魑魅。」爲疆埸效命之鬼，以報陛下。」奏入，爲嵩所抑不得達。蓋殺諫臣自此始，由是天下益惡嵩父子矣。

編　丙辰，三十五年，（一五五六）春正月，趙文華自江南還京，擢爲工部尚書，加太子太保。

紀　文華與吏部尚書李默構隙，知默與嵩異，疏劾之，摘其部選策題有「漢武征四夷而海內虛耗，唐憲復淮、蔡而晚業不終」爲謗訕。上怒，收繫獄拷訊，竟死獄中。嵩德文華，遂有是擢。

編　三月，以胡宗憲爲兵部右侍郎兼右僉都御史，提督浙、閩軍務。

編　夏五月，命趙文華以工部尚書兼右副都御史，視師江、淮。文華至而東南之民愈困矣。

編　秋八月，江、浙倭寇平。

編　冬十一月，加趙文華少保，胡宗憲右都御史。論平倭功也。

編　丁巳，三十六年，（一五五七）夏四月，奉天、華蓋、謹身三殿災。

編　秋八月，進徐階少傅，李本太子太保。

編　冬十月，嚴嵩及其子世蕃殺前錦衣衛經歷沈鍊。

殺沈鍊

束芻射三奸

紀　初，鍊既編保安，即子身至里，長老問知鍊狀，咸大喜，遣其子弟從學。鍊稍與語忠義大節，乃爭爲鍊罵嵩以快鍊，鍊亦大喜，嘗束芻爲偶人三，目爲林甫、檜及嵩而射之。李林甫，唐玄宗朝奸相。秦檜，宋高宗朝奸相。語稍稍聞，嵩父子銜之。而侍郎楊順來爲總督，故嵩黨也，遣其私人經歷金紹魯、指揮羅鎧走世蕃，告鍊結死士，擊劍習射，將以閒而取若父子。世蕃曰：「吾固知之。」即以屬巡按御史李鳳毛，鳳毛謬爲謝曰：「有之，竊陰以解散其黨矣。」鳳毛得代歸，而御史路楷來，又嵩黨也，世蕃爲酒壽楷，而使謂順曰：「幸爲我除吾瘍。」瘍音羊，瘡痍也。

楊順路楷合謀殺沈鍊

楷至則與順合策捕諸白蓮教通叛者，竄鍊名籍中，竄，入也。以叛聞。下兵部議，尚書許論不爲申理，嵩竟殺之，籍其家。嵩乃予順一子錦衣千戶，楷遷太常卿。順猶怏怏曰：「丞相猶有所不足乎？」謀之楷，復取鍊二子杖殺之，并繫其長子襄，順、楷敗乃得脫。

編　十二月，趙文華罷。

趙文華密進藥酒方

紀　文華既得寵眷，乃稍欲結知帝，不稟嚴嵩命。一日密進藥酒方，言「授之仙，飲可不死，獨臣與嵩知之。」上曰：「嵩有是方不奏，乃文華奏我！」嵩聞之，大懼且恨，立召文華問之曰：「若何所獻？」對曰：「無有。」嵩取疏示之，文華慚，頓首謝罪，嵩怒不令起，呼左右拽出，令門者毋得爲文華通。文華日憂懼，不知所出，從世蕃乞憐，爲白夫人。夫人以其兒也，憐之，然嵩意終未慊也。又文華初賂世蕃金絲幕一具，其姬二十七人皆寶髻一，世蕃以爲薄，恨之；乃爲疏草使上，引疾歸，帝從之。而是時上方脩玄，以其疏中有病語，怒削其職，子戍邊。

編　戊午，三十七年，（一五五八）春三月，給事中吳時來、主事張翀、董傳策並上疏劾嚴嵩及其子世蕃罪；下獄，廷杖，謫戍嶺南。

編　夏四月，浙江總督胡宗憲獻白鹿。

嚴嵩殺王忬

編　己未，三十八年，（一五五九）夏五月，殺山西總督侍郎王忬。忬音豫。

紀　嚴嵩以忬愍楊繼盛死，銜之。忬子世貞又從繼盛遊，爲之經紀其喪，弔以詩，嵩因深憾忬。嚴世蕃嘗求古畫於忬，忬有臨幅類眞者以應，世蕃知之，益怒。會俺答犯大同，入潘家口，都御史鄢懋卿乃以嵩意爲草授巡按山西御史方輅，令劾忬；嵩卽擬旨，逮繫獄。刑部尚書鄭曉擬「謫戍」奏上，竟以邊吏陷城律棄市。

編　冬十一月，以朱熹原籍婺源縣子孫朱墅世襲五經博士。（婺源縣，卽今江西婺源縣。）

編　庚申，三十九年，（一五六〇）夏六月，以都御史鄢懋卿總理天下鹽運。

林潤劾鄢懋卿

紀　懋卿益通賄無虛日，御史林潤劾其貪冒五罪。冒音墨。冒亦貪也。懋卿疏辨，不問。

編　冬十一月，秉一眞人領道教事、少傅、禮部尚書、恭誠伯陶仲文卒。

編　辛酉，四十年，（一五六一）春正月，萬壽宮災。帝齋居宮也。

嚴嵩罷

徐階日親用事

紀 命大學士徐階、工部尚書雷禮興工重建。

編 冬十二月，吏部尚書吳鵬罷。

紀 鵬，嚴嵩黨也，御史耿定向劾其六罪，故罷。嵩復薦所親歐陽必進代之，未久亦勒歸。

編 進禮部尚書袁煒太子太保，入閣參預機務。

紀 時上漸有疑嵩意，密諭徐階舉堪輔政者。階密奏曰：「人君以論相爲職，陛下斷自宸衷，則窺伺陰阻之私自塞矣。」上從之，遂有是命。

編 壬戌，四十一年，（一五六二）春三月。萬壽宮成。

紀 加大學士徐階少師，任一子；袁煒少保；嚴嵩加祿百石而已。

編 夏五月，嚴嵩罷，其子世蕃下詔獄。以御史鄒應龍爲通政司參議。

紀 自徐學詩、王宗茂、楊繼盛、沈鍊、吳時來、張翀、董傳策或死或戍，縉紳皆畏嵩不敢言。至是徐階日親用事，廷臣多知之，未發。

御史鄒應龍欲具疏，一夕夢出獵，見一高山，射之不中，東有培塿樓，其下甚壯，樓俯平田，有米草覆其上，一注矢拉然。拉，折也。醒而悟曰：「此小兒東樓之兆也。」諸司以事詣嵩請裁，嵩必曰：「與小兒議之。」甚曰：「與東樓議之。」東樓，世蕃別號也。遂上疏劾世蕃，數其通賄賂行諸不法狀，乞置於理，因及嵩植黨蔽賢，溺愛惡子，且曰：「如臣言不實，願斬臣首懸之藁竿以謝世蕃父子。」上覽之心動，命嵩致仕，乘傳去，傳，驛車也。而下世蕃於獄，擢應龍，嘉其敢言。鄢懋卿等屬法司量坐世蕃贓銀八百兩，擬罪上請，於是戍世蕃雷州衞，子鵠、鴻及其爪牙羅龍文、牛信等分戍邊遠衞，家人嚴年錮獄追贓。年最黠惡，黠，狡也。即士大夫所呼爲萼山先生者也。上猶以嵩故，特宥其孫鴻爲民。嵩既去，上念之，諭徐階曰：「嚴嵩已退，伊子已服罪，敢有再言如鄒應龍者俱斬。」

編 六月，大理卿萬寀、刑部侍郎鄢懋卿罷。

紀 御史鄭洛劾寀、懋卿及太常少卿萬虞龍皆朋比奸贓不職；寀、懋卿罷，虞龍降調。

編 秋八月，三殿成。

# 明鑑易知錄卷九

## 明紀

### 世宗肅皇帝

編　癸亥，四十二年，（一五六三）春三月，以嚴訥爲吏部尚書，李春芳爲禮部尚書。

編　夏四月，嚴世蕃逃歸。

紀　世蕃未達雷州，（治海康縣，即今廣東海康縣。）至南雄而返。（南雄，即今廣東南雄縣。）羅龍文亦逃伍，潛往歙縣，（即今安徽歙縣。）藏匿亡命刺客。一日被酒大言曰：「要當取應龍與徐老頭洩此恨！」徐階聞，厚爲備。嚴嵩久之亦聞，驚曰：「兒誤我多矣！」

初，階之入政府也，肩隨嵩者且十年，幾不敢講鈞禮。嵩懲夏言禍，亦頗自恭謹，惟世蕃多行無禮；階既曲忍，嵩亦不知也。方應龍疏上，階往謁，慰藉甚，嵩喜，頓首謝，世蕃亦盡出妻子爲託。既歸，其子密啓曰：「大人受侮已極，此其時已。」階僞罵曰：「吾非嚴氏不至此。負心爲難，人將不食吾餘！」嵩遣所親探之，語如前。蓋階亦知上猶眷戀，未能卽割也。嵩既去，書問不絕，久之世蕃亦忘舊事，謂「徐老不我毒。」鳩工大治館舍，鳩，聚也。陰賊彌甚。

編　甲子，四十三年，（一五六四）秋七月，以諭德張居正充裕王府講官。

逮嚴世蕃下獄

編　冬十月，復逮嚴世蕃下獄。

郭諫臣具揭上林潤

紀　先是御史林潤既劾鄢懋卿罷去，知讎在必報。會袁州推官郭諫臣以公事過嚴嵩里，（卽今江西分宜縣。）工匠千餘方治園亭，其僕爲督，諫臣至，箕踞不起，坐伸兩足，以手按膝，形如箕也。役人戲以瓦礫擲諫臣，礫音力，小石。亦不禁。諫臣遂具揭上之潤。潤得之，大喜，乃上疏言：「臣巡視上江，備訪江洋盜賊，多入逃軍羅龍文之家。龍文卜築深山，乘軒衣蟒，有負險不臣之志，推嚴世蕃爲主，事之。世蕃自罪謫之後，愈肆兇頑，日夜與龍文誹謗朝政，動搖人心。近者假治第，聚衆至四千人，道路洶洶，咸謂變且不測。乞早正刑章，以絕禍本。」疏入，詔以世蕃、龍文卽付潤逮捕至京。逮，及也，其人在，直追取之。捕者，其人亡，則討捕之。潤下郭諫臣捕世蕃，徽州府推官粟祁捕龍文，自駐九江勒兵以待。（九江府治德化縣，卽今江西九江市。）

嚴世蕃伏誅

編　乙丑，四十四年，（一五六五）春三月，嚴嵩削籍，沒其家，其子世蕃及羅龍文伏誅。

紀　初，林潤聞命，馳至九江，郭諫臣白監司，盡散其工匠四千人，龍文走匿世蕃家，捕得之。潤因諭袁州府詳具嚴氏諸暴橫狀，得之，復上疏數世蕃父子罪。上怒，詔下法司訊狀。已而徐階具疏以聞，疏中極言「事已勘實，其交通倭寇，潛謀叛逆，具有顯證，請亟正典刑，以洩神人之憤。」上從之，命斬世蕃、龍文於市。二人聞，相抱哭；家人請寫遺書謝其父，不能成一字。都人聞之，大快，各相約持酒至西市看行刑。已而籍嵩家，得銀二百五萬五千餘兩，其珍異充斥，踰於天府。

編　冬十二月，詔萬宷、鄢懋卿並充軍。

嚴嵩死

編　嚴嵩死。嵩寄食故舊，未幾死。

編　丙寅，四十五年，（一五六六）春正月，帝不豫。

紀　先是方士王金、陶倣、劉文彬、申世文、高守中、陶世恩，仲文子。僞造諸品仙方，以金石藥進御，性燥熱，帝服，稍稍火發，不能愈。至是諭徐階欲幸承天拜顯陵，（承天府卽德安府，治安陸縣，卽今湖北安陸縣，顯陵所在。）取藥服氣，階奏止之。

海瑞諫服藥求長生疏

編　下戶部主事海瑞獄。

紀　瑞上言：「陛下卽位初年，敬一箴心，冠履分辨，天下忻忻，謂煥然更始。無何而銳精未久，妄念牽之，謬謂長生可得，一意脩玄，土木興作，二十餘年不視朝政，法紀弛矣；數行推廣事例，名器濫矣。二王不相見，人以爲薄於父子；以猜疑誹謗戮辱臣下，人以爲薄於君臣；樂西苑而不返大內，人以爲薄於夫婦。今愚民之言曰：『嘉者，家也；靖者，盡也。』謂民窮財盡，靡有孑遺也。然而內外臣工脩齋、建醮，相率進香，天桃、天藥，相率表賀，陛下誤爲之，羣臣誤順之。臣愚謂陛下之誤多矣，大端在玄脩。夫玄脩所以求長生也，堯、舜、禹、湯、文、武之爲君，聖之至也，未能久世不終；下之方外士亦未見有歷漢、唐、宋至今存者。陛下師事陶仲文，仲文則既死矣，仲文不能長生，而陛下獨何求之？至謂天賜仙桃、藥丸怪妄尤甚。桃必採乃得，藥必搗乃成，茲無因而至，有脛行邪？云天賜之，有手授邪？然則玄脩之無益可知矣。陛下玄脩多年，靡有一獲，左右奸人揣逆聖意，投桃設藥，以諼長生，（諼，欺也。）理之所無，斷可見已。陛下誠翻然悟悔，日日視朝，與輔宰、九卿、侍從、言官講求天下利害，洗數十年君道之誤，置身堯、舜、禹、湯、文、武之域，使諸臣亦洗心數十年阿君之耻，置身皐、夔、伊、傅、周、召之列。民熙物洽，薰爲太和，陛下性中眞藥也。道與天通，命由我立，陛下性中眞壽也。此理之所有，可旋至立效。乃懸思服食不終之餌，鑿想遥輿輕舉之方，求之終身，不可得已。」疏奏，上大怒，命逮繫瑞鎭撫獄。

繫海瑞於獄

編　三月，以禮部尚書高拱爲文淵閣大學士。

編　冬十二月，帝崩。

紀　上疾甚，自西苑還乾淸宫，遂崩。大學士徐階等啓請皇子裕王主喪事，宣遺詔曰：「朕奉宗廟四十五年，享國長久，累朝未有。一念惓惓，惟敬天勤民是務。祗緣多疾，過求長生，遂致奸人誑惑。自今建言得罪諸臣，存者召用，没者䘏錄，見監者卽釋復職。」

編　皇子裕王載垕卽位。垕音厚。

編　釋刑部主事海瑞於獄，擢爲通政使。

釋海瑞

## 穆宗莊皇帝

名載垕，世宗第三子，初封裕王，在位六年，壽三十六歲而崩。

編　丁卯，穆宗皇帝隆慶元年，（一五六七）春正月，立妃陳氏爲皇后。

編 詔錄用先朝建言諸臣；楊繼盛、沈鍊等並復職、贈蔭、諭祭。

編 追贈王守仁爲新建侯，謚文成。

編 進高拱少傅、武英殿大學士，謝病歸。以禮部尚書陳以勤爲文淵閣大學士。

編 二月，以禮部右侍郎張居正爲吏部左侍郎兼東閣大學士，直內閣。

編 三月，葬永陵。方士王金、陶倣、申世文、劉文彬、高守中、陶世恩伏誅。

編 四月，進張居正禮部尚書、武英殿大學士。

進張居正少保

編 戊辰，二年，（一五六八）春正月，進大學士張居正少保。進陳以勤太子太師、武英殿大學士。

編 召南京禮部尚書趙貞吉爲講官，掌詹事府。

編 二月，帝耕藉田。

編 三月，立皇子翊鈞爲皇太子。

石星疏言六事

編 科臣石星上疏言六事，詔廷杖、削籍。

紀 星上言六事：一曰養聖躬，長夜之飲不可不節；二曰勤聖學，經筵久輟，屢請未復；三曰勤視朝，總理萬幾，周知民隱；四曰速俞允，言涉聖躬者留中不下，事干內庭者稽遲不允；五曰廣聽納；六曰察讒譖。疏奏，上怒，命廷杖，削其籍。

編 秋七月，陝西民李良雨化爲婦人。

罷劉體乾

編 冬十月，戶部尚書劉體乾罷。

紀　先是內降戶部採買珍珠金玉等項，尙書高曜卽召商收買應命。及體乾爲尙書。抗論財用闕乏，請停採買。疏至，文思房不肯收，令齎本吏領回。體乾復令齎往，吏被毆逐，將原本送內閣，未及進呈，忽內降著致仕去。

禁錮李芳

編　十一月，杖內監李芳，繫獄禁錮之。

紀　芳數以直諫忤旨，同輩亦恨其正直，共短之，上命緹騎杖之，繫獄待決。刑部尙書毛愷言：「『刑人於市，與衆棄之』，禮記王制篇辭。非惟死者不寃，亦令生者不犯。李芳供事內廷，罪狀未明，莫知所坐？」上曰：「芳無禮，第錮之。」

詹仰庇削籍爲民

編　己巳，三年，（一五六九）夏五月，逮御史詹仰庇，杖一百，削籍爲民。

紀　仰庇言：「陛下取戶部銀，盡以供造鰲山，脩理宮苑，花欄、龍鳳、鞦韆架、金玉器物之費，使羣小因而乾沒，爲聖德累不小。」上怒，命錦衣衞逮治，杖一百，削籍爲民。大學士李春芳等疏救，不聽。

編　六月，以海瑞爲右僉都御史，總理糧漕，巡撫應天等處。

編　秋七月，建極殿大學士徐階致仕。詔起高拱爲武英殿大學士。

編　八月，以趙貞吉爲文淵閣大學士。

編　庚午，四年，（一五七〇）春正月。太子太師陳以勤致仕。

俺答請盟

編　冬十月，俺答來請盟，通貢市馬。

王崇古納俺答孫

封俺答順義王

小吏得官本土

紀　俺答孫把漢那吉率其僕阿力哥等來降，總督王崇古納之。邊吏諫曰：「此孤豎無足重輕，宜勿留。」崇古曰：「此奇貨可居。呂不韋見秦異人曰：「此奇貨可居。」俺答卽急之，留而爲市，諭以執送叛人趙全等，我歸其孫；若其弗急，則我因而撫之，如漢質子法，使招其故部居近塞。俺答老且死，其子黃台吉勢不能盡有其衆，然後以居者、谷蠡秩置塞外，居者、谷蠡俱王號。谷音祿。其與黃台吉構則兩利而俱存之，弗構則以兵助之，外博興滅扶危之名，而實收其用。」事聞，廷臣喧然以爲不可，御史葉夢熊爭之尤力。上曰：「慕義來降，宜加獎勵。其以把漢那吉爲指揮使，阿力哥爲正千戶，各賜衣一襲。」

俺答妻恐中國殺其孫，日夜怨俺答，俺答亦自悔，遂擁衆十萬壓境。崇古命百戶趙崇德往諭以國恩，要其縛叛示信。要音邀。俺答夫婦感且愧曰：「漢乃肯全吾孫，吾且誓臂盟，世世服屬，何有於叛人。」遂定盟，通貢市馬。

編　十二月，詔進王崇古少保、兵部尚書。

紀　俺答執趙全等來獻，崇古遣那吉歸，那吉感泣，誓不敢負中國。論功，進崇古少保、兵部尚書，賜蟒玉，世襲錦衣千戶。

編　進大學士張居正吏部尚書、少傅，兼建極殿大學士。

編　辛未，五年，（一五七一）春三月，封俺答爲順義王。

編　夏四月，詔小吏得官本土。

紀 高拱言：「國家用人，不得官於本土，此惟有民社之責者然耳。若倉庫、驛遞等官，官甚卑，家甚貧，一授遠土，或棄官而不能赴，或去任而不能歸，其情可憐。近日教官得選本省地方，人以爲便，乞照此例。」從之。

編 五月，少師李春芳致仕。

編 秋八月，詔以故禮部左侍郎薛瑄從祀孔子廟庭。

薛瑄從祀孔子廟

編 以高儀爲禮部尚書，掌詹事府。

編 壬申，六年，（一五七二）春正月，進大學士張居正少師。以高儀爲文淵閣大學士，以吏部左侍郎呂調陽爲禮部尚書。

編 三月，皇太子出閣讀書。

編 夏五月，帝崩。

紀 上不豫。己酉，大漸，大漸，病甚也。召閣臣高拱、張居正、高儀至乾清宮受顧命。上倚坐御榻，皇后及皇貴妃咸侍，東宮立於左。上困甚，太監馮保宣顧命曰：「朕嗣統方六年，今疾甚，殆不起，有負先帝付託。東宮幼沖，以屬卿等，宜協輔，遵守祖制，則社稷功也。」拱等泣拜而出。翼日，上崩。（翼日同翌日，明日也。）

編 六月，太子翊鈞卽位。年始十歲。

紀 時太監馮保方居中用事，矯傳大行遺詔云：「閣臣與司禮監同受顧命。」廷臣聞之

馮保矯傳遺詔

張居正結馮保

俱駭。一日內使傳旨至閣，高拱曰：「旨出何人？上沖年，皆若曹所爲，若曹，汝輩。吾且逐若曹矣。」內臣還報，保失色，謀逐拱。拱與張居正俱負氣不相下，居正乃結保自固。拱慮保專恣，與居正、高儀謀去之。居正陰洩之保，乃與保謀去拱。

張居正爲首輔

編 罷大學士高拱。

紀 是月既望庚午昧爽，旦微明也。拱在直，張居正引疾。召諸大臣於會極門，促居正至，拱以爲且逐馮保也。保傳皇后、皇貴妃、皇帝旨曰：皇貴妃，帝生母李氏。「告爾內閣、五府、六部諸臣，大行皇帝賓天先一日，召內閣三臣御榻前，同我母子三人親受遺屬。今大學士高拱攬權擅政，威福自專，通不許皇帝主管。我母子日夕驚懼，便令回籍閑住，不許停留。」拱卽日出朝門，乘一牛車去，而高儀未幾亦以病卒，居正裒然首輔矣。

編 尊皇后曰仁聖皇太后，皇貴妃曰慈聖皇太后。

編 秋八月，帝御經筵。

紀 張居正請開經筵，復請更定常朝日期，御門聽政，俱從之，上遂御文華殿日講以爲常。

張居正進帝鑑圖說

編 冬十二月，張居正進帝鑑圖說。

紀 上見居正捧册進，喜動顏色。遽起立，命左右展册，居正從旁指陳大義，上應如響，因卽宣付史館，賜居正銀幣。

一日，上御文華殿講畢，覽至漢文帝勞軍細柳事，漢文帝後六年，遣將軍周亞夫等將兵備邊。亞夫次細柳原，文帝至細柳營勞軍，歎曰：「此眞將軍也！」居正因言：「陛下當留意武備。祖宗以武功定天下，承平日久，武備日弛，不可不及早講求也。」上稱善。

## 神宗顯皇帝 名翊鈞，穆宗太子，在位四十八年，壽五十八歲而崩。

編　癸酉，神宗皇帝萬曆元年，（一五七三）春正月，命成國公朱希忠、大學士張居正知經筵事。

張居正謀殺高拱

編　張居正及馮保謀殺前大學士高拱，未遂而罷。

紀　庚子，早朝，上出乾清宮，見一無鬚男子僞作宦者狀，袖有佩刀，趨走惶遽。左右執之，馮保立鞫之，曰：「南兵王大臣。」「奚自？」曰：「自總兵戚繼光來。」保使密報居正，而居正令附保耳曰：「戚公方握南北軍，禁無妄指，可借以除高氏。」先是大臣爲戚帥三屯營南兵不遂，流落都下，爲人巧捷便佞，一中貴暱之。至是，令稱拱使，改籍武進縣，即令廁卒辛儒衣大臣蟒袴，予二劍，劍首飾猫精異寶，送繫廠中，入以聞，請究主使人。居正亦上疏如保意。上卽付保鞫，保令辛儒屛語大臣曰：「第言高相君怨望，使汝來刺，願先首免罪，卽官汝錦衣，賞千金；不然，重榜掠死矣。」榜，笞也。儒日與大臣狎款，卽令誣拱家人爲同謀。而居正前疏傳中外，口語籍籍，謂且逮拱。居正乃密謀於獄具，保飛發五校械拱僕。

楊博授策
朱希孝

吏部尚書楊博，博曰：「迫之恐起大獄。抑上神聖英銳，持公平察，高公雖粗暴，天日在上，安得有此？」居正面不懌。左都御史葛守禮語楊博：「過張公，必諍之。」博曰：「向已告矣。」守禮曰：「輿望屬公，謂公能不殺人媚人耳。大獄將起，公奈何以已告爲解？」卽共詣居正，居正曰：「東廠獄具矣。同謀人至，卽疏處之耳。」守禮曰：「願以百口保高公。」居正默不應，博曰：「願相公持公議。」居正憤然入內，取廠中揭帖投博曰：「是何與我？」揭帖有居正竄改四字曰「歷歷有據」，而居正忘之，守禮識居正字，笑而納諸袖。居正覺曰：「彼理法不諳，我爲易數字耳。」守禮曰：「機密重情，不卽上聞，先政府邪？吾兩人非爲相公甘心高公，甘心，謂快意殺之也。以回天非相公不能。」居正揖謝曰：「何以教我？」博曰：「此須得一有力世家，與國休戚者，乃可委治。」居正悟，言於上，命馮保與葛守禮、都督朱希孝會審。

希孝詣楊博問計，博曰：「公第使善詗校尉入獄，訊刀劍、口語所從來，雜高家僕稠衆中，令別識，且問見高公何所？今在何地？則立辨矣。」希孝如博言，使善詗校尉密詢大臣何自來？則來自保所，語盡出保口。校尉卽告大臣：「入宮謀逆者，法族，奈何甘此？若吐實，或免罪。」大臣哭曰：「始紿我主使者罪大辟，紿，誑也。自首無恙，官且賞，豈知當實言！」高家僕逮至，希孝雜諸校中，令物色，大臣不辨也。

及會審，風霾、大晦、雨雹，東廠理刑官白一清厲聲曰：「天意若此，可不畏乎！」頃之，天稍明，出大臣會問。故事，先雜治，大臣呼曰：「故許我富貴，何雜治也！」馮保卽問曰：

「誰主使者？」大臣曰：「爾使我，乃問也。」保氣奪。又問：「爾言高相公何也？」曰：「汝教我，我則豈識高相公。」希孝復詰其蟒袴、刀劍，曰：「馮家僕辛儒所予。」保益懼，遂罷審。保密飲大臣生漆酒瘖之，瘖音因，瘂也。而密以拱行刺事上聞。

有殷內監者，年七十餘，奏上曰：「高拱故忠臣，何爲有此！」隨顧保曰：「高鬍子是正直人，張居正故懷忮刻，忮音至。必殺之，我輩內官何須助彼。」保大沮，而內監張宏亦力言不可，於是上下刑部擬罪，竟論大臣斬。

拱被居正齮齕，齕，齧也。杜門屏居。仕宦中州者不敢過新鄭，（即今河南新鄭縣。高拱新鄭人，時家居。）率枉道他去。

張居正進講章

編　甲戌，二年，（一五七四）春正月，張居正進講章。

紀　居正上講章疏略曰：「義理必時習而後能悅，學問必溫故而後知新。臣謹將今歲所進講章重復删定，大學一册，虞書一册，通鑑四册，進呈睿覽。雖淺近之言，然亦行遠登高之一助也。」

編　三月，帝自駕迎仁聖皇太后過大內賞花。

紀　上語輔臣曰：「咋日禁中花盛開，侍母后賞宴甚歡。」蓋指慈聖也。張居正奏曰：「仁聖太后處多時寂寞，惟陛下念之。」上卽起還宮白慈聖，自駕往迎仁聖過大內賞花，傳觴歡宴而罷。

編 秋九月，刑部請錄囚。

紀 慈聖太后欲停之，上問張居正，對曰：「春生、秋殺，天道之常。陛下即位以來，停刑者再矣，稂莠不除，稂莠俱害苗草。反害嘉禾，凶惡不去，反害良民。」上爲請太后，從之。

張居正上御屏

編 冬十二月，張居正率大臣上御屏。

紀 屏繪天下疆域及職官姓名，用浮帖以便更換。上命設於文華殿後，時加省覽。

編 乙亥，三年，（一五七五）秋八月，以吏部左侍郎張四維爲禮部尚書，入東閣。

紀 張居正請增閣臣，許之，即日進四維爲禮部尚書，入東閣。故事，入閣者止曰同某人辦事，至是上手注「隨元輔入閣辦事」，四維恂恂若屬吏矣。

劉臺劾張居正

編 丙子，四年，（一五七六）春正月，下御史劉臺獄，奪職爲民。

紀 臺劾「大學士張居正專擅威福，如逐大學士高拱，私贈成國公朱希忠王爵，引用張四維、張瀚爲黨，引張瀚爲吏部尚書。斥逐言官余懋學、傅應禎，罔上行私，橫黷無厭。」居正怒甚，見上辭政曰：「臣之所處者，危地也。言者以爲擅作威福，而臣之所行正威福也。將巽順以悅下邪，則負國；竭公以事上邪，無以逃專擅之譏。」伏地不肯起，上下御座手掖之，掖，持也。曰：「先生起，朕當責臺以謝先生。」詔：「下臺獄，杖一百，遠戍之。」時議籍籍，居正不自安，復具疏爲解，免杖奪職爲民，然心終恨之，後竟置之死。

進張居正左柱國

編 冬十月，進張居正左柱國、太傅，加伯爵。

紀　敕曰：「先生親受先朝顧命，輔朕沖年。今四海昇平，實賴匡弼，精忠大勳，言不能殫，惟我祖宗列聖祐爾子孫，與國咸休，欽哉！」居正固辭伯爵，許之。

編　丁丑，五年，（一五七七）夏五月，詔脩慈慶、慈寧兩宮，既而罷之。

紀　張居正言：「兩宮於萬曆二年落成，宮室既成，祭之曰落。今壯麗如故，足以娛聖母，乃欲壞其已成，更加藻飾，非所急也。請輟工。」從之。

張居正諫停刑

編　秋九月，帝諭停刑。

紀　慈聖太后以大婚期近也。張居正上言：「春生、秋殺，天道所以運行；雨露、霜雪，萬物因之發育。明王奉若天道，刑賞予奪，皆奉天意以行事。若棄有德而不用，釋有罪而不誅，則刑賞失中，慘舒異用矣。且臣近詳閱所開諸犯，皆逆天悖理；其所戕害，含冤蓄憤，聖主明王不爲一泄，彼以其怨恨冤苦之氣，鬱而不散，其上蒸爲妖氛沴祲之變，陰陽氣亂曰沴。沴音田，上聲。祲音侵，妖氣也。下或致凶荒疫癘之疾，則其爲害又不止一人一家也。請俟明年吉典告成，然後概免一年。」從之。

編　張居正以父喪欲去位，帝手詔慰留之。

吳中行等劾張居正

編　冬十月，張居正復上疏乞終制，不允。杖謫編脩吳中行、檢討趙用賢，刑部員外艾穆、主事沈思孝等。

紀　居正既父喪奪情，吉服視事，中行、用賢、穆、思孝交章劾居正忘親貪位，居正大

許文穆鐫杯贈吳趙

鄒元標憤視杖上疏

罷張瀚

怒。大宗伯馬自強曲爲營解，居正跪，而以一手撚鬚曰：（撚，捏也。）「公饒我！公饒我！」掌院學士王錫爵徑造喪次爲之解，居正曰：「聖怒不可測。」錫爵曰：「卽聖怒，亦爲公。」語未訖，居正屈膝於地，舉手索刀作刎頸狀，曰：「爾殺我！爾殺我！」錫爵大驚趨出。

是月二十二日，中行等四人同時受杖，中行、用賢卽日驅出國門，人不敢候視。許文穆方以庶子充日講，鐫玉杯一，曰「斑斑者何卞生淚，（楚卞和得璞于楚山中，獻之武王，王使玉人相之，曰：「石也。」王以爲詐，刖其左足。文王立，和又奉璞獻，玉人又曰「石也。」刖其右足。成王立，和抱璞而泣，淚盡繼之以血。人問之，曰：「予非悲夫刖也，寶玉而名之以石，貞士而名之以詐，予是以悲。」王聞，使玉人破之，果得寶，因名和氏璧。）英英者何藺生氣，（秦昭王欲以十五城易趙和氏璧，趙王遣藺相如奉璧西入秦，秦王受璧，無意償趙城，相如乃前曰：「璧有瑕，請指示王。」王授璧，相如因持璧却立倚柱，怒髮上衝冠，謂秦王曰：「臣觀大王無意償趙城，故復取璧，大王必欲急臣，臣頭今與璧俱碎於柱矣。」後竟完璧歸趙。）追之琢之永成器」，（追音堆，彫也。）以贈中行。鐫犀杯一，曰「文羊一角，其理沉黝，（黝，青黑色。）不惜剖心，寧辭碎首。黃流在中，爲君子壽」，以贈用賢。

穆、思孝復加鐐鎖，且禁獄，越三日始簽解發戍，爲更慘毒。時鄒元標觀政刑部，憤甚，視四人杖畢而疏上；越三日受杖，謫戍貴州都勻衞。（卽今貴州都勻市。）

【編】罷吏部尚書張瀚。

【紀】先是瀚爲南京工部尚書，廷推吏部，瀚名第三，以張居正言，上越次用之。居正以爲德，希瀚報。奪情議起，遂邀中旨屬瀚留居正，居正亦自爲牘，風之使留己。瀚若不喻其意者，謂「政府奔喪，當以殊典卹之，宗伯事也，何關吏部。」居正大不悦，於是有詔切責瀚，謂瀚奉諭不復，無人臣禮。瀚拊膺太息曰：「三綱淪矣！」居正益怒，嗾臺省劾之，勒令致仕。

編　起復大學士張居正入直内閣。

紀　初居正在喪次，凡閣中事令吏齎奏就擬處分，手詔稱元輔，稱太師，稱先生，皆盡古師臣之禮。至是，上召居正於平臺，慰諭甚至，即日入直。

# 明鑑易知錄卷十

## 明紀

### 神宗顯皇帝

編 戊寅，六年，（一五七八）春正月，帝冠。

編 三月，立妃王氏爲皇后。

紀 大婚禮成，上兩宮徽號。仁聖皇太后加懿安，慈聖皇太后加昭文。

編 張居正乞歸治葬，許之。

紀 居正辭朝，上勞諭之曰：「朕不能捨先生，恐重傷先生懷，是以忍而允所請。然先生雖行，國事尙宜留心。」乃賜銀印，曰「帝賚忠良」，令得密封言事。

編 以禮部尙書馬自強爲文淵閣大學士，掌詹事府；禮部左侍郞申時行爲東閣大學士。

編 夏六月，張居正還朝。

紀 上召見於文華西室，問沿途所見稼穡何如，民生何如，邊事何如？居正對甚悉，上大悅，賜休沐十日。

編　秋八月，前少師高拱卒，復其官，予祭葬。

編　己卯，七年，（一五七九）春二月，帝患疹。

紀　慈聖太后命僧於戒壇設法度衆，張居正上言：「戒壇奉皇祖之命禁止至今，以當時僧衆數萬，恐生變敗俗也；今豈宜又開此端！聖躬違豫，惟告謝郊廟、社稷，斯名正言順，神人胥悅，何必開戒壇而後爲福哉！」事遂寢。

河工成

編　二月，河工成。

潘季馴治河

紀　先是淮安有水患，（淮安府治山陽縣，即今江蘇淮安縣。）河決入淮，（淮水。）水勢不敵，淮、揚咸爲巨浸，直逼泗州，（即今安徽泗縣。）患近寢陵。上以問張居正，因上言故河道都御史潘季馴可使。乃降璽書，卽其家拜都御史，使持節治河，一切假以便宜，久任，帑藏不問出入，諸奉行不及事者下詔獄鞫治之。於是當事者日夜焦勞，蓋踰年而隄成，轉漕無患。

編　三月，帝疹愈。

張居正諫鑄大錢

編　夏四月，命鑄大錢進內庫，既而罷之。

紀　上以內庫缺錢，賞賚不足，命部鑄大錢以進。張居正上言：「先朝鑄錢呈式，非供上用也。萬曆二年進錢一千萬，其後歲半之，已非本意；若缺錢鑄進，是以外府之儲取供內府，大失舊制矣。」上從之，乃罷鑄錢。

封李成梁

編　五月，封遼東總兵李成梁爲寧遠伯。

罷浙直織造內臣

脩大明會典 脩寶訓寶録

紀 張居正言成梁屢立戰功，忠勇爲一時冠，加以顯秩，此鼓勵將士之法也。已而成梁使使餽以金，居正曰：「而主以百戰得功勳，我受其金，是得罪高皇帝也。」却不受。

編 秋七月，給事中顧九思等請罷浙、直織造內臣，從之。

紀 九思、王道成等以江南水災，請罷織造內臣孫隆。上語張居正曰：「彼織幣且完，當俟來春罷之。」居正曰：「地方多一事，則有一事之擾，寬一分則受一分之惠。災地疲民，不堪催督，暫去之，俟稍稔可復也。」上從之。

編 冬十月，薊、遼總督梁夢龍等擊土蠻，走之。

紀 夢龍報土蠻大舉入寇。張居正奏言：「臣諭邊臣：『如敵騎入，勿輕戰，堅壁清野，野無所掠，彼將自阻。』請令夢龍駐永平，（永平府治盧龍縣，在今河北昌黎縣西北。）戚繼光駐一片石，（在今河北秦皇島市東北，近山海關。）伺閒邀擊。」上善之。既而土蠻以四萬騎犯前屯，梁夢龍、李成梁率兵擊却之。

編 庚辰，八年，（一五八〇）夏五月，纂脩大明會典。

編 冬十二月，張居正請脩累朝寶訓、實録進呈。

紀 居正請屬儒臣以累朝寶訓、實録分四十餘則，曰創業艱難，曰勵精圖治，曰勤學，曰敬天，曰法祖，曰保民，曰謹祭祀，曰崇孝敬，曰端好尚，曰慎起居，曰戒遊佚，曰正宮闈，曰教儲貳，曰睦宗藩，曰親賢臣，曰去奸邪，曰納諫，曰理財，曰守法，曰敬戒，曰務實，曰正

筆札小技

淮鳳多荒少熟

紀綱，曰審官，曰久任，曰重守令，曰馭近習，曰待外戚，曰重農桑，曰興教化，曰明賞罰，曰信詔令，曰謹名分，曰裁貢獻，曰慎賞賚，曰敦節儉，曰慎刑獄，曰褒功德，曰屏異端，曰飭武備，曰禦戎狄。仍敕次第進呈，俟明年開講，其諸司章奏切要者，卽講畢面裁。時上留意翰墨，居正以爲筆札小技，非君德治道所係，故有是請；上嘉納之。

編　辛巳，九年，（一五八一）夏四月，張居正以給事中傳作舟疏進覽。

紀　居正以作舟疏進覽云：「今江北淮、鳳及江南蘇、松，（鳳陽府治鳳陽縣，卽今安徽鳳陽縣。蘇州府治吳縣，卽今江蘇蘇州市。松江府治華亭縣，卽今上海市松江縣。）連被災傷，民多乏食，至以樹皮充饑，或相聚爲盜，大有可憂。」上曰：「淮、鳳頻年告災，何也？」居正對曰：「此地從來多荒少熟。元末之亂，皆起於此，今當破格賑之。」上曰：「然。」居正又言：「江南、北旱，河南風災，畿內不雨，勢將蠲賑。惟陛下量入爲出，加意撙節。如宮費及服御可減者減之，賞賚可裁者裁之，至若施舍緇黃，不如予吾赤子也。」上然之。

編　冬十一月，加張居正上柱國、太師，支伯爵俸。居正固辭，許之。

編　以宣、大巡撫右副都御史吳兌爲都御史，（宣，宣化府，治宣化縣，在今河北張家口市南。大，大同府，治大同縣，卽今山西大同市。）總督薊、遼。

編　壬午，十年，（一五八二）春三月，加薊、遼總督都御史吳兌兵部尚書。

編　張居正有疾，求私宅票擬，從之。

進張居正太師

張居正卒

張居正以私憾廢遼王

人比之霍氏之驂乘

編 夏六月，張居正以疾再乞休，不允。

紀 上以細務委張四維，大事卽居正家平章。

編 進張居正太師。以遼左大捷，斬遼把孩功也。

編 命禮部尚書潘晟、吏部左侍郎余有丁入閣辦事。張居正薦之也。

編 大學士張居正卒。

紀 上震悼輟朝，遣司禮太監張誠監護喪事，賜賻甚厚。賻以貨財，助喪事也。兩宮太后及中宮俱賜金幣，賜祭十六壇，贈上柱國，諡文忠。

居正性深沉機警，多智數，及攬大政，登首輔，慨然有任天下之志，勸上力行祖宗法度，上亦悉心聽納，十年來海內肅清，治績炳然。惜其褊衷多忌，剛愎自用，初入政府，卽以私憾廢遼王。隆慶二年十二月事也。居正故隸遼王尺籍，至王憲㸅頗驕酗，多所陵轢，居正銜之，而又羨其府第壯麗。會有告王謀反，刑部訊治，侍郎洪朝選案驗無謀反狀，僅坐以淫酗。憲㸅錮高牆，廢其府，居正攘以爲第。後復恚朝選不附反律，謀殺朝選。久直信任，奸佞好諛成風，至章疏不敢斥名，第稱「元輔」。居正卒，餘威尚在，言官奏事，尙稱「先太師」。方奪情時，威權震主，上雖虛己以聽，而內顧不堪。

初，上在講筵讀論語「色勃如也」，誤讀作「背」字，居正忽從旁厲聲曰：「當作『勃』字。」上悚然而驚，同列皆失色，上由此憚之。及居正卒後蒙禍，人比之霍氏之驂乘。乘車之法，尊者居左，御者居中，又一人處其右以備傾側，謂之驂乘。漢宣帝初立，謁見太廟，大將軍霍光驂乘，帝嚴憚之，若有芒刺在背。

後張安世代光驂乘，帝從容肆體，甚安近焉。故俗傳霍氏族滅之禍，始於驂乘。

【編】發馮保南京閒住。

【編】復吳中行、趙用賢、艾穆、沈思孝、鄒元標等官。

【紀】時潞王婚禮所需珠寶未備，太后以爲言。上曰：「辦此不難，年來廷臣無恥，盡獻張、馮二家耳。」自此內中張先生稱謂絕以爲諱，而籍沒之舉亦胎於此。

【編】冬十一月，以吳兌爲兵部尚書，加太子少保。

【編】癸未，十一年，(一五八三)春三月，太子少保、兵部尚書吳兌致仕。

買金珠

【編】戶部請停買金珠，不報。

奪張居正封誥贈謚籍其家

【編】甲申，十二年，(一五八四)春正月，詔奪張居正封誥、贈謚，籍其家。其弟居易、子嗣脩等俱遠地充軍。

【紀】御史羊可弘追論居正罪惡，詔奪其官爵、贈謚；復從遼府次妃王氏奏請，籍沒其家產。其產不及嚴嵩二十分之一，株連頗多，荆州騷動。(居正家荆州府江陵縣，即今湖北江陵縣。)上曰：「張居正誣衊親藩，箝制言官，蔽塞朕聰，專權亂政，罔上負恩，謀國不忠。本當斲棺戮尸，念效勞有年，姑免盡法。伊屬張居易、張嗣脩、張順、張書，俱令烟瘴地面充軍。」有司勘居正家屬，其長子敬脩不勝刑，自縊死。刑部尚書潘季馴上言：「居正家產奉旨鈔沒，國法已正，衆憤已平。但其八旬老母衣食不周，子孫死亡相繼，殊失罪人不孥之意。」上乃詔有

採木之害　起用海瑞

貶姜應麟等爲典史

司保全之。

編　冬十二月，以禮部尚書王錫爵爲文淵閣大學士，吏部左侍郎王家屏爲東閣大學士。

編　四川巡撫雒遵奏採木之害。（採木於四川建昌衞，即今四川西昌縣。）

編　乙酉，十三年，（一五八五）春正月，起前應天巡撫致仕海瑞爲南京吏部右侍郎。（應天府治大興縣，在今北京市境。）

編　夏五月，大旱。

紀　詔免災傷地方本年錢糧。

編　六月，慈寧宮成。

紀　宮建於萬曆二年，極壯麗，以居慈聖皇太后。尋欲改造，因張居正疏諫而止。居正沒，乃興工，費財力巨萬。

編　丙戌，十四年，（一五八六）春正月，皇第三子生，進其母鄭氏爲貴妃。

編　貶戶科給事中姜應麟等爲典史。

紀　應麟、吏部員外郎沈璟上言：「貴妃雖賢，所生爲次子，而恭妃誕育元子，主鬯承祧，反令居下。乞收回成命，首進恭妃，次及貴妃。」上怒，謫應麟廣昌典史，（廣昌縣，即今江西廣昌縣。）璟調外任。上謂閣臣曰：「朕非爲册封事責言官，惡彼疑朕立幼廢長，故先揣摩上意，置朕於不善之地。我朝建儲，自有成憲，朕豈敢以私意壞祖宗之法。」刑部主事孫如法上言：「恭妃誕育元嗣，五年未聞有進封之典，鄭氏一生子，卽有皇貴妃之封，此天下不能無疑也。」上怒謫如法朝陽典史。（朝陽縣，卽今遼寧朝陽市。）禮部左侍郎沈鯉請並封恭妃王氏，上諭待元子册立行。

**申時行請立東宮疏**

【編】二月，大學士申時行等上疏請立東宮，不聽。

【紀】時行等疏言：「國本繫於元良，主器莫若長子。漢臣有云，『早建太子所以尊宗廟、重社稷也。』自萬曆十年，元子誕生，詔告天下，於茲五年，正名定分宜在今日。本朝故事，宣宗以宣德三年立英宗爲皇太子，時年二歲，憲宗以成化十一年立孝宗爲皇太子，時年六歲，孝宗以弘治五年立武宗爲皇太子，尙未周一歲也。成憲具存，昭然可考。今元子睿齡漸長，陽德方亨，乞敕下禮部，速具儀注，擇吉册立，以慰臣民之望。」上諭：「少俟二三年舉行。」

【編】三月，以海瑞爲南京都察院右都御史。

**沈子木請立建文祠祀**

【編】秋七月，南京太常寺卿沈子木上疏請立建文帝祠祀，不報。

【紀】子木疏言：「建文皇帝御宇四年，死葬西山，不得一盂麥飯，盂音于，椀也。下同庶民。近奉明詔祀死事諸王，而建文獨不祀，於德意未稱。宜敕禮官議立祠祀。」不報。

**海瑞卒**

【編】丁亥，十五年，（一五八七）秋八月，南京都察院右都御史海瑞卒。

紀　卒年七十三。贈吏部尚書，諡忠介，加祭二壇，遣行人許子偉護喪至瓊州，（海瑞，廣東瓊州府瓊山縣人，即今廣東瓊山縣。）葬於濱涯山。瑞卒時，僉都御史王用汲入視，葛幃敝衣，有寒士所不堪者，歎息泣下。啓其篋，僅十餘金。士大夫爲具斂，百姓哭之，罷市者數日。喪出江上，白衣冠送者兩岸無隙地，簞食壺漿之祭，數百里不絕。

停講貞觀政要

編　戊子，十六年，（一五八八）春正月，命停講貞觀政要。（貞觀，唐太宗年號。）

紀　上覽貞觀政要，謂輔臣曰：「唐太宗多有慙德，魏徵大節有虧。宜停講，自後講禮記。」

編　三月，國子監司業王祖嫡請復建文年號，從之。

孫一謙卹囚

編　己丑，十七年，（一五八九）春三月，靈山吏目孫一謙卒。（靈山縣，即今廣東靈山縣。）

紀　南京司獄孫一謙，麻城人。（麻城縣，即今湖北麻城縣。）舊例，重囚米日一升，率爲獄卒盜去，又散時強弱不均，多有不得食者。又囚初入獄，不得錢則驅之濕穢地。一謙一切嚴禁；手一秤秤米計飯，按籍以次分給甚均，囚衣敝爲澣濯補葺，終其官，囚無凍餓陵虐死者。兵部侍郎王用汲聞之，歎異，欲爲之地，而一謙已滿考，轉靈山吏目去矣。一謙不之官，徑歸。未幾，卒。

史錦請開礦

編　房山人史錦請開礦，命下撫按。

編　庚寅，十八年，（一五九〇）春正月朔，帝御毓德宮，召閣臣申時行等入見。

紀　大學士申時行、許國、王錫爵、王家屏至西室，御榻東向，時行等西向跪，賀朔畢，進曰：「臣等久不瞻仰天顏，諸事未能面陳，今幸蒙召見，敢不傾吐。近來聖體常欲攝靜，但一月間或三四次臨朝，亦足慰羣情之望。」上曰：「朕疾雖愈，行立不便。」時行請册立東宫，上曰：「朕無嫡子，長幼自有定序。鄭妃亦再三陳請，恐外廷有疑。但長子孱弱，俟其強健耳。」時行等言：「皇長子年已九齡，宜出閣讀書，及時訓教，乃能成德。」上曰：「朕知之。」命司禮監召皇長子、皇第三子至，上手引皇長子，向明端立。時行等注視良久，因言：「有此美玉，何不早加琢磨，使之成器。」上復曰：「朕知之。」時行等乃出。

編　冬十月，兩京九卿、科道交章請立東宫，詔切責之。

紀　羣臣合辭請立太子。鄭貴妃弟國泰特疏懇請，上諭曰：「皇子體弱，稍俟年月，長幼之序，豈有搖動。鄭妃嘗請定名分以免疑議，朕前已面諭卿等知之。今又來陳奏，朕不喜激聒，且看十四年至今，未有一日之不激聒者。此輩心懷無父，志欲求榮，顧於此時激朕加疾，離間父子，以成己賣直、圖報之逆志耳！子乃朕子，豈肯越序更置！爲臣者以言激之，其求榮乎？欲朕之疾劇乎？我朝戚臣，不敢干預國事，鄭國泰出位妄奏，姑免罪。」

于肅愍改謚忠肅

編　十一月，改謚故少保于謙曰忠肅。

編　辛卯，十九年，（一五九一）春正月，閣臣進累朝寶訓、實錄。

紀　加恩申時行太師，許國少師，王錫爵少傅，王家屏太子少保。

編 冬十月，大學士許國等合疏請建東宮。杖中書黃正賓，削給事中羅大紘籍。紘音宏。

申時行具揭避罪

紀 先是建儲事既奉上旨，申時行與同官約，遵守稍需一歲，每諸司接見，亦以此告之，故是年自春及秋，曾無言及者。至是，工部主事張有德請備東宮儀仗，時行方在告，告，休假也。許國乃曰：「小臣尙以建儲請，吾輩不一言可乎。」倉卒具疏，卒音猝。首列時行名以上。時行聞之，大愕，別具揭云：「臣已在告，同官疏列臣名，臣不知也。」故事，閣臣密揭皆留中，而是揭與諸疏同發，禮科羅大紘遂上疏論時行迎合上意以固位，武英中書黃正賓繼之。上怒，杖正賓，削大紘籍。

編 十二月，以禮部尙書趙志皐、吏部左侍郎張位並爲東閣大學士。

李獻可削籍爲民

編 壬辰，二十年，（一五九二）春正月，禮科都給事李獻可疏請皇長子出閣讀書；削籍爲民。

紀 獻可既削籍，大學士王家屛具揭申救，封還御批。上怒，家屛乞歸，許之。吏部主事顧憲成、章嘉禎等言家屛忠愛，不宜廢置，請召還。上怒，憲成削籍，嘉禎謫羅定州州判。（羅定州，即今廣東羅定縣。）

王錫爵密疏請建東宮

編 癸巳，二十一年，（一五九三）春正月，大學士王錫爵密疏請建東宮，不允。

紀 錫爵上言：「前者册典垂行，而輒爲小臣激聒所阻。陛下親發大信，定以二十一年舉行，於是羣囂寂然，蓋皆知成命在上，有所恃而無虞也。倘春令過期，外廷之臣必曰：『昔以激聒而改遲，今復何名而又緩？』伏乞降諭舉行，使盛美皆歸之獨斷，而天功無與於人謀。」上報云：「朕雖有今春册立之旨。昨讀皇明祖訓『立嫡不立庶』，皇后年尚少，倘復有出，是二儲也。今將三皇子並封王，數年後皇后無出，再行册立。」錫爵復疏曰：「昔漢明帝取宮人賈氏子，命馬皇后養之，章帝。唐玄宗取楊良媛子，命王皇后養之，肅宗。宋眞宗劉皇后取李宸妃之子爲子。仁宗。與其曠日持久，待將來未定之天，孰若酌古準今，成目下兩全之美。臣謹遵諭，並擬傳帖二道，以思採擇，然尚望陛下三思臣言，俯從後議，以全恩義，服人心。」上竟用前諭。

編　冬十一月，詔皇長子、皇三子同行出閣禮。

紀　上御煖閣，召輔臣王錫爵，錫爵叩頭力請建儲，上允明年出閣聽講。尋又傳諭，皇長子、皇三子齡歲相等，欲一併行出閣禮。錫爵復奏：「陛下有子而均愛之，固慈父一體之念。然自外廷而觀，皇長子明年十三歲，皇三子明年九歲，大抵皇子生十歲而入學，以皇長子之太遲，形皇三子之太早，先後緩急之閒，一不愼，而聖心又晦矣。」

編　甲午，二十二年，(一五九四)春二月，皇長子出閣講學。

紀　禮部侍郎馮琦進儀注，上以未册立，免侍衞儀仗。

編　夏五月，吏部尚書陳有年罷，以孫丕揚爲吏部尚書。

編　大學士王錫爵致仕。以沈一貫、陳于陛並爲禮部尚書兼東閣大學士，直文淵閣。

東林浙黨所自始

編 謫文選司郎中顧憲成，復削籍。

紀 先是憲成以請召還王家屏，削籍，尋起爲吏部文選郎。至是復以言事被謫，給事中盧明諏、逯中立先後疏救。逯音六。上益怒，憲成削籍，謫明諏、中立按察司知事。禮部郎中何喬遠奏救憲成，謫廣西布政司經歷。

初，申時行性寬平，所斥必旋加拔擢。沈一貫既入相，以才自許，不爲人下。憲成既謫，歸講學於東林，（東林書院在今江蘇無錫市東。）故楊時書院也。楊時，宋徽宗朝大儒。孫丕揚、鄒元標、趙南星之流，謇諤自負，與政府每相持；附一貫者科道亦有人。而憲成講學，天下趨之，一貫持權求勝，受黜者身去而名益高，此東林浙黨所自始也。其後更相傾軋，傾，陷也。軋，以勢相傾也。垂五十年。

編 乙未二十三年，（一五九五）秋七月，巡按直隸御史趙文炳劾吏部文選郎中蔣時馨罪，時馨削籍。

紀 文炳劾時馨倖進鬻爵。下廷議，孫丕揚代時馨辨，時馨削籍。時馨貪黷，初知新喻，（即今江西新喻縣。）調嘉魚，（即今湖北嘉魚縣。）遷南京大理寺評事。故爲敝衣冠，從鄒元標講學，歷考功、文選二司。及被劾，請廷質，且曰：「戎政兵部左侍郎沈思孝，庇浙江海道丁此呂，避察不得，又求少宰不得，遂同諭德劉應秋、大理右少卿江東之等，詆光祿寺卿李三才，授趙文炳，冀陷太宰而代之。」上怒其瀆辨，逮故浙江海道丁此呂。蔣時馨既斥，丕揚謂釁由此呂，思孝以此呂建言不宜察，丕揚遂上此呂訪單，貪婪贓跡，婪亦貪也。雖建言，無倖脫理。命逮下獄。丕揚遂與思孝交惡矣。

孫沈交惡

編 丙申，二十四年，（一五九六）秋八月，大學士張位乞罷，不許。

紀 時孫丕揚乞休，疏二十上，言「權官坐謀，鷹犬效力，義難再留」，以位黨于此呂、沈思孝也。上責丕揚無大臣體，宜協恭，毋相牴牾。

編 閏月，吏部尙書孫丕揚、右都御史兼兵部侍郎沈思孝罷。

程楊諫開礦

編 府軍前衛副千戶仲春請開礦助大工，從之。

紀 命戶部、錦衣衞各一，同仲春開採。給事中程紹工、楊應文言：「嘉靖三十五年七月命採礦，自十月至三十六年，委官四十餘，防兵千一百八十人，約費三萬餘金，得礦銀二萬八千五百，得不償失。」不聽。

編 命戶部郎中戴紹科、錦衣僉事楊宗吾開礦汝南。（即今河南汝南縣。）

編 九月，詹事府錄事曾長慶、錦衣衞百戶吳應騏請山西夏邑開礦，（夏邑即夏縣，在今山西聞喜縣南。）府軍後衞指揮王中允請青、沂等開礦，（青州府治益都縣，即今山東益都縣。沂州屬兗州府，即今山東臨沂縣。）從之。

編 編富民爲礦頭。從太監王虎請也。

編 冬十二月，遣太監張忠往山西、曹金往兩浙、趙欽往陝西，各開礦。

張位主開礦

給店租關防

呂坤乞收人心疏

馮保八店

紀 先是奸人王君錫奏開易州礦，下戶部議。尚書沐材上言：「山冶之害，小則爭掠，大則嘯聚，盜之囮，（囮音訛，鳥媒也，以來生鳥。）寇之藪也。」遂逐君錫。及張位秉政，以爲「利出於天地之自然，可益國，無病民，採之便。」上遂從其言，礦使之害，幾徧天下。

編 丁酉，二十五年，（一五九七）春正月，御史況上進、給事中楊應文上言建昌採木之害，不報。

紀 上進、應文上言：「建昌採木人夫渡瀘，（瀘水，即今四川西昌縣西雅礱江。）觸瘴死者被野，吏胥假公行私，毒流百姓。」不報。

編 二月，給督徵天津等處店租內官關防。

編 夏四月，刑部侍郎呂坤上疏請收人心，不報。

紀 坤言：「洮、蘭之絨，（洮州衞，即今甘肅臨洮縣。蘭州，即今甘肅蘭州市。）山西之紬，浙、直之段絹，積於無用；若服有定制，歲用千匹，而江南、山、陝之人心收。採木之害，飢渴瘴疫死者無論，一木初仆，千夫難移，遭險蹉跌死常百人；倘減其尺寸，少其數目，而川、貴、湖廣之人心收。礦稅無利，勒民閑納銀，民不能支，括庫銀代，豈開礦之初意哉！誠敕各省使臣嚴禁散砂，不許借解，而各省之人心收。自趙承勛進獲利之説而皇店開，（承勛言歲可獲四千金。）朝廷有內官之遺而事權重，且馮保八店，爲屋幾何？而歲四千金，不奪市民，將安取乎？誠撤各店之內官，而畿內之人心收。」不報。

編 戊戌，二十六年，(一五九八)夏五月，吏科給事戴士衡、全椒知縣樊玉衡，(全椒，即今安徽全椒縣。)削籍謫戍。

紀 先是呂坤爲山西按察，輯閨範圖誌，鄭國泰重刻之，增刊后妃，首漢明德皇后，(明帝馬后。)終鄭貴妃。戴士衡指其書上言，謂「呂坤逢迎掖庭，語侵貴妃。」樊玉衡前疏皇長子冊立中亦有「皇上不慈，皇長子不孝，皇貴妃不智」等語，貴妃聞之，泣訴於上，二臣謫戍。

採珠廣東

編 六月，命內監李敬採珠廣東。

編 秋七月，戶部給事包見捷上疏諫開礦，不報。

紀 見捷上言開礦之害：「陛下謂徒取諸山澤，在礦使實奪取之閭閻，搥擊入山者十二載，虎狼出柙者半天下。」科臣趙完成、郝敬，道臣許聞造、姚思仁，交章言之，不報。

編 奪保定巡撫李盛春等俸。(保定府治淸苑縣。即今河北保定市。)

紀 以天津店稅銀解進遲延，故罰。

採大理石

編 冬十月，下雲南大理採石。(大理府治太和縣，即今雲南大理縣。)

榷京口儀眞

編 己亥，二十七年，(一五九九)春正月，分遣御馬監高寀榷京口，(榷，水上橫木，所以渡人者。凡上獨取利，下無所得，率名榷，有如道路設木爲榷也。)(京口，在今江蘇鎭江市東南丹徒鎭。)供用庫官暨祿榷儀眞。(即今江蘇儀徵縣。)

榷浙江

編 二月，百戶張宗仁請復浙江市舶。(舶，海中大船。)命太監劉成榷稅浙江。

【編】千戶陳保請榷珠，命內監李鳳採珠廣州兼徵市舶司稅課。設福建市舶司。

【編】夏五月，以光祿寺卿李三才爲都察院右僉都御史，巡撫鳳陽。

【編】謫戶科給事包見捷爲貴州布政司都事。

【紀】見捷疏論礦、店滋蔓。又疏論臨清稅使擾民，（臨清，即今山東臨清市。）必致生變。又疏遼左阽危，礦市爲患尤烈。一月三疏，指數內使切直，時論韙之。韙音委，是也。謫貴州布政司都事。未幾，臨清百姓變，毆稅使馬堂幾死。見捷言若左券。

【編】秋八月，逮荊州府推官華鈺，（荊州府治江陵縣，見上。）貶荊州知府李商耕、荊門知州高則巽等。

【紀】以稅監陳奉誣劾也。初，奉由武昌抵荊州，商民鼓譟者數千人，飛甎擊石，勢莫可禦。道府諸臣，身犯其衝，殫力防護，獨華鈺以公事至夷陵，（夷陵州，即今湖北宜昌市。）奉疑之，又惡其禁革差官冠帶，阻截可役書算，故受誣尤烈。又稅課襄陽，（即今湖北襄樊市。）商人聚徒鼓譟，李商耕治其參隨，開鎭荊門，（即今湖北荊門縣。）增設稅課；而荊門故非巨鎭，往來商船頗少，誣知州高則巽阻撓，俱降調。

【編】九月，戶部進大珠、龍涎香。

【編】庚子，二十八年，（一六〇〇）春正月，大學士沈一貫請皇長子冠婚，不報。

【編】二月，命太監暨祿兼徵鳳陽、安慶、徽、廬、常、鎭稅。（安慶府治懷寧縣，即今安徽懷寧縣。）

徽州，即今安徽歙縣。廬州府治合肥縣，即今安徽合肥市。常州府治武進縣，即今江蘇常州市。鎭江府治丹徒縣，見上京口。）

編　內監魯坤開彰德、衞輝、懷慶、開封等礦洞。（彰德府治安陽縣，即今河南安陽市。衞輝府治汲縣，即今河南汲縣。懷慶府治河內縣，即今河南沁陽縣。開封府治祥符縣，即今河南開封市。）

李三才請停礦稅疏

編　鳳陽巡撫李三才上疏請停礦稅，不報。

紀　三才疏言：「自礦稅繁興，萬民失業。陛下爲斯民主，不惟不衣之，且併其衣而奪之；不惟不食之，且併其食而奪之。征榷之使，急於星火，搜括之令，密如牛毛。今日某礦得銀若干，明日又加銀若干；今日某處稅若干，明日又加稅若干；今日某官阻撓礦稅拏解，明日某官怠玩礦稅罷職：上下相爭，惟利是聞。如臣境內，抽稅，徐州則陳增，（徐州治蕭縣，即今安徽蕭縣。）儀眞則暨祿；理鹽，揚州則魯保；（揚州治江都縣，即今江蘇揚州市。）蘆政，沿江則邢隆。千里之區，中使四布，加以無賴亡命，附翼虎狼。如中書程守訓尤爲無忌，假旨詐財，動以萬數。昨運同陶允明自楚來云：（楚謂湖廣。）『彼中內使沿途掘墳，得財方止。』聖心安乎，不安乎？且一人之心，千萬人之心也。陛下愛珠玉，人亦愛溫飽；陛下愛萬世，人亦戀妻孥。奈何陛下欲黃金高於北斗，而不使百姓有糠粃升斗之儲？陛下欲爲子孫千萬年，而不使百姓有一朝一夕？試觀往籍，朝廷有如此政令，天下有如此景象，而不亂者哉！」不報。

編　秋七月，巡按御史王立賢奏稅監陳奉貪暴激變，不報。

【紀】時陳奉道承天之金花灘，（承天府治安陸縣，即今湖北安陸縣。）勒居民黃金，拷及婦人，幷拘鍾祥知縣鄒堯弼，（鍾祥，即今湖北鍾祥縣。）遠近大震。

徵鹽茶名木

【編】八月，命內監丘乘雲往徵四川成都、龍安鹽茶，（成都府治成都縣，即今四川成都市。龍安府治平武縣，即今四川平武縣。）重慶、馬湖名木。（重慶府治巴縣，在今四川重慶市境。馬湖府治屏山縣，即今四川屏山縣。）

【編】冬十月，諭內閣來春册儲。下工科都給事王德完錦衣獄。

【紀】德完上言：「臣入京數月，道路相傳，中宮役使止數人，憂鬱致疾，阽危不保，臣竊謂不然。第臣得風聞言事，若如所傳，則宗社隱憂。臣羨袁盎却坐之事，（漢文帝所幸愼夫人，在禁中常與皇后同席坐。及幸上林，布席，中郎將袁盎引却愼夫人坐，夫人怒，文帝亦怒。盎前曰：「臣聞尊卑有序則上下和。今已立后，夫人乃妾，妾主豈可與同坐哉！且陛下獨不見人彘乎？」文帝說，夫人亦說。）祈陛下眷顧中宮，止輦虛受，（漢文帝每朝，郎、從官上書疏，未嘗不止輦受其言。）臣死且不朽。」上怒，下錦衣衞獄訊其由。吏部尚書李戴、御史周盤等論救，俱切責之。

武昌民變

【編】辛丑，二十九年，（一六〇一）春三月，武昌民變，逐陳奉。謫知府王禹聲、知縣鄒堯弼爲民。

【紀】武昌民逐奉，奉列兵殺二人，匿楚府中，命甲騎三百餘射死數人，傷二十餘人。奉踰月不敢出，衆執奉左右六人投之江，奉自焚公署門。事聞，謫禹聲、堯弼爲民。沈一貫論奉激變，不報。

編 夏四月，督理直隸儀眞等稅、御馬監暨祿疏請寬卹。

紀 祿言：「臣徵廬、鳳、徽、安遺稅，并沿江船稅，各撫、按皆云重疊不敷，題請寬處，臣未敢憑。二項共二十萬金，今徵不滿萬，始信撫、按爲可據，而原奏人無憑也。乞軫念民瘼，以實徵解上，毋拘原奏人揣摩之數。」上從之。時榷使苛暴，獨暨祿請寬卹，凡五上。

編 六月，殺蘇州亂民葛成。

紀 太監孫隆採稅浙、直，駐蘇州，激變市人，殺其參隨黃建節等數人。撫、按詰亂民，有葛成獨引服，不及其餘，下獄論死。

編 秋七月，大學士趙志皐卒。九月，以禮部尚書兼翰林院學士沈鯉、朱賡兼東閣大學士，直文淵閣。

編 冬十月，立皇長子常洛爲皇太子。

紀 先是沈一貫上言：「陛下大婚及時，故得聖子早。今皇長子大禮，必備其儀，推及眞情，不如早諧伉儷。陛下孝奉聖母，朝夕起居，不如早遂含飴弄曾孫之爲樂。漢馬太后謂章帝云：「吾但當含飴弄孫。」飴音移，餹也。乞令先皇長子大禮，明春秋遞舉諸皇子禮，子復生子，孫復生孫，坐見本支之盛，享令名、集完福矣。」上心動，諭卽日行之。至是，上以典禮未備，欲改期册立，一貫封還聖諭，力言不可。上從之，乃立皇長子爲皇太子，暨封福王、瑞王、惠王、

田義諫悔諭

景德鎮民變

馮琦言礦稅之害

徐申力白富家冤

桂王，詔告天下。

【編】皇太子冠，福、瑞諸王俱冠。

【編】壬寅，三十年，（一六〇二）春正月，增東宮官屬。

【編】二月，册皇太子妃郭氏。

【紀】上偶不豫，免賀，急召沈一貫入，諭以勉輔太子，并及罷礦稅、起廢、釋禁諸事。翌日上安，諸事遂寢。停稅諭已出，上悔，急令追之。太監田義諫曰：「諭已頒行，不可反汗。」易渙卦五爻：「渙汗其大號。」謂渙散其號令，如汗之出而不反也。上怒，幾欲手刃義，義不爲動。一貫恐，亟繳前諭，義唾之。始吏部尚書李戴、左都御史溫純約卽日奉行，且頒天下，刑部謂弛獄須再請，亡何而旨格矣。格音閣。

【編】夏五月，禮部侍郎馮琦上言礦稅之害，不報。

【紀】饒州景德鎮民變，（景德鎮，卽今江西景德鎮市。）稅監潘相舍人激之也。相誣劾通判陳奇，逮下獄。雲南稅監楊榮肆虐激變，滇人不勝憤，（滇，雲南之別稱。）火廠房，殺委官張安民。馮琦疏言：「礦稅之害，滇以張安民故，火廠房矣；粵以李鳳釀禍，欲剚刃其腹矣；剚音恣，置也。陝以委官迫死縣令，民洶洶不安矣；兩淮以激變地方，劫燬官舍錢糧矣；遼左以余東翥故，翥音註。碎屍抄家矣；土崩瓦解，亂在旦夕，皇上能無動心乎？」不報。

應天大風，拔富家樹成穴。魯保誣以盜礦。府尹徐申力白富家冤，而盛言帝京王氣不可鑿，保不能奪。

編　秋九月，詔授揚州富民吳時脩子弟各中書舍人。

紀　以時脩獻銀十四萬兩也。

編　癸卯，三十一年，（一六〇三）夏四月，楚王華奎與宗人華趆等相訐，趆音底。章下禮部。

紀　初，楚恭王隆慶初廢疾薨，遺腹宮人胡氏，雙生子華奎、華壁。或云內官郭綸以王妃族人如綍奴產子壽兒，綍音拂。及弟如言妾尤金梅所出並入宮，長爲華奎，次華壁。儀賓汪若泉嘗訐奏，事下撫按，王妃堅持之，乃寢。華奎既嗣楚，華壁封宣化王。華趆素強禦，忤王，趆妻又如言女，知其詳，趆遂盟宗人二十九人，入奏：「楚先王風痺，陰痿之疾。不能御內，乃令宮婢胡氏詐爲身，臨蓐時，臨寢蓐也。蓐，薦席。抱妃兄王如言子爲華奎，又抱妃族王如綍舍人王玉子爲華壁，皆出於妻王氏口，王氏，如言女，故知之。二孽皆不宜冒爵。」章入，通政司沈子木持未上，楚王劾宗人疏亦至。事下禮部，右侍郎郭正域曰：「王奏華趆事易竟，華趆奏王非恭王子，亂皇家世系，事難竟。楚王襲封二十年，何至今始發，而又發於女子骨肉之閒？王論華趆一人，而二十九人同攻王，果有眞見出眞情否？王假則華趆當別論，王眞則華趆罪不勝誅。」沈一貫以親王不當勘，但當體訪。正域曰：「正域，江夏人，（江夏縣，即今湖北武漢市武昌城。）一有偏徇，禍且不測。非勘則楚王跡不白，各宗罪不定。」

妖書事起

續憂危竑議

時正域右宗人，而輔臣沈鯉又右正域。戶部尚書趙世卿、倉場尚書謝杰、祭酒黃汝良皆謂王非假。一時閣部互相齟齬。齒不相值曰齟齬。給事中姚文蔚劾郭正域故王護衞中人，脩怨謀陷王。都察院左都御史溫純劾御史于永清、姚文蔚，刺及沈一貫。刑科都給事中楊應文、給事中錢夢皐各劾郭正域，夢皐并及沈鯉。上卒以王爲眞，而正域罷去。尋楚府東安王英燧、武岡王華增、江夏王華煊等請復勘假王，不聽。時票楚事皆朱賡，二沈引嫌不出。

編 冬十一月，妖書事起，命錦衣嚴鞫之；皦生光自誣服，事得解。

紀 時有飛語，無姓名造語者若飛來也。曰續憂危竑議，宋寧宗立沂王嗣子貴和爲皇子，更名竑。寧宗崩，史彌遠矯詔立沂王子貴誠，更名昀，是爲理宗，廢皇子竑爲濟王。理宗立，彌遠矯詔殺竑。萬曆二十六年有援引歷代嫡庶廢立之事，著爲一書，名曰憂危竑議，蓋爲皇長子憂危也。茲名續憂危竑議者，亦復憂危太子云。凡三百餘言，謂東宮不得已立之，而從官不備，寓後日改易之意。其特用朱賡，「賡」者，「更」也。內外官附賡者，文則戎政尚書王世揚、巡撫孫瑋、總督李汶、御史張養志；武則錦衣都督王之禎、都督僉事陳汝忠、錦衣千戶王名世、王承恩、錦衣指揮僉事鄭國賢；又有陳矩朝夕帝前以爲之主。沈一貫右鄭左王，規福避禍，他日必有靖難勤王之事。建文時燕王舉兵向闕，號靖難兵。吏科都給事中項應祥撰，四川道監察御史喬應甲刊。其書一夕閒自宮門迄於衢巷皆遍。厥明，舉朝失色，莫敢言。朱賡得於私宅，以聞。上大怒，令廠、衞搜緝，務得造書主名，責項應祥、喬應甲回奏。沈一貫請嚴跡之。或曰：「妖書似出清流之口，將以傾沈一貫者。」或曰：「此奸人作之以陷郭正域。」正域時有清流領袖之目，見忌一貫。已，喬應甲、項應祥各回奏「奸書謗人，無自名理」，不問。上召皇太子慰安之，太子泣，上亦泣，隨令內豎以慰安太子語諭內閣。

時一貫方以楚宗事恨郭正域。正域，沈鯉門生也，鯉聞告密，語人曰：「此事何必張皇也？」一貫大不懌。

正域放歸，待凍潞河之楊村，聞問不絕，一貫益側目。給事錢夢皐直指正域并及沈鯉，御史康丕揚佐之，於是發卒圍正域舟，捕其僕隸乳媼十三人，陳汝忠又獲正域舍人毛尙文、江夏布衣王忠，康丕揚捕高僧達觀、琴士鍾澄、百戶劉相、醫人沈令譽下獄，考訊無所得。邏校且環逼鯉第，邏，巡也。迫脅不堪。皇太子遣內監語閣臣曰：「先生輩容我，乞全郭侍郎。」會都察院溫純上書訟之，陳矩亦力持之，鯉得安。

上命錦衣嚴鞫妖書，一貫、朱賡請寬疑獄。最後，錦衣百戶崔德緝順天黜生皦生光鞫之。生光性險賊，善脅人金，坐譴戍大同，赦歸，終不悛，悛音詮，改也。猶脅鄭國泰家。方廷訊時，丕揚等皆欲坐郭正域，御史牛應元指天爲誓，御史沈裕厲聲折生光，從重論，恐株連多人，無所歸獄。生光自誣服，歎曰：「朝廷得我結案，如一移口，諸君何處求生活乎？」刑部尙書蕭大亨必欲窮究之，禮部侍郎李廷機、趙世卿告賡，謂卽此可以具獄，賡以語一貫，事得稍解。

編　甲辰，三十二年，（一六〇四）夏四月，皦生光磔于市。

陳矩保全善類

紀　提督東廠司禮太監陳矩上妖書獄，移皦生光刑部論斬，上欲加等，以謀危社稷律論磔。矩素清直，妖書事保全善類爲多。生光磔于市，妻子戍邊。妖書非生光也，第其人可死，故人不甚憐之。或謂妖書出武英殿中書舍人永嘉趙士禎，（永嘉，即今浙江溫州市。）後士禎疾篤自言之，肉碎落如磔。

編　秋八月，戶部尚書趙世卿上疏請停礦稅，不報。

索元元於枯魚之肆

紀　時大雨，都城奔壞，世卿上言：「蒼生糜爛已極，天心示警可畏。礦稅貂璫掘墳墓，奸子女。陛下嘗曰『朕心仁愛，自有停止之日』，今將索元元於枯魚之肆矣。」元元，謂民也。莊子外物篇莊周貸粟於監河侯，侯曰：「以金貸汝。」周曰：「昔見轍中涸鮒曰：『無升斗之水以活我乎？』周曰：『待我決西江水以活汝。』鮒曰：『如君言，不如早索我於枯魚之肆也！』」不報。

編　乙巳，三十三年，（一六〇五）春正月，考察京官。

紀　時主察當屬吏部左侍郎楊時喬，沈一貫憚其方嚴，請以兵部尚書蕭大亨主筆。疏上，上以時喬廉直，竟屬之。時喬與都御史溫純力持公道，疏入，留中。

詔罷礦稅

編　秋九月，詔罷採礦，以稅務歸有司。釋礦稅在獄承天諸生沈機等十二人。

紀　先是禮部侍郎馮琦上言：「礦使出而天下苦更甚於兵，稅使出而天下苦更甚於礦。陛下欲通商而彼專欲困商，陛下欲愛民而彼必欲害民，陛下戒以勿信撥置而撥置愈多，陛下責以不報繹騷而繹騷更甚，陛下之心但欲裕國不欲病民，羣小之心必自瘠民方能肥己。」疏留中，至是乃有是詔。

編　丙午，三十四年，（一六〇六）春正月，逮咸陽知縣宋時隆下獄。（咸陽，即今陝西咸陽市。）

下宋時隆獄

紀　時命停礦，稅監梁永堅執以爲咸陽、潼關委官不宜罷，（潼關，即今陝西渭南縣東潼關。）益樹黨布虐。巡撫顧其志捕惡黨置之法，永大恨之。永又檄時隆取絨氊千五百，時隆不予，遂誣時隆劫稅。閣臣申救，不聽。

編　三月，雲南礦務太監楊榮被殺。

紀　榮久於滇，恣行威福，杖斃數千人，搒掠指揮樊高明等，盡捕六衛官，人人自危。指揮賀世勳、韓光大倡衆殺榮，焚其署，徒黨輜重皆燼。事聞，上怒不食，曰：「榮不足惜，何紀綱頓至此！」罪其首事，罷中使不遣，以稅課歸四川稅使邱乘雲。世勳下獄死，光大戍邊。

編　夏六月，大學士沈一貫、沈鯉罷。

紀　吏科給事中陳良訓、御史孫居相劾沈一貫奸貪；一貫連疏乞休，始允。鯉居位四載，嘗列天戒、民窮十事，書之於牌，每入閤則拜祝之。或譖鯉爲詛呪，上命取觀之，曰：「此非詛呪語也。」妖書事起，危甚，賴上知其心，得無恙。及放歸，得旨不如一貫之優，各賜金幣，鯉半之。出都日，猶有譖其衣紅袍閱邊者，中官陳矩爲解乃已。居相奪歲俸，良訓調外。

十事書牌拜祝

顧憲成移書葉向高

引張禹胡廣爲戒

編 丁未，三十五年，（一六〇七）夏五月，以禮部左侍郎李廷機、南京禮部右侍郎葉向高爲禮部尚書，兼東閣大學士，直文淵閣。復諭朱賡召舊輔王錫爵，辭不至。

紀 時顧憲成移書向高，言近日輔相，以摸稜爲工，稜，四方木，摸之可左可右。唐武后時，蘇味道爲相，依阿取容，嘗謂人曰：「處事不宜明白，但摸稜持兩端可矣。」時人謂之蘇摸稜。賢否混淆，引張禹、胡廣爲戒。禹，漢成帝朝相，廣，漢桓、靈朝相，皆柔佞取容者。廷機故出沈一貫門，人多疑之，給事中王元翰、御史陳宗契等交章劾廷機。廷機故清介，而攻之者詆爲輦金奥援，御史葉永盛極辨之。廷機伏闕辭，不允，上下旨切責元翰等。

編 秋七月，撤陝西稅監梁永還京。

編 貶參政姜士昌廣西僉事。

紀 總督漕運李三才上言：「廢棄諸臣，祇以議論意見，一觸當路，永棄不收。總之於陛下無忤，今乃假主威以錮諸臣，又借忤主之名以飾主過，負國負君，莫此爲甚！」參政姜士昌齎表入京，奏別遺奸，錄遺逸。遺奸，指王錫爵、沈一貫、朱賡。又曰：「古今稱廉相，必稱唐楊綰、杜黃裳，綰，代宗相，黃裳，憲宗相。然二賢皆推賢好士，惟恐不及；而王安石用之，王安石，宋神宗相。用，廉也。驅逐諸賢，竟以禍宋。」時李廷機有清名，故士昌規及之。賡、廷機上疏辨，降士昌廣西僉事。御史宋燾論救，謫平定州判，（平定州，在今山西陽泉市東南。）加謫士昌興安典史。（興安州，即今陝西安康縣。）

# 明鑑易知錄卷十一

## 明紀

### 神宗顯皇帝

編　戊申，三十六年，（一六〇八）夏五月，謫禮部主事鄭振先普安州判。（普安州，即今貴州普安縣。）

紀　振先劾輔臣朱賡、李廷機大罪十二，指沈一貫、賡、廷機爲過去、現在、未來三身，布置接受，從風而靡。上以其誣詆，遂謫。

編　秋九月，起孫丕揚太子少保、吏部尚書。

編　冬十月，起吏部文選郎中顧憲成爲南京光祿少卿，辭不至。

編　十一月，朱賡卒。

紀　賡性淳謹，同鄉沈一貫當國，善調護，故妖書、楚獄禍不蔓延。賡卒，李廷機當首揆，言路益攻之，廷機決計不出。葉向高獨相，而攻廷機者未已也，遂移居演象所之眞武廟。乞放，凡五年，至萬曆四十年始得請，寒暑閉門無履跡。

編　以李化龍爲兵部尚書。

京民訛傳

葉向高因訛傳上言

編　己酉，三十七年，（一六〇九）春正月，北敵在邊講賞。

紀　京民訛傳警至，街市喧動，安定、德勝二門百姓爭入城避難。大學士葉向高上言：「今日事本無實，但敵人窺伺，民心驚惶之狀，亦可概見矣。薊鎮去京師甚近，（薊鎮即薊州，九邊之一，即今河北薊縣。）敵騎動輒數萬，我邊軍皆飢寒窮困，勢必不支，萬一潰邊而入，抵國門在呼吸閒，安知今日之訛傳，不爲他日之實事！都下人民，以辦役破家，誰肯效守？兵部、戎政兩署，止李化龍一人，雖其威望才猷眞堪倚任，但軍務倥傯，（倥傯音孔總，不暇也。）難於肆應，況化龍抱病，豈能臥治。伏望陛下將所推兵部兩侍郎先行檢發，使緩急有人，不致臨時失措。至戶部庫銀止存八萬兩，卽使盡發，所濟幾何？臣誠不知計之所出也。」

語言妙天下

編　二月，御史鄭繼芳劾工科右給事中王元翰，元翰亦奏辨劾繼芳，俱不報。

紀　初，給事中王紹徽善湯賓尹，營入閣甚急，嘗語元翰曰：「公語言妙天下，（漢元帝朝長安令楊興謂待詔賈捐之曰：「君房下筆，言語妙天下。」君房，捐之字。）卽一札揚湯君，湯君且爲公死，世閒如湯君可恃也。」元翰辭焉。紹徽銜之，因嗾繼芳摭元翰貪婪不法事。元翰奏辨，且劾繼芳爲王錫爵等吐氣也。

科道互相攻訐

編　夏四月，吏科糾擅去諸臣。

紀　初，工科給事中孫善繼拜疏竟去，劉道隆繼之，王元翰、顧天峻、李騰芳、陳治則各先後去；命削善繼籍，道隆等各降秩。時南北科道互相攻訐，至不可問。

編　户科給事劉文炳請召鄒元標，不報。

編　冬十二月，工部主事邵輔忠劾總督漕運李三才，工科給事中馬從龍等疏救，俱不報。

紀　輔忠論三才結黨徧天下，前圖枚卜，（虞書：「枚卜功臣，惟吉之從。」注：「枚卜，歷卜之也，謂人人而卜之。」）今圖總憲，四岳薦鯀，漢臣諛莽，天下之大可憂也。時三才需次内臺，輔忠首劾之，繼以御史徐兆魁。三才奏辨，馬從龍、御史董兆舒、彭端吾、南京工科給事中金在衡交章爲三才辨，俱不報。三才負才名，初爲山東藩臬，有聲，民歌思之。撫淮十年，方稅璫横甚，獨能捕其爪牙，璫爲之歛跡。三才多取多與，收採物情，用財如流水，顧憲成之左右譽言日至，憲成信之，亦爲遊揚。三才嘗宴憲成，止蔬果三四色，厥明盛陳百味，憲成訝而問之，三才曰：「此偶然耳。昨偶乏卽寥寥，今偶有故羅列。」憲成以此不疑其綺靡。至是挾縱横之術，與言者爲難，公論絀之。

編　薊鎭地陷，遼東地震，（遼東鎭治遼陽縣，即今遼寧遼陽市。）甘肅地震如雷。

編　江西、福建大水。

紀　溺死民人各十餘萬。

編　是歲山西大旱，山東旱、蝗，眞定、保定等府大旱，（眞定府治眞定縣，即今河北正定縣。保定府治清苑縣，即今河北保定市。）赤地千里。

朱一桂等劾東林黨

編 庚戌，三十八年，（一六一〇）春正月，葉向高請補閣臣，又請東宮講學，皆不報。

編 夏五月，吏部主事王三善乞勘李三才，不報。

紀 前吏部郎中顧憲成遺書葉向高，謂三才至廉至淡漠，勤學力行，爲古醇儒，當行勘以服諸臣心。時給事中金士衡、段然力保三才，給事中劉時俊、兵部郎中錢策爭之，紛如聚訟。

編 辛亥，三十九年，（一六一一）春二月，前大學士王錫爵卒。總督漕運李三才罷。

編 夏四月，南京國子監祭酒湯賓尹、御史王紹徽、喬應甲等俱降調。

編 五月，給事中朱一桂、御史徐兆魁上言京察盡歸黨人，不報。

紀 一桂、兆魁疏言：「顧憲成講學東林，（東林書院，在今江蘇無錫市東。）遙執朝政，結淮撫李三才，傾動一時，孫丕揚、湯兆京、丁元薦角勝附和，京察盡歸黨人。」不報。

編 秋九月，皇貴妃王氏薨。

紀 妃雖生皇太子，失寵目眚，目病生翳。比疾篤，太子始知之，亟至，宮門尚閉，抉鑰而入。妃手太子衣而泣曰：「兒長大如此，我死何憾！」太子慟，左右皆泣，莫能仰視，須臾薨。

編 壬子，四十年，（一六一二）春二月，吏部尚書孫丕揚挂冠出都。

編 夏四月，大學士葉向高上疏乞休，不報。

葉向高密揭

編　秋九月，李廷機出都。

編　冬十月，葉向高請福王之國。

紀　報明年春舉行。

編　癸丑，四十一年，（一六一三）春正月，禮部請東宮開講，福王就國。不報。

編　二月，御史劉廷元劾光祿寺少卿于玉立依附東林，風波翻覆，宜顯斥。不報。

編　夏六月，錦衣衛百戶王日乾下獄。

紀　日乾訐奏：「奸人孔學與皇貴妃宮中內侍龐、劉諸人，請妖人王子詔詛呪皇太子，刻木像聖母、陛下，釘其目，又約趙思聖在東宮侍衛，帶刀行刺。」語多涉鄭貴妃、福王。葉向高語通政使具參疏，與日乾奏同上之，向高密揭：「日乾、孔學皆京師無賴，譸張至此，（譸張，誑誕也。）此大類往年妖書，但妖書匿名難詰，今兩造具在，（造，至也。兩造，謂兩爭者皆至也。周書呂刑：「兩造具備」。）法司其情立見，陛下第靜俟，勿爲所動，動則滋擾。」上初覽日乾疏，震怒，及見揭意解，遂不問。東宮遣取閣揭，向高曰：「皇上既不問，則殿下亦無庸更覽。」太子深然之。

編　尋御史以他事劾日乾，下之獄，踰年而梃擊之獄興。

編　冬十月，禮科給事中亓詩教劾東林顧憲成。（亓，古其字。）

紀　詩教上言：「今日之事始於門戶，門戶始於東林。東林倡於顧憲成，刑部郎中于玉立附焉。憲成自賢，玉立自奸，賢奸各還其人，而奔競招搖，羽翼置之言路，爪牙列在諸曹，闕通大內，操縱朝權，顧憲成而在，寧願見之哉！」末刺及葉向高，向高奏辨。

減稅課

福王之國洛陽

梃擊事起

編 以吏部左侍郎方從哲、禮部左侍郎吳道南並爲禮部尚書、東閣大學士，直文淵閣。

編 甲寅，四十二年，（一六一四）春二月，慈聖皇太后李氏崩。

編 命各省稅課減三分之一。

編 三月，福王常洵之國洛陽。

編 秋八月，大學士葉向高致仕。

編 乙卯，四十三年，（一六一五）夏五月，梃擊事起，詔法司嚴刑鞫審，磔張差于市。

紀 是月己酉，有不知姓名男子持棗木棍撞入慈慶宮，打傷守門內官李鑑，直至前殿簷下，內官韓本用等執縛付東華門守衞指揮朱雄等收之。次日，皇太子奏聞，命法司提問。庚戌，巡視皇城御史劉廷元奏：「人犯供名張差，係薊州井兒峪民。語言顛倒，形似風狂，臣再三考訊，本犯吺吺稱喫齋討封等語。話非實情，詞無倫次，按其迹若涉風魔，稽其貌的係黠猾，（黠，狡也。）情境叵測，不可不詳鞫重擬。」

乙卯，刑部郎中胡士相、岳駿聲等審張差，供「被李自強、李萬倉燒差柴草，氣憤，於四月內來京，欲赴朝聲冤，從東進，不識門徑，往西走適路遇男子二人，紿曰『爾無憑據，如何進？爾拏棍子一條，便可當作冤狀』等語。差日夜氣忿，失志顛狂，遂於五月初四日手拏棗木棍一條，仍復進城，從東華門直至慈慶宮門首，打傷守門官，走入前殿下被擒。」擬依宮殿前射箭、放彈、投甎石傷人律，斬決不待時。

戊午，刑部提牢主事王之寀言：「本月十一日散飯獄中，末至新犯張差，見其年壯力強，非風顛人，臣問『實招與飯，不招當飢死。』卽置飯差前，差見飯低頭，已而云『不敢說』。臣乃麾吏書令去，止留二役扶問之，招稱：『張差小名張五兒，父張義病故，有馬三舅、李外父叫我跟不知姓名老公，說事成與爾幾畝地種。老公騎馬，我跟走，初四到京。』問『何人收留？』復云：『到不知街道大宅子，一老公與我飯，說「汝先衝一遭，撞見一個打殺一個，打殺了我等救得汝。」遂與我棗棍，領我由厚載門進到宮門上，守門阻我，我擊之墮地。已而老公多，遂被縛。』又招有柏木棍、琉璃棍，棍多人衆等情，其各犯姓名至死不招。臣看此犯不顛不狂，有心有膽。願陛下縛兇犯於文華殿前朝審，或敕九卿、科道、三法司會問，則其情立見矣。」

辛酉，戶部郎中陸大受言：「青宮何地？（青宮卽東宮，東方色青，故云。東宮，太子所居。）男子何人？而橫肆手棍，幾驚儲蹕。此乾坤何等時邪！北人好利輕生，有金錢以結其心則輕爲人死，有臣子所不忍言者。張差業招一內官，何以不言其名？明說一街道，何以不知其處？彼三老、三太互爲表裏，而所供霸州武舉高順寧等今竟匿於何所？變豈無因，釁甚非小，乞陛下大振乾綱，務在首惡必得，邪謀永銷，明肆凶人於朝市以謝天下。」疏中有「姦戚」二字，上惡之，與之寀疏俱不報。

御史過庭訓爲移文薊州踪跡之，知州戚延齡具言其致顛始末，諸臣據爲口實，以「風顛」二字定爲鐵案矣。

乙丑，刑部司官胡士相、陸夢龍、鄒紹先、朱瑞鳳等再審張差，供稱「馬三舅名三道，李外父名守才，同在井兒峪居住。又有姐夫孔道，住本州城內。不知姓名老公，乃脩鐵瓦殿之龐保，不知街道大宅子，乃住朝外大宅之劉成。三舅、外父常往龐保處送炭，龐、劉在玉皇殿商量，與我三舅、外父逼遣我來」等語。刑部行薊州道提解馬三道等，疏請法司提龐保、劉成對鞫。

給事中何士晉上言：「頃者張差持梃突入慈慶宮，事關宗社安危，陛下宜何如震怒？三事大臣宜何如計安？乃旬日以來，似猶泄泄，泄音異，弛緩之意。豈刑部主事王之寀一疏，果無故而發大難之端邪？雖事涉宮闈，百宜慎重，然謀未成，機未露，猶可從容曲處；今形見勢逼，業已至此，所謂『亂臣賊子，人人得而誅之』，明主可與忠言，此事寧無結局！」疏留中。

閣臣促之，上諭曰：「朕自聖母升遐，升遐猶言適遠，諱言死也。奉襄大典，襄，成也。葬曰襄事。追思慈恩罔極，哀慕不勝。方在靜攝中，突有風顛奸徒張差持梃闖入青宮，震驚皇太子，致朕驚懼，身心不安。朕思太子乃國根本，豈不深愛，已傳內宮添人守門防護。連日覽卿等所奏，姦宄叵測，行徑隱微，既有主使之人，即著三法司會同擬罪具奏。」是日，刑部據戚知州回文以上。

壬申，上再諭法司嚴刑鞫審，速正典刑。時語多涉戚臣鄭國泰，鄭貴妃弟。國泰出揭自白。何士晉復奏：「陸大受疏內雖有『身犯姦戚』等語，並未直指國泰主謀。此時張差之口供未具，刑曹之勘疏未成，國泰豈不能從容少待，輒爾具揭張皇，人遂不能無疑。若欲釋疑，計惟明告宮中，力求陛下，速將張差所供龐保、劉成立送法司考訊。如供有國泰主謀，是大逆罪人，臣等執法討賊，不但宮中不能庇，即陛下亦不能庇。設與國泰無干，臣請與國泰約，令國泰自具一疏告之陛下，嗣後凡皇太子、皇長孫一切起居，俱係鄭國泰保護，稍有疎虞，即便坐罪，則人心帖服，永無他言。若今日畏各犯招舉，一惟熒惑聖聰，久稽廷訊，或潛散黨與使遠遁，或陰斃張差使滅口，則疑復生疑，將成實事。惟有審處以消後禍。」不報。

癸酉，駕幸慈寧宮召見百官，輔臣方從哲、吳道南暨文武諸臣先後至，內侍引至聖母靈次行一拜三叩頭禮，上西向倚左門柱設低座，皇太子侍御座右，三皇孫鴈行立左階下。上宣諭曰：「昨忽有風顛張差闖入東宮傷人，外庭有許多閒說，爾等誰無父子，乃欲離閒我邪？適見刑部郎中趙會楨所問招情，止將本內有名人犯張差、龐保、劉成即時凌遲處死，其餘不許波及無辜一人，以傷天和，以驚聖母神位。」尋執東宮手示羣臣曰：「此兒極孝，我極愛惜。」乃以手約皇太子體曰：「彼從六尺孤，養至今成丈夫矣。使我有別意，何不於彼時更置，今又何疑？且福王既已至國，去此數千里，自非宣召，彼能飛至邪！」因命內侍傳呼三

加稅監歲祿

皇孫至石級上，令諸臣熟視，諭曰：「朕諸孫俱已長成，更有何說。」顧問皇太子：「爾有何語，與諸臣悉言無隱。」皇太子曰：「似此風顛之人，決了便罷，不必株連。」又曰：「我父子何等親愛，外庭有許多議論，爾輩爲無君之臣，使我爲不孝之子。」上又持皇太子面向右問羣臣曰：「爾等俱見否？」衆俯伏謝，乃命諸臣同出。

甲戌，決張差於市。尋刑部審馬三道、李守才、孔道以左道從律論，應流；李自強、李萬倉應笞。從之。尋斃龐保、劉成於內庭，王之宷爲科臣所糾，黜閒住。補何士晉於外。

編 秋八月，命內官呂貴暫提督浙江織造，江西稅監潘相檄催福建、廣東稅課。

編 九月，江西湖口稅廨火。（湖口，即今江西湖口縣。）大學士吳道南請罷湖口商稅，不報。

編 丙辰，四十四年，（一六一六）夏四月，雷火焚通州稅監張曄樓居。曄音葉。御史金汝諧請罷稅使，不報。

編 秋八月，皇太子出閣講學。蓋曠期十三年。

編 萬壽節，加稅監河南胡江、江西潘相、通灣張曄、天津馬堂、四川邱乘雲、南京劉朝用歲祿，賜呂貴緋魚服。緋衣，銀魚也。唐制，給隨身魚袋，三品以上賜紫則給金魚，五品以上賜緋則給銀魚。

編 丁巳，四十五年，（一六一七）春三月，京畿旱。

編 京察，革刑部主事王之宷職爲民，戶部郎中陸大受等被斥。

紀 時葉向高既去，方從哲爲相，無所短長，吏部尚書鄭繼之、主察科臣徐紹吉、臺臣

齊楚浙三方鼎峙

清高祖元

韓浚佐之。初，之宷以倡爭梃擊一案爲韓浚所糾，大受議論與之宷合，至是並罷。時上於奏疏槪留中無所處分，惟言路一糾，其人自罷去，不待旨也。

於是臺省之勢積重不返，有齊、楚、浙三方鼎峙之名，齊爲亓詩教、韓浚、周永春，楚爲官應震、吳亮嗣，浙爲劉廷元、姚宗文，勢甚張，湯賓尹輩陰爲之主。賓尹負才名而淫汚，辛亥，京察被斥，至是察典竣，（已事而退立曰竣。）韓浚以問鄉人給事中張華東，華東曰：「王之宷論甚正，何爲重處之？」浚驚愕不語。

編 夏六月，江、浙旱、蝗。秋七月，山東、山西旱、蝗。

編 大學士吳道南罷。以父喪去位。

編 九月，湖廣飛蝗蔽天。夏旱、秋潦。

編 江西大水。

編 冬十一月，隆德殿、延禧宮災。福建大水。

編 戊午，四十六年，（一六一八）春正月，我大清太祖高皇帝天命元年。

紀 夏四月，大清遣所部詣撫順市，（撫順所，即今遼寧撫順市。）潛以兵踵至襲之，城陷，守將王命印死之，執遊擊李永芳，用漢字傳檄清河，（清河堡，在今遼寧新賓縣西南。）脅北關歸順。遼撫李維翰，（遼卽遼東鎭，見上。）趣總兵張承胤移師應援，大清兵佯退，明兵直前，遇伏，萬騎突出，承胤及副將頗廷伯、遊擊梁汝貴等皆死之，一軍盡沒。京師震駭，命起舊將李如柏總遼鎮兵，杜松屯山海關，（即今河北秦皇島市東北山海關。）徵劉綎、柴國柱赴京調度。

【編】以前遼撫楊鎬爲兵部右侍郎，經略遼東。

【編】閏月，日中有黑子相鬬。五月朔，有黑氣掩日，日無光。

【編】秋七月，大清兵圍清河，參將鄒儲賢、援遼遊擊張旆死之。

【紀】大清兵從鴉鶻關入圍清河，（鴉鶻關，在今遼寧新賓縣東南。）儲賢拒守，旆請戰，不許。大清兵冒版挾牆隳東北角登城，（隳音灰，壞也。）旆戰死，儲賢遙見李永芳招降，大罵赴敵而死。自三岔河至孤山並遭焚燬，（三岔河，在今遼寧海城縣西，當渾河、遼河、太子河合流入海處。）惟參將賀世賢於靉陽邊外血戰，（靉陽堡，在今遼寧鳳城縣北，接本溪市界。）斬首百五十四級。

【編】賜經略楊鎬尚方劍，諭飭諸邊。

【紀】鎬至河東，（遼河東。）靉陽、寬奠之兵已去，（寬奠堡，即今遼寧寬甸縣。奠一作甸。）乃斬清河逃將陳大道等以徇。議徙寬奠民人於遼陽，會朝鮮王遣其議政府右參贊姜洪立等統兵萬人從征，議乃止。

【編】八月，以太常寺少卿周永春爲遼東巡撫，設援遼餉司。

趣楊鎬進兵

【編】己未，四十七年，（一六一九）春正月，趣經略遼東楊鎬進兵。

【紀】上以四方援遼兵馬大集，楊鎬奏報稽延，恐師老財匱，下廷議。大學士方從哲、兵部尚書黃嘉善、兵科給事中趙興邦等，發紅旗趣鎬進兵。時蚩尤旗長竟天，彗見東方，星隕地震，識者知爲敗徵。鎬乃會總督汪可受、巡撫周永春、巡按陳王廷等議，以二月十一日誓師，二十一日出塞。

**楊鎬分道出師**

編　二月，楊鎬遣總兵官馬林、杜松、李如柏、劉綎分道出師。

紀　鎬誓師，分爲四路：林率遊擊麻岩、丁碧、都司竇永承督北關金台失兵由靖安堡出邊趨開原、鐵嶺，攻其北；（靖安堡在今山西太原市西北。開原，即今遼寧開原縣。鐵嶺，即今遼寧鐵嶺縣。）松率都司劉遇節等由撫順關出邊趨瀋陽，（即今遼寧瀋陽市。）攻其西；如柏率參將賀世賢、李懷忠等由鴉鶻關出邊趨清河，攻其南；綎率都司祖大定、喬一琦督朝鮮兵由晾馬佃出邊趨寬奠，攻其東。是月十九日出兵，值大雪，兵不前，師期洩。

**杜松死渾河**

**麻岩死二道關　劉綎死馬家寨**

編　三月，明師與大清兵戰，敗績。

紀　杜松欲立首功，越五嶺關，先期抵渾河，（在今遼寧遼陽市西北。）既渡遇伏，松血戰突圍，力竭而死，兵無存者。馬林改由三岔堡出邊抵二道關，（在今遼寧鳳城縣西北。）聞松沒，結營自固，大清兵乘勝來攻，林敗，遊擊麻岩死之。劉綎獨縱兵馬家寨口，深入三百餘里，克十餘寨。大清兵詭作杜松兵，披其衣甲爲嚮道，誘入重圍，衆潰，綎沒於陣。惟清河一路李如柏，以經略令撤回獲全。是役也，楊鎬軍機不密，諸事宣洩，大清軍處處爲備，故敗。文武將吏死者三百一十餘員，軍士死者四萬五千八百餘人。事聞，京師大震。

**熊廷弼宣慰遼東**

編　召陝西總督楊應聘爲兵部左侍郎，甘肅巡撫祁光宗爲兵部右侍郎。起前御史熊

李長庚出督遼餉

熊廷弼經略遼東

廷弼爲大理寺丞，往遼東宣慰軍民。

編　徵李如柏聽勘，以逗遛獨全也。以如柏弟都督李如楨代將。諭經略楊鎬戴罪視事。

編　詔以山東巡撫李長庚爲戶部右侍郎，兼右僉都御史，出督遼餉，駐天津。

編　夏五月，大清兵入撫順，以偏師躪鐵嶺撫安堡。

編　六月，大清兵由靜安堡入，遂克開原。

紀　西部亦以三萬騎由亮河入圍鎮西堡，（亮河，卽亮子河，在今遼寧圖昌縣西。鎮西堡，在今遼寧鐵嶺縣西北。）於是瀋陽、鐵嶺軍民皆奔潰。

編　以熊廷弼爲都察院右僉都御史，兼兵部右侍郎，賜尙方劍，經略遼東。廷弼卽日就道。

編　起泰寧侯陳良弼總督京營，召南京兵部尙書黃克纘協理戎政，改差御史張銓按遼。

編　以科臣姚宗文查閱援遼兵馬。

編　秋七月，大清兵由三岔堡入，攻鐵嶺，克之。

編　八月，逮前經略楊鎬。

紀　鐵嶺旣失，熊廷弼率八百人抵廣寧，（廣寧衞，卽今遼寧北鎮縣。）是月三日受代，上度廷弼已受事，乃遣緹騎逮鎬。

編　熊廷弼奏李如楨罪，請亟調李懷信代將。

編　是月，大清兵破金台失、白羊骨寨，北關遂亡。

編　命李懷信赴遼。命少詹事徐光啓兼河南道御史，訓練候調諸營。予薊、遼總督汪可受回籍。

編　釋罪弁郭有光、劉孔胤、麻承恩往援遼。

編　冬十一月，大清兵入龍潭口，築城撫順邊外。

編　庚申，四十八年，(一六二〇)夏四月，皇后王氏崩。

編　五月，大清兵略地花嶺。

編　帝不豫。

紀　召大學士方從哲於臥榻前，諭以：「東事告急，卿宜加意籌之。」

編　六月，大清兵深入至渾河，總兵賀世賢、柴國柱扣却之。

編　秋七月，帝崩。

紀　上疾大漸，召閣臣方從哲諭曰：「朕嗣祖宗大統，歷今四十八年，久因國事焦勞，致成痺疾，脚冷溼病氣不生也。遽不能起，有負先皇付託。惟皇太子在青宮有年，實賴卿與司禮監協心輔佐，功在社稷，萬世不泯。特諭卿知。」從哲出，皇太子不得入。兵科給事中楊漣、御史左光斗語東宮內侍王安曰：「上疾甚而不召皇太子，非上意也。」安素忠直，東宮多賴其調護。是日上崩。

編　皇太子令停止礦稅。

孫如游諫尊鄭貴妃

袁應泰巡撫遼東

紀　收稅內監張曄、馬堂、胡賓、潘相、邱乘雲等並撤回。

編　皇太子令發帑銀一百萬兩解赴九邊。

## 光宗貞皇帝

名常洛，神宗太子，在位一月，未及改元而崩，壽三十九歲。

編　八月，太子常洛卽位。

紀　詔以明年爲泰昌元年。上宣大行皇帝遺命，欲尊鄭貴妃爲皇后，命查例。禮部尙書孫如游疏言：「祖宗朝，其以配而后者乃敵體之經，其以妃而后者則從子之義，故累朝非無抱衾之愛，終引割席之嫌者，以例所不載也。皇貴妃事先帝有年，不聞倡議於生前，而顧遺詔於逝後，豈先帝彌留之際遂不及致詳邪！王貴妃誕育陛下，恩典尙爾有待，乃令他人得母其子，恐九原不無怨恫也。鄭貴妃賢而習於禮，處以非分，必非其心所樂。書之史册，傳之後世，有悖典禮，且昭先帝之失，非所以爲孝也。臣不敢奉遺命。」從之。

編　以汪應蛟爲工部尙書，董從儒爲工部右侍郎，鄒元標爲大理寺卿，劉光復爲光祿寺丞，周曰庠、朱一桂並爲太僕寺少卿，朱國祚爲南京禮部尙書，馮從吾爲尙寶司卿，李宗延爲光祿寺少卿。

編　以袁應泰爲遼東巡撫。

編　以翰林院侍讀學士劉一燝、韓爌並爲禮部尙書、東閣大學士，直文淵閣。

編　帝不豫。

李選侍

紀　乙卯，上有疾，傳諭禮部曰：「選侍李氏侍朕勤勞，皇長子生母薨逝後，奉先帝旨委託撫育，視如親子，厥功懋焉。其封爲皇貴妃。」丁巳，上力疾御門視事，聖容頓減。己未，內醫崔文昇下通利藥，上一晝夜三四十起，支離牀褥閒。辛酉，上不視朝，方從哲等赴宮門候安，有「數夜不得睡，日食粥不滿盂，頭目眩暈，身體罷輭，罷音疲。不能動履」之旨。乙丑，給事中楊漣上言：「醫家有餘者泄之，不足者補之。陛下哀毁之餘，一日萬幾，於法正宜清補，賊臣崔文昇反投相伐之劑，其肉寧足食乎！臣聞文昇調護府第有年，不聞用藥謬誤；陛下一用文昇，倒置若此，有心之誤邪？無心之誤邪？有心則虀粉不足償，無心則一誤豈可再誤。陛下奈何置賊臣肘腋閒哉！」

刑部主事孫朝肅、徐世儀、御史鄭宗周上書方從哲，請册立皇太子，且移居慈慶宮。庚午，上召閣部九卿至榻前諭曰：「選侍數產不育，止存一女。」隨傳皇長子出見，上又言：「皇五子亦無母，亦是選侍撫育。」傳皇五子出見。辛未，上召諸臣於乾清宮，又諭速封選侍。甲戌，上再召諸臣於乾清宮，仍諭封皇貴妃。語未既，選侍披幃立呼皇長子入咄咄語，復趣之出，皇長子向上曰：「要封皇后。」上不語。從哲等以册儲原旨期宜改近，上因顧皇長子諭曰：「卿等輔佐爲堯、舜。」又語及壽宮，輔臣以皇考山陵對，則自指曰：「是朕壽宮。」因問：「有鴻臚寺官進藥何在？」從哲奏：「鴻臚寺丞李可灼自云仙丹，臣等未敢輕信。」上卽命中使宣可灼至，診視，診，候脈也。具言病源及治法。上喜，命趣和藥進。遂進紅丸。上飲湯輒

李可灼進紅丸

紅鉛

喘，藥進乃受。上喜，稱忠臣者再。諸臣出宮門外，竢少頃，中使傳聖體用藥後煖潤舒暢，思進飲膳。諸臣歡躍而退，可灼及御醫各官留。時日已午，比未申，可灼出，輔臣迎訊之，可灼具言：「上恐藥力竭，復進一丸。」亟問復何狀，可灼以如前對。

編 九月，帝崩。

紀 乙亥朔五鼓，內宣急召諸臣趨進，而龍馭以卯刻上賓矣。中外籍籍，以李可灼誤下劫劑，恐有情弊。而方從哲擬旨賞可灼銀五十兩，御史王安舜首爭之，疏言：「先帝之脈，雄壯浮大，宜清不宜助明矣。紅鉛乃婦人經水，陰中之陽，純火之精也，而以投於虛火燥熱之症，幾何不速之逝乎！輕亦當治以庸醫殺人之條，乃蒙殿下頒以賞格，臣謂不過借此一舉，塞外廷之議論也。夫輕用藥之罪固大，而輕薦庸醫之罪亦不小。」疏入，乃改票罰俸一年，而議者蠭起矣。

御史鄭宗周疏請寸斬崔文昇以謝九廟，於是御史郭如楚、主事呂維祺交章論崔文昇、李可灼。給事中楊漣語尚書周嘉謨、李汝華曰：「宗社事大，李選侍非可託少主者，急宜請見嗣主，呼萬歲以定危疑；隨擁出宮，移住慈慶爲是。」二臣然之，以語方從哲，漣遂先諸臣排闥入，閹豎梃亂下，漣厲聲曰：「皇帝召我等至此，今晏駕，嗣主幼小，汝等阻門不容入臨，哭也。意欲何爲！」閹者卻，諸臣乃入哭臨畢，請見皇長子。皇長子爲選侍阻於煖閣不得出。青宮舊侍王安紿選侍抱持以出，諸臣卽叩頭呼萬歲，遂共請詣文華殿。王安擁之行，閹臣劉

左光斗請選侍移宮疏

一燝掖左，勳臣張維賢掖右，內侍李進忠傳選侍命召還皇長子者三，喝諸臣曰：「汝輩挾之何往！」漣叱之，共擁皇長子登輿至文華殿。羣臣請卽日登極，不允，諭初六日卽位。復擁入慈慶宮，一燝奏曰：「今乾清宮未淨，殿下請暫居此。」

丙子，尚書周嘉謨等合疏請選侍移宮。御史左光斗上言：「內廷之有乾清宮，猶外廷之有皇極殿也，惟皇上御天居之，惟皇后配天得共居之，其餘嬪妃雖以次進御，遇有大故卽當移置別殿，非但避嫌，亦以別尊卑也。今大行皇帝賓天，選侍旣非嫡母，又非生母，儼然居正宮，而殿下乃居慈慶，不得守几筵，行大禮，名分倒置，臣竊惑之。且殿下春秋十六齡矣，內輔以忠直老成，外輔以公孤卿貳，何慮乏人，尚須乳哺而襁負之哉！卽貴妃之請，許於先皇彌留之際，其意可知。且行於先皇，則俯錫之名猶可；行於殿下，則尊聞之稱有斷斷不可者。倘及今不早斷，借撫養之名，行專制之實，武氏之禍，（武氏謂唐武則天皇后。）將見於今。」

戊寅，選侍用李進忠謀邀皇長子同宮。楊漣遇進忠於宮門，問「選侍移宮何日？」進忠搖手曰：「李娘娘怒甚，今母子一宮，正欲究左御史武氏之說。」漣叱曰：「誤矣！幸遇我。皇長子今非昨比，選侍移宮，異日封號自在；且皇長子年長矣，若屬得無懼乎！」進忠默然去。

己卯，選侍尚無移宮意，楊漣上言：「殿下登極已在明日矣，豈有天子偏處東宮之禮！先帝聖明，同符堯、舜，徒以鄭貴妃保護爲名，病體之所以沉錮，醫藥之所以亂投，人言籍籍，至今抱痛，安得不爲寒心！此移宮一事，臣言之在今日，殿下行之亦必在今日。」疏上，

選侍移居仁壽殿

惠世揚劾方從哲

漣復往趣方從哲，從哲曰：「待初九、十二亦未晚。」漣曰：「天子無復返東宮理，選侍今不移，亦未有移之日，此不可頃刻緩者。」內侍曰：「獨不念先帝舊寵乎？」漣怒曰：「國家事大，豈容姑息，且汝輩何敢如是！」聲徹大內。皇長子使人諭漣出，命收諸侍李進忠、劉遜等，選侍移居仁壽殿。

【編】庚辰，皇長子由校即位。

【編】給事中惠世揚劾奏大學士方從哲。

【紀】世揚上言：「鄭貴妃包藏禍心，先帝隱忍而不敢言。封后之舉，滿朝倡義執爭，從哲兩可其間，是徇平日之交通，而忘宗社之隱禍也。無君當誅者一。李選侍原爲鄭氏私人，麗色藏劍，且以因緣近侍之故，欺抗先聖母。從哲獨非人臣乎？及受劉遜、李進忠盜藏美珠，夜半密約請封貴妃，封妃不得，占居乾清，是視登極爲兒戲，而天子不如宮嬪也。無君當誅者二。崔文昇輕用剝伐之藥，廷臣交章言之，從哲何心，必加曲庇？律之趙盾、許世子，左傳宣公二年，晉靈公欲殺趙盾，宣子出亡。趙穿弒靈公於桃園，宣子未出境而復。太史書曰「趙盾弒其君」，以示于朝。宣子曰：「不然。」對曰：「子爲正卿，亡不越境，反不討賊，非子而誰！」春秋昭公十九年：「許世子止弒其君買。」胡傳：「按左氏，許悼公瘧，飲世子止之藥卒，書曰『弒其君』者，止不嘗藥也。君有疾飲藥，臣先嘗之；父有疾飲藥，子先嘗之，蓋言愼也。藥不先嘗而誤進於君，是有忽君父之心，而不愼，此篡弒之萌，堅冰之漸，春秋之所謹也。」何辭弒君之罪。無君當誅者三。」詔責以輕詆大臣，有傷國體。

編　御史馮三元疏論遼東經略熊廷弼。

紀　三元言廷弼無謀者八，欺君者三，廷弼不罷，遼之存亡未可知也。

編　科臣姚宗文、御史顧慥等疏劾遼東經略熊廷弼。

姚宗文傾熊廷弼

紀　初，宗文爲戶部給事中，以父憂去職，謀起復不得，求廷弼代請，廷弼不從，由是懷怨。後夤緣得吏科，閱視遼東兵馬，廷弼復不爲禮。有遼人劉國縉者，以兵部主事贊畫遼東軍務，主募遼人爲兵，所募萬七千餘人，逃者過半，廷弼聞於朝，國縉亦怨。兩人相比傾廷弼。宗文還，即疏詆廷弼，又嗾其黨顧慥、魏應嘉、郭鞏等交章攻擊，必欲去之；而御史張脩德、科臣魏應科亦前後疏論廷弼。

編　詔熊廷弼回籍聽勘。

詔熊廷弼回籍聽勘

紀　兵科楊漣疏言：「頃者傳聞遼左村屯日劫，人民日擄，城堡日空，邊疆日壞，經略熊廷弼以此日被人言矣。議經略者終難掩其功，憐經略者亦難掩其咎。功在支撑辛苦，得二載之幸安；咎在積衰難振，悵萬全之無術。爲廷弼者有二策焉：全副精力報効君父知遇之恩，一策也；如以封疆必不可支，病軀必不可起，當繳還敕書，求賢速代，又一策也。廟堂之上，常焦思遠計，外料敵，內料己，求一的當之說。或循資，或破格，擇一的當之人。寧議之而後用，毋用之而後議，東事其有瘳乎！」瘳音抽。於是廷弼上疏自辨，前後凡數千言，幷請敕馮三元、張脩德往遼查勘遼事有無破壞，勿使後人代受其過。又疏繳還劍、敕。有旨：

「熊廷弼解任，回籍聽勘。」

編　冬十月，㩉鑾宫災。㩉音誨。

紀　先是，御史賈繼春上書輔臣曰：「天地之大德曰生，聖人之至德曰孝。先帝命諸臣輔皇上爲堯、舜。夫堯、舜之道，孝弟而已矣。父有愛妾，其子終身敬之不忘；先帝之於鄭貴妃三十餘年，天下側目之隙，但以篤念皇祖，渙然冰釋。何不輔皇上取法，而乃作法於涼。縱云選侍原非淑德，夙有舊恨，此亦婦人女子之常態。先帝彌留之日，親向諸臣諭以選侍產有幼女，欷歔情事，草木感傷，而況我輩臣子乎？伏願閣下委曲調護，令李選侍得終天年，皇幼女不慮意外。」御史左光斗上言：「選侍既移宫之後，自當存大體，捐其小過；若復株連蔓引，使宫闈不安，是與國體不便，亦大非臣等建言初心。伏乞陛下正劉遜、李進忠法外，其餘概從寬政。」疏入，上傳諭内閣：「朕幼沖時，選侍氣凌聖母，成疾崩逝，使朕抱終天之恨。皇考病篤，選侍威挾朕躬，傳封皇后。朕心不自安，暫居慈慶，選侍復差李進忠、劉遜等，命每日章奏文書先奏選侍，方與朕覽。朕思祖宗家法甚嚴，從來有此規制否？朕今奉養選侍於㩉鑾宫，仰遵皇考遺愛，無不體悉。其李進忠等，事干憲典，原非株連，卿可傳示遵行。」至是㩉鑾宫災，上諭選侍、皇妹俱無恙。

編　詔改萬曆四十八年爲泰昌元年。

編　兵部尚書黄嘉善罷，命刑部尚書黄克纘攝兵部事，兼理戎政。

編　葬定陵。神宗陵。

袁應泰經略遼東

編　以巡撫袁應泰經略遼東。

朱童蒙往勘遼事

編　命兵科給事中朱童蒙往勘遼事。

紀　御史馮三元、張脩德、給事中魏應嘉復論熊廷弼，廷弼復疏辨，上諭閣部科道：「魏應嘉、馮三元、張脩德與熊廷弼互相奏擾，就著魏應嘉等前往遼鎮會同彼處撫、按勘明具奏。」兵科楊漣等言：「從來奉旨行勘，就令各地方撫、按官勘報，或遣官會勘，未有卽以言事之官勘所言之事者。就令勘得逼眞，誰肯心服！乞收回成命，毋傷從來勘事之體。」上乃改命朱童蒙往。

編　徵輔臣葉向高、朱國祚、史繼偕、沈㴶、何宗彥入閣。

編　特簡禮部尙書孫如游入閣辦事。

編　十二月，兵科都給事中楊漣疏請加恩李選侍及皇妹。

紀　漣上言：「臣初請李選侍移宮，蓋以正體統而尊朝廷也。移宮之後，有倡言選侍徒跣踉蹌欲自縊者，跣，赤足。蹌，行不正也，音鏘。皇八妹失所遂投井者。事關他日不白之案，望陛下於皇弟、皇妹時時廑念，李選侍量加恩數，幷祈傳知閣部，以服中外之心。」疏入，上優詔答之。

編　大學士方從哲乞歸，許之。

# 明鑑易知錄卷十二

## 明紀

### 熹宗哲皇帝 名由校，光宗長子，在位七年，壽二十三歲而崩。

編 辛酉，熹宗皇帝天啓元年，（一六二一）春正月，兵科給事中楊漣予告回籍。

紀 漣以移宮一案，御史賈繼春侵之，漣因乞歸。

編 命吳宗達、黃立極、李標、錢謙益知誥敕。

編 閏二月，兵科朱童蒙勘遼還京。

朱童蒙勘遼還奏

紀 童蒙還奏略曰：「臣謹看得舊經略熊廷弼有揮霍之雄才，有沉毅之雅度，極其全力，固能擔人之所不能擔，騁其偏鋒，亦能忍人之所最不忍。任事纔十餘月，而遼陽頹埸之城如新，（遼陽，即今遼寧遼陽市。）喪膽之人復定，奉集、瀋陽三空城，（奉集堡，在今遼寧瀋陽市西南。瀋陽衛，即今瀋陽市。並遼陽爲三城。）今且儼然重鎮矣。曾幾何時，而金湯鼎峙，（金湯，金城，湯池，言其鞏固也。）恃以無恐，迄今民安於居，賈安於市，商旅安於途，使後之人因以爲進戰退守之地。臣入遼陽，官民士庶垂泣而思，遮道而愬，謂數萬生靈皆廷弼一人之所留。是其精力在於此，其得謗亦在於此也。抑且督工脩築，刻期責報，縉紳子衿，役無割免，又束縛悍弁，斥逐庸

熊廷弼功在存遼

吏，能無騰謗聲乎！言官得之，風聞臚列入告。廷弼勝氣相加，屢疏致辨，非所以待言官，亦非大臣所以自待。廷弼功在存遼，臣會同督臣文球、經臣袁應泰、撫臣薛國用、按臣張銓據實奏聞。」有旨：「遼事會勘已明，熊廷弼力保危城，功不可泯。因言求去，情有可原。今中外多事，用人方急，該部仍議及時起用，以爲勞臣任事者勸。」

清克瀋陽

編 是月辛酉，大清兵克瀋陽，總兵賀世賢、尤世功等皆死之。

江秉謙論失瀋陽

紀 大清兵攻瀋陽，世賢、世功出城力戰，敗還。明日，降人內應，城遂破，世賢、世功俱戰死，總兵官陳策、童仲揆、石柱土官秦邦屏等皆力戰而死。（石柱土司，即今四川石柱縣。）御史江秉謙上言：「自楊鎬失律喪師，開、鐵淪沒，（開，開原，即今遼寧開原縣。鐵，鐵嶺，即今遼寧鐵嶺縣。）其情形危急，誠有百倍於此時者。乃熊廷弼受命田間，倉皇赴召，單騎出關，收拾餘燼，城守經年，敵終不能躪入。何前此垂危之遼，敵不知其所攻？今此堅備之瀋，我反失其所守？則廷弼之才識膽略，有大過人者矣！使廷弼得安其位，決不敗壞至此。然昔之論廷弼者猶曰風聞，及查勘已明，而讒構復起。時郭鞏復論廷弼。寧壞朝廷之封疆，必不肯消胸中之畛域；寧甘心以遼陽與仇敵，必不肯平氣以議論寬勞臣！今日之事，何不持一疏以退敵邪？」

編 以劉宗周爲禮部主事，王之寀爲刑部主事，高攀龍爲光祿寺丞。

袁應泰張銓等死遼陽

編 大清兵克遼陽，經略袁應泰、巡按御史張銓等皆死之。

紀 時應泰已撤奉集、威寧諸軍併力守遼陽，引水注壕，（壕，城下池也。）沿壕列火器，兵環四面，守備甚設。戊辰，大清兵薄城，（薄，逼也。）應泰身督兵出城迎戰，軍敗，應泰退宿營中。己巳，大清兵掘城西閘以洩壕水，分兵塞城東水口，擊敗明軍，遂渡壕大呼而進。戰良久，大清兵來益衆，明兵敗，望城而奔，殺、溺死者無算。

應泰乃入城，與張銓等分陴固守，（陴音皮，城上女牆。）諸監司高出、牛維曜、胡嘉棟、督餉郎中傅國並踰城遁。庚午，攻城急，應泰督諸軍大戰，又敗。薄暮譙樓火，（城門上樓。）城中降人內應，大清兵從小西門入，城中大亂。應泰知事不濟，歎息謂銓曰：「公無守城責，宜亟收拾餘燼，爲退守河西計，（遼河西。）應泰死且不朽！」遂佩劍印自縊。銓亦以不屈死，守道何廷魁視其二女、二妾投井而後死，監軍崔儒秀自縊於都司堂上。事聞，贈應泰兵部尚書，予祭葬，官其一子。

編 夏四月，遼東巡撫薛國用以病免，以參議王化貞爲巡撫。

編 遼東死節諸臣張銓、崔儒秀、何廷魁、尤世功、秦邦屏等，各贈官、恤蔭有差。

編 立妃張氏爲皇后。（河南開封府祥符縣監生張國紀女。）

編 詔徵前遼東經略熊廷弼赴京，御史馮三元、張脩德、魏應嘉各降調，姚宗文革職爲民。

編 命何宗彥入閣辦事。進劉一燝、韓爌少保，兼太子太保，武英殿大學士。

奉聖夫人客氏

編 秋七月，封乳母客氏爲奉聖夫人，以其子侯國興爲錦衣衛指揮使。

熊廷弼經略遼東

魏忠賢用事

紀 客氏故定興民侯二妻也，年十八進宮，又二年而嫠，（嫠音力。寡婦曰嫠。）生子國興。至是客氏封夫人，授國興錦衣指揮御史。劉蘭疏諫，以爲恩禮所加，權勢歸之。不報。

編 復命熊廷弼經略遼東。

紀 廷弼至京，賜敕書、尙方劍，起行日賜大紅麒麟一品服，復賜宴都城外。

編 以兵部尙書王象乾建節薊鎭，（卽今河北薊縣。）行總督事。

編 遼東撫標練兵遊擊毛文龍克復鎭江城堡。（鎭江堡，卽今遼寧安東市。）

編 八月，內侍魏忠賢矯殺前太監王安。

紀 忠賢初名進忠，肅寧人，少黠慧，（黠，狡也。）無藉，好酒善啗，（啗音淡。）喜馳馬，能右手執弓，左手彀弦，射多奇中。目不識丁而有膽力，猜很自用。嘗與年少賭博，不勝，走匿市肆中，諸少年追窘之，恚甚，因而自宮。（宮，去勢也。）萬曆十七年，隸司禮監掌東廠太監孫暹。時熹宗爲皇太孫，忠賢謹事之，導之宴遊，甚得皇太孫歡心。孝和皇后，太孫生母也，忠賢貪入宮辦膳，其介紹引進者魏朝。朝故屬太監王安名下，安素剛正，主持一宮事，朝日譽忠賢，安善視之。朝初與太孫乳媼客氏私，忠賢亦通焉。光宗卽位，册太孫爲東宮，忠賢得充東宮典膳，客氏力也。光宗崩，東宮暫居慈慶，楊漣疏參及忠賢，忠賢無措，泣求魏朝於王安，力營救之。忠賢深德朝，結爲兄弟。而兩人皆客氏私人，上卽位數月，一夕忠賢與朝爭擁客氏於乾淸宮煖閣，醉詈而囂，聲達御前，時上已寢，漏將丙夜，俱跪御榻前聽上命。客氏久厭朝儇薄，儇音喧，輕也。而喜忠賢憨猛，憨，果決也。上逆知之，乃退朝而與忠賢。忠賢卒矯旨發朝鳳陽，縊殺之。自是得專客氏，而尾大不掉之患成焉。

魏忠賢殺王安

初，上之立也，王安與諸大臣同受顧命，見忠賢侵權，欲重懲之，奏之帝。會御史方震孺上疏請逐客氏，帝乃令客氏出宮，忠賢發安鞫問。安詰責令其自新，忠賢得釋。客氏負緣復入宮，將甘心於安焉。時安奉旨掌司禮監，辭未赴，王體乾卽欲起攘之，因忠賢以危言動客氏，忠賢遂嗾給事霍維華劾安，客氏從中附和之，於是矯旨革安職，而以體乾掌司禮監。忠賢必欲殺安，遂以劉朝提督南海子，而降安爲南海淨軍，勒令自裁。安旣死，而忠賢益無所憚矣。忠賢闇文義，乃取舊司禮監李永貞入備贊畫，李實、李明道、崔文昇各司監局，探上意爲奸，忠賢自掌東廠。

編 九月，葬慶陵。光宗陵。

紀 上以客氏保護聖躬，命戶部擇田二十頃，百畝爲頃。以爲護墳香火之用。魏忠賢侍衛有功，命工部以陵工成敍錄。御史王心一奏言：「梓宮未殯，先規客氏之香火；陵工旣成，強入忠賢之勤勞。於禮爲不順，於事爲失宜。忠臣愛君，必防其漸。」上怒，責之。

編 冬十月，降吏科給事中侯震暘于外。

王聖趙嬈之證

紀 初，客氏已出宮，復召入，震暘奏曰：「陛下於客氏始而徘徊眷注，稍遲其出猶可言也，出而再入不可言也。中涓羣小，中涓，中官也。煬竈借叢，王聖寵而煽江京、李閏之奸，王聖，漢安帝乳母，與宦者江京、李閏扇動内外。趙嬈寵而媾曹節、王甫之禍，趙嬈，漢靈帝乳母，與宦者曹節、王甫共相朋結。可爲寒心！」上怒，降之。時御史王心一、倪思蕙等相繼疏劾，皆謫降。

編 吏部尚書周嘉謨罷，大學士劉一燝回籍。刑科給事中孫杰劾嘉謨、一燝奉王安之意致誤封疆也。

編 十一月，以都察院左都御史張問達爲吏部尚書，刑部左侍郎鄒元標爲左都御史。

編 遼東經略熊廷弼駐劄右屯。（即今遼寧錦州市。）

紀 廷弼奏言：「頃見兵部上疏，欲臣提兵出關，臣敢不出。惟是經略一出，觀望非輕，西人視以爲輕重，東敵視以爲進退，兵將視以爲勇怯。樞臣第知經略一出，足以鎮定人心，不知無一兵之經略出，更足搖動人心也。前留援兵三千已盡出關矣，此外無一卒一騎，不知樞臣與臣何項兵馬出關？又不知臣駐廣寧，撫臣應駐何地？乞敕兵部速議，無使擔安危之重臣，徒手出門，爲敵所笑。」既而出關，駐劄右屯。

熊廷弼駐劄右屯

編 四川永寧宣撫使奢崇明叛。（永寧，即今四川叙永縣。）

紀 崇明性陰鷙，佯爲恭順，凡有徵調，罔不應命。子奢寅有逆志。會以遼事急，徵四方兵，崇明遂上疏請提兵三萬赴援，遣其將樊龍、樊虎以兵至重慶。（即今四川重慶市。）四川巡撫徐可求點核，汰其老弱發餉，餉復弗繼，龍等遂鼓衆反，殺可求。已而賊逼成都。（即今四川成都市。）御史薛敷政、左布政使朱燮元悉力捍禦。賊圍城久，歲且盡，會有俘民脱歸者，言

旱船

呂公車

賊旦夕須旱船一決勝負。

編　壬戌，二年，（一六二二）春正月，四川左布政使朱燮元大破賊兵成都下，奢崇明及其子寅走。詔以燮元爲四川巡撫。

紀　賊數千自林中大噪而出，視之，有物如舟，高丈許，長五百尺，樓數重，簟茀左右，茀音拂，兩旁障蔽。板如平地。一人披髮仗劍，上載羽旂，中數百人各挾機弩毒矢，牛數百頭運石轂行，旁翼兩雲樓，俯視城中。燮元曰：「此呂公車也，破之非礮石不可。」礮石者，巨木爲杆柱，置軸柱間，轉索運杆，千鈞之石飛擊如彈丸，賊舟不得近。燮元復募敢死士，以大砲擊牛，中其當軛者，牛駭返走，乘勢縱擊，敗之。

裨將劉養鯤言：裨將，副將也。「有諸生范祖文、鄒尉陷賊中，遣孔之譚來約，賊將羅乾象欲自拔効用。」燮元卽遣之譚復往，至則與乾象俱來。燮元方臥戍樓，呼與飮；乾象衷甲佩刀，燮元不之疑，就榻呼同臥，酣寢達旦。乾象感激，誓以死報，許之，縋而出。後賊營舉動，纖悉無不知者，乾象之力也。踰數日，又使牙將周斯盛詐降，誘其來，設伏待之。崇明果自至，伏起，獲其從騎數人，崇明跳身免。乾象等內變，賊營四面火起，崇明父子拔營走，乾象皆來歸。成都圍解，賊歸重慶。事聞，以燮元爲巡撫。

編　大清兵渡河。

紀　先是，王化貞上疏請戰，廷議賜化貞尙方劍便宜行事；化貞遂令總兵劉渠移軍振武，而廣寧遂空矣。（廣寧衞，即今遼寧北鎮縣。）

清兵入廣寧

編　二月，大清兵下廣寧，監軍高邦佐死之。

紀　大清兵至振武，總兵劉渠方集陣，先鋒孫得功乃王化貞心腹將也，未戰，遽呼曰：「兵敗矣！」率所部走降。渠略陣，馬蹶被殺。西平守將羅一貫死之。得功入廣寧諭軍民降，封府庫以待。化貞臥方起，參將江朝棟排闥入曰：「城中走空矣。」化貞股栗不知所爲，索所坐馬，已爲左右竊去，倉皇乘朝棟馬以行。及門，亂兵訶之曰：「爾不得出。」將縛之，朝棟後至，揮刀與鬬，乃得出。

廣寧既失，化貞所招敵騎大肆殺掠，難民西奔者十不存一二，棄老幼於途，蹂踐死者相望。化貞從數十人走閭陽，（閭陽驛，在今遼寧北鎮縣西南，接錦州界。）適經略熊廷弼自右屯引兵至，化貞向廷弼哭，廷弼曰：「公不召募敵騎，不撤廣寧兵於振武，當無今日。此時惟有護百萬生靈入關，勿以資敵足矣！」乃整衆西行。化貞與寧前道張應吾殿後，總督王象乾驗放入關。

初，按臣方震孺在廣寧，臥未起，聞撫臣走，撫臣，王化貞。亦單騎出奔，各道臣前後相繼走，惟監軍高邦佐沐浴衣冠望闕再拜，從容自縊，其僕高永從死焉。

謝文錦論熊廷弼王

編　詔遼東撫臣王化貞逮問，經臣熊廷弼回籍聽勘。

紀　御史謝文錦疏言：「熊廷弼控扼山海，（山海關。）調度三方，廣寧原非轄外，而必欲驅

化貞疏

之右屯。初因邊報緊急移駐閭陽，分兵應援，未爲失策，迨至軍民奔潰，與撫臣並轡而西，不能隻身死敵，惡得無罪！王化貞專制一方，初意敵騎外助，遼人內應，僥幸奇功，不覺墮計，乃復守備不設，浪兵催戰，棄廣寧而奔，罪更何辭！然臣竊歎經臣責任雖重，事權實輕，不幸與兵部相忤，繫手縛足，展布無由，欲圖固守而不可得。撫臣意氣既銳，熒惑復多，又不幸有兵部爲主，言聽計從，雖欲不戰而不可得。是二臣之陷於刑辟者，皆尚書張鶴鳴致之也。」有旨：「廣寧失守，經、撫罪無所逃。王化貞逮問，熊廷弼回籍聽勘。」

編 以孫承宗爲兵部尚書、東閣大學士，直文淵閣。

編 三月，以王在晉爲兵部尚書，兼都察院右副都御史，經略遼、薊、津、萊軍務。

會勘熊王獄辭

編 夏四月，會勘遼東經、撫熊廷弼與王化貞，並坐斬，詔從之。

紀 刑部尚書王紀、左都御史鄒元標、大理寺卿周應秋會審熊廷弼、王化貞，獄成奏言：「王化貞全不知兵，用敵而反爲敵用，用閒而反爲閒用。叛逆如孫得功者，日侍左右而不悟。及敵騎尚在百里之外，而棄廣寧如敝屣，安所逃罪，宜服上刑！熊廷弼才猷氣魄，睥睨一世，睥睨音譬詣，邪視也。往年鎮遼而遼存，去遼而遼亡，關繫非小。及再起經略，即繳有控扼山海之旨，識者已知其無意於廣寧矣。抵關以後，徽有可觀，使廣寧告急之日，廷弼仗義誓師，收餘燼以圖恢復，反敗爲功，死且不朽。計不及此，一聞大兵既敗，先奔榆關，即有蓋世之氣，亦不足贖喪師失地之罪矣！若引從前經略觀之，比之楊鎬更多一逃，比之袁應泰反欠一死。如厚誅化貞而少寬廷弼，罪同罰異，非刑也，俱坐斬。」從之。

編　起楊漣爲兵科都給事中。

編　禮部尚書孫愼行劾前大學士方從哲罪。

孫愼行劾方從哲疏

紀　愼行上言：「皇考賓天，緣醫人進藥不審，李可灼進紅藥兩丸，乃原任大學士方從哲所進。夫丸不知何藥物，而乃敢突以進。春秋許世子進藥於父，父卒，世子自傷與弑，不食死，春秋尚不少假借，直書許世子弑君，（見卷十一光宗九月「許世子」注。）然則從哲宜何如處焉？臣謂從哲縱無弑之心，却有弑之事，欲辭弑之名，難免弑之實，宜直書云『方從哲連進紅藥兩丸，須臾帝崩』，恐百口無能爲天下萬世解矣。乞將從哲速嚴兩觀之誅，李可灼嚴加拷問，置之極刑。」有旨：「會議具奏。」

編　五月，授毛文龍總兵官。

安邦彥叛

編　秋七月，貴州水西土目安邦彥叛。（水西土司，即今貴州黔西縣。）以太常寺少卿王三善爲右僉都御史，巡撫貴州。

編　詔李可灼著法司究問，崔文昇仍發遣南京。

紀　吏部尚書張問達、戶部尚書汪應蛟會議：「孫愼行疏論方從哲，『弑逆』二字何忍加之？但李可灼進藥之後，適會皇考賓天，臺臣王安舜疏請嚴究，從哲先票罰俸，繼票養病去，失之太輕。從哲已認罪，自請削奪，爲法任咎矣，若李可灼，應拏解法司究問。至崔文昇先進大黃涼藥，及可灼進紅丸又不詳察，可否應與可灼並正典刑？」上曰：「李可灼本不知醫，希圖僥幸，委應重處。方從哲票擬太輕，然心跡自明，何可輕議。可灼著法司究問，崔文昇仍發遣南京。此事紛紜多日，今處分已定，大小臣工不得再生事端。」

編 以李若珪、楊漣並爲太僕寺少卿。

編 八月，左都御史鄒元標、副都御史馮從吾並致仕。

紀 兵科給事中朱童蒙疏劾元標、從吾醵金講學，醵，斂也。比之妖賊；元標、從吾致仕歸。

編 冬十月，脩撰文震孟、庶吉士鄭鄤、太僕寺卿滿朝薦並謫歸。

紀 震孟上言勤政講學之實，中云：「君臣相對如家人父子，則左右近習無緣可以蒙蔽。」疏入，魏忠賢不下，鄭鄤復疏趣之曰：「經御覽而留中，則非止輦轉圜之義；不經御覽而留中，必有藏伏奧援之奸。本朝故事，惟武宗及神宗末年有之。權璫煬竈，相顧太息，無可如何矣！」忠賢深惡之，承上觀劇，摘震孟疏中「傀儡登場」語激怒上，傀儡，木偶人也。列子，周穆王時巧人有偃師者，爲木人，能歌舞，此蓋傀儡之始。時朝薦亦言之力，俱謫歸。

編 十一月，以趙南星爲都察院左都御史。十二月，以顧秉謙、魏廣微爲大學士，入閣辦事。

編 以楊述中爲川、貴總督。

編　癸亥，三年，（一六二三）春正月，安邦彥復糾奢寅父子，與雲南土司安効良等率衆數萬，并力攻陸廣。（在今貴州修文縣境。）

紀　先是貴撫王三善以倉儲空虛，欲因糧於敵，又諸軍視賊過易；前鋒楊明楷率兵渡河列營三十里外，一軍屯陸廣，向大方奢社輝；初，土司安堯臣死，妻奢社輝撫其幼子安位襲職，安邦彥其族人，挾之叛。一屯鴨池，向安邦彥巢穴。至是，賊攻陸廣，明楷奮勇接戰，衆潰，溺水死者數千，明楷陷賊中。賊乘勝赴鴨池，我兵退屯威清，三善收兵入城。土司苗仲見我軍不利，復肆劫掠，自龍里至甕城，屍橫四十餘里。

編　秋八月，詔開內操。

紀　開內操，鉦鼓之聲，鉦，鐃也，鐲也。鐃似鈴，鐲似小鐘。鐃以止鼓，鐲以節鼓。鐃音撓，鐲音濁。喧闐宮禁。御史劉之鳳上言：「虎符重兵，何可倒戈授巷伯之手？巷伯，即宦官。詩小雅有巷伯篇。假令劉瑾擁甲士三千，能束手就擒乎？」御史李應昇、黃尊素、宋師襄交章論之。尊素疏有「阿保重於趙嬈，禁旅近於唐末」等語，魏忠賢尤惡之，皆矯旨切責。

忠賢自殺王安後，益驕橫，設內操萬人，衷甲出入。內監王進嘗試銃上前，銃炸傷進手，上幾危。光宗選侍趙氏與客、魏不協，矯旨賜死，選侍盡出光宗所賜珍玩列於庭，再拜投繯而絕。裕妃張氏方姙，姙音任，懷孕也。膺册封禮，客氏譖於上，絕飲食，閉襪道中，偶天雨，匍匐掬簷溜數口而絕。兩手曰掬。成妃李氏誕二公主而殤。先是馮貴人嘗勸上罷內操，客、魏惡之，矯旨貴人誹謗賜死，成妃從容爲上言之；乃矯旨革封，絶飲食。成妃故鑒裕妃飢死，密儲食物壁閒，數日不死。魏、客怒少解，斥爲宮人。皇后張氏素精明，魏、客憚之。后方娠，腰痛，客氏密布心腹宮人，奉御無狀，隕焉。又於上郊天之日，掩殺胡貴人，以暴疾聞。

編 冬十月，以楊漣爲左僉都御史，協理院事。

編 貴州巡撫王三善自將兵六萬擊安邦彥，大敗之，邦彥遁走。

紀 三善直趨大方，沿途殺賊，降者相繼。

編 十一月，王三善入大方，奢社輝及其子安位乞降，總督楊述中許之。

紀 時三善以元凶未窮，當用勦爲撫，而述中一意主撫，議遂不合。三善駐大方，日久食盡，述中弗爲援。安邦彥日夜聚兵自益，令其黨陳其愚詐降；三善輕信之，多與參贊軍務，由是纖悉盡知。

編 甲子，四年，（一六二四）春正月，王三善自大方還貴州，爲賊黨陳其愚所殺。

紀 其愚從三善行，忽傳其愚山後遇賊，三善勒馬回視，其愚故縱轡衝三善墮地。三善知有變，將帥印付家人，屬令護持先去，卽抽襪中小刀自刎，頸皮已破，其愚下馬奪其刀，賊蜂擁而至，三善駡賊不屈，賊割其首去。事聞，楊述中回籍聽勘。旣而監軍御史傅宗龍獲陳其愚，誅之。

楊漣劾魏忠賢二十四大罪

編　三月，以蔡復一爲川、貴總督，兼巡撫貴州，賜尚方劍。

編　廕魏忠賢弟姪一人錦衣百戶。

編　夏五月，以許顯純掌北鎮撫司理刑。

編　六月，左副都御史楊漣疏劾魏忠賢二十四大罪。

紀　漣言：「忠賢原一市井亡賴人耳，中年淨身，夤入內地，初猶謬爲小忠、小信以倖恩，既而敢爲大奸、大惡以亂政。祖宗之制，以票擬託重閣臣，責無他委，自忠賢擅權，旨意多出傳奉，徑自內批，壞祖宗二百年來之政體，大罪一也。劉一燝、周嘉謨同受顧命之大臣也，忠賢急於翦己之忌，不容陛下不改父之臣，大罪二也。先帝一月賓天，進御、進藥之閒實有隱恨。執春秋討賊之義者孫慎行也，明萬古綱常之重者鄒元標也，忠賢一則逼之告病去，一則嗾言官論劾去。顧於護黨氣毆聖母之人，（閣臣沈㴶黨護李選侍。）曲意綢繆，終加蟒玉以贈其行。親亂賊而讎忠義，大罪三也。王紀、鍾羽正先年功在國本，及紀爲司寇，執法如山，羽正爲司空，清脩如鶴，忠賢一則使人交訐於堂，辱而迫之去，一則與沈㴶交構，陷之削籍去。必不容盛時有正色立朝之直臣，大罪四也。國家最重無如枚卜，（枚卜見卷十一萬曆三十六年「前圖枚卜」注。）忠賢一手握定，力阻前推之孫慎行、盛以弘，更爲他辭以錮其出。是眞欲門生宰相乎？大罪五也。爵人於朝，莫重廷推，去歲南太宰、北少宰所推皆點陪貳，致一時名賢不安位去。顚倒有常之銓政，掉弄不測之機權，大罪六也。聖政初新，正資忠直，乃滿朝薦、文震孟等九人，抗論稍忤忠賢，傳奉盡令降斥，屢經恩典，竟阻賜環。長安謂陛下之怒易解，忠賢之怒難調，大罪七也。然猶曰外廷之臣子也；傳聞宮中有一舊貴人，以德性貞靜荷上寵注，忠賢恐其露己驕橫，謀之私比，託言急病，立刻掩殺。是陛下且不能保其貴幸矣，大罪八也。猶曰無名封也；裕妃以有喜得封，中外欣欣相告，忠賢以抗不附己，屬其私比，矯旨勒令自盡。是陛下不能保其妃嬪矣，大罪九也。猶曰在妃嬪也；中宮有慶，已經成男，乃繞電流虹之祥，忽化爲飛星墮月之慘，傳聞忠賢與奉聖夫人實有謀焉。是陛下不能保其子矣，大罪十也。先帝在青宮四十年，操心慮患，所以護持孤危者，僅王安一人耳。陛下倉猝受命，擁衛防護之中，亦不可謂無微忠。而忠賢以私忿矯旨掩殺於南海子。是不但讎王安，而實敢於讎先帝之老僕與陛下老犬馬，略無顧忌，大罪十一也。今日獎賞，明日祠額，要挾無窮，王言屢褻。近又於河閒府毀人房屋以建牌坊，（忠賢，河間肅寧人，見上。）鏤鳳雕龍，干雲插漢，又不止於塋地擅用朝官規制，僭擬陵寢而已，大罪十二也。今日蔭中書，明日蔭錦衣，金吾之堂，口皆乳臭，誥敕之館，目不識丁，如魏良弼、魏良材、魏良卿等，五侯七貴，何以加茲？大罪十三也。因立枷之法以示威，枷號家人者，前歲枷死皇親家人。欲扳陷皇親也；扳同攀。扳陷皇親者，欲動搖三宮也。當時若非閣臣力持，椒房之戚，椒房，皇后所居，以椒和泥塗壁，取其溫煖而香，辟除惡氣也，故后家稱椒房。又興大獄矣，大罪十四也。良鄉生員章士魁，（良鄉，今北京市周口店區舊良鄉縣。）以爭煤窰傷其墳脈，託言開礦而致之死。假令盜長陵一坏土，漢書張釋之傳：「假令愚民取長陵一坏土。」長陵，高帝陵也。坏，手掬之也。不敢斥言毀撤山陵，故以取土爲喻。何以處之？趙高鹿可爲馬，忠賢煤可爲礦，大罪十五也。伍思敬、胡遵道以侵占牧地細事，而徑置囚阱，草菅士命，漢書賈誼傳：「其視殺人若刈草菅然。」使青燐赤壁之氣，先結於壁宮泮藻之閒，大罪十六也。科臣周士樸執糾織監一事，原是在工言工，忠賢竟停其陞遷，使吏部不得專其銓蔭，言官不敢司其封駁。大罪十七也。北鎭撫臣劉僑不肯殺人媚人，自是在刑言刑，忠賢以其不善鍛鍊，竟令削籍。明示大明之律令可以不守，而忠賢之律令不可不遵，大罪十八也。科臣魏大中到任已奉明旨，鴻臚寺傳單忽傳詰責，及科臣覆奏，臺省交章，又再褻王言。而煌煌天語，朝夕紛更，令天下後世視陛下爲何如主？大罪十九也。東廠原以察奸細非常，不以擾平民也，自忠賢受事，雞犬不寧。野子傅應星等爲之招搖引納，陳居恭爲之鼓舌搖唇，傅繼教爲之投罟設網，片語違忤，駕帖立下。如近日之逮中書汪文言，不從閣票，不令閣知，而傅應星等造謀告密，日夜未已，勢不至於興同文之獄，宋哲宗朝，蔡京治獄，極意羅織元祐諸賢，下文彥博子及甫於同文館獄，遂錮劉摯、梁燾子孫於嶺南。刊黨錮之碑不已者。宋徽宗朝蔡京追憾元祐、元符末羣賢，籍司馬光、文彥博、呂公著、蘇軾、程頤等百二十人等，其罪狀謂之姦黨，請御書刻石於端禮門。當年西廠汪直之僭，恐未足語，此大罪二十也。前韓宗功潛入長安偵探虛實，往來忠賢私房之家，事露始令避去，大罪二十一也。祖制不蓄內兵，原有深意，忠賢創立內操，使羽黨盤踞其中，安知無大盜、刺客、深謀不宄之人，識者每爲寒心。昔劉瑾招納亡命，曹吉祥傾結

貸熊廷弼等死罪

達官，忠賢蓋已兼之，大罪二十二也。忠賢進香涿州，（在今河北涿縣東北。）警蹕傳呼，天子出則稱警，入則言蹕。清塵墊道，墊音店，除也。人人以爲駕幸涿州。及其歸也，以輿夫爲遲，改駕駟馬，羽幢青蓋，夾護環遮，則已儼然乘輿矣，大罪二十三也。蓋寵極則驕，恩多成怨。聞今春忠賢走馬御前，陛下曾射殺其馬，貸忠賢以不死。忠賢不自畏罪請死，且進有傲色，退有怨言，朝夕隄防，介介不釋。從來亂臣賊子，只爭一念放肆，遂至收拾不住，奈何養虎兕於肘腋閒乎！此又寸臠忠賢，臠，切肉塊也。不足盡其辜者，大罪二十四也。凡此逆跡，左右旣畏而不敢言，外廷又皆觀望而不敢言，卽或內廷奸狀敗露，又賴有奉聖客氏爲之彌縫其罪戾，而遮飾其回邪。舉朝內外，但知有忠賢不知有陛下。且如忠賢已往涿州矣，一切事情必星夜馳請意旨，票擬必忠賢到始敢批發，嗟嗟天顏咫尺之閒，忽漫不請裁，而馳候忠賢意旨於百里之外，事勢至此，陛下威靈尙尊於忠賢邪！」疏入，忠賢亦懼禍，泣訴上前，客氏又從中委曲調之，遂令魏廣微條旨。廣微素固結忠賢，附爲同姓，漣疏中復有「門生宰相」語，廣微恨之。是時忠賢亦有疏辭廠，疏先下，備極溫諭。次日乃下漣疏，切責不少貸。諸臣無不憤激，繼漣申奏者不下百餘疏，無不危悚激切，俱不聽。

編　秋七月，大學士葉向高予告回籍。封光宗選侍傅氏爲懿妃，李氏爲康妃。

編　九月，大學士孫承宗請貸楊鎬、熊廷弼、王化貞死，許之。

紀　承宗出關視師，請寬纍臣楊鎬、熊廷弼、王化貞死罪，遣戍効用。上許待以不死。

部署爲空

加毛文龍左都督

復逮汪文言

【編】冬十月，降吏科都給事魏大中、吏部員外夏嘉遇、御史陳九疇三級，調外。吏部尚書趙南星、左都御史高攀龍乞罷，許之。

【紀】大學士韓爌力爭，不報，南星等狼狽去國。

【編】削吏部左侍郎陳于庭、右都御史楊漣、左僉都御史左光斗籍。

【紀】趙南星之去也，銓部以陳于庭代署，西臺以楊漣代署，俱留中。及會推冢宰，漣以注籍不與，其所會推喬允升、馮從吾、汪應蛟，上仍以南星私人責之，并責楊漣、河南道御史袁化中，一時盡去，部署爲空。

【編】十一月，加援遼總兵官毛文龍左都督，賜銀幣。時文龍屢報捷也。

【編】以崔景榮爲吏部尚書。改戶部尚書李宗延掌都察院事。以徐光魁爲吏部左侍郎。

【編】十二月，復逮汪文言。是年三月，刑科傅櫆疏參左光斗、魏大中，詞引故內臣王安及中書汪文言，遂逮治文言，受杖，革爲民。至是，御使梁夢環復論之也。

【編】乙丑，五年，（一六二五）春正月，起崔呈秀復爲御史。

【紀】呈秀爲高攀龍所糾，乃微服叩賂魏忠賢，願爲忠賢子，呼之以父。忠賢大悅，遂出中旨免其勘，起用。時忠賢竊柄，動曰中旨，兵科給事中李魯生阿忠賢意，上言「執中者帝，宅中者王，旨不自中出而誰出？」時論鄙之。

霍維華上言三案

編 罷禮部侍郎何如寵、右諭德繆昌期。削太僕寺少卿劉宗周籍。起用阮大成等十一人。

編 二月，大理寺丞徐大化劾楊漣、左光斗。

紀 大化奏漣、光斗黨同伐異，招權納賄；命俟汪文言逮至鞫之。

編 削御史周宗建、李應昇、黃尊素、張愼言籍。

紀 工部主事曹欽程復劾趙南星、周宗建、張愼言、李應昇、高攀龍、黃尊素、鄒維漣、魏大中，大約誣以受熊廷弼賂，以汪文言爲之證。

編 夏四月，給事中霍維華疏論梃擊、紅丸、移宮三案。

紀 霍維華上疏論三案，其略曰：「選侍之請封也，請封妃也；妃之未封，而況於后；請之不得，而況於自后；不妃不后，而況於垂簾。臣謂宮不難移也，王安等故難之也。難移宮者，所以重選侍之罪，而張擁戴之功。神祖冊立東宮稍遲，諸臣羣起而爭之，然篤愛震器，易繫辭序卦傳：「主器者莫若長子，故受之以震。」始終不渝。倘果如奸邪所稱，廢立巫蠱之謀，漢戾太子以巫蠱獄死，事在武帝征和二年。則九閽邃密，乃藉一風癲之張差，有是理乎？非神祖、先帝慈孝無閒，王之寀、陸大受同惡相濟，開釁骨肉矣。神祖升遐，先帝哀毁，遽發夙疾，而悠悠之口，致疑於宮掖，豈臣子所忍言！孫愼行借題紅丸，誣先帝爲受鴆，加從哲以弑逆，鄒元標、鍾羽正從而和之。兩人立名非眞，晚節不振，委身門戶，敗壞生平。伏乞嚴諭纂脩諸臣，以

許顯純勘汪文言獄

張訥請廢天下書院

存信史。」已而三朝要典成，魏忠賢矯宸翰弁之。

編　五月，命錦衣衛指揮掌北鎮撫事許顯純勘問汪文言獄。

紀　辭連趙南星、楊漣、左光斗、魏大中、繆昌期、袁化中、惠世揚、毛士龍、鄒維漣、鄧渼、盧化鰲、夏之令、王之寀、錢士晉、徐良彥、熊明遇、施天德等。已而忠賢矯旨命顯純復訊之，於是周朝瑞、黃龍光、顧大章并以求緩楊、熊獄入焉。

初，文言再下詔獄，鍛鍊兩月餘弗屈，有旨杖之百，其甥悲失聲，文言叱曰：「孺子眞不才！死豈負我哉，而效兒女子相泣邪！」至是下獄，嚴鞫者四，酷刑備加，弗屈如故，最後不能堪，始仰視許顯純曰：「吾口終不似汝心，任汝巧爲之，我承焉可也。」顯純誣魏、周諸人以贓，文言蹶起曰：「天乎寃哉！以此衊清廉之士，衊音滅。有死不承！」

編　秋七月，下楊漣、周朝瑞、左光斗、顧大章、袁化中於北鎮撫司。

紀　初，獄上，擬漣以移宮一案。許顯純等相與謀，謂不可，入移宮則罪名不大，不假借封疆則難與追贓，遂坐以受熊廷弼賄。漣等不肯承，而顯純箠楚甚酷，無生理。左光斗曰：「彼殺我有兩法，乘我之不服而亟鞫以斃之，又或陰害於獄中，徐以病聞耳。若初鞫輒服，卽送法司，或無死理。」於是靡焉承順，遂五日一比，慘毒更甚，見者無不切齒流涕。

編　八月，御史張訥請廢天下書院。

紀　訥上書論東林書院，詆鄒元標、孫愼行、馮從吾、余懋衡；俱削籍。

楊漣卒于獄
決熊廷弼
左光斗卒
賜魏忠賢客氏印
天鑒錄
同志錄
點將錄

編 副都御史楊漣卒于獄。

編 吏科都給事魏大中卒于獄，其子學洢死之。洢音伊。學洢扶櫬歸，朝夕號哭，未嘗入寢室，勺水不進而死。

編 決熊廷弼于市。

編 僉都御史左光斗卒于獄。

編 九月，賜魏忠賢印，文曰「顧命元臣」，客氏印，文曰「欽賜奉聖夫人」。

編 顧大章下獄卒。

編 冬十月，皇子生。榮妃任氏出。

編 以兵部尚書高第經略遼東。

編 十一月，戍趙南星于振武衞。

編 以崔呈秀爲工部右侍郎。

紀 時殿工興，魏忠賢借督工，無日不與呈秀屏人密語，呈秀授黨人姓名如天鑒等錄，忠賢奉爲聖書。天鑒錄首列東林葉向高、韓爌等十六人，次列東林之黨孫鼎相、徐良彥等六人，又列眞心爲國不附東林顧秉謙、魏廣微等十七人。同志錄者陳宗器、韓維思、黃尊素、李應昇、賀烺等十八人。烺音朗。點將錄者首天罡星托塔天王李三才、及時雨葉向高、浪子錢謙益、聖手書生文震孟、白面郎君鄭鄤、霹靂火惠世揚、大刀楊漣、智多星繆昌期等三十六人，地煞星神機軍師顧大章、旱地忽律游大任、鼓上皁汪文言等七十二人。

編 丙寅，六年，(一六二六)春三月，遼東經略高第以病免。

編 以王之臣總理遼東、薊鎮、天津、登萊等處軍務。改經略爲督師。

編 以寧前道袁崇煥巡撫遼東。

編 逮前吏部主事周順昌下獄，殺之。

逮周順昌

紀 順昌，吳縣人，(吳縣，卽今江蘇蘇州市。)時緹騎出，魏大中被逮過吳，順昌周旋累日，臨別涕泗，卽以女許配其孫允衻。衻音髯。緹騎趣大中行，趣同促。語侵順昌，順昌張目叱之曰：「若不知世間有不畏死男子邪！若曹歸語而忠賢，我卽故吏部郎周順昌也。」大中下獄，御史倪文煥卽以締婚事劾順昌，削籍。內臣李實復疏參順昌、高攀龍、李應昇、黃尊素、周宗建五人，俱矯旨逮繫。緹騎挾威橫行，所至索金數千。宗建逮行未三日，而逮順昌者復至，吳中沸然，沸音費。士民素德順昌，聞其逮不勝寃憤。吳令陳文瑞，順昌所拔士也，夜半叩戶求見，撫牀爲慟。順昌曰：「吾固知詔使必至，此特意中事耳，毋效楚囚對泣！」顏色不變。語良久，令請順昌入治裝，舉家號慟。順昌改囚服出門，士民擁送者不下數千人。順昌出赴使署開讀。巡撫毛一鷺至署，諸生五六百人王節、楊廷樞、劉羽儀、文震亨等遮中丞，懇其疏救。一鷺流汗，不能出一語。緹騎見議久不決，厲聲曰：「東廠逮人，鼠輩何敢置喙！」喙音誨。於是市人顏佩韋等前問曰：「旨出朝廷，乃東廠邪？」緹騎曰：「旨不出東廠將誰出？」衆

顏佩韋等斃廠緹騎

顧秉謙進三朝要典

淸太宗立

魏忠賢祠宇徧天下

怒，闖然而登，叢毆緹騎，立斃一人。順昌步詣府署，手書別親友，以是月二十六日行，人無知者。就詔獄，許顯純拷比倍酷，身無完膚，罵不絕口。顯純令獄卒私殞之。臨死短章，祈以尸諫，獄卒見而毀焉。

編 水西苗老虎阿引等殺賊翁奢寅來降。

編 夏六月，浙江巡撫潘汝禎請爲魏忠賢建祠宇，乞賜額；從之。

紀 時汝禎疏先至，而巡按劉之侍疏遲至一日，忠賢怒，削奪之。

編 閹臣顧秉謙進三朝要典。

編 秋八月，我大淸太祖高皇帝崩。

編 九月，我大淸太宗文皇帝卽位。

編 蘇、杭織造李實奏建魏忠賢祠宇成，乞命杭州衞百戶沈尙文等永守祠宇，世爲祝釐崇報；從之。

紀 祠建於西湖之麓，麓音六，山足也。備極壯麗，閹臣縉紳施鳳來撰記，張瑞圖書丹，賜額曰「普德」。子衿微有反脣者，則守祠之豎叢毆之。自是四方效尤，幾徧天下。各曲意獻媚，務窮工作之巧。攘民田墓，伐人樹木，無敢發聲。其上食享祀，一如王公。像以沉香木爲之，眼耳口鼻手足宛轉一如生人，腹中肺腸皆以金、玉、珠寶爲之，衣服奇麗，髻上穴空其一以簪四時香花。一祠木像頭稍大，小豎上冠不能容；匠人恐，急削而小之以稱冠焉，小豎抱頭慟哭，責匠人。

編 皇子薨。大學士顧秉謙回籍。

編 冬十月，以霍維華爲太僕寺卿，毛一鷺爲南京兵部右侍郎。

陳仁錫講時不避忌諱

# 明鑑易知錄卷十三

## 明紀

### 熹宗哲皇帝

編　丁卯，七年，（一六二七）春正月，我大清太宗文皇帝天聰元年。

編　削翰林陳仁錫、文震孟、鄭鄤籍。擬孫文豸罪，坐斬。

紀　文豸，仁錫戚也，嘗作策論嘲時，魏忠賢知之，因誣文豸造妖言，謗朝政，置重辟。所指妖言者，則韓愈原道篇、欽天監步天歌也。先是仁錫在講筵因王恭廠火災，又見正人屠戮，忠賢竭土木不休，講時不避忌諱；忠賢怒，遂命許顯純擬文豸獄，詞連仁錫等，因削職，追奪誥命。

編　夏五月，大清兵圍錦州城，（即今遼寧錦州市。）分兵圍寧遠，（寧遠衞，即今遼寧北鎮縣。）俱不克而還。

編　六月，海寇鄭芝龍等犯閩山、同山、中左等處。芝龍，福建泉州府南安縣人。（閩山，在今福建福州市境。）

編　秋七月，以田吉爲兵部尚書，霍維華爲薊、遼總督。（薊鎮治薊州，即今河北薊縣。遼東鎮治遼陽縣，即今遼寧遼陽市。）

【編】八月，起復崔呈秀爲兵部尚書、少傅兼太子太傅，仍兼都察院左都御史。

【編】帝崩。

【紀】上不豫。時魏忠賢張甚，中外危懼。上召皇弟信王入，諭以當爲堯、舜之君，再以善事中宮爲託，及委用忠賢語。信王出，上崩。忠賢自出迎王入，王危甚，袖食物以入，不敢食大官庖也。是時羣臣無得見王者，王秉燭獨坐。或曰忠賢欲自篡，而崔呈秀以時未可，止之。

【編】信王由檢即位。

【紀】王即位於中極殿，受百官朝，毋賀，朝時忽天鳴。

【編】九月，東廠太監魏忠賢乞辭位，不許；奉聖夫人客氏出外宅。

【編】冬十一月，安置魏忠賢於鳳陽，（鳳陽府治鳳陽縣，即今安徽鳳陽縣。）籍其家。

【紀】初，上神明默操，忠賢黨與林立，莫發其奸。御史楊維垣首糾崔呈秀，語侵忠賢，而崔、魏之勢衰。後工部主事陸澄源、兵部主事錢元慤直攻忠賢，貢生錢嘉徵上數忠賢十大罪。並帝、蔑后、弄兵、無二祖列宗、克削藩封、無聖、濫爵、邀邊功、傷民財、褻名器。忠賢不勝憤，哭訴於上，上命內侍讀嘉徵疏使聽之，忠賢震恐喪魄。客、魏相倚，知信邸內監徐應元爲上所任，忠賢屈身事之，餽以貨，告之辭東廠印，援爲後勁，應元果爲閒。至是謫忠賢鳳陽司香祖陵，籍客、魏二氏，安置徐應元於顯陵，尋謫戍。

編 魏忠賢、客氏伏誅。

紀 上諭兵部曰：「逆惡魏忠賢擅竊國柄，誣陷忠良，罪當死，姑從輕降發鳳陽，不思自懲，素蓄亡命之徒，環擁隨護，勢若叛然。令錦衣衛擒赴，治其罪。」忠賢宿阜城尤氏邸舍，其黨密報上旨，知不免，夜自經。

命太監王文政嚴訊客氏，得宮人姙身者八人，姙身，懷孕也。蓋出入掖庭多攜其家侍媵，冀如呂不韋、李園事也。不韋娶邯鄲姬絶美者與居，知其有娠，獻之秦太子之子異人，生始皇。楚考烈王無子，李園進其妹於春申君，既有娠，園使妹說春申君進之王，遂生幽王。上大怒，立命赴浣衣局掠死。侯國興、魏良卿等俱伏誅。

魏客伏誅

呂不韋李園事

編 追復太監王安官，予祭葬、立祠。

編 以錢龍錫、楊景辰、來宗道、李標、周道登、劉鴻訓並爲禮部尚書、東閣大學士。

編 罷蘇、杭織造。

編 命削田爾耕籍，籍其家。

紀 戶部員外王守履奏逆黨文臣崔呈秀、田呈、吳淳夫、李夔龍、倪文煥爲「五虎」，武臣田爾耕、許顯純、孫雲鶴、楊寰、崔應元爲「五彪」，彪，小虎也。乃命籍爾耕家。爾耕貪婪，好羅織諸臣，榜掠慘毒，皆爾耕爲之。

五虎五彪

罷鎮守內臣

編　釋大理寺少卿惠世揚、御史方震孺獄。

編　罷各道鎮守內臣。

紀　上諭兵部：「先朝於宣、大、薊、遼東江之地，（宣，宣化府，治宣化縣，在今河北張家口市南。大，大同府，治大同縣，即今山西大同市。）分遣內臣協鎮，一柄兩操，甚無謂也，且宦官觀兵，古來有戒，其概罷之。」

## 懷宗端皇帝

名由檢，光宗第五子。初封信王，熹宗崩，無嗣，入繼大統。在位十七年。李自成陷京城，帝自經於萬壽山之壽皇亭。已，自成颺去，大清定鼎，而明遂亡矣。

編　戊辰，懷宗皇帝崇禎元年，（一六二八）春正月，召前兵部尚書霍維華。

紀　維華辭敕命，且述忤璫始末，薦周道登、郭鞏；不允辭。

編　許顯純、田爾耕伏誅。

紀　法司追論魏忠賢等罪，上命磔忠賢屍於河閒，（河間府治河間縣，即今河北河間縣。）斬崔呈秀於薊州，又戮客氏屍，尋復誅顯純、爾耕，天下快之。

編　命內臣俱入直，非受命不許出禁門。

編　二月，以侍讀學士溫體仁直經筵日講。免楊漣、熊廷弼等誣贓。

起用袁崇煥

編　三月，以周延儒爲禮部右侍郎。

編　夏四月，起袁崇煥爲兵部尚書，兼右副都御史，總督薊、遼、登、萊、天津軍務。（萊州

顏繼祖劾霍維華

袁崇煥入朝

府治掖縣，即今山東掖縣。登州府治蓬萊縣，即今山東蓬萊縣。天津，即今河北天津市。）

編 五月，戎政尚書霍維華罷。

紀 兵部推維華署督師事。工科給事中顏繼祖上言：「維華狡人，璫熾則附璫，璫敗則攻璫。擊楊、左者，維華也。楊、左逮而陽爲救者，亦維華也。以刑科給事中，三年躐致尚書，無敍不及，有賚必加，即維華難以自解。乞褫革以儆官邪。」遂罷維華行邊，尋免官歸。

編 光祿寺卿阮大成罷。

紀 大成與左光斗同里，有隙。天啓四年吏科都給事中闕，宜補大成，廷議以大成貪邪，遂授魏大中，其後左、魏被陷，皆大成意也。至是，御史毛羽健劾其黨邪，明年追削籍。

編 兵科給事中李魯生、太僕寺少卿李蕃罷。

紀 魯生當魏忠賢時迎合中旨，倡爲執中之說。蕃督學建忠賢祠。至是，給事中顏繼祖、御史王之朝劾罷之。魯生、蕃故與禮科給事中李恒茂號「三李」，謠曰：「官要起，問三李。」

編 編脩倪元璐追論大學士顧秉謙、魏廣微媚璫；奪恩廕，廣微尋削籍。

編 六月，兵部議招海盜鄭芝龍。

編 是月，大清兵入內地，毀錦州、杏山、高橋三城。（杏山，在今遼寧錦州市西。高橋，在今錦州市東。）

編 秋七月，袁崇煥入朝。

【紀】召見平臺，慰勞甚至。問以方略，對曰：「陛下假臣便宜計五年，全遼可復。」上曰：「五年復遼，朕不吝封侯之賞，卿其努力！」閣臣劉鴻訓等請收還王之臣、滿桂尚方劍以賜崇煥，令便宜行事。上從之。

鄭芝龍降熊文燦

【編】九月，鄭芝龍降于巡撫熊文燦。

張獻忠號八大王

【編】冬十一月，府谷民王嘉胤倡亂，（府谷，在今陝西神木縣東北。）延安人張獻忠從之。（延安府治膚施縣，即今陝西延安縣。）

【紀】是歲延安大饑，嘉胤作亂，獻忠從之。獻忠陰謀多智，賊中號「八大王」，其部最強，旁掠延安諸郡邑。

【編】起朱燮元仍總督貴、湖、雲、川、廣五省軍務。

李自成起兵

【編】十二月，米脂人李自成起爲盜。（米脂，即今陝西米脂縣。）

【紀】延安饑，不沾泥、楊六郎、王嘉胤等掠富家粟，有司捕之急，遂揭竿爲盜。自成性狡黠，善走，能騎射。家貧，爲驛書，往投焉。已而參政洪承疇擊賊，破之，不沾泥等相次俘獲，自成走匿山澤閒，得免。

【編】己巳，二年，（一六二九）夏四月，秦、晉饑，盜起。（秦，陝西。晉，山西。）

【紀】朝臣捐俸助餉，上曰：「諸臣興利除害，國家受益多矣，何必言助。」

袁崇煥殺毛文龍

【編】袁崇煥殺左都督毛文龍。事聞，上意殊駭，念文龍已死，遂暴其罪以安崇煥心。

朱燮元誅奢安

編 秋七月，以司禮太監曹化淳提督東廠。

編 八月，總督貴、湖、雲、川、廣五省軍務朱燮元討奢崇明、安邦彥，誅之。

紀 時燮元檄滇兵下烏撒，（烏撒衞即今貴州威寧縣。）蜀兵出永寧，（永寧州，即今四川叙永縣。）扼各路要害，而親帥大軍駐陸廣，（在今貴州修文縣境。）逼大方。（即今貴州大方縣。）崇明號大梁王，邦彥號四裔大長老，歹費小、阿鳥繼、阿鮓怯等各號元帥，悉力趨永寧，先犯赤水。（即今貴州赤水縣。）諜知之，燮元授意守將許成名佯北，誘賊深入，度賊已抵永寧，分遣林兆鼎從三岔入，（三岔寨，在今貴州普定縣北。）王國禎從陸廣入，劉養鯤從遵義入。（遵義，即今貴州遵義市。）邦彥分兵四應，力不支；羅乾象復以奇兵繞出其背，急擊之，賊大驚潰，崇明、邦彥等皆被創，（創音昌，傷也。）漢兵斬其首以獻。

燮元不欲窮兵，乃移檄安位，赦其罪，許其歸附。而位豎子，不能自決，其羣下復謀合潰兵拒明。燮元乃大會諸將曰：「水西多山險，（水西土司，即今貴州黔西縣。）叢箐篁，蠻烟棘雨，（西羌曰棘。）莫辨晝夜，深入難出，以此多敗。當與諸君扼其要害，四面迭攻，漸次蕩除，使賊乏糧，將自斃。」於是焚蒙翳，剔巖穴，截溪流，發勁卒，馳騁百餘里，或斬樵牧，或焚積聚，暮還歸屯，賊益不能測。凡百餘日，所得首功萬餘級，生口數萬。每得嚮導，輒發窖粟就食，而賊飢甚。劉養鯤遣其客入大方，燒其宮室，懸榜而出。安位大恐，乞降，燮元爲奏請，詔許之。

李自成稱闖將

編　冬十月，我大清太宗親率兵入邊，蒙古諸部貝勒、台吉皆以兵會。

編　李自成稱闖將。

紀　都城警，詔天下勤王。山西巡撫耿如杞入援，兵潰於涿鹿，（在今河北懷來縣西南。）叛走秦、晉閒山谷，李自成出與之合，旬日閒衆至萬餘。推高迎祥爲首，稱闖王，轉寇山西、河南，賊中稱自成爲闖將。九年，官軍擊迎祥，斬之，羣盜推自成爲主。

京師戒嚴

編　十一月，大清兵南下，京師戒嚴。整兵也。

紀　始遣乾清宮太監王應朝監視行營，太監馮元昇覈軍訖，始下戶部發餉。又命太監呂直勞軍。

下袁崇煥獄

編　十二月，逮薊、遼總督袁崇煥下獄。

編　以禮部侍郎周延儒爲禮部尚書、東閣大學士。

編　是月，大清兵北去，京師解嚴。罷兵也。

編　庚午，三年，（一六三〇）春正月，大學士韓爌罷。復故大學士張居正廕，賜故都督戚繼光表忠祠。

洪承疇巡撫延綏

編　命洪承疇巡撫延綏。（延綏鎮治榆林，即今陜西榆林縣。）

清議和書詞

編　二月，我大清太宗遣使持書至明議和。

紀　書言：「滿洲國皇帝致書明國皇帝：惟師旅頻興，互相誅戮，天之生民，罹禍實甚，罹音離，遭也。言念及此，欲盟諸天地，共結和好，使兩國獲享太平。不然，何時止息兵戈，以幾治安邪？故特遣使持書議和，惟明示之。」又與錦州將士書，令其申奏和議，於是班師。

編 三月，大清兵抵遼河，還瀋陽。（即今遼寧瀋陽市。）

編 夏六月，進禮部尚書溫體仁東閣大學士。

編 王嘉胤陷黃甫川、清水二營，（黃甫川、清水營，俱在今陝西神木縣東北。）遂據府谷。

紀 洪承疇與總兵杜文煥圍之，賊夜劫營，官兵擊敗之。

編 王嘉胤等掠延安、慶陽，（慶陽府治安化縣，即今甘肅慶陽縣。）城堡多陷。

紀 總督楊鶴主撫，不以聞，與陝撫劉廣生遣官持牌四出招賊，賊魁黃虎、小紅娘、一丈青、龍江水、掠地虎、郝小泉等俱給牒免死，安置延綏、河西，但不焚殺，其劫掠如故，民罹毒益甚。有司莫敢告，而寇患成於此矣。

兵科給事中劉懋上言：「秦之流賊非流自他省，即延、慶之兵丁土賊也。邊盜倚土寇爲嚮導，土寇倚邊盜爲羽翼。六七年來，韓、蒲被掠，（韓，即今陝西韓城縣。蒲，即今陝西蒲城縣。）其數不多，至近年荒旱頻仍，愚民影附，流劫涇、原、富、耀之間，（涇，今甘肅涇川縣。原，今寧夏固原縣。富，在今陝西銅川市東南。耀，在今銅川市西南。）賊勢始大。當事以不練之兵勦之，不克，又議撫之。其勦也，所斬獲皆飢民也，而眞賊飽掠以去矣。其撫也，非不稱降，聚衆無食，仍出劫掠，名降而實非降也。且今斗粟金三錢，營卒乏食三十餘月，即慈母不能保其子，彼官且奈兵民何哉？且邇來貪酷成風，民有三金不能供納賦之一金，至於捕一盜而破十數人之家，完一贖而傾人百金之產，奈何民不驅爲盜乎？若營兵曠伍，半役於司道，半折於武弁，所餘老弱，既不堪戰，又不練習，當責督撫清汰操練，以備實用也。」

【編】山西流賊破蒲州、潞安。（蒲州治臨晉縣，在今山西運城縣西北。潞安府治長治縣，即今山西長治市。）

【編】冬十月，王嘉胤陷清水營，殺遊擊李顯宗，復陷府谷。

【編】十二月，盜神一元破寧塞，（寧塞堡，在今陝西靖邊縣西。）據之，殺參將陳三槐，圍靖邊，遂陷柳樹澗、保安等城。（保安縣，即今陝西志丹縣。）

【編】辛未，四年，（一六三一）春正月，刑科給事中吳執御請罷理財、加派等事，不聽。

【紀】執御言：「理財、加派，不得已而用之，未有年餘不罷者。捐助、搜括二者，尤難爲訓。」上曰：「加派原不累貧，捐助聽之好義，惟搜括滋奸，若得良有司奉行，亦豈至病民乎！」

神一元陷保安

【編】神一元陷保安，副總兵張應昌擊敗之。

【紀】一元死，弟一魁領其衆。

【編】命御史吳甡齎金賑陝西饑荒，招撫流盜。

神一魁圍慶陽

【編】二月，神一魁圍慶陽。

【紀】宜君賊趙和尙等各分犯，（宜君縣，在今陝西黃陵縣南。）不知其數。

洪承疇總三邊

編 三月，賊帥孫繼業、茹成名等詣總督楊鶴降。

紀 賊六十餘人來降，鶴受之。 設御座於固原城樓上，賊跪拜，呼萬歲。 因宣聖諭，令設誓，各解散，或歸伍，或歸農。 自此羣盜視總督如兒戲矣。

編 夏五月，我大清太宗定官制，設立六部。

編 神一魁降于總督楊鶴。

紀 一魁降，鶴責數其罪，俱伏謝。 一魁有戰騎五千，鶴侈其事，上言乞賜數萬金賑濟。 時宜君、雒川盜蜂起，（雒川，即今陝西洛川縣。）鶴又止巡撫練國事北征，宜、雒賊亦求撫於國事，從之，其脇從飢民各給牒回籍，首領置軍中。 省臣劾宣、大總督魏雲中、陝西總督楊鶴恇怯玩寇，（恇音匡，恐也。）上切責雲中等平盜自贖。 時言官交論鶴，鶴疏引咎。

編 六月，副總兵曹文詔擊斬王嘉胤于陽城，賊復推王自用爲首。

紀 自用號曰紫金梁，其黨自相名目，有老回回、八金剛、闖王、闖將、八大王、掃地王、闖塌天、破甲錐、邢紅娘、亂世王、混天王、顯道神、鄉里人、活地草等，分爲三十六營。

編 秋七月，逮總督陝西三邊都御史楊鶴下刑部獄，（三邊，榆林、寧夏、甘肅三鎮，俱屬陝西。）論戍邊。

編 八月，我大清太宗親統諸軍入邊至舊遼河而營，蒙古貝勒各率兵來會。

編 九月，以洪承疇總督三邊，張福臻巡撫延綏。

吳執御劾周延儒

命太監監軍

張獻忠降於洪承疇

編　命太監張彝憲總理戶、工二部錢糧，唐文征提督京營戎政，王坤往宣府，劉文忠往大同，劉允中往山西，各監視兵餉。

編　給事中吳執御劾大學士周延儒疏，留中。

紀　執御論延儒：「攬權壅蔽，私其鄉人，塘報奏章，一字涉邊疆盜賊，輒借軍機密封下部，明畀廷臣摘其短長，他日敗可以捷聞，功可以罪案也。陛下習見延儒摘發細事，近於明敏，遂爾推誠，抑知延儒特借此以行其私乎？」上切責之。執御劾疏凡三上，俱留中。

編　冬十月，命太監監軍。

紀　王應朝往關寧，張國元往薊鎮東協，王之心中協，邵希韶西協。

編　十一月，以太監李奇茂監視陝西茶、馬，吳直監視登島兵餉。

紀　初，上既罷諸內臣，外事俱委督撫。然上英察，輒以法隨其後，外臣多不稱任使者。崇禎二年，京師戒嚴，乃復以內臣視行營。自是銜憲四出，動以威倨上官，體加於庶司，羣相壅蔽矣。

編　張獻忠率衆降于三邊總督洪承疇。

編　壬申，五年，（一六三二）春正月，延綏賊陷宜君，復陷保安、合水。（合水縣，在今甘肅慶陽縣東。）

紀　賊僞爲米商入宜君，遂陷之。復陷保安、合水，流入山西者陷蒲州、永寧，大掠四出。山西巡按御史羅世錦歸咎於秦，謂「以鄰爲壑」。給事中裴君賜，晉人也，上言「責成秦之撫鎭驅之回秦，而後再議勦撫。」蓋當事之無定見如此。

編　洪承疇請留陝西餉銀二十萬資勦費，并以勸農，從之。

削高弘圖籍

編　三月，削工部右侍郎高弘圖籍。

紀　弘圖上言：「臣部有公署，中則尙書，旁列侍郎，禮也。內臣張彝憲奉總理兩部之命，儼臨其上，不亦辱朝廷而褻國體乎？臣今日之爲侍郎也，貳尙書，非貳內臣，國家大體，臣固不容不愼，故僅延之川堂相賓主，而公座毋寧已之，雖大拂彝憲意，臣不顧也。且總理公署，奉命別建，則在臣部者宜還之臣部，豈不名正言順而內外平。」上以軍興，餉事重，應到部驗核，不聽。弘圖遂引疾求去，疏七上，竟削籍。

洪承疇清蕩諸寇

編　三邊總督洪承疇等擊賊，大敗之。斬賊首可天飛，擒其黨郝臨庵、獨行狼，誅之。

紀　先是，延西諸寇，承疇偕曹文詔先後淸蕩，而鐵角城乃邊盜藪，郝臨庵、可天飛爲官軍所敗，獨行狼跳入其伍，耕牧鐵角城，爲持久計。聞他盜盡平，甚懼。承疇、文詔擊破之，斬可天飛，其二賊亦生得，就誅，軍聲益振。文詔忠勇善戰，承疇與下同甘苦，得士卒心，轉戰四載，斬級三萬，西人稍稍休息，然亦憊甚矣。

馬鳴世奏請安秦疏

陝西原任通政使馬鳴世奏曰：「三秦爲海內上游，（三秦卽關中，項羽三分關中，王秦降將章邯、司馬欣、董翳，故號三秦。）延安、慶陽爲關中藩屛，楡林又爲延、慶藩籬，無楡林必無延、慶，無延、慶必無關中矣。乃自盜發以來，破城屠野，四載於茲，良以盜衆我寡，盜飽我飢，內鮮及時之餉，外乏應手之援。揆厥所由，緣廟堂之上，以延、慶視延、慶，未嘗以全秦視延、慶；以秦視秦，未嘗以天下安危視秦。而且誤視此流盜爲饑民，勢焰燎原，莫可撲滅，若非亟增大兵，措大餉，爲一勞永逸之計，恐官軍鶩於東，賊馳於西，師老財匱，揭竿莫禦，天下事尚忍言哉！乞敕所司亟措餉二十萬，給民牛、種，爲兵士犒賞，急圖安戢，庶全秦安而各鎮安矣。」

【編】夏四月，湖廣流盜自興國入江西泰和、吉安等處。（興國即今湖北陽新縣。泰和，即今江西泰和縣。吉安即今江西吉安市。）

【編】秋八月，山西巡撫宋統殷擊賊于長子，（在今山西長治市西。）賊奔沁水。（在今山西陽城縣西北。）

【編】以司禮監太監曹化淳提督京營戎政。

【編】冬十一月，罷山西巡撫宋統殷，以許鼎臣代之。

【編】海盜劉香老犯福建小埕，遊擊鄭芝龍擊走之。

張獻忠復叛

【編】張獻忠復叛。

【編】癸酉，六年，（一六三三）春正月，副總兵左良玉敗賊于涉縣西，（涉縣，即今河北涉縣。）斬其渠。

編 進副總兵曹文詔都督同知。

紀 文詔連敗賊於忻、代閒，（忻，即今山西忻定縣。代，在今山西原平縣東北。）斬首千五百級。

詔舉潛脩之士

編 二月，詔吏部薦舉潛脩之士。

紀 諭科道不必專出考選，館員須應先歷知、推，垂為法。

編 大學士周延儒罷歸。

王志道為法度惜

紀 延儒以宣府閱視太監王坤疏劾，乞罷，不允。左副都御史王志道上言：「王坤不宜侵輔臣。」上召廷臣於平臺，謂志道曰：「遣用內臣，原非得已。朕言甚明，何議論之多也！昨王坤之疏，朕已責其誣妄。乃廷臣舉劾，莫不牽引內臣，豈處分各官皆為內臣耶？」對曰：「王坤直劾輔臣，舉朝皇皇，為紀綱法度之憂。臣為法度惜，非為諸臣地也。」上曰：「廷臣於國家大計不之言，惟因內臣在鎮，不利奸弊，乃借王坤疏要挾朝廷，誠巧佞也。」因詰志道者再，延儒曰：「志道非專論內臣，實責臣等溺職。」上色稍霽，曰：「職掌不脩，沽名立論，何堪憲紀。」立命志道退，延儒遂放歸。

內中軍

編 夏五月，命太監陳大金等監紀各路兵將功罪。

紀 上諭兵部，流寇蔓延，各路兵將功罪應有監紀，特命太監陳大金、閻思印、謝文舉、孫茂霖為內中軍，會各撫道，分入曹文詔、左良玉諸營。尋復以閻思印同總兵張應昌合勦，汾陽知縣費甲鐄以逼迫苦供億，鐄音位。（汾陽，即今山西汾陽縣。）墜井死。

溫體仁無所平反

陳奇瑜平延水

編 六月，海盜劉香老犯長樂。（即今福建長樂縣。）

編 秋九月，總兵張應昌敗賊于平山。

紀 應昌獲賊首張有義，即一盞燈也。

編 冬十月，帝論囚。

紀 上素服御建極殿，召閣臣商推，溫體仁竟無所平反。謂平其不平，而反罪人辭，使從輕也。陝西華亭知縣徐兆麟，（華亭，在今甘肅平涼市南。）赴任七日，城陷，竟棄市，上頗心惻，體仁不爲救，人皆寃之。

編 十二月，延綏巡撫陳奇瑜擊賊，大破之，賊首皆被誅，延水盜悉平。

紀 時秦賊已盡入晉，流突畿輔、河南至數十萬，而延綏賊首鑽天哨、開山斧獨據永寧關，（在今陝西延長縣東南。）前阻山險，下臨黃河，負固數年不下。奇瑜謀取之，乃陽傳總制檄發兵，簡衆七千人抵延川，（即今陝西延長縣。）潛師疾走入山。賊不虞大兵至，倉皇潰佚，焚其巢，縱擊，斬首千六百級。二賊死，分兵擊賊首一座城，斬之，延水盜悉平，奇瑜威名著關、陝。

編 是年陝西、山西大饑。

編 甲戌，七年，（一六三四）春正月，山西巡撫戴君恩誘執降盜王剛等，誅之。

紀 降盜王剛、王之臣、通天柱等至太原挾賞，君恩設宴誘剛等，斬之，共斬四百二十九人，而岢嵐大盜高加計號顯道神尤橫。（岢嵐，在今山西五臺縣西南。）會大旱，饑民投賊者愈衆。

【編】李自成、張獻忠走盩厔、鄠縣間。盩厔音周質。鄠音戶。（盩厔，今陝西盩厔縣。鄠縣，即今陝西鄠縣。）

【紀】總督洪承疇率總兵曹文詔等先後勦諸賊，斬獲甚衆，羣賊悉奔入商、雒、興平大山中，（商，今陝西商縣。雒，今陝西洛南縣。興平，即今陝西興平縣。）自成、獻忠奔盩、鄠間。

【編】謫刑科給事中李世祺于外。

袁繼咸諫謫李世祺

【紀】以劾大學士溫體仁、吳宗達也。山西提學僉事袁繼咸上言曰：「養鳳欲鳴，養鷹欲擊。今鳴而箝其舌，擊而紲其羽，紲音屑，繫也。朝廷之於言官何以異此？使言官括囊無咎，易坤卦四爻：「括囊无咎。」注：「括囊，言結囊口而不出也。」而大臣終無一人議其後。大臣所甚利，忠臣所深憂，臣所爲太息也。且陛下所樂聽者讜言，而天下誤以攻彈貴近爲天子所厭聞，其勢將波靡不止。」上以越職言事，切責之。

【編】三月，山西自去秋八月不雨至于是月；大饑，人相食。

【編】總理太監張彝憲請入覲官投册，以隆體統，許之。

袁繼咸諫覲官投册疏

【紀】袁繼咸上言：「士有廉恥，然後有風俗；有氣節，然後有事功。如總理內臣有覲官齎册之令，陛下從之，特在剔釐奸弊，釐，治也。非欲羣臣詘膝也。乃上命一出，靡然從風，藩、臬、守、令，參謁屏息，得免呵責爲幸。嗟乎！一人輯瑞，虞書：「輯五瑞」，言徽集五等諸侯之瑞玉，使之來朝也。萬國朝宗，（諸侯春見天子曰朝，夏見曰宗。）諸臣未覲天子之光，先拜內臣之座，士大夫尙得有廉耻乎！逆瑾方張時，義子、乾兒，昏夜拜伏，自以爲羞；今且白晝公庭，恬不知耻。國家自有覲典，二百餘年，未聞有此，所爲太息也。」上以越職言事，責之。已，張彝憲亦奏辨，謂「覲官參謁，乃尊朝廷。」繼咸復上言：「尊朝廷莫大於典例，知府見藩、臬行屬禮，典例也；見內臣行屬禮，亦典例乎？諸司至京投册吏部各官，典例也；先謁內臣，亦典例乎？事本典例，雖坐受，猶以爲安；事創彝憲，卽長揖，祗增其辱！高皇帝立法，內臣不得與外事；若必以內臣繩外臣，會典所不載。」上仍切責之。

編　夏四月，海盜劉香老犯海豐。（卽今廣東海豐縣。）

罷各道監視太監

編　六月，罷各道監視太監。

編　總督陳奇瑜受李自成降，復給牌回籍。

紀　奇瑜圍自成于漢中車廂峽。（在今陝西安康縣西。）會連雨四十日，賊馬乏芻，死者過半，弓矢俱脫，賊大窘，自成乃自縛乞降。奇瑜許之，各給免死票回籍，自是復縱橫不可制矣。

編　秋七月，李自成陷澄城，（在今陝西蒲城縣東北。）圍郃陽。（在今陝西韓城縣西南。）

紀　自成聞洪承疇兵至，解圍去，轉寇平涼、邠州。（平涼府治平涼縣，卽今甘肅平涼市。邠州，卽今陝西邠縣。）

陸運昌撫字八條

倪元璐制實制虛八策

編 江西饑，觀政進士陸運昌上撫字八條。

編 九月，賊二十餘營西至函谷關，（在今河南靈寶縣西南。）東至河陽，（即今河南孟縣西。）連屯百餘里。

編 別賊萬餘，連營雒南、閿鄉。（閿鄉縣，在今河南靈寶縣西南。）

編 陝賊陷扶風。（在今陝西興平縣西北。）

編 命吳甡巡撫山西。

編 冬十一月，侍讀倪元璐上制實、制虛各八策。

紀 元璐上制實八策：曰離敵交，繕旁邑，優守兵，靖降戎，益寇餉，儲邊才，奠輦轂，嚴教育。又制虛八策：曰正根本，伸公議，宣義問，一條教，慮久遠，昭激勸，勵名節，明駕馭。疏入，上令確奏伐交實計，其撫降戎，儲邊才，留秦、晉餉，館監教習，俱下部。其制虛八策多係奉旨，不必繼陳。既而元璐再陳閉敵之術，且請盡撤監視內臣以重邊疆，不報。

編 逮陝西巡撫練國事，以秦寇猖獗也。命李喬巡撫陝西。

編 削總督陳奇瑜職，聽勘。

編 十二月，進洪承疇兵部尚書，總督河南、山西、陝西、湖廣、保定、眞定等處軍務，其總督三邊如故。

編 總督兩廣熊文燦遣守道洪雲蒸等招劉香老，被執。

紀 文燦令雲蒸、巡道康承祖、參將夏之本、張一傑往謝道山招劉香老，被執。文燦奏

「雲蒸等信賊自陷」，上以「賊渠受撫，自當聽其輸誠，豈有登舟往撫之理？弛備長寇，尙稱未知，督臣節制何事？」命巡按御史確覈以聞。已，令文燦戴罪自効。

編 乙亥，八年，（一六三五）春正月，謫兵部職方主事賀王盛于外。以再劾溫體仁庸奸誤國也。

編 河南賊分三道。一趨六安，一趨鳳陽，一趨潁、濮。

編 張獻忠掠廬、鳳、安慶。

編 夏四月，廣東左布政王世德及福建遊擊鄭芝龍合擊劉香老，誅之。

紀 芝龍合世德兵擊劉香老於田尾遠洋，香老脅洪雲蒸出船止兵，雲蒸大呼曰：「我矢死報國，矢，誓也。亟擊勿失！」遂遇害。香老勢蹙自焚，溺死。康承祖、夏之本、張一傑脫歸。尋以世德爲雲南巡撫，加芝龍參將。

編 六月，免陝西巡撫李喬官，以庸懦玩寇也。以甘學闊巡撫陝西。

編 秦賊搖天動襲陷西和。（在今甘肅西禮縣東南。）

編 秋七月，秦賊陷澄城，八月，陷咸陽。

編 命湖廣巡撫盧象昇總理直隸、河南、山東、四川等處軍務，統關、遼兵，賜尙方劍，便宜行事，專制中原。洪承疇勦寇西北，象昇勦寇東南，如寇入秦，象昇進兵合擊。

編 進文震孟禮部左侍郎，兼東閣大學士。尋忤溫體仁罷歸。

編 冬十月，老回回襲陷陝州。

授武舉給事中

天下有三大病

【編】帝下詔罪己，避居武英殿，減膳撤樂。

【紀】除典禮外，惟以青衣從事，以示與行間文武士卒甘苦相同之意。

【編】十一月，秦賊一字王等部衆出關，鈔掠諸路。

【紀】一字王部衆二十萬，撞天王統十七萬，自潼關出犯閿鄉、靈寶，大隊東行，塵埃漲天，闊四十里，絡繹百里，老弱居中，精騎居外。左良玉與總兵祖寬兩軍相隔，東西七十里，遙望山頭，不敢邀擊。賊鈔掠諸路，截燒糧草，諸軍乏食。

【編】十二月，張獻忠合諸賊圍廬州，分道陷巢縣、含山，遂陷和州，沿江下犯江浦。

【編】丙子，九年，(一六三六)春正月，以劉宗周爲工部右侍郎。

【編】授淮安武舉陳啓新吏科給事中。

【紀】啓新上言：「今天下有三大病，曰科目取人，資格用人，推知行取科道。惟陛下停科目以詘虛文，舉孝廉以崇實行，罷推知行取以除積横之習。蠲災傷錢糧，蘇累困之民，而且專拜大將，舉行登壇、推轂之禮，使其節制有司，便宜行事，庶幾民怨平而寇氛靖。」上異其言，特授吏科給事中，命遇事直陳毋隱。

啓新本庸人，時政府覘知上意，必有闕門特達之典，故令啓新上書跪正陽門；曹化淳實聞之於內，立致省垣，將借以搏擊善類。迨啓新既得進，惟從事斂車羸馬以逢迎上意，而政府有求皆不應，故政府恨之，不見信任。工部右侍郎劉宗周上言：「武生新授吏科給事中陳啓新，一言投契，立置清華，此誠盛事。臣愚謂宜先令以冠帶辦事黄門，稍如試御史例，俟數月後果有忠言奇計，實授未晚，不然如名器可惜何！」

編　總理盧象昇大敗張獻忠于滁州。（滁州府治全椒縣，即今安徽全椒縣。）

紀　獻忠合羣賊圍滁州，象昇大敗之，賊竄河南。

編　總兵陳永福敗李自成于朱仙鎮。（即今河南開封市西南宋仙鎮。）

紀　自成出河南，攻固始，（即今河南固始縣。）左良玉遇自成於閿鄉，相持六日，永福援之，敗之於朱仙鎮。自成走登封、密縣，（登封，即今河南登封縣。密縣，即今河南密縣。）尋自成誘別部賊入河南當官兵，而自帥麾下奔漢南，循南山險阨，遵商雒而行，復出陝西，官軍敗績於羅家山，失亡士馬無算，自成自鄜州至延綏。（鄜州，在今陝西洛川縣西北。）

編　二月，山西饑，人相食。

編　甘肅總兵柳紹宗敗賊過天星于西寧州。

紀　過天星合九條龍等八營西掠蘭、河，南擾會寧，洪承疇檄左光先與紹宗合兵擊之，絕其西奔。賊復自萬安走鹽池，兩軍力戰破之。賊窮蹙請降，陝西巡撫甘學闊受其降，安插其部數萬人於延安，尋延河劫掠如故。

編　三月，賊九條龍、張胖子從南漳、柳池陷穀城、官山，逼保康。二千里焚掠無遺。

編　南陽洊饑。

母烹女

【紀】唐王聿鍵奏：鍵音仲。「南陽有母烹其女者。」

【編】陝西巡撫甘學闊削籍聽勘，以孫傳庭代之。

【編】夏四月，延綏總兵俞翀霄引兵逐李自成，被執。

【紀】自成欲往綏德渡河入山西，定邊副將張天機力戰却之。賊沿河犯朝邑，將圍綏德，翀霄引兵逐賊，陷賊伏中，翀霄被執，綏延精卒盡覆。賊分陷米脂、延安、綏德。賊本延安人，至是再入延安，衣錦繡晝遊，衒其親戚，故從亂者益衆。

滿洲稱清

【編】是月，我大清太宗建國號曰清，改天聰十年爲崇德元年。

【編】六月，命司禮太監曹化淳同法司錄囚。

【編】秋七月，我大清兵至居庸。遣內中軍李國輔守紫荊關，許進忠守倒馬關，張元亨守龍門關，崔良用守固關，勇衞營太監孫維武、劉元斌防馬水沿河。

【編】以張元佐爲兵部右侍郎，鎮守昌平。

【紀】時內臣提督天壽山者皆即日往，上語閣臣曰：「內臣即日就道，而侍郎三日未出，何怪朕之用內臣邪！」

【編】巡撫陝西孫傳庭擊賊于盩厔，大破之。

殺高迎祥

【紀】擒賊首闖王高迎祥及劉哲等，獻俘闕下，磔於市。

【編】八月，老回回焚開封西關。

紀 時羣盜出沒豫、楚閒，散而復合。

編 九月，我大清兵從建昌冷口還。

紀 守將崔秉德請率兵遏歸路，總監高起潛不敢進，揚言當半渡擊之。偵騎報師已盡行四日，起潛始進石門山，報斬三級。

編 以兵部侍郎王家貞巡撫河南，總理直隸、川、湖、山、陝軍務。

編 冬十月，工部侍郎劉宗周上疏諫用中官，不報。

紀 宗周上言：「人才之不競，非無才之患，而無君子之患。今天下即乏才，亦何至盡出二三中官下，每當緩急之際，必依以大任。三協有遣，通津臨德有遣，又重其體統，等於總督。中官總督，將置總督於何地？是以封疆嘗試也。且小人與中官每相引重，而君子獨岸然自異，故自古有用小人之君子，終無黨比中官之君子。陛下誠欲進君子退小人，而復用中官以參制之，此明示以左右袒也。」不報。時宗周已罷歸。

劉宗周諫用中官

編 起復楊嗣昌爲兵部尚書。

編 命採平陽、鳳翔諸礦以儲國用。

編 總督貴、湖、雲、川、廣等處軍務朱燮元討擺金、兩江、巴香、狼壩、火烘、五洞叛苗，悉平之。

朱燮元平苗

紀 燮元既平叛苗，水西勢益孤，又通上下六衞并清平、偏鎭四衞道路，凡一千六百餘里，設亭障，置游徼，徼音教，邏卒也。以便往來滇中。沐氏土舍普名聲亂，爕元奉命移兵討誅之。

左良玉恃功驕蹇

【編】丁丑，十年，（一六三七）春二月，左良玉大破賊于舒城、六安，（舒城、六安均今安徽縣，屬六安專區。）連戰三捷。

【紀】時總兵秦翼明敗闖塌天於細石嶺，擒賊首一條葱、新來虎。賊至英山分營山險，伐竹爲筏，謀渡江潛竄大山中。應天巡撫張國維檄左良玉入山搜捕，良玉新立功，驕蹇不奉調發，憚入山險，屯於舒城。國維三檄之，始自舒城進發，賊已飽掠出境。山西總兵王忠以兵援河南，稱病數月，不進一軍，譟而西歸。給事中凌義渠劾之。詔逮王忠入都；革良玉職，殺賊自贖。

【編】命陝西巡撫孫傳庭兼總理河南。

【編】夏閏四月，以熊文燦爲兵部尚書，兼副都御史，總理直隸、山、陝、川、湖軍務，督勦流寇。

【編】河南巡撫陳必謙罷，以常道立代之。

【編】六月，大學士溫體仁以疾罷歸。

【編】秋七月，以史可法爲右僉都御史，巡撫安、廬、池、泰等處軍務。時以寇患，故創設。

【編】江北賊陷六合，遂圍天長。

朱燮元平西南

編 李自成寇涇陽、三原，西安大震。

編 官軍敗張獻忠于黃岡。（即今湖北黃岡縣。）

紀 獻忠復入江北，東掠至儀眞，揚州告急。獻忠尋西走入楚。

編 八月，以薛國觀爲禮部左侍郎，兼東閣大學士。

編 冬十月，陝賊過天星同李自成入蜀，混天王、蝎子塊隨之。川兵大敗混、蝎二賊于廣元，（廣元縣，即今四川廣元縣。）斬首千級。

編 水西安位死，西南悉平。

紀 位死無嗣，族屬爭立，朝議欲乘其弊，郡縣之，朱燮元上書諫，乃止。燮元遂傳檄土目，諭以威德，諸部爭納土獻重器。燮元召將吏議，以爲衆建土司，使其勢少力分，則易制；各欲保土地，傳子孫，則不敢爲逆。乃上奏曰：「臣按西南之境，皆荒服也，楊氏反播，（即播州，今貴州遵義縣。）奢氏反藺，（即今四川古藺縣。）安氏反水西。而滇之定番，彈丸小州，爲長官司者十有七，二三百年未聞有反者。非他司好逆而定番忠順也，蓋地大者跋扈之資，而勢弱者保世之策也。今臣分水西之壤授諸渠長（又）〔及〕有功漢人，咸俾世守，凡其俗虐政、苛斂一切除之，使參用漢法，可爲長久計。」制曰「可。」西南遂底定焉。

編 十一月，以司禮太監曹化淳、杜勳等提督京營。

編 戊寅，十一年，（一六三八）春正月，總兵左良玉、陳洪範大破賊于鄖西，（即今湖北鄖西

張獻忠請降

李自成敗

縣。）張獻忠請降。

紀 初，獻忠爲盜，洪範捕獲獻忠，異其貌而釋之，以是懷舊恩乞降於洪範，請率所部殺賊自效。總理熊文燦承制撫之，獻忠請置家口於鄖西，文燦爲請於朝，詔貸其罪，立功自贖。

編 二月，巡按河南御史張任學改都督僉事總兵官，鎮守河南。

紀 任學覬得巡撫，覬音記，幸也。且欲薦故丹徒知縣張放，（丹徒，在今江蘇鎮江市境。）極詆諸總兵不足恃，盛稱文吏有奇才，可禦寇。上竟以總兵授之，意大沮悔。

編 總督洪承疇大敗李自成于梓潼。（即今四川梓潼縣。）

紀 自成率殘衆數千走溪南，子身入楚依張獻忠，不許，至竹溪，（即今湖北竹溪縣。）獻忠謀殺之。自成獨乘騾日行六百里走商雒，至淅川老回回營，（淅川，即今河南淅川縣。）臥疾半年餘，老回回授以數百人，仍出剽掠。

編 夏五月，宣、大總督盧象昇以父憂罷，詔以陳新甲代之。令象昇衰服從事候代。

編 六月，逮湖撫余應桂，以方孔炤爲湖廣巡撫。

編 以楊嗣昌爲禮部尚書，兼東閣大學士。仍領兵部事。

編 秋九月，我大清兵薄牆子嶺，薄，逼也。總督吳阿衡及中軍副將魯宗文被執，皆不屈，死之。

清兵入密雲

清兵逼京城

孫承宗一門死

洪承疇總督薊遼

清兵下山東

編　大清兵入密雲。

紀　兵部檄宣、大、山西總兵楊國柱、王樸、虎大威入援，總督盧象昇立遣三帥入居庸，趨都城，陳新甲亦至，受敕印交代。象昇入勤王，中途聞詔，仍賜尚方劍，總督天下援軍。

編　冬十月，京師戒嚴。

紀　召孫傳庭於陝西，洪承疇於三邊；於是承疇、傳庭率諸將合兵五萬，先後出潼關入援。

編　以丁啓睿爲都御史，巡撫陝西。

編　大清兵逼京城。旬日始解去。

編　十一月，大清兵克高陽，前太傅、中極殿大學士、兵部尚書孫承宗死之。子孫共十人皆力戰而死。

編　十一月，括廢銅鑄錢。

編　十二月，改洪承疇薊、遼總督，孫傳庭保定總督。加傳庭兵部右侍郎，賜尚方劍，督諸鎮援軍。

編　大清兵下山東。

# 明鑑易知錄卷十四

## 明紀

### 懷宗端皇帝

編 己卯，十二年，（一六三九）春正月，我大清兵克濟南，德王被執。詔逮山東巡撫顏繼祖下獄論死。

編 二月，大清兵北旋。

編 巡撫河南常道立削籍，以縱寇渡河也。以李仙風爲河南巡撫。

編 以司禮太監崔琳清理兩浙鹽課賦稅。

編 逮河南總兵張任學。

編 三月，左良玉大敗河南賊于內鄉。（即今河南內鄉縣。）

編 夏四月，撫治鄖陽戴東旻免，（鄖陽府治鄖縣，即今湖北鄖縣。）以王鰲永撫治鄖陽。

編 五月，張獻忠叛于穀城，（即今湖北穀城縣。）御史林鳴球死之。

紀 初，賊首高迎祥既誅，李自成困，川西羣盜失勢，獻忠連敗，精銳俱盡，始乞撫以緩誅，初無降意。及據穀城，潛句諸賊爲掎角，句音鉤。遂復思叛去，舉人王秉貞爲之謀主。至是，遂殺穀城知縣阮之鈿以叛，降賊羅汝才九營並起應之。汝才號曹操。獻忠脅御史林鳴球上書求封於襄陽，鳴球不從，遂殺之。

編　秋七月，總理熊文燦、總兵左良玉俱削職，殺賊自贖。

紀　文燦檄諸將進兵穀城，獻忠焚穀城西走，與羅汝才合。良玉追賊於房縣西，（房縣，即今湖北房縣。）賊設伏羅猴山，良玉兵渡隘入伏中，賊四合圍之。突圍戰，敗績，一軍盡沒。良玉失其符印，僅收殘兵數百走回房縣。事聞，文燦、良玉俱革職自効。

編　詔撤各鎮內監還京。大學士薛國觀免。

編　安慶巡撫史可法以憂歸。

編　八月，命大學士楊嗣昌以兵部尚書督師討賊，賜尚方劍。

紀　初，熊文燦與嗣昌深相結納，嗣昌冀文燦成功以結上知。文燦既敗，嗣昌內不自安，請督師南討，故有是命。

編　九月，秦兵大破李自成于函谷。（函谷關，在今河南靈寶縣西南。）

李自成函谷之敗

紀　自成衆散略盡，其部下相繼俱降。自成竄漢南，秦兵蹙之於北，左良玉阨武關以南，（武關，在今陝西商縣西。）自成窮蹙不得他逸，食且盡，自經者數四，養子李雙喜救之。自成因令軍中盡殺所掠婦女，以五十騎衝圍而南，遂逃入鄖陽，息馬深山中。時河南大饑，饑民所在爲盜，自成乃自鄖、均走伊、洛，（均，今湖北均縣。伊、洛二水，謂今河南洛陽以南，鄭州市以東等地。）饑民從者數萬，勢復大振。

殺熊文燦

編 冬十月，楊嗣昌至襄陽。詔逮熊文燦入京，論死。棄西市。

編 拜左良玉爲平賊將軍。

紀 良玉所部多降將，楊嗣昌謂可倚以辦賊，爲請於上，故有是命。

編 是歲，兩京、河南、山東、山西旱、饑。

編 彗星見，諭停刑。

編 庚辰，十三年，（一六四〇）春正月，逮湖廣巡撫方孔炤，命宋一鶴爲湖廣巡撫。

編 閏月，督師楊嗣昌奏辟永州推官萬元吉爲軍前監紀，（永州府治零陵縣，即今湖南零陵縣。）從之。

編 二月，楊嗣昌駐襄陽調兵勦賊。

張獻忠瑪瑙山之敗

編 平賊將軍左良玉大破張獻忠于太平縣之瑪瑙山。（太平縣，即今四川萬源縣。瑪瑙山在萬源縣北，接陝西界。）

紀 良玉斬賊首萬級，獻忠精鋭俱盡，止千餘騎自隨，遁走興、歸山中。尋自鹽井竄興、房界上，良玉屯興安、平利諸山，連營百里，諸軍憚山險，圍而不攻。賊伏深箐中，重賄山氓市鹽芻米酪，山中人安之，反爲賊耳目，陰輸兵情於賊。獻忠得以休息，收散亡，養夷傷，羣盜往往歸之，兵復振。時羅汝才、過天星七股賊盡入蜀。

編　風霾亢旱，詔求直言。

編　諭戶部以保定、永清等郡縣芻糧給畿南饑民，發帑金六千賑山東。

編　三月，免畿郡料匠等銀，賑京城貧民各錢二百。

編　楊嗣昌次荊門。

紀　嗣昌立大勦營，以新募湖南殺手二千人隸之，更以麾下騎兵爲上將營，新撫降丁皆隸焉，以副將猛如虎將之。

編　夏四月，罷鄖撫王鰲永，以袁繼咸撫治鄖陽。

編　五月，減商州、湖廣田租。

紀　上以兩京及山東、西、河南、陝西各處告飢，命地方有司設法賑濟，招徠流徙，撫按躬行州縣，定殿最以聞。

編　截漕米萬石賑山東。

編　六月，張獻忠自興、房走白羊山。轉入而西，不知所往。

編　秋七月，發帑金二萬賑順天、保定。

編　八月，發倉粟賑河東飢民，帑金三萬賑眞定、山東、河南飢民。

編　九月，張獻忠、羅汝才陷大昌。（在今四川巫山縣北。）

紀　二賊屯夔城山背，賊行營輜重婦女甚衆，而諸軍多觀望不前，但尾賊後，所至闕隘，防兵多遠遁，賊長驅直過，二賊合兵趨達州，（即今四川達縣。）謀西渡。

編 張獻忠、羅汝才渡河入巴西。

紀 楊嗣昌命監軍萬元吉監諸軍西行，尾擊賊。

編 冬十月，張獻忠、羅汝才陷劍州。（即今四川劍閣縣。）

紀 官軍轉戰於綿州，（即今四川綿陽縣。）二賊渡綿河而西。

編 出帑金萬兩，市舊棉衣給京師貧民。

編 十二月，李自成陷永寧，（即今河南洛寧縣。）殺萬安王采𨩆。𨩆音慶。

紀 自成圍永寧，陷之，焚殺一空，殺萬安王，連破四十八寨。土賊一斗穀等羣盜嚮應，遂陷宜陽，（即今河南宜陽縣。）衆至數十萬。杞縣諸生李巖爲之謀主，（杞縣，即今河南杞縣。）賊每以剽掠所獲，散濟饑民，故所至咸歸附之，其勢益盛。

編 加福建參將鄭芝龍署總兵。

紀 芝龍既誅劉香老，海氛頗息，又以海利交通朝貴，寖以大顯。

編 是歲，兩京、山東、河南、山西、陝西、浙江大旱、蝗，至冬大饑，人相食。

編 辛巳，十四年，（一六四一）春正月，李自成陷河南府，（治洛陽縣，即今河南洛陽市。）殺福王，前兵部尚書呂維祺死之。自成自號闖王。

紀 自成圍河南府，福王募死士逆戰，斬獲頗多，賊引退。賊以大砲環攻城，城守嚴不

鄭芝龍爲福建總兵

李自成陷河南

李自成號闖王

動，及昏而退。總兵王紹禹兵有馳而呼於城上者，外亦呼而應之，紹禹兵即執副使王胤昌於城上，紹禹馳解之，諸軍曰：「賊已在城下，即總鎮其如我何？」揮刀殺守陴者數人，（陴音皮，城上女牆。）守陴者皆驚墜堞。（堞即陴也。）賊緣堞而上，叛兵迎之，賊遂入。

賊焚福王府，福王及世子俱縋城走，士民被殺數十萬，執王胤昌已下各官，皆不死，惟一典史不屈見殺。

**李自成發米賑饑民**

河南方大饑，通判白尚文墜城死，其屍爲饑民所食，頃刻盡。自成發藩邸及巨室米數萬石，金錢數十萬，賑饑民。自成跡福王所在，執之。并執前兵部尚書呂維祺。維祺遇王於西關，謂王曰：「名義甚重，毋自辱！」王見自成，惶怖頓首乞命，自成責數其失，遂遇害。

**福祿酒**

賊置酒大會，以王爲俎，雜鹿肉食之，號「福祿酒」。維祺罵賊，不屈死。世子逸走，遇亂兵劫之，裸而奔於懷慶。

是時羣盜輻輳，自成自稱闖王，雄諸賊。事聞，上震怒，逮王紹禹，磔之，（磔音窄，裂尸也。）籍其家。

**猛如虎等開縣之敗**

編　副將猛如虎率諸將及張獻忠、羅汝才于開縣，（開縣，即今四川開縣。）大戰，敗績，二賊東走。

紀　初，賊南竄，督師監軍元吉欲從閒道出梓潼扼歸路以待賊，（梓潼，即今四川梓潼縣。）楊嗣昌檄諸軍躡賊急追，不得距賊遠，令他逸。諸將皆盡向瀘州，（即今四川瀘州市。）賊折而東

張獻忠陷襄陽

努力盡此一杯酒

返，歸路盡空，不可復過。至是猛如虎率諸將及賊於開縣，參將劉士傑奮先揮戈而進，如虎亦率親兵從之。士傑奮勇前搏賊陣，連勝之。獻忠憑高而望，見後軍無繼，左軍皆前却不進，因以精銳繞谷中出官軍後，馳而下，左軍先潰，士傑及遊擊郭䦨、如虎子先捷皆戰死。前軍已覆，如虎突戰，潰圍出，馬仗軍符盡失。賊東走巫山、大昌。（巫山，即今四川巫山縣。大昌見上。）元吉赴開縣收召殘兵，祭陣亡諸將，哀動三軍。嗣昌在雲陽，（即今四川雲陽縣。）聞開縣失利，始悔不用諸將扼歸路之謀矣。賊既度巫山，晝夜疾走興、房山中。

編 二月，李自成寇開封，巡按高名衡、周王恭枵悉力禦之，枵音囂。賊乃退。

編 詔逮河南巡撫李仙風，仙風聞之自縊。以高名衡巡撫河南。

編 張獻忠陷襄陽，殺襄王，兵備副使張克儉、推官鄺曰廣死之。

紀 獻忠、羅汝才走宜城，（即今湖北宜城縣。）偵襄陽無備，簡二十騎持符僞爲官兵，夜至城下，守者驗符信啓關。賊既入，卽揮刀大呼殺門者，城中先伏賊百餘，俱起應之，縱火，光燭天。賊大隊疾馳至，城中大亂，門洞開，昧爽，且微明也。賊盡入城。知府王承曾突圍走，克儉、曰廣皆死之。賊焚襄王府，執襄王。獻忠據坐王宮，坐王堂下，勸之以卮酒曰：「吾欲斷楊嗣昌頭，而嗣昌遠在蜀；今當借王頭，使嗣昌以陷藩伏法。王其努力盡此一杯酒。」因縛王殺之，投屍火中。福清王常澄逃免，潛遣人索王屍，已燼，僅拾顱骨數寸以歸。賊殺宮眷并貴陽王常法，盡掠宮女，發銀十五萬以賑飢民。襄陽守兵數千，軍貲器械山積，盡爲賊有。左良玉同袁繼咸發兵馳援，已不及。賊渡江破樊城，（卽今湖北襄樊市舊樊城。襄陽在漢水南，樊城在北。）陷光州、新野。（光州，卽今河南潢川縣。新野，卽今河南新野縣。）

編　李自成陷歸德。（歸德府治商邱縣，卽今河南商邱市。）

編　三月，督師大學士楊嗣昌自縊于軍。

紀　時李自成已陷河南，福王遇害。嗣昌以連失二郡，喪兩親藩，度不免，遂自盡。監軍元吉部署行營，命猛如虎駐蘄、黃，防張獻忠東逞。（蘄卽湖北蘄春縣。黃州府見上黃岡。）

編　削平賊將軍左良玉職，戴罪平賊，逮郎撫袁繼咸入京。以襄陽失陷也。

編　夏四月，召前大學士周延儒入朝。

編　進陝督丁啓睿兵部尙書，代楊嗣昌督師討賊。

編　左良玉率兵擊李自成于南陽，（南陽府治南陽縣，卽今河南南陽市。）自成北走。

紀　自成屯於盧氏，永寧寶豐舉人牛金星向有罪，當戍邊，降於賊。自成以其女爲妻。金星薦卜者宋獻策，善河、洛數。獻策長不滿三尺，見自成獻圖讖，云「十八孩兒當主神器」，自成大喜，拜軍師。

編　張獻忠、羅汝才合兵陷隨州，（卽今湖北隨縣。）知州徐世淳死之。

紀　世淳合戶被殺，吏民屠僇不遺，血流成溝澮。

編　五月，出兵部尙書傅宗龍于獄，以右侍郎都御史督陝西兵討賊。

編　秋七月，羅汝才北走李自成營。

紀　汝才不合於張獻忠，走鄧州，（即今河南鄧縣。）與自成合營。時自成有衆五十萬，復得汝才軍，衆益熾。

編　八月，左良玉擊張獻忠於信陽，（即今河南信陽市。）大敗之。

紀　良玉敗獻忠於信陽，奪其馬萬餘，降衆數萬。獻忠負重傷，易服夜遁，竄入山中。良玉軍聲大振。

編　九月，張獻忠奔李自成。

紀　初，獻忠與自成並起延西，以狡詐雄長。自陷襄陽，楊嗣昌縊死，自以威名遠出自成右。及敗來歸，僅從數百騎。自成方強，欲屈之，獻忠不為下，自成怒，欲殺之。羅汝才知之，陰選五百騎資獻忠，令他徙；獻忠乃盡夜東馳，與回、革諸賊合，入霍山扼險拒守。

編　陝西總督傅宗龍與保定總督楊文岳會兵討李自成，敗績，宗龍被執，死之。

紀　宗龍與文岳之兵會，諸將賀人龍、李國奇將秦兵，虎大威將保定兵，共結浮橋渡河，合兵趨項城。（在今河南項城縣南。）自成、羅汝才亦結浮橋於上流，覘官軍至，盡伏精銳松林中，陽驅諸賊自浮橋西渡。宗龍、文岳兩軍並進，次孟家莊，諸軍散行墟落以求芻牧，賊突起林中，搏官軍，人龍、國奇兩軍俱潰。人龍、大威北奔，國奇從之。保定兵宵潰，文岳夜奔項城。

宗龍獨立營當賊壘，賊築重圍以困之。夜漏二下，宗龍潛勒軍突賊營，潰圍出；諸軍星散，宗龍徒步率散卒且戰且走。翌日，至項城，賊及之，被執。至城下，賊呼於門曰：「我秦督官軍也，請啓門納秦督。」宗龍大呼曰：「我秦督也，不幸墮賊手，左右皆賊耳，毋爲所紿。」紿，誑也。賊唾宗龍，宗龍罵曰：「我大臣也，殺則殺耳，豈能爲賊詐城以緩死！」賊抽刀擊宗龍，中腦而仆，復厲聲罵賊，斲其耳鼻，死城下。遂陷項城，屠之。詔復宗龍兵部尚書、太子太保。

陳永福射中李自成左目

編　冬十月，張獻忠召六營賊復出，攻舒城。

編　十二月，李自成圍開封，總兵陳永福射中自成左目，自成退屯朱仙鎮。

紀　自成、羅汝才合兵陷禹州，（即今河南禹縣。）徽王遇害，復圍開封。巡撫高名衡、永福等竭力守禦，周王貯庫金於城頭，擒一賊者予百金，斬一首者五十金，戰沒者卹其家五十金，傷者以輕重爲差，殺賊甚衆。永福射中自成左目，自成屯朱仙鎮。內鄉、鎮平、唐縣、新野俱降於賊，鄧州知州劉振世死之。

編　是歲，兩京、山東、河南、浙江大旱、蝗。

編　壬午，十五年，（一六四二）春正月，李自成攻開封，不克，解圍去。

小放大放

紀　自成攻開封益急，洞車附城，鑿城搏土而空之，廣數尺，實以火藥，燃之，一烘而裂，曰小放；窟城縱橫數丈，實火藥，燃之，一發震天，曰大放。賊以精騎數千布圍於外，執汴人畚土穴城爲大竅十餘，畚音本。(汴即開封。)䡴火藥數萬斤，百炬齊燃，賊擐甲持矛，擐音患，貫也。望城崩，將擁入。賊穴城畚其土礫於外，累累成阜，火藥一發崩天，甎缶皆飛鳴外嚮，賊之布圍於外者，人馬成血糜，城之未穿者堅如石猶尋丈，賊駭，解圍去。

清兵破錦州

編 起孫傳庭兵部侍郎，總督陝西兵勦寇。

編 二月，我大清兵破錦州，(即今遼寧錦州市。)遼東巡撫邱民仰被執，不屈死之。

紀 先是錦州圍急，民仰與總督洪承疇進至松山爲聲援，諸將王樸等軍大潰，民仰、承疇入守錦州城，誓以同死。至是，民仰被執，不屈死。事聞，贈右都御史。

編 李自成、羅汝才陷陳州，(即今河南淮陽縣。)兵備副使關永傑等死之。

紀 自成、汝才合羣盜八十萬圍陳州，永傑率士民死守。賊周圍四十里，更番進攻，永傑力竭，城陷，戰死城上。鄉紳崔必之、舉人王受爵等咸手刃數賊，被執，駡賊死。賊怒，屠陳州。

孫傳庭殺賀人龍

編 夏四月，陝西總督孫傳庭殺總兵賀人龍。

紀 傳庭檄召諸將於西安聽令，人龍以兵來會。傳庭大集諸將，縛人龍坐之旗下而數之曰：「爾爲大帥，遇寇先潰，致秦督委命賊手；一死不足塞責也！」因命斬之，諸將莫不動色。因以人龍兵分隸諸將，刻期進討。人龍，米脂人，初以諸生効用，佐督撫討賊，屢殺賊有功，總全陝兵。叛將劇賊多歸之，人龍推誠以待，往往得其死力。朝廷嘗疑人龍與賊通，密敕傳庭殺之。賊聞人龍死，酌酒相慶曰：「賀風子死，取關中如拾芥矣。」

編　李自成、羅汝才復攻開封。

紀　先是賊再攻不克，士馬多殺傷，羣賊畏葸，日逃亡數千。賊乃申約，圍而不攻，以坐困之。

編　五月，以鄭三俊爲刑部尚書。

張獻忠陷廬州

編　張獻忠襲陷廬州，知府鄭履祥死之。

紀　先是獻忠遣英、霍遊民陽爲貿易者，（英，英山縣，即今湖北英山縣。霍，霍山縣，即今安徽霍山縣。）潛入廬州城。適督學御史以較士至郡，獻忠遣賊數百，負書卷，衣靑衿，雜諸生應試者旅寓城中。夜漏三下，獻忠擐甲疾馳入郡，城中賊縱火應之，城陷，學使者及兵備副使蔡如蘅俱走，知府鄭履祥死之。廬州城池高深，賊屢攻不能克，至是一夕而陷。

編　以馬士英爲兵部左侍郎兼右僉都御史，提督鳳陽。

編　六月，以蔣德璟、黃景昉、吳甡並爲東閣大學士。

張獻忠陷六安

編　張獻忠復陷六安。

紀　獻忠將州民盡斷一臂，男左女右。總兵黃得功、劉良佐兵救六安，再戰敗績，得功歸定遠。（即今安徽定遠縣。）獻忠再陷六安，挫得功、良佐兵，謀渡江入南京，遂僭號改元，刻僞寶，選自宮男子，僞署總兵以下官。

編 秋七月，詔援開封諸軍皆潰，逮督師丁啓睿下獄，保督楊文岳削職聽勘。

紀 賊圍開封久，守臣告急援勦，總兵許定國以山西兵渡河援之，定國兵潰於覃懷，總督援勦諸軍潰於河上。時丁啓睿、楊文岳合左良玉、虎大威、楊德政、方國安諸軍次於開封朱仙鎮，與賊壘相望。啓睿督諸軍進戰，良玉曰：「賊鋒方銳，未可擊也。」啓睿曰：「汴圍已急，豈能持久，必擊之。」諸將咸懼。請詰朝戰。詰朝，明旦也。良玉以其兵南走襄陽，諸軍相次而走，督師營亂，啓睿、文岳聯騎奔汝寧，賊渡河逐之，追奔四百里，喪馬騾七千，兵數萬俱降賊。事聞，詔逮啓睿下獄，革文岳職，聽勘。

編 八月，改鄭三俊爲吏部尚書，范景文爲刑部尚書，進劉宗周左都御史。

編 九月，河決開封，賊浮舟入城，肆掠以去。

紀 開封久困，食盡，人相食。詔山東總兵劉澤清援開封。澤清立營朱家寨，賊攻之三日，諸兵不至，澤清引兵去開封城北十里，枕黃河。巡撫高名衡、推官黃澍等城守且不支，恃引河水環壕以自固，壕，城下池也。更決隄灌賊，可潰也。至是，河決開封，賊先營高處，然移營不及，亦沉其卒萬人。河流直衝入城，勢如山岳，水驟長二丈，士民溺死數十萬。高名衡、陳永福咸乘小舟至城頭，周王府第已沒，從後山逸出西城樓，督師侯恂以舟迎王，總兵卜從善以水師至開封城上，黃澍從王乘城夜渡，達隄口。諸軍列營朱家寨。城中遺民尚餘數萬，賊浮舟入城，盡掠以去。

清兵入薊州

李自成陷南陽

劉宗周上言六事

編 黄得功大破張獻忠于潛山。（即今安徽潛山縣。）

編 殺兵部尚書陳新甲。

紀 初，周延儒爲營解甚力，因奏：「國法，大司馬兵不臨城不斬。」上曰：「他邊疆即勿論，僇辱我親藩七，不甚於薄城乎！」不聽。

編 冬十月，我大清兵自牆子嶺入薊州。（即今河北薊縣。）

編 劉良佐再破張獻忠于安慶。

紀 奪馬騾五千，救回難民萬餘。獻忠引兵西走蘄水。

編 李自成復陷南陽，屠之。

編 十一月，以趙光忭爲兵部右侍郎兼右僉都御史，總督薊州、永平、山海、通州、天津諸鎮軍務。

編 左都御史劉宗周上言六事。

紀 宗周言六事：曰建道揆，京師首善之地，先臣馮從吾立首善書院，臣請亟復之以昭聖明政治之本。曰貞法守，高皇帝讀老氏「民不畏死，奈何以死懼之」，立焚錦衣刑具。請一切獄詞專聽法司，不必下錦衣。曰崇國體，大臣自三品而上犯罪者，宜令九卿科道會詳之後，乃付司寇，司寇議辟，始得收係，此於僇辱之中，不忘禮遇之意。曰清伏奸，凡禁地匿名文書，請一切立毁。曰懲官邪，京師士大夫與外官交際愈多愈巧。臣必爲風聞彈劾之，惟祈嚴斷。曰飭吏治，今吏治之敗，無如催科火秏，詞訟贖鍰，已復爲常例矣，至於營陞謝薦，巡方御史尤甚。臣請以風憲受贓之律，爲回道考察第一義。上是之。

編 閏月，我大清分兵南下。

編 李自成陷汝寧，（汝寧府治汝陽縣，即今河南汝南縣。）保定總督楊文岳、分巡僉事王世琮被執，死之。

紀 自成合諸賊圍汝寧，監軍孔貞會以川兵屯城東，楊文岳以保定兵屯城西。賊兵進攻，相拒一晝夜，川兵潰，保定兵不支。賊四面環攻，戴扉以障矢石，雲梯如牆而立，城上矢石俱下，賊死傷衆而攻不休，一鼓百道並登，執文岳及王世琮於城頭。文岳、世琮厲聲罵賊，賊怒縛文岳等以大砲擊之，洞胸糜骨以死。世琮初授河南推官，屢卻賊，射矢貫耳不動，號「王鐵耳」。賊屠士民數萬，燔燒邸舍無遺。尋拔營走確山，（即今河南確山縣。）向襄陽，掠崇王由櫍及世子、諸王、妃嬪以行。

下姜埰獄

編 下禮科給事中姜埰于獄。

紀 先是上戒諭言官，又時有匿名書二十四氣之說，隱詆朝士。埰言：「陛下脩省罪己，又致戒言官，唯視言官獨重，故望之獨切，若云代人規卸，安敢謂盡無其事。臣獨展轉而不得其故，皇上何所聞而云然乎？如誹語騰謗，必大奸巨憝，惡言官而思中之，謂不重其罪，不能激陛下之怒，箝言官之口。後將爭效寒蟬壅蔽天聽，誰爲陛下言之哉！」上怒，立

削劉宗周籍

李自成陷承天

置獄。

【編】削左都御史劉宗周籍。

【紀】上召廷臣於中左門，問禦敵及用督撫之宜。宗周曰：「使貪使詐，此最誤事，爲督撫者須先極廉。」上曰：「亦須論才。」宗周退。御史楊若橋舉西洋人湯若望演習火器，宗周進曰：「唐、宋以前，用兵未聞火器，自有火器，輒依爲勁，誤專在此。」上色不懌，曰：「火器終爲中國之長技。」命宗周退。羣臣以次對，上色解。宗周又進請釋姜埰、行人右司副熊開元，（初，開元劾大學士周延儒罪，上怒，下鎮撫司獄。）言：「廠、衞不可輕信，是朝廷有私刑也。」上遽怒，仰視屋梁曰：「東廠、錦衣衞俱爲朝廷，何公何私？」宗周抗論不屈。左副都御史金光宸言宗周無他意，上益怒，責宗周，免冠謝，徐起退。尋廷杖姜埰、熊開元，仍下獄，宗周削籍，光宸降調。吏部尙書鄭三俊、刑部尙書徐石麒各疏救，不聽；石麒罷。

【編】十二月，李自成陷襄陽，分兵逼荆州。（荆州府治江陵縣，即今湖北江陵縣。）

【紀】偏沅巡撫陳睿謨棄荆州，（偏沅巡撫分治偏橋關及沅州。）奉惠王走湘潭。（即今湖南湘潭縣。）自成至荆州，士民開門迎之。賊入荆州，荆州諸縣土寇蠭起。

【編】河南巡撫高名衡免，以巡按御史王漢代之。

【編】是歲，兩京、山東、河南、浙江大旱、蝗。

【編】癸未，十六年，（一六四三）春正月，李自成陷承天，（承天府治安陸縣，即今湖北安陸縣。）巡撫

李自成設官分職

宋一鶴、鍾祥知縣蕭漢死之。（鍾祥，即今湖北鍾祥縣。）

紀 自成圍承天，知府開門迎賊。巡撫宋一鶴時守城，下城巷戰，將士勸之走，一鶴不聽，揮刃擊殺賊數人而死。鍾祥知縣蕭漢，有賢聲，賊戒其部曰：「殺賢令者死無赦！」乃幽之寺中，戒諸僧曰：「令若死，當屠爾等！」僧謹視之。漢曰：「吾盡吾道，不礙汝法。」遂自經。賊改承天府曰揚武州。

巡按李振聲守顯陵，迎降賊，賊列之上班。振聲自以與賊同姓，肩輿出入營中，揚揚自得。賊欲發顯陵，忽大聲起山谷，若雷震，賊懼而止。總兵方國安等退屯漢口，左良玉退屯蕪湖。

初，自成流劫秦、晉、楚、豫，攻剽半天下，然志樂狗盜，所至焚蕩屠滅。既而連陷荆、襄、鄖、郢，席捲河南，有衆百萬，始侈然以爲天下莫與爭，思據有城邑，擅名號矣。羣賊俱奉其號令，推自成爲奉天倡義文武大元帥，號羅汝才曰代天撫民德威大將軍。自成據襄陽，號曰襄京，其餘所陷郡縣俱改易名號。修襄王宮殿，設官分職。封崇王由櫍爲襄陽伯，邵陵王在城、保寧王紹圯、肅寧王術授俱降賊，改封伯。僞政府侍郎喻上猷薦列荆州紳士，賊下檄徵之，江陵舉人陳萬策、李開先在所薦中，僞檄下，萬策自經，開先觸牆死。

編 張獻忠陷蘄水，（即今湖北浠水縣。）屠之。

編 二月，李自成陷郟縣，（即今河南郟縣。）知縣李貞死之。

紀　自成分兵爲四：老回回守承天，羅汝才守襄陽，革裏眼往黃州，自將其一。自成攻郏縣，李貞率士民堅守，一晝夜殺傷甚衆，賊百道環攻，一鼓而拔，縱兵大殺。貞大聲叱賊曰：「驅百姓死守者，知縣耳，妄殺何爲！」駡賊不已，自成怒，褫其衣，褫音恥，解也。倒懸於樹。貞大呼曰：「高皇帝有靈，我必訴之上帝以殺賊！」賊斷其舌，剮之。母喬氏及妻俱死。

編　三月，命大學士吳甡出督師以討賊。

紀　甡出督師，給五萬金旌功。以大理評事萬元吉爲職方員外郎，仍充督師，軍前贊畫。

編　夏四月，大清兵北旋。

編　李自成襲殺革裏眼、左金王，并其衆。

編　李自成殺羅汝才，并其衆。

編　張獻忠陷黃州，副使樊維城死之。

紀　獻忠自蘄水疾馳至黃州，乘大霧攻城，黎明城陷。執維城，欲降之，維城駡賊不屈，賊刺之洞胸死。獻忠據府自稱西王。

編　五月，張獻忠陷武昌，參將崔文榮、前大學士賀逢聖、楚府長史徐學顔死之。

紀　總兵方國安率兵七千扼蘄州，獻忠西向武昌，武昌武備積弛，闖、獻交窺江、漢。時議募兵守城，而庫藏空絀。楚王有積金百萬，長史徐學顔請王發金數十萬以贍軍，不聽。大學士賀逢聖家居，倡義捐貲募兵，僉謂宜募土著，著土地而有常居，非遷徙無定者也。適承天、德

張獻忠稱西王

楚王拒發金贍軍

徐學顏領楚府兵

安潰兵俱下，楚王盡募之爲軍鋒，以學顏領之，號「楚府兵」。

獻忠沿江而上，悉師破漢陽，（即今湖北武漢市舊漢陽縣。）臨江欲渡。武昌大震，議撤江上兵嬰城守，嬰，繞也。參將崔文榮曰：「守城不如守江，守江不如守漢。漢水。磨盤、煤炭諸洲淺不過馬腹，縱之飛渡，而嬰城坐困，非策也。」議者不從，賊果從煤炭洲而渡，直逼城下。文榮禦之，小有斬獲。賊攻武勝門，文榮率諸軍拒之，多殺傷。

楚王被執

楚府新募兵爲賊內應，開門迎賊，文榮躍馬持矛大呼，殺賊三人，賊攢矛刺之洞腋死。逢聖與文榮俱守武勝門，城陷歸家，衣冠北向再拜，以巨舟載其家出墩子湖，至中流，鑿舟，全家溺者十二人。逢聖屍沉百七十日不壞，十一月始出，葬。學顏與賊格鬭，斷左臂，右手持刀不仆，賊支解之，一門死者二十餘人。

賊執楚王，盡取宮中積金百餘萬，輦載數百車不盡，楚人以是咸憾王之愚也。賊沉王於西湖，屠僇士民數萬，投屍於江，尚餘數萬人，縱之出城，以鐵騎圍而蹙之江中，浮屍蔽江而下，武昌魚幾不可食。其遺民數百，多刖斷手足，鑿毀目鼻，無一全形者。獻忠遂據楚王府，僭稱武昌曰京城，僞設六部五府，鑄西王之寶，開科取士，授郡縣官。

初，李自成兵臨漢陽，不克，聞獻忠取之，自成怒，榜示遠近曰：「有能擒獻忠以獻者賞千金。」及聞取武昌，復遣人賀之曰：「老回回已降，曹、革、左皆被殺，行將及汝矣。」獻忠得書而懼，多齎金寶報使於自成。自成留其使，獻忠恨之。

【編】大學士周延儒罷。進脩撰魏藻德爲禮部右侍郎，兼東閣大學士。

【編】六月，立賞格，購李自成萬金，爵通侯；購張獻忠五千金，官極品，世襲錦衣指揮；餘各有差。

立賞格

【編】進孫傳庭兵部尚書，總制應、鳳、江、皖、豫、楚、川、黔勦寇軍務，仍總制三邊。鑄督師七省之印。

【編】李自成大造戰艦于荆、襄，遣老回回攻常德。（常德府治武陵縣，即今湖南常德市。）

【紀】自成謀自王於荆，其親信大帥二十九人分守所陷郡邑。自成自隨騎兵五營，營精騎二千，步兵十四哨，哨精卒三千，劉宗敏總步，白旺總騎。每屯以騎兵一營外圍巡徼，晝夜更番，餘營以次休息，警候嚴密，人不得逃逸，逸者追獲必磔之。營兵不許多攜輜重。兵各攜妻孥，生子棄之，不令舉。男子十五以上四十以下，咸掠爲養子，爲奴隸，故每破一邑，衆輒增數萬。每一精兵則畜役人二十餘，其馱載馬騾不與焉，衆實五六萬，且百萬也。雖拔城邑，不聽屋居，寢處布幕，彌望若穹廬。旃帳也，其形穹隆，故曰穹廬。其甲縫緜帛數十重，有至百者，輕而韌，堅柔也。矢鏃鉛丸不能入。每戰，一騎兵必二三馬，數易騎，終日馳騍而馬不疲。嚴寒則掠茵薦布地以藉馬足，或刳人腹爲馬槽，實以芻菽飼之，飲馬則牽人貫耳流血雜水中，馬習見之，遇人則嘶鳴思飲噉焉。嘶，馬聲。行兵倏忽，雖左右不知所往。雞再鳴，並起蓐食，謂早食於寢蓐也。蓐，薦席。鞴馬以俟。鞴音服，駕也。百萬之衆，惟自成馬首是瞻。席

李自成行兵

李自成攻城法

卷而趨，遇大川則囊土壅上流，雖淮、泗諸水，亂流而渡。横流而渡曰亂。百萬合營不攜糧，隨掠而食，飽則棄餘，有斷食斷鹽數月者。臨陣鐵騎三重，反顧則殺之，戰不勝，馬兵陽北，官軍乘之，步兵拒戰，馬兵繞而合圍，無不勝矣。以牛金星爲謀主，日講經一章，史一通。每有謀畫，集衆計之，自成不言可否，陰用其長者，人多不測也。

其攻城分晝夜爲三番，以鐵騎布圍，步兵內薄向城，人戴鐵冑，蒙鐵衣，攜椎斧鑿城，得一甎甓卽還，易人以進穴城，可容一人則一人匿之，畚土以出，以次相繼，遂穿空旁側，池四五步留一主柱，池音以。巨絙繫之，絙，大索。去城十餘丈，牽絙倒柱，而城崩矣。望風降者不焚殺，守一二日殺十三四，或五六日不下則必屠矣。殺人數萬，聚屍爲燎，名曰「打亮」。城將陷，以兵周布壕外，縋城者殺之，故城陷必無噍類。言無復有活也。掠馬騾爲上功，次軍仗，次幣帛、衣服，次珍寶，其金銀恆散棄之，或以代鉛置砲中。屠城則夷其城垣，令後莫與爲守。立投順牌四，凡破城，四向負牌至村落，降者卽負牌過別村，否則加兵。牌所至日蹙千里。

性慘酷，斷耳剔目，截指折足，下心鏤體，日以爲常，談笑對之。性又澹泊，食無兼味，一妻一妾皆老嫗，嫗，婦老稱。不畜奴僕。無子，以李雙喜爲養子，嗜殺更酷於自成。自成在襄陽，以構殿、鑄錢皆不成，斬一謀士，令術士問紫姑，卜之不吉，因立雙喜爲太子，改名洪基以厭之。鑄洪基年爲錢，又不成。時聞秦督兵將至，留毛賊守襄陽家口，自成率精鋭往河南。

編　秋七月，以史可法爲南京兵部尙書。

編　督師孫傳庭發兵潼關，分道討李自成。

紀　以總兵牛成虎、盧光祖爲前鋒，會河南總兵卜從吉、陳永福合兵洛陽之下池塞，檄左良玉以兵自九江赴汝寧夾擊賊。大營移宛向洛，詔薊、遼總兵白廣恩、四川總兵秦翼明入衞。土漢官兵，陝西三鎭兵俱隨督師進討。傳庭以副總兵高傑將降丁爲中軍，命翼明出商、洛爲犄角，總兵王定、官撫民率綏、夏二鎭兵爲後勁。

編　八月，孫傳庭次閿鄉。

孫傳庭克寶豐入唐縣

編　督師孫傳庭克寶豐，（即今河南寶豐縣。）誅僞州牧陳可新，遂入唐縣，賊家口悉伏誅。

紀　傳庭次汝州，僞都尉四天王李養純率所部來降，知賊幷兵守寶豐。傳庭進軍寶豐，合圍，賊堅守不下，李自成以輕兵來援，戰於城東，白廣恩、高傑、盧光祖分兵逆戰，却之。翊日，賊復以精騎數千直攻官軍，諸將復擊走之。傳庭曰：「寶豐不卽下，而賊救大至，則腹背受敵矣。」親督諸軍悉力攻城，拔之，斬陳可新等數千級，遂以大兵擣唐縣。時賊家口盡在唐縣，賊發精騎來援，官軍已入城，盡殺賊家口，賊滿營痛哭，誓殺官兵。

孫傳庭復郟縣大敗李自成

編　督師孫傳庭復郟縣，李自成將兵逆戰，官軍大敗之，自成奔襄城。（即今河南襄城縣。）

紀　傳庭自朱仙鎭而南，大雨六日，糧車日行三十里，又道淖，淖音鬧，泥也。未至，士馬俱飢。或勸傳庭旋師就運,傳庭曰:「軍已行,即還亦飢,奚濟乎,要當破一縣就食耳。」傳庭復郟縣,縣俱窮民,集騾羊二百餘,頃刻分臠食盡,不足給,命河北、山西就近餉傳庭軍。自成將步騎萬餘逆戰,官軍前鋒擊斷自成坐纛,進逐之,賊披靡,震懾貌。賊營逃亡者相屬。時傳庭前鋒盡收革、左故部,革裏眼、左金王。皆致死於賊,而高傑統諸降賊,備悉賊中曲折,自成遣其弟一隻虎逆戰,三戰三北,自成奔襄城,諸軍進逼之,自成累敗而懼,挑土築牆自守。已食盡,賊有飢色。

編 以司禮太監王承恩督察京營戎政,韓贊周守備南京。

編 九月,張獻忠陷永州,巡按湖南御史劉熙祚死之。

紀 初,獻忠襲陷衡州,(衡州府治衡陽縣,即今湖南衡陽市。)桂王及吉、惠二王走永州。至是,獻忠拆桂王府殿材至長沙構造宮殿,遣兵南追三王至永州。熙祚督水師禦之,遣兵護三王南行入廣西,而自入永州死守。奸人內應,開門迎賊,熙祚被賊執。賊欲脅降之,不屈,囚之永陽驛中,閉目絕食,題絕命詞於壁,賊再三諭降之,臨以白刃,熙祚大罵不已,遂遇害。於是全楚皆陷。

孫傳庭還軍潼關

編 督師孫傳庭軍與李自成兵戰,敗績,傳庭還軍潼關。

紀 初,大雨連旬,傳庭軍乏餉,兵譟於汝州,(即今河南臨汝縣。)降盜李際遇陰通賊,賊率精騎大至。傳庭問計於諸將,高傑請戰,白廣恩曰:「我師困,宜駐師分據要害,步步爲營以薄賊，易耳。」傳庭恐賊遁，曰：「將軍何怯，獨不如高將軍邪！」廣恩不懌，引所部八千人先去。賊前鋒名「三堵牆」，一紅，一白，一黑，各七千二百人來薄。官軍接戰，陷賊伏中，賊乘之，官軍大敗。高傑麾衆退，諸軍盡西走，賊驅大隊疾追，一日馳走四百里，至於孟津，（即今河南孟津縣。）官軍死亡四萬餘人，盡喪其軍資數萬。傳庭與傑收散亡數千騎，走河北。賊別將克汝州，自成向潼關，（在今陝西渭南縣東，接河南界。）白廣恩擊破之，傳庭亦回軍潼關，衆尚四萬。

三堵牆

編　冬十月，李自成陷渭南，（即今陝西渭南縣。）督師孫傳庭、知縣楊暄死之。

紀　一隻虎陷閿鄉，即自成弟李過也。疾走至潼關，獲督師大纛，賊以纛紿守關者，乘閒突入，潼關陷，李自成閒道緣山崖出潼關後，夾攻，官軍大潰。賊既入關西行，一隻虎陷華陰，傳庭及白廣恩退屯渭南。賊合衆數十萬陷渭南，傳庭沒於陣，楊暄被執，不屈死。賊屠渭南。

孫傳庭戰死渭南

編　李自成陷商州，商、洛道黃世清死之。

編　李自成陷西安，陝西巡撫馮師孔，按察使黃烱、長安知縣吳從義、指揮崔爾達、秦府長史章世烱等死之。

紀　賊陷臨潼，（即今陝西臨潼縣。）關中人心所在瓦解。馮師孔知寇棘，急入西安收保，俄賊至，師孔督兵出戰，城陷，被執，不屈死。黃烱自盡，吳從義、崔爾達俱投井死，章世烱自

李自成陷西安

倪元璐請論秦晉兩藩

經死，紳士死者甚衆。右都御史三原焦源溥罵賊，磔死。磁州道副使祝萬齡至學宮拜先聖，從容自經死。禮部主事南居業罵賊死，宣撫焦源清、參政田時震俱不受僞職死，御史王道純大罵賊不屈死，解元席增光、舉人朱誼泉俱投井死，山東監軍僉事王徵七日不食死，都司吏丘從周罵賊死。餘吏民皆相率降於賊，總兵白廣恩逃而追獲，降之。

初，自成剽掠十餘年，既席捲楚、豫，始有大志，然地四通皆戰場，所得郡縣官軍旋復之。至是，既入秦，百二山河，遂不可制。自成據秦王府，僞授秦王存樞權將軍。世子妃劉氏曰：「國破家亡，願求一死。」自成遣歸外家。秦藩富甲天下，擁貲十萬。賊之犯秦也，戶部尚書倪元璐奏曰：「天下諸藩，無如秦、晉山險，用武國也。宜諭兩藩，能任殺賊，不妨假之以大將之權；如不知兵，宜悉輸所有，與其齎盜，何如享軍。賊平之後，益封兩藩各一子如親王，亦足以報之。兩王獨不鑒十一宗之禍乎？賢王忠而熟於計，必知所處矣。」書上，不報。至西安陷，秦藩府庫盡爲賊有。賊分兵徇諸縣，行定曰徇。皆陷。蒲城知縣朱一統抱印投井死。（蒲城，即今陝西蒲城縣。）

初，自成在楚議所向，牛金星請先取河北，直搗京師；楊永裕欲先據留都，斷漕運；獨顧君恩曰：「否，否！先據留京，勢居下流，難濟大事，其策失之緩；直搗京師，萬一不勝，退無所歸，其策失之急；不如先取關中，爲元帥桑梓之邦，詩小雅：「維桑與梓，必恭敬止。」注：「桑梓，父母所植，以遺子孫給蠶食具器用者也。」自成，米脂人，故云。且秦都百二山河，已得天下三分之二，建國立業，然後旁略三邊，資其兵力，攻取山西，後向京師，進退有餘，方爲全策。」賊從其計。先是賊好殺掠，牛金星勸以不殺，遂嚴戢其下，民閒稍安堵，輒相誑惑，人無鬬志。自成遂改西安府爲長安，搒掠巨室助餉。搒音邦，打也。

編 李自成分兵略鄜、延，（鄜州，在今陝西洛川縣西北。延即延安府，治膚施，即今陝西延安縣。）中部知縣華堞死之。（中部縣，即今陝西黄陵縣。）

編 以兵部侍郎余應桂總督陝西三邊，收兵勦寇。應桂遷延不進。

紀 上始聞潼關失守，以余應桂總督陝西三邊，收拾邊兵，相機勦寇。應桂聞命，飲泣陛辭曰：「不益兵餉，雖去何濟？」上默然，發帑金五萬給軍。應桂遷延河上不進。

編 以左副都御史方岳貢爲東閣大學士。

編 十一月，李自成陷延安，復陷鳳翔，（即今陝西鳳翔縣。）屠之。

紀 總兵王定、高傑自渭南敗，各率所部奔延安，自成命賊將田斌守西安，自往塞上。高傑聞賊至，以兵渡河而東，入山西；王定奔榆林。（即今陝西榆林縣，三邊之一。）自成陷延安，大會羣賊，戎馬萬匹，旌旗數十里，於米脂祭墓，以五百騎按行，鳳翔守將誘而殲之。殲之，盡殺也。自成怒，親攻鳳翔，陷之，屠其城。

李自成陷榆林寧夏

編 李自成陷榆林，備兵副使都任、總兵尤世威及諸將，一城男婦盡死之。

紀 自成發大兵圍榆林，榆林諸將力戰殺賊，賊死者萬人。賊攻益力，逾旬不克，賊以衝車環城穴之，城崩數十丈，賊擁入，城遂陷。都任闔室自經死，尤世威縱火焚其家百口，揮刀突戰死。諸將各率所部巷戰，殺賊千計，賊大至，殺傷殆盡，無一降者，闔城婦女俱自盡，諸將死事者數百人。榆林爲天下勁兵處，頻年餉絕，軍士饑困，而殫義殉城，志不少挫，闔城男子婦女無一人屈節辱身者。榆林既屠，賊搗寧夏，（寧夏衞，即今寧夏銀川市。）寧夏總兵官撫民迎降，三邊俱沒。賊無後顧，長驅而東矣。

編 李自成陷慶陽，備兵副使段復興、董琬、前太常少卿麻禧死之。屠慶陽，執韓王。

紀 時賊遣僞王往關東靈、閿諸路大張僞榜，（靈，今河南靈寶縣。閿，閿鄉縣，見上。）移檄河南郡縣。河南西境賊皆設僞官，官兵守懷慶府。（治河內縣，即今河南沁陽縣。）

編 十二月，前大學士周延儒有罪，賜死。

編 張獻忠通好于老回回。

紀 時老回回爲李自成據荆州，獻忠遣人與脩舊好，合兵。自成既入關，獻忠益橫荆、岳間。（荆，荆州，見上。岳州府治巴陵縣，即今湖南岳陽縣。）

**李自成陷平陽**

編 李自成陷平陽，（平陽府治臨汾縣，即今山西臨汾縣。）知府張嶙然走太原，（太原府治陽曲縣，即今山西太原市。）吏民皆降。

紀 賊殺西河王等三百人。高傑聞平陽陷，擁兵東下澤州，（治高平縣，在今山西晉城縣東北。）山西郡縣聞賊至，望風迎款，賊遣僞牌徧行山西，其辭甚悖。

# 明鑑易知錄卷十五

## 明紀

### 懷宗端皇帝

編 甲申，十七年，（一六四四）春正月，是歲爲我大清世祖章皇帝順治元年。

編 大風霾。

紀 占曰：「風從乾起，主暴兵、城破。」

編 鳳陽地震。（鳳陽府治鳳陽縣，卽今安徽鳳湯縣。）

編 張獻忠入夔州。（夔州府治奉節縣，卽今四川奉節縣。）

編 李自成稱王於西安，僭國號曰順，改元永昌。

李自成稱王西安

紀 賊掠河東，河津、稷山、榮河、絳州一路俱陷。自成僞牒兵部約戰，牒，移文也。言三月十日至。上憂寇，臨朝而歎曰：「卿等能無分憂哉！」大學士李建泰進曰：「主憂如此，臣敢不竭力！臣晉人，頗知寇中事。臣願以家財佐軍，可資數月之糧。臣請提兵西行。」上悅曰：「卿若行，朕當倣古推轂。」

編 癸酉夜，星入月中。

紀 占云：「星入月中，國破君亡。」

編 帝命大學士李建泰出師，師次涿州。（在今河北涿縣東北。）

紀 命建泰出師，行遣將禮，命駙馬都尉萬煒以特牲告太廟，上臨軒，廷授建泰節、劍，賜宴餞之。上親賜巵酒曰：「先生之去，如朕親行。」建泰頓首起行。是日大風揚沙，占曰：「不利行師。」建泰御肩輿，不數武，杆折，識者憂之。建泰出都，道聞山西烽火甚急，建泰家且破，因遲行，日三十里，師次涿州。初，建泰承上寵命，恃有家財可佐軍需，已聞家破，進退失措，遂巡畿內而已。

編 二月朔，帝視朝。

紀 上平旦視朝，忽得僞封，啓之，其詞甚悖，末云「限三月望日至順天，會同館暫繳。」一時相顧失色，朝罷，遂不復問。

編 李自成陷蒲州及汾州。（蒲州治永濟縣，在今山西芮城縣西北。汾州，即今山西汾陽縣。）

紀 賊陷蒲、汾，懷慶不守，福王出奔，與太妃相失，遂至衞輝依潞王。（衞輝府治汲縣，即今河南汲縣。）

李自成陷太原

編 李自成陷太原，（太原府治陽曲縣，即今山西太原市。）巡撫蔡懋德、中軍盛應時等皆死之。

李自成移檄遠近

紀 自成至太原，太原無重兵爲守，蔡懋德遣驍將牛勇、朱孔訓出戰，孔訓傷於砲，勇陷陣死，一軍皆歿，城中奪氣。賊移檄遠近，有云：「君非甚暗，孤立而煬蔽恒多；臣盡行私，

下罪己詔

比黨而公忠絕少。甚至賄通宮府，朝廷之威福日移，利入戚紳，閭左之脂膏盡竭。」又云：「公侯皆食肉紈袴，而倚爲腹心，宦官皆齕糠犬豚，而借其耳目。齕，齧也。獄囚纍纍，士無報禮之心；征斂重重，民有偕亡之恨。」人讀之多爲扼腕。懋德知事必不支，寫遺表令監紀賈士璋間道奏京師。盛應時見之，退歸，先殺其妻子，誓將死敵。初八日，風沙大起，賊乘風夜登城，懋德、應時策馬赴敵死，趙布政、毛副使及府縣各官四十六員咸死之，賊屍之於城。

編 李自成至黎城，(即今山西黎城縣。)遣將陷臨晉。(在今山西芮城縣西北。)

編 帝下詔罪己。

紀 詔曰：「朕嗣守鴻緒，十有七年，深念上帝陟降之威，祖宗付託之重，宵旦兢惕，罔敢怠荒。乃者災害頻仍，流氛日熾，赦之益驕，撫而輒叛，甚至有受其煽惑，頓忘敵愾者。愾音慨，恨怒也。左傳文公四年：「諸侯敵王所愾，而獻其功。」朕爲民父母，不得而卵翼之，民爲朕赤子，不得而懷保之，坐令秦、豫丘墟，江、楚腥穢，罪非朕躬，誰任其責！所以使民罹鋒鏑，罹音力，遭也。蹈水火，殣量以壑，殣，餓殍也。骸積成丘者，皆朕之過也。使民輸芻輓粟，居送行齎，加賦多無藝之征，藝，準也。預徵有稱貸之苦者，又朕之過也。使民室如懸磬，田卒汙萊，田廢生草曰萊。望烟火而無門，號冷風而絕命者，又朕之過也。使民日月告凶，旱潦薦至，師旅所處，疫厲爲殃，上干天地之和，下叢室家之怨者，又朕之過也。至於任大臣而不法，用小臣而不廉，言官首鼠而議不清，武將驕懦而功不奏，皆由朕撫馭失道，誠感未孚。中夜以思，跼蹐無地。朕自今痛加創艾，深省夙愆，要在惜人才以培元氣，守舊制以息煩囂，行不忍之政以收人心，蠲額外之科以養民力。至於罪廢諸臣，有公忠、正直、廉潔、幹才尚堪用者，不拘文武，吏、兵二部確核推用。草澤豪傑之士，有恢復一郡一邑者，分官世襲，功等開疆。即陷沒脅從之流，能舍逆反正，率衆來歸，許赦罪立功；能擒斬闖、獻，仍予通侯之賞。於戲！忠君愛國，人有同心，雪恥除凶，誰無公憤。尚懷祖宗之厚澤，助成底定之大功，思克厥愆，歷告朕意。」詔下，賊前鋒已至大安驛。

編 議京師城守。

編 李自成攻代州，總兵周遇吉退守寧武關。（在今山西寧武縣，明以雁門、偏頭、寧武並稱三關。）

編 李自成兵趨眞定，（眞定府治眞定縣。即今河北正定縣。）知府丘茂華叛降賊。

紀 茂華聞警，先遣家人出城，總督徐標執茂華下獄。標麾下中軍伺標登城畫守禦，劫標城外殺之，出茂華。茂華遂檄屬縣叛待寇，賊數騎入城，收帑籍，近京三百里，寂然無言者。

編 進魏藻德禮部尚書、文淵閣大學士，總督河道屯練，往天津。（天津衞，即今河北天津市。）進方岳貢戶部尚書兼兵部尚書、文淵閣大學士，總督漕運屯練，往濟寧。（即今山東濟寧市。）

紀 藻德辭新銜，允之。有言各官不可令出，出即潛遁，遂止藻德等不遣。

編 詔徵天下兵勤王。

紀 命府部大臣各條戰守事宜，上候於文華殿，都察院左都御史李邦華、少詹事項煜、右庶子李明睿各言南遷，及東宮監撫南京。上縣覽之，怒甚曰：「諸臣平日所言若何？今國家至此，無一忠臣義士爲朝廷分憂，而謀乃若此。夫國君死社稷，乃古今之正，朕志已定，毋復多言！」吏科都給事中吳麟徵請棄山海關外寧遠、前屯二城，徙總兵吳三桂入關屯宿近郊，以衞京師。廷臣皆以棄地非策，不敢主其議。

編 大學士陳演罷。

紀 初，上憂秦寇，演謂無足慮。至是不自安，求去。

周遇吉死寧武

編 李自成陷寧武關，總兵周遇吉死之。

紀 自成薄寧武關，傳檄五日不下，且屠，遇吉悉力拒守，大砲擊賊萬餘人。會火藥盡，或言「賊勢重，可款也。」遇吉曰：「戰三日殺賊且萬，若輩何怯邪！能勝之，一軍盡爲忠義；萬一不支，縛我以獻，若輩可無恙。」於是開門奮擊，殺賊數千人，賊懼，欲退。或爲賊策曰：「我衆彼寡，但使主客分別以十擊一，蔑不勝矣。請去帽爲識，見戴帽者擊之，遞出戰，不二日可殲也。」賊引兵復進迭戰，脫帽以自別，我兵大敗。遇吉闔室自焚，揮短刀力鬬，被流矢，牙兵且盡，見執；罵賊，賊於市磔焉，磔音窄，裂尸也。遂屠寧武。自成既殺遇吉，歎曰：「使守將盡周將軍者，吾安得至此！」

**李自成陷大同**

編　李自成陷大同，（即今山西大同市。）總兵朱三樂、巡撫衛景瑗、督理糧儲戶部郎中徐有聲、朱家仕、文學李若葵俱死之。

編　二月，督師、大學士李建泰上書請駕南遷，願奉太子先行。

紀　上諭閣臣曰：「李建泰有疏勸朕南遷。國君死社稷，朕將何往！」大學士范景文、左都御史李邦華、少詹事項煜請先奉太子撫軍江南，兵科給事中光時亨大聲曰：「奉太子往南，諸臣意欲何爲，將欲爲唐肅宗靈武故事乎？」（唐天寶十五載六月，明皇奔蜀，發馬嵬，留太子東討賊。七月，太子即位於靈武，是爲肅宗，尊明皇曰上皇。）景文等遂不敢言。上復問戰守之策，衆臣默然。上歎曰：「朕非亡國之君，諸臣盡亡國之臣爾！」遂拂袖起。

編　欽天監奏帝星下移。

編　詔封總兵吳三桂平西伯、左良玉寧南伯、唐通定西伯、黄得功靖南伯。

編　徵山海總兵吳三桂，薊、遼總督王永吉率兵入衞。

編　唐通以八千人入衞，尋同太監杜之秩守居庸。

**李自成陷保定**

編　李自成兵陷保定，（即今河北保定市。）御史金毓峒與其從子振孫等皆死之。

紀　賊犯保定，李建泰已病，中軍郭中傑縋城降賊，兵潰，賊入保定，建泰被執。毓峒守西門，賊執之入三皇廟見賊帥，毓峒奮拳毆賊帥仆之，躍入井中死，妻王氏自經。毓峒從子振孫以武舉效力行閒，登城射賊，多應弦而斃。城陷，衆解戎衣自匿，振孫大呼曰：「我御

李自成陷宣府

徵勳戚大璫助餉

史金鋐峒姪也。」賊支解之。鋐峒子婦陳氏，年十八，與其祖母張、母楊、嫂常一時盡投於井。

編 李自成陷宣府，巡撫朱之馮死之。

紀 自成宿陽和，遂長驅向宣府，（宣化府治宣化縣，在今河北張家口市南。）宣府叛將白廣恩貽總兵姜瓌書約降，監視太監杜勳郊迎三十里，軍民聚謀籍籍。朱之馮懸賞勞軍守城，無一應者，三命之，咸叩頭曰：「願中丞聽軍民納款！」之馮獨行巡城，見大砲曰：「汝曹試發之，可殺數百人，賊雖殺我，無恨矣。」衆又不應，之馮不得已乃自起燃火，兵民競挽其手，之馮乃奪士卒刀自刎，宣府軍民俱迎降於賊。鄉紳張羅彥自殺。

編 帝按籍勳戚大璫，徵其助餉。

紀 上遣太監徐高諭嘉定伯周奎爲倡，奎謝無有，高拂然起曰：「外戚如此，國事去矣，多金何益！」奎奏捐萬金，上少之，勒其二萬。太監王永祚、曹化淳助至三萬五萬。王之心最富，上面諭之，僅獻萬金。諸內官各大書於門曰「此房急賣」，復雜出雕鏤玩好諸物陳於市以求售。後賊拷王之心，追十五萬，他金銀器玩稱是；周奎鈔見銀五十二萬，珍幣復數十萬。魏藻德首輸百金。陳演既放未行，召入，訴清苦。百官共議捐助，勉諭至再。時諭上等三萬金，皆無應，惟太康伯張國紀輸二萬，餘不及也。又議前三門巨室各輸糧給軍，且贍其妻孥使無內顧，諸巨室多不樂而止。

編　大風霾，晝晦。命司禮太監王承恩提督內外京城，總督薊、遼王永吉節制各鎮。

紀　賊警益逼，有勸上南遷者，上怒曰：「卿等平日專營門戶，今日死守，夫復何言！」諭兵部曰：「都城守備有餘，援兵四集，何難刻期滅寇。敢有訛言惑衆，及私發家眷出城者擒治。」

編　分營都門，設大砲，給九門守者人百錢，召前太監曹化淳守城。

編　南京孝陵夜哭。太祖陵也。

編　風晦。寇自柳溝抵居庸關。

紀　柳溝天塹，百人可守，竟不設備。總兵唐通、太監杜之秩迎降，撫臣何謙僞死私遁，總兵馬岱自殺其妻子，疾走山海關。時京師以西諸郡縣望風瓦解，將吏或降或遁。僞權將軍移檄至京師，云「十八日至幽州，會同館暫繳」，京師大震，詔三大營屯齊化門外。（齊化門，即今北京市朝陽門。）

李自成陷昌平

編　李自成兵陷昌平州。（即今北京市昌平區。）

紀　賊陷昌平州，諸軍皆降。總兵李守鑅罵賊不屈，鑅音宏。手格殺數人，人不能執，諸賊圍之，守鑅拔刀自刎。賊焚十二陵享殿，傳警至京師。

先是上知寇警益急，下吳麟徵請徙寧遠疏，飛檄趣吳三桂入關。三桂徙五十萬衆，日行數十里，是日始及關，賊騎已過昌平矣。太監高起潛棄關走西山，賊分兵掠通州糧儲，

（通州，卽今北京市通州區。）上方御殿，自考選諸臣，問裕餉安人。以次對，未及半，祕封入，上覽之色變，卽起入。諸臣立候移刻，命俱退，始知爲昌平失守也。

自成陷京師

編　李自成陷京師，帝自經于煤山，（卽今北京市內景山。）皇后及宮人魏氏、費氏皆死之，諸臣一時死難者四十餘人。

紀　賊乘夜自沙河而進，（沙河縣，在今北京市昌平區東南。）直犯平則門，（卽今北京市阜城門。）竟夜焚掠，火光燭天。京師內外城堞，堞音牒，城上女垣。凡十五萬四千有奇，京營兵疫，其精銳又太監選去，登陴羸弱五六萬人，內閹數千人，守陴不充，無炊具，市飯爲餐，餉久闕，僅人給百錢，無不解體。

乙巳，上早朝，召對諸臣而泣，俄聞賊大至，方報過盧溝橋，俄攻平則、彰義等門矣。（彰義門，卽今北京市廣安門。）城外三大營皆潰降，火車、巨砲，皆爲賊有，賊反砲攻城，轟聲震地。京軍五月無餉，一時驅守，率多不至，每堵一人多不及。諸臣方侍班，襄城伯李國楨匹馬馳闕下，汗浹霑衣，內侍呵止之，國楨曰：「此何時也，君臣卽求相見，不可多得矣！」內臣叩之，曰：「守軍不用命，鞭一人起，一人復臥如故。」上召入，因命內臣俱守城，凡數千人。上括中外庫金二十萬犒軍，是日細民有痛哭輸金者，各授錦衣衞千戶。

丙午，寇攻城，砲聲不絕，流矢雨集，賊仰語守兵曰：「亟開門，否且屠矣。」守者懼，空砲向外，不實鉛子，徒以硝餤鳴之，猶揮手示賊，賊稍退，砲乃發。賊驅居民負木石塡壕，壕，城下池也。急攻；我發萬人敵大砲，誤傷數十人，守者驚潰，盡傳城陷，闔城號哭奔竄。賊駕飛梯攻西直、平則、德化三門，勢甚危急。太常少卿吳麟徵累土塡西直門，因單騎馳入西安門，吏部侍郎沈惟炳守門，曰：「內守有宦寺，百官不得入，奈何？」麟徵排門而入，太監王德化語麟徵曰：「守城人少，奈何？請增益之。」麟徵至午門，遇大學士魏藻德止之曰：「兵部調度，兵餉已足，公何事張皇邪？藻德且出閣，上方休，公安從入？」麟徵流涕，藻德挽之出。

是日封劉澤清東平伯。時左諭德楊士聰等入直，語閣臣：「左良玉、吳三桂俱封，而遺劉澤清，且臨清地近，可虞也。」閣揭上，得封。

都察院左都御史李邦華至正陽，欲登城，中貴拒之。李自成對彰義門設座，晉王、代王左右席地坐，太監杜勳侍其下，呼「城上人莫射，我杜勳也，可縋下一人以語。」守者曰：「留一人下爲質，請公上。」勳曰：「我杜勳無所畏，何質爲。」提督太監王承恩縋之上，同入見大內，盛稱賊勢重，皇上可自爲計。守陵太監申芝秀自昌平降賊，亦縋上入見，備述賊犯上不道語，請遜位；上怒叱之。諸內臣請留勳，勳曰：「有秦、晉二王爲質，不反則二王不免矣。」乃縱之出，仍縋下。

兵部尙書張縉彥奏曰：「時勢如此危急，臣屢至城闉，欲覘城上守禦，輒爲監視抑沮。今聞曹化淳、王化成縋賊杜勳上城，未知何意，恐有奸宄不測。」章上，上手書遣縉彥上城按之。至城，內監沮之如故，示以上傳，始登，問「杜勳安在？」云「昨暮上，今晨下之。」已上聞，無容致詰。」又曰：「尚有秦、晉二王在城下，亦欲通語。」縉彥曰：「秦、晉二王既降賊，如何可上。」化淳拂衣去。因閱城上守卒寥寥，兵部侍郎王家彥痛哭云：「賊勢如此，監視將營兵調去。李襄城處尚有十之四，家彥所守兩堵僅一卒。」語未竟，城下坎牆聲急，王承恩砲擊之，連斃數人。化淳、化成飲酒自若。縉彥馳至內閣，約同奏，至宮門，傳止之。

上下詔親征，召駙馬都尉鞏永固，謀以家丁護太子南行。對曰：「臣等安敢私蓄家丁，即有之何足當賊。」乃罷。已，召王承恩亟飭內員備親征。

申刻，彰義門啟，蓋曹化淳獻城開門也。賊恣殺掠，前大學士蔣德璟宿會館被創。上亟召閣臣入曰：「卿等知外城破乎？」曰：「不知。」上曰：「事亟矣，今出何策？」皆曰：「陛下之福，自當亡慮；如其不利，臣等巷戰，誓不負國。」命退。

是夕上不能寢，內城陷，一閹奔告，上曰：「大營兵安在？李國楨何往？」答曰：「大營兵散矣，皇上宜急走。」其人即出，呼之不應。上即同王承恩幸南宮，登萬歲山，望烽火燭天，徘徊踰時，回乾清宮，硃書諭內閣：「命成國公朱純臣提督內外諸軍事，夾輔東宮。」內臣持至閣。因命進酒，連沃數觥，歎曰：「苦我民爾！」以太子、永王、定王分送外戚周、田二氏。太子慈烺，永王慈炯，定王慈炤。語皇后曰：「大事去矣！」各泣下，宮人環泣，上揮去，令各爲計。皇后頓首曰：「妾事陛下十有八年，卒不聽一語，至有今日。」皇后拊太子、二王，慟甚，遣之出，后自經。上召公主至，年十五，歎曰：「爾何生我家！」左袖掩面，右手揮刀斷左臂，未殊

崇禎自縊於煤山

死，手慄而止。命袁貴妃自經，繫絕，久之蘇，上拔劍刃其肩，又刃所御妃嬪數人。召王承恩對飲，少頃，易鞾出中南門，手持三眼鎗，雜內豎數十人，皆騎而持斧，出東華門，內監守城，疑有內變，施矢石相向。時朱純臣守齊化門，因至其第，閽人辭焉，上太息而去。走安定門，門堅不可啓，天且曙矣。曙，曉也。帝御前殿，鳴鐘集百官，無一至者。遂仍回南宮，登萬歲山之壽皇亭自經。亭新成，所閱內操處也。太監王承恩對縊。上披髮御藍衣，跣左足，右朱履，衣前書曰：「朕自登極十七年，逆賊直逼京師，雖朕薄德匪躬，上干天咎，然皆諸臣之誤朕也。朕死無面目見祖宗於地下，去朕冠冕，以髮覆面，任賊分裂朕屍，勿傷百姓一人。」又書一行：「百官俱赴東宮行在。」猶謂閣臣已得硃諭也，不知內臣持硃諭至閣，閣臣已散，置几上而反，文武羣臣無一人知者。先是大內有祕室，鐍鍵甚嚴，相傳劉誠意藏祕記於內，非大變戒勿啓。至是啓之，得繪圖三軸，末一軸圖像酷肖聖容，身衣白背心，左足跣，披髮中懸，於今無異，誠天意也。

丁未昧爽，旦微明也。天忽雨，俄微雪，須臾城陷。賊先入東直門，殺守門御史王章，兵部侍郎張伯鯨走匿民舍。賊騎塞巷，大呼民閉速獻騾馬，賊經象房橋，羣象哀鳴，淚下如雨。賊千騎入正陽門，投矢令人持歸閉門得免死，於是俱門書「順民」。太子走詣周奎第，奎臥未起，叩門不得入，因走匿內官外舍。上之出至南宮也，使人詣懿安皇后所，勸后自裁，倉卒不得達。兩宮已自盡，宮人號泣出走，宮中大亂。懿安皇后青衣蒙頭，徒步走入成國公第。尙衣監何新入宮，見長公主斷肩仆地，與宮人救之而蘇，公主曰：「父皇賜我死，我何敢偷生。」何新曰：「賊已將入，恐公主遭其辱，且至國丈府中避之。」乃負之出。

午刻，李自成氈笠縹衣，縹音飄，帛青白色。乘烏駿馬，僞丞相牛金星、尚書宋企郊等五騎從之。時宮中大亂，諸賊帥率其騎，皆擐甲執兵，擐音患，貫也。先入清宮，諸宮人逸出，遇賊復入，宮人魏氏大呼曰：「賊入大內，我輩必遭所汙，有志者早爲計。」遂躍入御河死，頃閒從死者積一二百人。

自成自西長安門入，彎弓仰天大笑，手發一矢，中坊之南偏。至承天門，自成顧盼自得，復彎弓指門榜語諸賊曰：「我一矢中其中字，必一統。」射之不中，中「天」字下，自成愕然。牛金星趨而進曰：「中其下，當中分天下。」自成喜，投弓而笑。司禮視印太監王德化以內員三百人先迎德勝門，令仍舊任，各監局印官迎，亦如之，因集選百餘人，餘皆散去。自成入宮，問帝所在，大索宮中，不得，僞尙璽卿黎某進曰：「此必匿民閒，非重賞嚴誅不可得。今日大事，不可忽也！」乃下令，獻帝者賞萬金，封伯爵，匿者滅族。

自成登皇極殿，據黼座，牛金星檄召百官，期二十一日俱集於朝。自成同僞都督劉宗敏等數十騎入大內，太監杜之秩、曹化淳等前導，自成責其背主當斬，秩等叩首曰：「識天命，故至此。」自成叱去之。賊分宮嬪各三十人，牛金星、軍師宋獻策等亦各數人。宮人費氏，年十六，投眢井，井無水曰眢。賊鉤出之，見其姿容，爭相奪，費氏紿曰：「我長公主也。若不得無禮，若，汝也。必告汝主。」羣賊擁之見自成，自成命內官審之，非是，賞部校羅賊。羅擕出，費氏復紿曰：「我實天潢之胤，義難苟合，惟將軍擇吉成禮，死生惟命。」賊喜，置酒，極勸，費氏懷利刃，俟賊醉斷其喉立死，因自刎。自成大驚，令收葬之。內臣獻太子，自成留之西宮，封爲宋王，太子不爲屈。辛亥，改殯先帝后，出梓宮二，以丹漆殯先帝，黝漆殯先后，黝，微青黑色。加帝翼善冠，袞玉滲金鞾，后袍帶亦如之。

初，賊犯都城，大學士范景文知事不可爲，歎曰：「身爲大臣，不能從疆場少樹功伐，雖死奚益！」十八日，召對，已不食三日矣，飲泣入告，聲不能續。翼日城陷，景文望闕再拜，自經。家人解之，乃賦詩二首，潛赴龍泉巷古井死，其妾亦自經。戶部尚書兼侍讀學士倪元璐聞難曰：「國家至此，臣死有餘責。」乃衣冠向闕北謝天子，南謝母，索酒招二友爲別，酬漢壽亭侯像前，（蜀漢關羽封壽亭侯。）遂投繯。題几案云：「南都尚可爲，死吾分也。愼勿棺衾，以志吾痛。」因詔家人曰：「若卽欲殮，必大行殮方收吾屍。」乃縊。死三日後，賊突入，見之，顏色如生，賊驚避他去。一門殉節共十有三人。左都御史李邦華聞難歎曰：「主辱臣死，臣之分也，夫復何辭。但得爲東宮導一去路，死庶可無憾。已矣，勢不可爲矣！」乃題閣門曰：「堂堂丈夫，聖賢爲徒，忠孝大節，矢死靡他。」乃走文丞相祠，再拜，自經祠中。賊至，見其冠帶危坐，爭前執之，乃知其死，驚避去。左副都御史施邦曜聞變，慟哭，題詞於几曰：「愧無半策匡時難，但有微軀報主恩。」遂自縊。僕解之，復蘇，邦曜叱曰：「若知大義，毋久留我死。」乃更飲藥而卒。大理寺卿凌義渠聞難，以首觸柱，流血被面，盡焚其生平所著述及評隲諸書，服緋正笏望闕拜，復南向拜訖，遺書上其父，有曰：「盡忠卽所以盡孝，能死庶不辱父。」乃繫帛，奮身絕吭而死。吭音岡，咽也。協理京營兵部右侍郎王家彥，賊犯都城，奉命守德勝門，城陷，家彥自投城下不死，折臂足，其僕掖入民舍，自縊死。賊燔民舍，焚其一臂，僕收其遺骸歸。刑部右侍郎孟兆祥，賊犯都城，奉命守正陽門，賊至，死於門下，妻何氏亦死。其子進士章明收葬父屍，亟歸，别其妻王氏曰：「吾不忍大人獨死，吾往從大人。」妻曰：「爾死，吾亦死。」章明以頭搶地曰：搶，突也。「謝夫人，然夫人須先死。」乃遣其家人盡出，止留一婢在側，章明視妻縊，取筆作詩已，復大書壁曰：「有侮吾夫婦屍者，吾必爲厲鬼殺之！」妻氣絕，取一扉置上，加緋服，又取一扉，置妻左，亦服緋自縊，屬婢曰：「吾死亦置扉上。」遂死。左諭德馬世奇是日方早食，聞變曰：「是當死。」家人曰：「奈太夫人何？」世奇曰：「正恐辱太夫人耳。」遂作書别母。侍妾朱氏、李氏盛服前，世奇曰：「若辭我去邪？」二妾言：「主人盡節，吾二人亦欲盡節。」拜辭已，並入室自縊，世奇亦遂縊。家人救之，復蘇，告曰：「聞聖駕已南幸矣，可爲從亡計。」世奇不應，睹二妾已死，笑曰：「若年少，遂能死乎？」乃朝服捧敕北面再拜，取冠帶焚之於庭，以司經局印置案上，屬僕曰：「上如出幸，以此上行在，否則投之吏部。」復南向拜母，端坐引帛力自縊死。左中元劉理順，賊入城，理順題於壁曰：「成仁取義，孔、孟所傳，文信踐之，（文信，文天祥。）吾何不然？」酗酒自盡，其妻萬氏、妾李氏及子孝廉并婢僕十八人，闔門縊死。賊多河南人，至其居，曰：「此吾鄉杞縣劉狀元也。居鄉厚德，吾軍奉李將軍令護衞公，何遽死也！」數百人下拜，泣涕而去。時謂臣死君，妻死夫，子死父，僕死主，一家殉難者，以劉狀元爲最。太常少卿吳麟徵奉命守西直門，賊勢急，同守者相繼避去。麟徵遺友人書曰：「時事決裂，一旦至此，同官潛身遠害，某惟致命遂志自矢而已。」城陷，徒步歸，賊已據其邸，因入道左三元祠。時傳天子蒙塵，有勸公南歸，不應，同官來招之降賊，怒揮之戶外，遂自經。家人救之蘇，泣而請曰：「明日待祝孝廉至，可一訣。」麟徵許之。先是祝孝廉淵以奏保劉宗周被逮，留京師，淵晨至，麟徵酌酒慷慨與別曰：「自我登第時，夢見隱士劉宗周題文信國零丁洋詩二語於壁，數實爲之。今老矣，山河破碎，不死何爲。」相對泣數行下，因作書訣家人曰：「祖宗二百七十年宗社，一旦而失，身居諫垣，無所匡救，法應褫服，（褫音恥，奪也。）殮時用角巾青衫，覆以單衾，藉以布席足矣。茫茫泉路，咽咽寸心，所以瞑予目者，又不在乎此也。罪臣吳麟徵絕筆。」書畢，投繯死之。淵爲視含殮，（以珠玉實尸之口中曰含。）乃去。右庶子周鳳翔，上梓宮暴露東華門外，鳳翔赴哭慟絕，歸寓遺書訣父，有曰：「男今日幸不虧辱此身，貽兩大人羞，吾事畢矣。罔極之恩，無以爲報，矢之來生。」復作詩一首，有「碧血九泉依聖主，白頭二老哭忠魂」之句，向闕再拜，自縊，二妾從之俱死。簡討汪偉，先是聞賊漸近都城，遺書友人曰：「京師單弱，不惟不能戰，亦不能守，一死外無他計也。」及賊犯闕，偉恍憏，（憏音熾，不安也。）累日不食。妻耿氏從容語曰：「苟事不測，請從君共死。」城陷，偉趨吳給事甘來所，約同殉難。歸與妻耿氏呼酒命酌，偉大書前人語於壁曰：「志不可屈，身不可降。夫婦同死，節義成雙。」爲兩繯於梁閒，偉就右，耿氏就左，既皆縊，耿氏復揮曰：「止止，雖在顛沛，夫婦之序不可失也。」復解繯正左右序而死。戶科給事中吳甘來，賊薄京師，兄禮部員外泰來至寓，執甘來手泣曰：「事勢至此，奈何？」甘來曰：「有死，無二義也！」城陷，傳聞聖駕南出，甘來曰：「上明且決，必不輕出。」乃疾趨皇城，不得入，返寓，家人進飲食，却之。有勸甘來潛遁者，甘來曰：「今不能調兵殺賊，顧欲苟全求活邪？」遂作書以後事屬其兄弟，簡几上有疏草在，曰：「留此恐彰君過」，取火焚之。兄子家儀奔至，相與慟哭曰：「我不死無以見志，汝父死無以終養。古者兄弟同難，必存其一。使皇上在，則土木袁彬，英宗土木之變，袁彬從。遜國程濟，建文遜國，程濟從。皆可爲也。否則求眞人於白水，漢光武中興起南陽白水鄉。起斟鄩於有仍，夏后相爲羿所逐，依斟鄩國，寒浞殺羿滅斟鄩而弑帝相。相后方娠，逃歸有仍國，生少康而中興焉。是我雖死猶生也。努力！免之！」遂冠帶北向拜者五，南向拜者四，賦絕命詩一首，引佩帶自縊死。監察御史王章，賊犯京師，章與給事中光時亨同巡城，至阜城門，賊緣堞而上，從人駭走，賊持刃問曰：「降否？」章叱之曰：「不降。」賊以刃築其膝仆地，遂遇害。章子之栻後亦死難於閩，甚烈，與章同。監察御史陳良謨聞變，痛飲作詩，爲繯於梁欲自盡。妾時氏有娠，良謨謂之曰：「吾年踰五十無子，汝幸有娠，倘生男以延陳氏血食，汝必勉之！」時氏曰：「主人死，妾將誰依？與其爲賊辱，不如無子也。妾請先死以絕君念。」遂入投繯。良謨別作一繯，與之同盡。監察御史陳純德時提督北直學校，行部至易水，試士未竟，聞都城賊警，卽戒裝入都。不數日，城陷，自縊死。四川道御史趙譔巡視中城，捕賊諜，殺之。城陷，賊獲譔，譔瞑目大駡，賊怒，殺於白帽衚衕。太僕寺丞申佳胤聞城陷，投井死。吏部員外許直，都城陷時，傳先帝從齊化門出，有客勸曰：「天子南遷，公等宜扈蹕偕行，共圖光復。」直唯之。既而出門一望，曰：「當此四面干戈，駕將焉往？」比聞帝崩，號慟幾絕，有客從旁慰解，動以親老子幼，直曰：「有兄在，吾無憂也。」是夜，爲書報其父，作詩六章，起拜闕已，復拜父畢，自縊死。一手持繩尾，一手上握，神氣如生。兵部郎中成德，賊報急，卽致書同年馬世奇曰：「主憂臣辱，我等不能匡救，貽禍至此，惟有一死以報國耳。君常忠孝夙稟，諒有同心也。」及帝崩，梓宮暴露東華門，德以雞酒哭奠梓宮前。賊怒，露刃脅視之，不爲動。歸寓，跪母張氏前哭，母曰：「我知之矣。」入室自縊死，妻張氏亦死。一子六歲，德撲殺之，然後自殺。兵部員外郎金鉉，賊攻城急，鉉跪母章氏前曰：「兒世受國恩，職任車駕，城破，義在必死，得一僻地可以藏母，幸速去。」母曰：「爾受國恩，我獨不受國恩邪？事急，廡下井是吾死所。」鉉慟哭，卽辭母往視事，歸至御河橋，聞城陷，鉉望寓再拜，卽投入御河，從人拯救，鉉齧其臂，急赴深處。時河淺，俛首泥濘，死之。家人報至，母章氏亦投井死。鉉妾王氏亦隨死。其弟諸生錝哭曰：「母死，我必從死，然母未歸土，未敢死也。」遂棺殮其母，既葬三日，復投井而死。光祿寺署丞于騰蛟冠帶，呼妻亦衣命服同縊死。副兵馬使姚成，中書舍人宋天顯皆自盡。中書舍人滕之所、阮文貴、經歷張應選戚投御河死。儒士張世禧二子懋賞、懋官，俱自經死。又菜傭湯之瓊見先帝梓宮過，慟哭觸石死。襄城伯李國楨，賊李自成舁帝后梓宮於東華門外，舁音預，對舉也。設廠，百官過者莫進視，國楨泥首去幘，髮有巾曰幘。踉蹌奔赴，跪梓宮前大哭。賊執國楨見自成，復大哭，以頭觸階，血流被面，賊衆持之，自成以好語誘國楨使降，國楨曰：「有三事，爾從我卽降：一，祖宗陵寢不可發；一，須葬先帝以天子禮；一，太子、二王不可害。」自成悉諾之，扶出，賊以天子禮藁葬先帝於田貴妃墓，惟國楨一人斬衰徒步往葬，至陵，襄事畢，慟哭作詩數章，遂於帝后寢前自縊死之。新樂侯劉文炳，賊破外城，帝召文炳同駙馬鞏永固各率家丁二十餘人，欲於崇文門突圍出，不得，乃回宮，文炳歎曰：「身爲戚臣，義不受辱，不可不與國同難。」其女弟適李年，未三十而寡，文炳召之歸，城陷，與弟左都督文耀擇一大井，驅子孫男女及其妹十六人盡投其中，縱火焚賜第，火燃，俱投火死。祖母，瀛國太夫人，卽帝外祖母也，年九十餘，亦投井死。駙馬都督鞏永固，從帝突圍出，不得，歸家殺其愛馬，焚其弓刀鎧仗，大書於壁曰：「世受國恩，身不可辱。」時樂安公主先薨，以黃繩縛子女五人於柱，命外舉火，遂自剄。太傅惠安伯張慶臻聞城陷，盡散財物與親戚，置酒，一家聚飲，積薪四圍，全家燔死。宣城伯衞時春聞變，合家赴井死，無一存者。錦衣衞都指揮使王國興聞變，自縊死。錦衣衞指揮同知李若珪守崇文門，城陷，作絕命詞云「死矣，卽爲今日事。悲哉，何必後人知。」自縊死。錦衣衞千戶高文采守宣武門，城陷，一家十七人皆自殺，屍狼藉於路。順天府知事陳貞達自盡。陽和衛經歷毛維張不屈死。百戶王某，周鍾寓其家，百戶勸鍾死，鍾不應，出門欲降，百戶挽鍾帶至斷，鍾不聽，百戶自經。長洲生員許琰，聞京師之變，悲號欲絕，遍體書「崇禎聖上」四字，絕粒七日而死。會稽生員王毓蓍聞京師之變，作致命詞以見志，夜肅衣冠赴柳橋水而死。

賊兵充塞街巷，恣意淫掠，惟殉難諸臣家，賊戒不敢騷擾。一時諸臣盡節稍不決烈者，卽被其拘執於朝，追脅獻金，極刑拷掠；獻不滿意，仍復受刑；受刑不過，陳演仰藥死，魏藻德自勒死，方岳貢不食死，邱瑜自經死。賊毀太廟，遷太祖神主於歷代帝王廟中。賊每陞御座，輒目眩頭暈。鑄永昌錢，字不成文。有明制度，任意紛更。識者已知其終於賊矣。

編 平西伯吳三桂乞師於我大清，長驅而入。夏四月，賊李自成遁走。

紀 初，三桂率兵入援，聞京城已陷，頓兵山海，走大清乞師而後長驅以入。自成聞之大驚，脅三桂父襄作書招三桂，復遣唐通齎銀四萬兩犒師，別以賊兵二萬守關。三桂佯受其犒，而出不意盡殺守關賊，遂復書絕父。四月，自成率精銳六萬衆，挾太子、定王、永王及吳襄東行向永平。三桂擊賊於關門，賊方合圍，大清兵至，自成策馬先走，賊衆奔潰；三桂追賊至永平，又破之。自成奔還京師，三桂壓城而營，自成合十八營拒戰，官軍擊之，賊死者二萬人。自成殺吳襄，盡戮其家口三十八口，懸襄首於城上。三桂披髮墜鞍，哭於地，三軍感憤，拔刀砍地誓殺賊。

丙戌，自成稱帝，卽位於武英殿。

丁亥，自成出彰義門西走，三桂輕騎追之。賊馬騾皆重載，自盧溝至固安百里內，所棄財物、婦女塞路，賊衆半散去。三桂追至保定，賊還兵而鬬，盡失其輜重。追至眞定復拒戰，官軍擊之，殺賊萬餘人，自成中流矢，拔營走山西。三桂以兵逐之，及關而止，遂還軍京師。後自成復遣兵出潼關攻掠河南，又遣將至四川略保寧一路。三桂追至山西，自成數戰不利，遂走西安。迨大清兵西伐，自成南奔辰州，將合張獻忠，獻忠已入蜀，遂擁衆居武昌五十日，謀奪舟南下取宣、歙。將發，暴雨烈風，旗鎗盡折。自成由金牛、保安走延寧、蒲圻，沿道恣殺掠。過通城，命其下四十八部先發。通城有羅公山，山有元帝廟，山民賽會以盟，謀捍衞閭井，自成止以二十騎過山，呵騎止山下，自成單騎登山，入廟見帝像伏謁，若有物擊之不能起。村人疑爲劫盜，取所荷鍤碎其首而死。或曰：自成在黔陽乏食，自出抄掠，爲何騰蛟伏兵所逐，村民殺之。李過勒兵奪其尸，滅一村而還，結草爲首，以衮冕葬於羅公山下。賊諸將奉李過爲首，改名李繡，渡湖入險山中，後改名李赤心，羣盜俱散亡。

編　五月，我大清定鼎順天。（卽今北京市城。）